공기업 NCS

직업기초능력평가+인성 면접

의사소통 / 수리 / 문제해결

고졸채용

고졸채용 공기업연구소 지음

예문에듀
EDU

시험 안내 INFORMATION

NCS(국가직무능력표준)

NCS(National Competency Standards)란? 산업현장의 직무를 수행하기 위해 필요한 능력(지식, 기술, 태도)을 국가적 차원에서 표준화한 것으로 능력단위 또는 능력단위의 집합을 의미

직업기초능력

직종이나 직위에 상관없이 모든 직업인들에게 공통적으로 요구되는 기본적인 능력 및 자질을 의미

구분	하위영역
의사소통능력	문서이해능력, 문서작성능력, 경청능력, 의사표현능력, 기초외국어능력
수리능력	기초연산능력, 기초통계능력, 도표분석능력, 도표작성능력
문제해결능력	사고력, 문제처리능력
자원관리능력	시간관리능력, 예산관리능력, 물적자원관리능력, 인적자원관리능력
조직이해능력	국제감각, 조직 체제 이해능력, 경영이해능력, 업무이해능력
정보능력	컴퓨터 활용능력, 정보처리능력
자기개발능력	자아인식능력, 자기관리능력, 경력개발능력
대인관계능력	팀워크능력, 리더십능력, 갈등관리능력, 협상능력, 고객서비스능력
기술능력	기술이해능력, 기술선택능력, 기술적용능력
직업윤리	근로윤리, 공동체윤리

NCS 출제유형

- 모듈형 : NCS에서 제공하는 직업기초능력 학습모듈 내용을 기반으로 한 이론 및 개념 기반형 문제가 출제되는 유형
- 피셋형(PSAT) : 공직적격성평가 시험 유형과 비슷하게 출제되고, 주로 논리적인 사고를 평가함. 의사소통능력·수리능력·문제해결능력 과목에서 주로 출제됨
- 피듈형 : NCS 학습 모듈을 기반으로 한 모듈형과 피셋형의 비중이 비슷하게 출제되는 유형을 의미

🔷 의사소통능력

문서를 이해하는 능력과 타인과의 관계, 대화에 있어서 의미를 잘 파악하여 본인의 생각을 정확히 전달하는 능력

구분		내용
문서적 의사소통	문서이해능력	업무와 관련된 다양한 문서를 읽고 문서의 핵심을 이해하며, 구체적인 정보를 획득하고, 수집 · 종합하는 능력
	문서작성능력	업무 관련 상황과 목적에 적합한 문서를 시각적이고 효과적으로 작성하는 능력
언어적 의사소통	경청능력	원활한 의사소통을 위해 상대방의 이야기를 주의를 기울여 집중하고 몰입하여 듣는 능력
	의사표현능력	자신의 의사를 목적과 상황에 맞게 설득력을 가지고 표현하는 능력
기초외국어능력		자신의 의사를 목적과 상황에 맞게 설득력을 가지고 표현하는 능력

🔷 수리능력

업무 상황에서 요구되는 사칙연산과 기초적인 통계를 이해하고, 도표 또는 자료(데이터)를 정리 · 요약하여 의미를 파악하거나 도표를 이용해서 합리적인 의사결정을 위한 객관적인 판단 근거로 제시하는 능력

기초연산능력	업무 상황에서 필요한 기초적인 사칙연산과 계산방법을 이해 · 활용하는 능력
기초통계능력	업무 상황에서 평균, 합계, 빈도와 같은 기초적인 통계기법을 활용하여 자료를 정리하고 요약하는 능력
도표분석능력	업무 상황에서 도표(그림, 표, 그래프 등)의 의미를 파악하고, 필요한 정보를 해석하여 자료의 특성을 규명하는 능력
도표작성능력	업무 상황에서 자료(데이터)를 이용하여 도표를 효과적으로 제시하는 능력

🔷 문제해결능력

목표와 현상을 분석하고 분석 결과를 토대로 주요 과제를 도출한 뒤, 바람직한 상태나 기대되는 결과가 나타나도록 최적의 해결안을 찾아 실행 · 평가해 가는 활동을 의미

사고력	문제를 해결하기 위해 요구되는 기본요소이며 창의적, 논리적, 비판적으로 생각하는 능력
문제해결능력	문제의 원인 및 특성을 파악한 뒤 적절한 해결안을 선택 · 적용하고 그 결과를 평가하여 피드백하는 능력

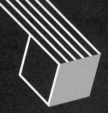

시험 안내 INFORMATION

 주요 공기업 채용 정보

① 한국철도공사(코레일)

- 자격사항
  - 최종학력이 고등학교 졸업인 자(24년 졸업자 및 25년 졸업예정자) 선발 예정
  - 직렬과 관련된 학과가 설치된 특성화·마이스터 고등학교 또는 실업 과정이 설치된 종합고등학교의 학교장이 세부 기준에 맞게 추천한 자
- 채용절차 : 추천서 제출 → 입사지원서 접수 → 서류전형 → 필기시험 → 체력/실기시험(해당 분야에만 해당) → 면접

의사소통 능력	수리능력	문제해결 능력	자원관리 능력	정보능력	조직이해 능력	직업윤리 능력	기술능력	자기개발 능력
○	○	○						

※ 철도법령 과목 포함
※ 자세한 사항은 한국전력 홈페이지(info.korail.com) 참고

② 한국전력공사

- 자격사항 : 최종학력이 고등학교 졸업인 자(25년 졸업예정자 지원 가능) 선발 예정
- 채용절차 : 서류전형 → 필기시험·인성검사 → 자기소개서 제출 → 직무면접 → 종합면접 → 건강검진

의사소통 능력	수리능력	문제해결 능력	자원관리 능력	정보능력	조직이해 능력	직업윤리 능력	기술능력	자기개발 능력
○	○	○						

※ 사무직무 : 자원관리능력, 정보능력/배전·송변전 직무 : 자원관리능력, 기술능력 포함
※ 자세한 사항은 한국전력 홈페이지(recruit.kepco.co.kr) 참고

③ 국민건강보험공단

- 자격사항 : 최종학력이 고등학교 졸업인 자(25년 졸업예정자 포함), 최종학력 기준 고등학교 졸업예정· 졸업자, 고등학교 검정고시 합격자, 대학 중퇴자
- 채용절차 : 서류전형 → 필기시험·직무검사 → 인성검사 → 면접

의사소통 능력	수리능력	문제해결 능력	자원관리 능력	정보능력	조직이해 능력	직업윤리 능력	기술능력	자기개발 능력
○	○	○						

※ 직무시험(법률)도 함께 시행
※ 자세한 사항은 국민건강보험 홈페이지(nhis.or.kr/) 참고

NATIONAL COMPETENCY STANDARDS

④ **한국수력원자력**
- 자격사항 : 현재 마이스터고등학교 또는 원자력발전소 소재 기초지방자치단체 내 특성과고등학교 재학생, 혹은 선발분야(기계 · 전기전자) 관련학과 2학년에 재학 중인 자
- 채용절차 : 서류전형 → 필기시험 · 인성검사 → 면접(직무 · 인성) → 건강검진

의사소통능력	수리능력	문제해결능력	자원관리능력	정보능력	조직이해능력	직업윤리능력	기술능력	자기개발능력
○	○	○	○				○	

※ 직무수행능력검사(분야별 기초전공지식, 원자력 · 회사 · 일반 기초 상식)도 함께 시행
※ 자세한 사항은 한국수력원자력 홈페이지(khnp.co.kr/recruit) 참고

⑤ **한국토지주택공사(LH)**
- 자격사항 : 2025년 고등학교 졸업예정인 자 혹은 인문계, 특성화고, 특목고 등 초중등교육법 시행령 제76조의3에 해당하는 고등학교를 졸업한 자
- 채용절차 : 서류전형 → 필기시험 → 면접

의사소통능력	수리능력	문제해결능력	자원관리능력	정보능력	조직이해능력	직업윤리능력	기술능력	자기개발능력
○	○	○						

※ 의사소통능력, 수리능력, 문제해결능력을 중심으로 출제될 예정이며, 기타영역을 연계한 문제가 포함될 수 있음. 직무별로 직무역량시험도 함께 시행
※ 자세한 사항은 한국토지주택공사 홈페이지(lh.or.kr) 참고

⑥ **한국조폐공사**
- 자격사항 : 2025년 2월까지 졸업예정인 자 혹은 인문계, 특성화고, 특목고 등 초중등교육법 시행령 제76조의3에 해당하는 고등학교를 졸업한 자
- 채용절차 : 서류전형 → 필기 · 실기시험 → 인성검사 → 면접

의사소통능력	수리능력	문제해결능력	자원관리능력	정보능력	조직이해능력	직업윤리능력	기술능력	자기개발능력
○	○	○	○				○	

※ 수행 직무별 직무자격시험도 시행
※ 자세한 사항은 한국조폐공사 홈페이지(komsco.com) 참고

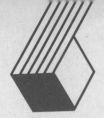

구성과 특징 FEATURE

과목별 핵심 이론과 학습자의 이해를 돕는 다양한 학습 요소

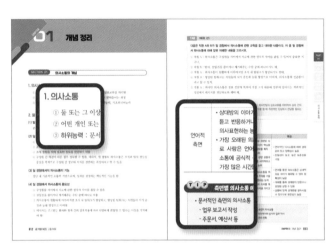

- 과목별 핵심 이론을 수록하여 주요 내용을 학습할 수 있도록 하였습니다.

- 이론의 이해를 돕는 다양한 도표 및 팁박스를 통한 학습 효율을 극대화하였습니다.

대표예제와 출제예상문제로 체계적인 학습

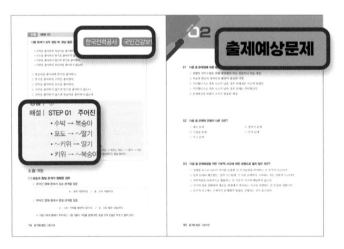

- 최신 공기업 기출문제를 대표예제로 구성하였고, 단계별 문제풀이를 수록하여 문제에 더욱 쉽게 접근하고 빠르게 해결하는 방법을 파악할 수 있도록 하였습니다.

- 핵심이론+대표 예제+출제예상문제를 수록하여 중요 내용을 복습할 수 있도록 하였습니다.

최종점검 모의고사 5회분으로 실전 완벽 대비

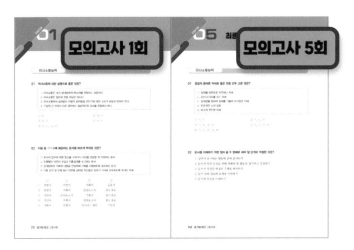

- 실력을 점검할 수 있는 최종점검 모의고사 5회분을 수록하여 학습 마무리를 할 수 있습니다.

- 과목별로 수록된 다양한 유형의 문제를 풀어보며 실전 감각을 극대화할 수 있도록 하였습니다.

입사 지원 가이드부터 면접 기출 질문까지 한 권으로 마무리

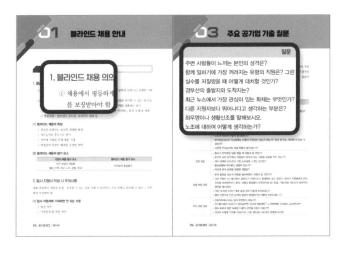

- 블라인드 채용에 대한 안내와 인성검사 모의연습을 통해 실전에 대비할 수 있도록 구성하였습니다.

- 인성검사 결과를 토대로 한 문항별 예시 답변을 제시하였고, 마지막엔 면접 기출 질문까지 완벽하게 대비할 수 있도록 한 권에 모두 수록하였습니다.

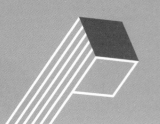

차 례 CONTENTS

PART

01

의사소통능력

① 의사소통능력 과목은 시간 안에 풀 수 있는 정확성이 요구된다. 지문 독해에 앞서 문제에서 요구하는 사항을 파악하고, 그에 맞추어 지문을 읽어야 한다. 주제 찾기 문제는 첫 문장과 마지막 문장에 집중하고, 내용 일치 문제는 보기에 있는 내용과 일치하는지 파악해야 한다.

② 문서별 이름과 활용장소를 잘 분류하고 문서가 활용되는 적절한 장소와 문서의 목적을 기억해야 한다. 문서별 특징과 더불어 용도에 맞게 작성되었는지 묻는 문제가 출제되기도 한다. 문서에 대한 정확한 이해가 필요하다.

③ 지문을 꼼꼼하게 파악하기 위해 지문을 읽으며 직관적인 표시를 하는 것이 도움이 될 수 있다. 핵심 문장에만 밑줄을 긋고 문제에서 요구하는 사항을 동그라미(○), 세모(△), 네모(□)로 표시한다. 표시를 바탕으로 문제에서 요구되는 사항을 대조해가면서 푼다면 쉽게 해결할 수 있다.

④ 지문의 유형은 지원하는 기업의 특성에 맞춰서 나올 확률이 높다. 예를 들어 한국철도공사(코레일)의 경우는 철도에 관련된 지문 혹은 철도법과 관련된 지문이 나올 확률이 높다. 지원한 기업과 관련된 지문이 나올 것에 대비한다면 당황하지 않고 풀 수 있을 것이다.

개념 정리

SECTION 01 **의사소통의 개념**

1. 의사소통

① 둘 또는 그 이상의 사람들 사이에서 이루어지는 의사전달과 상호교류를 의미함

② 어떤 개인 또는 집단이 정보, 감정, 사상, 의견 등을 전달하고 받아들이는 과정

③ 하위능력 : 문서이해능력, 문서작성능력, 경청능력, 의사표현능력, 기초외국어능력

2. 일 경험에서 의사소통의 목적과 기능

(1) 일 경험에서의 의사소통

공식적인 조직 내에서의 의사소통을 의미함

(2) 일 경험에서의 의사소통의 목적

① 원활한 의사소통을 통해 조직의 생산성을 향상시키기 위함

② 조직 내 구성원들의 사기를 증진하기 위함

③ 조직 생활을 위해 필요한 정보를 전달하기 위함

④ 구성원 간 의견이 다른 경우 설득할 수 있음. 따라서, 일 경험의 의사소통은 조직과 팀의 생산성 증진을 목적으로 구성원 간 정보와 지식을 전달하는 과정이라고 할 수 있음

(3) 일 경험에서의 의사소통의 기능

집단 내 기본적인 소통의 기반으로써, 성과를 결정하는 핵심적인 기능을 함

(4) 일 경험에서 의사소통의 중요성

① 구성원들 사이에서 서로에 관한 생각의 차이를 좁힐 수 있음

② 선입견을 줄이거나 제거해주는 수단 중에 하나로 작용

③ 의사소통이 원활하게 이루어지면 조직 내 팀워크가 향상되고, 향상된 팀워크는 직원들의 사기 증진과 능률 향상으로 이어짐

④ 메시지는 주고받는 화자와 청자 간의 상호작용에 따라 다양하게 변형될 수 있다는 사실을 기억해야 함

대표 **예제 01**

다음은 직원 A와 B가 일 경험에서 의사소통에 관한 교육을 듣고 대화한 내용이다. 이 중 일 경험에서 의사소통에 대해 잘못 이해한 내용을 고르시오.

① 직원 A : 의사소통은 구성원들 사이에서 서로에 관한 생각의 차이를 좁힐 수 있어서 중요한 거구나.

② 직원 B : 맞아, 선입견을 줄이거나 제거해주는 수단 중의 하나이기도 해.

③ 직원 A : 의사소통이 원활하게 이루어지면 조직 내 팀워크가 향상되기도 한대.

④ 직원 B : 향상된 팀워크는 직원들의 사기 증진과 능률 향상으로 이어져. 의사소통의 선순환이라고 할 수 있지.

⑤ 직원 A : 하지만 의사소통은 정보 전달의 목적이 가장 크기 때문에 업무에 있어서는 객관적인 입장에서 메시지를 전달하도록 해야 해.

> **정답 |** ⑤
> **해설 |** 의사소통은 둘 또는 그 이상의 사람들 사이에서 이루어지는 의사전달과 상호교류를 의미하며 상호 간의 정보뿐만 아니라 감정이나 의견을 받아들이는 과정이다. 업무를 할 때 객관적인 입장에서 전달할 필요는 없다.

3. 의사소통의 종류

구분	의미	하위능력	특징
문서적인 측면	문서 내용을 이해하고 요점을 판단하며, 이를 바탕으로 목적과 상황에 적합한 정보를 효과적으로 전달하기 위해 문서를 작성하는 능력	• 문서이해능력 : 업무와 관련된 다양한 문서를 읽고 문서의 핵심을 이해하며 구체적인 정보를 획득 · 수집하고 종합하는 능력 • 문서작성능력 : 업무 관련 상황과 목적에 적합한 문서를 시각적이고 효과적으로 작성하는 능력	• 언어적인 의사소통에 비해 권위감이 있고 정확성이 높음 • 전달성이 높고, 높은 보존성을 가짐
언어적 측면	• 상대방의 이야기를 주의 깊게 듣고 반응하거나 목적에 맞게 의사표현하는 능력 • 가장 오래된 의사소통 방법으로 사람은 언어를 통한 의사소통에 공식적 · 비공식적으로 가장 많은 시간을 씀	• 경청능력 : 원활한 의사소통을 위해 상대방의 이야기에 주의를 기울여 듣고, 적절하게 반응하는 능력 • 의사표현능력 : 자신의 의사를 목적과 상황에 맞게 설득력을 가지고 표현하는 능력	• 언어를 통한 의사소통은 상대적으로 의미가 왜곡될 수 있어 정확성이 낮음 • 대화를 통해 상대방의 반응이나 감정을 살필 수 있음 • 상황에 맞게 상대방을 설득시킬 수 있으므로 유연성이 높음

> **TIP** **측면별 의사소통 예시**
>
> • 문서적인 측면의 의사소통
>   - 업무 보고서 작성
>   - 주문서, 예산서 등
>
> • 언어적 측면의 의사소통
>   - 주간 회의에서의 상사의 업무 지시
>   - 업무 문의 전화

다음 중 문서적인 의사소통에 해당하지 않는 것은?

① 거래처의 업무 보고서　　　　　② 주간 회의에서의 상사의 업무 지시

③ 팩스로 온 영문 주문서　　　　　④ 업무 지시 메시지

⑤ 고객 문의 전화

정답 | ②

해설 | 주간 회의에서의 상사의 업무 지시는 언어적인 의사소통에 해당한다. 업무 지시가 아닌 주간 회의 보고
서가 문서적인 의사소통에 해당한다.

4. 의사소통을 저해하는 요소

(1) 일방적인 소통

① 일방적으로 말하고, 일방적으로 듣는 무책임한 마음

② 상호 간의 정보 이해 여부를 판단하지 않음

　　㉠ 직업 생활에서 누구나 실수를 범하지 않도록 주의하며 의사소통을 시도하는데, 화자의 메시지
　　　가 '정확하게 전달'되었는지, 그리고 청자가 그 메시지를 '정확하게 이해'했는지 확인하지 않으
　　　면 서로 엇갈린 정보를 갖게 됨

　　㉡ 화자뿐만 아니라 청자 또한 자신이 들은 정보에 관해 확인해야 할 책임이 있음

(2) 명확하지 않은 메시지

① 불명확한 메시지는 상호 간의 착각을 일으킬 수 있음

② 업무를 위한 의사소통에는 많은 정보를 담아야 하므로 화자가 지나치게 많은 정보를 담아 말하는
　경우가 있음

③ 청자가 이해하기에 명확하지 않고 복잡한 메시지를 전달하는 것은 잘못된 의사소통방법임

④ 따라서, 화자는 전달하고자 하는 메시지의 내용을 분명하게 말해야 함

(3) 말을 아끼는 의사소통

① '말하지 않아도 안다', '일은 눈치로 배우는 것이다' 등과 같이 직접적인 대화를 통하지 않고 간접
　적으로 의사소통을 하는 경우가 있음

② 업무 관계에 있어서 가장 중요한 것은 정확한 업무처리이므로 대화를 통해서 확실하게 의사소통
　해야 함

대표 **예제 03**

다음은 업무 중 A와 B가 나눈 대화의 내용이다. 대화 내용 중 의사소통의 저해 요소로 옳지 않은 것을 고르시오.

> A : ○○회사랑 거래하는 건은 저번에 말했던 대로 진행하면 됩니다.
> B : 저번에 말했던 대로요?
> A : 그리고 △△회사랑 미팅은 언제 진행하기로 했나요?
> B : △△회사와 미팅은 아마 다음 달일 겁니다.

① A는 B가 정보를 이해했는지 판단하지 않고 일방적으로 소통하였다.
② B는 A에게 지나치게 많은 정보를 담아 말하고 있다.
③ A와 B의 의사소통방식은 상호 간의 착각을 일으킬 수 있다.
④ B 또한 A에게 자신이 들은 정보에 관해 확인해야 할 책임이 있다.
⑤ B는 A에게 명확하지 않은 메시지를 전달하고 있다.

정답 | ②
해설 | B는 A에게 지나치게 많은 정보가 아닌 명확하지 않은 정보를 전달하고 있다.

오답체크
① A는 B가 정보를 이해했는지 판단하지 않고 다음 대화 주제를 꺼내며 일방적인 소통을 하고 있다.
③ 일방적인 의사소통과 명확하지 않은 내용의 메시지는 서로 엇갈린 정보를 갖게 되어 상호 간의 착각을 일으킬 수 있다.
④ A가 명확하지 않은 정보를 전달했다면 B 또한 자신이 들은 정보에 관해 확인해야 할 책임이 있다.
⑤ B는 정보를 정확히 확인하지 않고 A에게 명확하지 않은 메시지를 전달하고 있다.

5. 의사소통의 개발을 위한 방법

(1) 사후검토와 피드백(feed back) 주고받기

① **피드백(feed back)** : 상대방에게 그의 행동 결과에 대한 정보를 제공해주는 것을 의미함. 즉, 상대방의 행동이 타인에게 어떤 영향을 미치고 있는가에 대해 상대방에게 솔직하게 알려주는 행동

② **사후검토와 피드백 활용** : 의사소통의 왜곡에서 오는 오해, 부정확성을 줄이기 위해 화자는 사후검토, 피드백을 이용하여 화자의 말이 어떻게 해석되고 있는지 파악해야 함

③ **유의점** : 상대방에게 행동을 개선할 기회를 제공할 수 있지만, 부정적인 피드백만을 제공한다면 오히려 역효과가 발생할 수 있음. 피드백을 전달할 때는 긍정적인 부분과 부정적인 부분을 균형 있게 전달해야 함

(2) 적절한 단어의 선택

① 의사소통에는 청자를 고려하여 명확하고 이해하기 쉬운 단어를 선택해서 사용해야 함
② 상황에 따라 청자에게 적절한 단어를 유연하게 선택해야 함

(3) 경청하는 태도

① 타인과 대화할 때 관심을 보이지 않는다면 의미 있는 대화를 지속하기 어려움

② 듣는 것이 수동적인 의미라면, 경청은 타인의 말을 들으며 탐색하는 능동적인 의미임

(4) 감정의 억제

① 의사소통 과정에서 지나치게 감정을 드러내면 상대방의 메시지를 곡해할 수 있고, 전달하고자 하는 의미를 정확히 전달할 수 없음

② 감정이 가라앉을 때까지 의사소통을 연기하고, 시간이 지난 후 분위기를 개선하도록 노력하는 적극적인 자세가 필요함

TIP 원활한 의사소통을 위한 노력

• 주위의 언어 정보에 민감하게 반응하고 활용할 수 있도록 노력해야 함

• 자주 사용하는 표현을 다른 표현으로 바꿔 볼 수 있도록 함

• 사용할 수 있는 다른 표현은 없는지 탐구해 보고 새로운 표현을 검토해야 함

대표 예제 04

다음 중 의사소통의 개발에 관한 설명으로 옳은 것을 〈보기〉에서 모두 고르시오.

〈보기〉

㉠ 피드백은 상대방에게 그의 행동 결과에 대한 정보를 제공하는 것이다.

㉡ 피드백을 통해 의사소통의 왜곡에서 오는 오해, 부정확성을 줄일 수 있다.

㉢ 고객에게 업무 전문용어를 사용하여 전문성을 드러내야 한다.

㉣ 타인의 이야기를 듣는다는 것은 상대방의 이야기에 주의를 기울여 듣고, 적절하게 반응하는 것이다.

① ㉠

② ㉠, ㉡

③ ㉠, ㉡, ㉢

④ ㉠, ㉡, ㉣

⑤ ㉠, ㉡, ㉢, ㉣

정답 | ②

해설 | ㉠, ㉡은 피드백에 관한 적절한 설명이다.

오답체크

㉢ 의사소통할 때는 청자를 고려하여 명확하고 이해하기 쉬운 단어를 선택해서 사용해야 한다.

㉣ 상대방의 이야기에 주의를 기울여 듣고, 적절하게 반응하는 것은 '경청'에 해당한다.

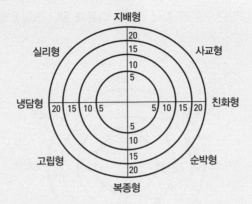

- 지배형
  - 자신감이 있고 지도력이 있으나, 논쟁적이고 독단이 강하여 대인 갈등을 겪을 수 있음
  - 타인의 의견을 경청하고 수용하는 자세가 필요함
- 실리형
  - 이해관계에 예민하고 경쟁적이며 자기중심적임
  - 타인의 입장을 배려하고 타인에 대해 관심을 갖는 자세가 필요함
- 냉담형
  - 이성적이고 냉철하며 의지력이 강함. 타인의 감정에 무관심하고 대인관계를 피상적으로 유지함
  - 타인의 감정 상태에 관심을 가지고 긍정적인 감정을 표현하는 것이 필요함
- 고립형
  - 혼자 있는 것을 선호하고, 사회적 상황을 회피하며 지나치게 자신의 감정을 억제함
  - 대인관계 중요성을 인식하고 타인에 대한 두려움의 원인을 파악해야 함
- 복종형
  - 수동적이고 의존적이며 자신감이 없음
  - 적극적인 자기표현을 통해 자기주장을 강화해야 함
- 순박형
  - 단순하고 솔직하며 대인관계에서 겸손한 경향이 있음
  - 자기주관이 부족하므로 자기주장을 하려는 노력이 필요하고, 행동하기 전에 타인의 의도를 생각하고 행동해야 함
- 사교형
  - 외향적이고 인정받고자 하는 욕구가 강하며 타인에 대해 간섭하는 경향이 있음
  - 쉽게 흥분하므로 심리적으로 안정이 필요하고, 지나친 인정욕구에 대한 성찰이 필요함
- 친화형
  - 타인이 요구하는 것을 거절하지 못하고, 타인을 즐겁게 하려고 지나치게 노력함
  - 타인과의 정서적 거리를 유지하도록 해야 함

K팀장의 키슬러(Kiseler) 대인관계 유형 검사 결과는 다음과 같다. K팀장에게 필요한 조언으로 옳은 것은?

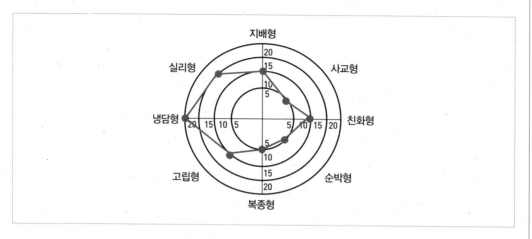

① 타인의 감정 상태에 관심을 가지고 긍정적인 감정을 표현하는 것이 필요해 보입니다.
② 수동적이고 의존적이며 자신감이 없으므로 적극적인 자기표현을 통해 자기주장을 강화해야 합니다.
③ 타인이 요구하는 것을 모두 수용하지 않고 정서적 거리를 유지하도록 해야 합니다.
④ 대인관계 중요성을 인식하고 타인에 대한 두려움의 원인을 파악해야 합니다.
⑤ 쉽게 흥분하는 경향이 있으므로 심리적인 안정이 필요해 보입니다.

> **정답 |** ①
> **해설 |** 제시된 그림을 통해 K팀장의 의사소통 양식은 냉담형으로 분류될 수 있다. 냉담형은 이성적이고 냉철하며 의지력이 강하지만, 타인의 감정에 무관심하고 대인관계를 피상적으로 유지하므로 타인의 감정 상태에 관심을 가지고 긍정적인 감정을 표현하는 것이 필요하다.
> **오답체크**
> ②는 복종형, ③은 친화형, ④는 고립형, ⑤는 사교형이다.

1. 문서

① 문서란 문자나 기호 따위로 일정한 의사나 관념 또는 사상 등을 나타낸 것임
② 대표적인 예로 제안서 · 보고서 · 기획서 · 편지 · 메모 · 공문서 등이 있음

2. 문서이해능력

① 다양한 종류의 문서에서 전달하고자 하는 핵심 내용을 요약 · 정리하고 이해하는 능력
② 문서에서 전달하는 정보의 출처를 파악하고 옳고 그름을 판단하는 능력

3. 일 경험의 문서이해능력

① 문서의 내용을 이해하고, 요점을 파악하며 통합할 수 있는 능력
② 문서에서 전달하는 정보를 바탕으로 업무와 관련하여 요구되는 행동에 대해 추론하는 능력
③ 생산성과 효율성을 높이기 위해 자신이 이해한 업무 지시의 적절성을 판단하는 능력

대표 예제 01

다음 중 문서이해능력에 대한 설명으로 옳지 않은 것은?

① 업무 수행 시 문서의 내용을 이해하고, 요점을 파악하며 통합할 수 있는 능력이다.
② 업무의 생산성과 효율성을 높이기 위해 문서의 내용을 따르는 능력이다.
③ 문서에서 전달하는 정보의 출처를 파악하고 옳고 그름을 판단하는 능력이다.
④ 문서의 내용을 이해하고, 요점을 파악하며 통합할 수 있는 능력이다.
⑤ 문서의 정보를 바탕으로 업무와 관련하여 요구되는 행동에 대해 추론하는 능력이다.

정답 | ②
해설 | 문서이해능력은 업무의 생산성과 효율성을 높이기 위해 문서의 능력을 따르는 것이 아닌 자신이 이해한 업무 지시가 적절한지를 판단하는 능력이다.

PLUS
업무 수행에서의 문서이해능력은 생산성과 효율성을 높이기 위해 자신이 이해한 업무 지시의 적절성을 판단하는 능력이다. 문서이해능력을 통해 문서의 내용을 이해하고 그 내용이 적절한지 판단해야 한다.

4. 문서의 종류

(1) 공문서

① 정부 혹은 행정기관에서 대내적, 대외적 공무를 집행하기 위해 작성하는 문서를 의미함

② 엄격한 규격과 양식에 따라 정당한 권리를 가진 사람이 작성해야 함

③ 최종 결재권자의 결재가 있어야 문서로서의 기능이 성립함

(2) 기획서

① 적극적으로 아이디어를 내고 기획한 하나의 프로젝트를 문서 형태로 만든 것

② 상대방에게 그 내용을 전달하여 기획을 시행하도록 설득하는 문서

(3) 기안서

① 회사의 업무에 대한 협조를 구하거나 의견을 전달할 때 작성하는 문서

② 흔히 사내 공문서로 불림

(4) 보고서

특정한 일에 관한 현황이나 그 진행 상황, 연구 · 검토 결과 등을 보고하고자 할 때 작성하는 문서

종류	내용
영업보고서	재무제표와 달리 영업상황을 문장형식으로 기재
결산보고서	진행되었던 사안의 수입, 지출 결과를 보고
일일업무보고서	매일의 업무를 보고
주간업무보고서	한 주간의 진행되었던 업무를 보고
출장보고서	회사 업무로 출장을 다녀온 외부 업무나 그 결과를 보고
회의보고서	회의 결과를 정리하여 보고

(5) 설명서

대개 상품이나 특성, 사물의 성질과 가치, 작동 방법이나 과정을 소비자에게 설명하는 목적으로 작성하는 문서

① 상품소개서

　㉠ 일반인이 친근하게 읽고 내용을 쉽게 이해하도록 하는 문서

　㉡ 소비자에게 상품의 특징을 전달하여 상품을 구매하도록 유도하는 것이 목적

② 제품설명서

　㉠ 제품의 특징과 활용도에 대해 세부적으로 언급하는 문서

　㉡ 제품 구입도 유도하지만, 제품의 사용법에 대해 자세히 알려주는 것이 목적

(6) 보도자료

정부 기관이나 기업체, 각종 단체 등이 언론을 상대로 자신들의 정보가 기사로 보도되도록 보내는 자료

(7) 자기소개서

개인의 성장 과정, 입사 동기와 근무 자세 등을 구체적으로 기술하여 자신을 소개하는 문서

(8) 비즈니스 레터(e-mail)

① 사업상의 이유로 고객이나 단체에 편지를 쓰는 것
② 직장 업무, 개인 간의 연락, 직접 방문하기 어려운 고객의 관리 등을 위해 사용되는 비공식적 문서
③ 제안서, 보고서 등 공식 문서를 전달할 때에도 사용

(9) 비즈니스 메모

업무상 필요한 중요한 일이나 앞으로 체크해야 할 일이 있을 때 필요한 내용을 메모 형식으로 작성하여 전달하는 글

종류	내용
전화 메모	• 업무 내용의 개인적인 전화로 전달사항 등을 간단히 작성하여 당사자에게 전달하는 메모 • 휴대전화의 발달로 줄어듦
회의 메모	• 회의에 참석하지 못한 상사나 동료에게 전달사항이나 회의 내용에 대해 간략히 적어 전달하는 메모 • 회의 내용을 기록하여 기록, 참고자료로 남기기 위해 작성하는 메모 • 월말, 연말에 업무 상황을 파악하거나 업무 추진에 대한 궁금증이 있을 때 핵심적인 자료 역할을 함
업무 메모	개인이 추진하는 업무나 상대의 업무 추진 상황을 적은 메모

대표 예제 02

다음은 문서의 종류를 설명한 글이다. (가)~(라)에 들어갈 내용으로 옳은 것은?

(가) : 상대방에게 그 내용을 전달하여 기획을 시행하도록 설득하는 문서
(나) : 진행되었던 사안의 수입, 지출 결과를 보고하는 문서
(다) : 회사의 업무에 대한 협조를 구하거나 의견을 전달할 때 작성하는 문서
(라) : 직장 업무, 개인 간의 연락, 직접 방문하기 어려운 고객의 관리 등을 위해 사용되는 비공식적 문서

	(가)	(나)	(다)	(라)
①	기안서	기획서	결산보고서	비즈니스 레터
②	기안서	비즈니스 레터	결산보고서	기획서
③	기획서	결산보고서	기안서	비즈니스 레터
④	기안서	비즈니스 레터	기획서	결산보고서
⑤	기획서	기안서	결산보고서	비즈니스 레터

정답 | ③

해설 | (가)에서 설명하고 있는 문서는 기획서이며 (나)에서 설명하고 있는 문서는 결산보고서이다. (다)에서 설명하고 있는 문서는 기안서이고, (라)에서 설명하고 있는 문서는 비즈니스 레터이다.

오답체크

- 기획서 : 상대방에게 그 내용을 전달하여 기획을 시행하도록 설득하는 문서
- 결산보고서 : 진행되었던 사안의 수입, 지출 결과를 보고하는 문서
- 기안서 : 회사의 업무에 대한 협조를 구하거나 의견을 전달할 때 작성하는 문서
- 비즈니스 레터 : 직장 업무, 개인 간의 연락, 직접 방문하기 어려운 고객의 관리 등을 위해 사용되는 비공식적 문서

5. 문서 이해 절차

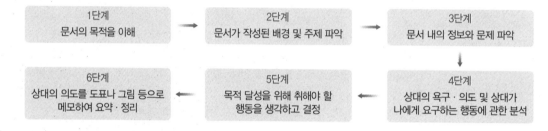

1단계
문서의 목적을 이해

2단계
문서가 작성된 배경 및 주제 파악

3단계
문서 내의 정보와 문제 파악

6단계
상대의 의도를 도표나 그림 등으로
메모하여 요약 · 정리

5단계
목적 달성을 위해 취해야 할
행동을 생각하고 결정

4단계
상대의 욕구 · 의도 및 상대가
나에게 요구하는 행동에 관한 분석

TIP **문서 이해 절차의 적용**

신제품 ○○○ 업무 보고서

보고 일자 : 20××년 ○월 ○일
보고자 : 김○○ 사원

1. 진행 상황

　가. 신제품 ○○○ 테스트 : 오류 없음

　나. 홍보자료 : 제작 완료, 홍보팀 전달

　다. ○○○ 광고계획 : A광고사, C광고사에 전달 완료

　라. 출시 예정일 : 20××년 ○○월 ○○일로 예정

　마. 발표회 장소 섭외 : 서울시 ○○구 ○○ 공연장 대관 완료

2. 보고사항

　가. 1순위 △△ 공연장 해당 날짜 진행이 불가함에 따라 2순위 ○○ 공연장 대관 완료

　나. 홍보자료 오탈자 검수 후 홍보팀 전달함

　다. B광고사 제안 거절, 내부일정 재검토 필요

- 1단계 : 문서의 목적은 신제품 관련 업무 보고서임을 알 수 있음
- 2단계 : 문서의 배경은 신제품의 진행 상황 및 보고사항을 보고하기 위함임
- 3단계 : 신제품 테스트에는 이상이 없고 출시 예정일과 발표 장소 섭외 완료 등 신제품 출시 관련 정보에 대해 알 수 있음
- 4단계 : 김○○ 사원이 상사에게 현재 상황에 대해 보고하고 있는 것을 알 수 있음
- 5단계 : B광고사가 제안을 거절한 사항을 읽고 내부일정을 재검토할 필요가 있음
- 6단계 : 신제품 보고서를 통해 현재 상황과 필요한 부분을 파악할 수 있음

대표 **예제 03**

다음 문서를 이해한 내용으로 옳은 것을 〈보기〉에서 모두 고르시오.

해외출장보고서

행선지 : 일본
출장 기간 : 20××.07.10.~20××.07.13.
대륙명 : 아시아
작성자 : 김×× 연구원

- 출장자 : 이×× 연구실장, 장×× 책임연구원, 오×× 연구원, 김×× 연구원
- 출장 지역(도시) : 일본(치바)
- 출장 기간 : 20××년 07월 10일(월)~20××년 07월 13일(목)(3박 4일)
- 출장목적
  - 진행 예정인 제약 사업과 관련된 박람회의 부스 운영 및 참여 목적
  - 제약 사업의 세부 기능 강화와 관련하여 유사한 기능을 수행하는 치바 약학대학원 및 일본의 제약 관련 사업을 총괄하는 △△△를 방문하여 관련 자료 수집 및 국제 네트워크를 구축함
  - 현재 제약 연구와 사업에 집중하고 있으므로 관련 분야에 관해 오랫동안 연구 및 대응 노하우를 가지고 있는 일본 제약 기관 방문 및 해외 연구자와 협력 논의를 진행함

〈보기〉

㉠ 출장자는 김×× 연구원을 포함한 4명이다.
㉡ 출장목적은 박람회 주최를 위해서이다.
㉢ 치바 약학대학원과 일본 제약 연구 기관에 방문하였다.
㉣ 일본 제약 기관은 신설되었다.

① ㉠, ㉡   ② ㉠, ㉢

③ ㉡, ㉢   ④ ㉢, ㉣

⑤ ㉡, ㉢, ㉣

정답 | ②
해설 | 출장자는 이×× 연구실장, 장×× 책임연구원, 오×× 연구원, 김×× 연구원으로 총 4명이다. 출장목적을 통해 치바 약학대학원과 일본 제약 기관에 방문했다는 것을 알 수 있다.
오답체크
㉡ 출장목적은 박람회 주최가 아닌 부스 운영 및 참여 목적이다.
㉣ 출장목적에서 '오랫동안 연구 및 대응 노하우를 가지고 있는 일본 제약 기관'이라고 언급하였으므로 신설된 것이 아니라 오랫동안 운영을 해왔음을 알 수 있다.

문서를 이해하기 위한 절차 중 가장 먼저 해야 할 단계로 적절한 것은?

① 문서 내의 정보와 문제를 파악하기

② 문서의 목적 달성을 위해 취해야 할 행동을 생각하고 결정하기

③ 문서가 작성된 배경과 주제를 파악하기

④ 상대가 요구하는 행동에 관해 분석하기

⑤ 문서의 목적을 이해하기

정답 | ⑤

해설 | 문서의 목적을 이해하는 것은 문서 이해 절차의 첫 번째 단계에서 할 일이다.

PLUS

문서 이해의 절차

문서 목적 이해 → 문서가 작성된 배경 및 주제 파악 → 문서 내의 정보와 문제 파악 → 상대의 욕구 · 의도 및 상대가 나에게 요구하는 행동에 관한 분석 → 목적 달성을 위해 취해야 할 행동을 생각하고 결정 → 상대의 의도를 도표나 그림 등으로 메모하여 요약 · 정리

SECTION 03　문서작성능력

1. 문서작성능력

업무의 목적과 상황에 적합한 정보를 전달하기 위해 문서를 작성할 수 있는 능력을 의미함

2. 문서 작성의 중요성

① 일 경험에서 문서 작성은 업무와 관련하여 조직의 비전을 실현시킬 수 있는 과정이며, 조직에 있어서 중요하게 요구되는 능력임

② 개인의 의사소통을 넘어 조직의 사활이 걸린 중요한 업무이기도 함

3. 문서 작성 시 고려사항

① 문서를 작성하는 목표, 즉 문서를 작성하는 이유와 문서를 통해 전달하려는 것을 명확히 설정한 후 작성해야 함

② 문서를 작성할 때는 문서의 대상, 목적, 시기가 포함되어야 함

③ 기획서나 제안서 등 경우에 따라 기대효과를 포함하여 작성해야 함

④ 개인의 사고력과 표현력을 총동원하여 작성하도록 함

대표 **예제 01**

다음 중 문서 작성 시 고려사항으로 적절하지 않은 것은?

① 대상

② 목적

③ 시기

④ 기대효과

⑤ 개인의 감정

정답 | ⑤

해설 | 문서를 작성할 때는 문서의 대상, 목적, 시기가 포함되어야 하며, 기획서나 제안서 등 경우에 따라 기대효과 등이 포함되어야 한다.

오답체크

문서 작성 시 개인의 감정을 고려하지 않고 개인의 사고력과 표현력을 총동원하여 작성한다.

4. 상황에 따른 문서 작성법

상황	작성 내용
요청이나 확인을 부탁하는 경우	업무 내용과 관련된 요청사항이나 확인 절차를 요구 예 공문서
정보 제공을 위한 경우	시각적인 자료를 활용하는 것이 효과적이며, 모든 상황에서 문서를 통한 정보 제공은 무엇보다 신속하고 정확하게 이루어져야 함 예 기업 정보를 제공하는 홍보물, 보도자료 등의 문서, 제품 관련 정보를 제공하는 설명서나 안내서 등
명령이나 지시가 필요한 경우	• 관련 부서나 외부기관, 단체 등에 명령이나 지시를 내려야 하는 경우가 있으므로, 상황에 적합하고 명확한 내용을 작성할 수 있어야 함 • 단순한 요청이나 자발적인 협조를 구하는 차원의 사안이 아니므로 즉각적인 업무 추진이 실행될 수 있도록 해야 함 예 업무 지시서
제안이나 기획을 할 경우	업무를 어떻게 혁신적으로 개선할지, 어떤 방향으로 추진할지에 대한 의견을 제시하며, 내용을 깊이 있게 담을 수 있는 작성자의 종합적인 판단과 예견적인 지식이 요구됨 예 제안서, 기획서
약속이나 추천을 위한 경우	고객이나 소비자에게 제품의 이용에 관한 정보를 제공하거나, 개인이 다른 회사에 지원하거나 이직을 하고자 할 때 일반적으로 상사가 작성해 주는 문서 예 추천서

다음 중 명령이나 지시가 필요한 경우 문서 작성 방법으로 옳은 것은?

① 상황에 따라 모호한 내용을 작성해도 된다.

② 단순한 요청이나 자발적인 협조를 구하는 차원의 사안이다.

③ 즉각적인 업무 추진이 실행될 수 있도록 해야 한다.

④ 관련 부서나 외부기관, 단체 등에 명령이나 지시를 내려야 하는 경우는 없다.

⑤ 명령이나 지시가 필요한 경우 작성하는 문서의 대표적인 예로 보고서가 있다.

정답| ③
해설| 명령이나 지시가 필요한 경우 즉각적인 업무 추진이 실행될 수 있도록 문서를 작성해야 한다.

오답체크
① 명령이나 지시가 필요한 경우, 상황에 적합하고 명확한 내용을 작성해야 한다.
② 명령이나 지시가 필요한 경우에는 단순한 요청이나 자발적인 협조를 구하는 차원의 사안이 아니므로 즉각적인 업무 추진이 실행될 수 있도록 해야 한다.
④ 관련 부서나 외부기관, 단체 등에 명령이나 지시를 내려야 하는 경우가 있다.
⑤ 명령이나 지시가 필요한 경우 작성하는 문서의 대표적인 예시는 보고서가 아닌 업무 지시서이다.

5. 문서의 종류에 따른 작성 방법

종류	유의사항	작성 방법
공문서	작성 시 유의사항	회사 외부로 전달되는 문서이므로 '누가, 언제, 어디서, 무엇을, 어떻게, 왜'의 육하원칙이 정확하게 드러나도록 작성
	날짜 작성 시 유의사항	• 연도와 월일을 반드시 함께 기입 • 날짜 다음에 괄호를 사용할 경우에는 마침표를 찍지 않음
	내용 작성 시 유의사항	• 한 장에 담아내는 것이 원칙 • 마지막엔 반드시 '끝'자로 마무리 • 복잡한 내용은 항목별로 구분 '-다음-', '-아래-' 등 • 대외문서이며 장기간 보관되는 문서이므로 정확하게 기술해야 함
기획서	작성 전 유의사항	• 기획서의 목적을 달성할 수 있는 핵심 사항을 정확하게 기재했는지 확인 • 상대에게 어필하여 채택하게끔 설득력을 갖춰야 하므로, 상대가 요구하는 것이 무엇인지 고려하여 작성
	내용 작성 시 유의사항	• 한눈에 내용을 파악할 수 있도록 체계적으로 목차를 구성 • 핵심 내용의 표현에 신경을 써야 함 • 효과적인 내용전달을 위해 내용과 적합한 표나 그래프, 그림을 활용하여 시각화하도록 함
	제출 시 유의사항	• 충분히 검토한 후 제출하도록 함 • 인용한 자료의 출처가 정확한지 확인함

종류	유의사항	작성 방법
보고서	내용 작성 시 유의사항	• 업무 진행 과정에서 쓰는 보고서인 경우, 진행 과정에 대한 핵심 내용을 구체적으로 제시하도록 작성 • 핵심 사항만을 간결하게 작성하며 내용 중복을 피해야 함 • 복잡한 내용일 때에는 도표나 그림 같은 시각적인 자료를 활용
	제출 시 유의사항	• 보고서는 개인의 능력을 평가하는 기본요인이므로, 제출 전 반드시 최종 검토를 진행 • 참고자료는 정확하게 제시해야 함 • 내용에 대한 예상 질문을 사전에 추측해 보고, 그에 대한 답을 미리 준비
설명서	내용 작성 시 유의사항	• 명령문보다 평서형으로 작성 • 상품이나 제품에 관해 설명하는 문서 목적에 맞춰 정확하게 기술 • 정확한 내용전달을 위해 간결하게 작성 • 소비자들이 이해하기 어려운 전문용어는 가급적 사용 삼가 • 복잡한 내용은 도표를 통해 시각화하여 이해도를 높일 수 있도록 함 • 동일한 문장 반복을 피하고 다양하게 표현하도록 함

부록

의사소통능력

대표 예제 03

다음 중 보고서의 올바른 작성법에 해당하지 않는 것은?

① 업무 진행 과정에서 쓰는 보고서인 경우, 진행 과정에 대한 핵심 내용을 구체적으로 제시하며 작성한다.

② 보고서는 보고하는 용도이므로 최종검토를 진행하지 않아도 된다.

③ 참고자료는 정확하게 제시해야만 한다.

④ 핵심 사항만을 간결하게 작성하며 내용 중복을 피해야 한다.

⑤ 복잡한 내용일 때에는 도표나 그림 같은 시각적인 자료를 활용하는 것이 좋다.

정답 | ②
해설 | 보고서는 개인의 능력을 평가하는 기본요인이므로, 제출 전 반드시 최종검토를 진행해야만 한다.

CHAPTER 01 개념 정리 **027**

6. 문서 작성의 원칙

(1) 문장 구성 시 주의사항

① 간단한 표제를 붙임

② 문서의 주요 내용을 먼저 씀

③ 문장을 짧고, 간결하게 작성하며 불필요한 한자 사용은 배제

④ 긍정문으로 작성

(2) 문서 작성 시 주의사항

① 문서 작성 시기를 정확하게 기입

② 문서 작성 후 반드시 다시 한번 내용을 검토

③ 문서의 첨부자료는 반드시 필요한 자료 외에는 첨부하지 않음

④ 문서 내용 중 금액, 수량, 일자 등은 정확하게 기재하여야 함

대표 **예제 04**

다음 〈공문서 작성 원칙〉을 참고할 때, 밑줄 친 ㉠~㉤ 중 잘못 쓰인 곳은?

> 〈공문서 작성 원칙〉
> 1. 본문은 왼쪽 처음부터 시작하여 작성한다.
> 2. 본문 내용을 둘 이상의 항목으로 구분할 때 번호 순서는 1., 가., 1), 가), (1), (가)를 따른다.
> 3. 하위 항목은 상위 항목의 위치로부터 1자(2타)씩 오른쪽에서 시작한다.
> 4. 쌍점(:)의 왼쪽은 붙이고 오른쪽은 한 칸을 띄운다.
> 5. 문서에 금액을 표시할 때는 '금' 표시 후 아라비아 숫자로 쓰되, 숫자 다음에 괄호를 하고 한글로 적는다.
> 6. 본문이 끝나면 1자를 띄우고 '끝.' 표시를 한다. 단, 첨부물(붙임)이 있는 경우, 첨부 표시문 끝에 1자를 띄우고 '끝.' 표시를 한다.
> 7. 붙임 다음에는 쌍점을 찍지 않고, 붙임 다음에 1자를 띄운다.

> ○○구
>
> 수신 : 내부결재
>
> 제목 : ○○구민 체육대회 운영 보조금 지원
>
> 1. <u>○○구민의 삶의 질 향상을 위한 생활체육 활성화를 도모하기 위하여</u> ‥‥‥‥‥ ㉠
>   가. 시행 목적: 구민 개개인의 건강증진과 건전한 여가시간 활용을 위한 다양한 생활 체육 활동이 요구되고 있어 구민의 개인적 생활영역 안에서 각자의 취미와 여건 및 환경에 따라 여가시간을 이용한 자발적 체육활동을 권장하고 지원함으로써 구민의 체력증진과 건전한 사회 분위기를 조성하고자 함
>   나. 시행 근거: 국민체육진흥법 제3조 및 제4조와 국민생활체육회 정관 제41조 및 제42조의 근거에 따라 ○○구민 체육대회 운영 결정

2. 2025 ○○구민 체육대회 개최에 따른 ○○구민 체육대회 운영 보조금을 다음과 같이 지원하고자 합니다.

　　가. 행사 개요 ·· ㉡

　　　　1) 대회명: 2025 ○○구민 체육대회 ································· ㉢

　　　　2) 일자: 2025. 2. 15. (목)

　　　　3) 장소: ○○체육관

　　나. 금회 집행 예정액: 금2,050,800원 ······································ ㉣

붙임 ○○구청 체육대회 운영회 명단 1부. 끝. ······················ ㉤

○○구청 행정지원과장 주××　　　　　　　　　　　　　　　　행정지원국장 양××

시행 총무과 (2024. 11. 15.)

우 00001 ○○도 ○○시 ××로 58

전화 02-0000-0000 / 전송 02-0000-0000

① ㉠

② ㉡

③ ㉢

④ ㉣

⑤ ㉤

정답 | ④

해설 | 〈공문서 작성 원칙〉에 따르면 문서에 금액을 표시할 때는 '금' 표시 후 아라비아 숫자로 쓰되, 숫자 다음에 괄호를 하고 한글로 적는다. 따라서 금2,050,800원(금이백오만팔백원)으로 표기해야 한다.

7. 문서 표현의 시각화

(1) 문서 표현 시각화의 기능

① 문서를 읽은 대상이 문서의 전반적인 내용을 쉽게 파악할 수 있음

② 문서 내용의 논리적인 관계를 더욱 쉽게 이해할 수 있음

③ 적절한 이미지 사용은 문서에 대한 기억력을 높일 수 있음

④ 단, 시각화한 정보의 성격에 따라 그에 맞는 적절한 방식을 사용해야 함

(2) 문서 표현 시각화의 종류

① 차트 시각화 : 데이터 정보를 쉽게 이해할 수 있도록 시각적으로 표현. 주로 통계 수치 등을 도표(Graph)나 차트(Chart)를 통해 명확하고 효과적으로 전달

② 다이어그램 시각화 : 개념이나 주제 등 중요한 정보를 도형, 선, 화살표 등 여러 상징을 활용하여 시각적으로 표현

③ 이미지 시각화 : 전달하고자 하는 내용을 관련 그림이나 사진 등으로 나타내는 것

주의사항

• 안전상의 주의(사용 전에 반드시 읽으십시오)
본 제품을 사용하기에 앞서 본 제품설명서를 숙독함과 동시에 안전에 대하여 충분히 주의를 하신 후에 올바르게 사용하도록 부탁드립니다. 이 '안전상의 주의'에서는 안전 주의사항을 두 가지로 구분하고 있습니다.

| 위험 | : 잘못 취급한 경우에 위험한 상황이 발생할 수 있으며 상해 또는 경상을 입을 가능이 있는 경우 표시 |
| 금지 | : 잘못 취급한 경우에 위험한 상황이 발생할 수 있으며 사망 또는 중상을 입을 가능이 있는 경우 표시 |

제품 사용 설명서

<각부 명칭>

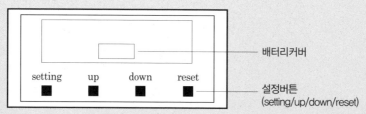

— 배터리커버

— 설정버튼
(setting/up/down/reset)

1. 건전지는 소모량이 많으므로, 어댑터의 사용을 권장합니다.
2. 배터리 커버를 열어 필름을 제거하시고 사용해주시길 바랍니다.
3. 물기가 없는 곳에서 사용하여 주시고, 쓰지 않는 경우 전원 코드를 꺼주시길 바랍니다.

'-부탁드립니다.', '-로 구분하고 있습니다.'	• 명령문보다 평서형으로 작성
'사용을 권장합니다.' '사용해주시길 바랍니다.' '전원 코드를 꺼주시길 바랍니다.'	• 상품이나 제품에 관해 설명하는 문서 목적에 맞춰 정확하게 기술 • 동일한 문장 반복을 피하고 다양하게 표현하도록 함
위험, 금지 표시	• 정확한 내용전달을 위해 간결하게 작성
그림을 통한 〈각부〉 명칭 설명	• 복잡한 내용은 도표나 자료를 통해 시각화하여 이해도를 높임

대표 **예제 05**

다음과 같은 문서를 작성할 때의 유의사항으로 적절하지 않은 것은?

△△회사 20주년 맞이 워크샵 기획안

일시 : 202×.11.10.
작성자 : 최×× 대리

1. 워크샵 장소 및 기간
   가. 워크샵 장소 : ○○콘도 지하 1층
   나. 워크샵 기간 : 202×년 12월 15일~202×년 12월 16일(1박 2일)
2. 실시목적 및 기대효과
   가. 목적 : 202×년도 사업계획안 발표 겸 임직원 친목 도모
   나. 기대효과
      - 새로운 사업계획안 발표 및 전년 대비 사업 성과를 보고하여 임직원에게 보람을 갖게 함
      - 임직원이 회사의 비전과 목표에 관해 일체감을 느낄 수 있도록 함
      - 임직원 간 친목 도모를 통해 한 해 동안 각자 업무 분야에서 최선을 다한 노고를 치하함
      - 상호 간 커뮤니케이션을 통해 문제점 혹은 갈등을 해소하는 기회를 만들며, 대화의 장을 마련함
3. 워크샵 상세 일정 : 별첨1, 2

① 목적을 달성할 수 있는 핵심 사항을 정확하게 기재했는지 확인해야 한다.
② 상대에게 어필하여 채택하게끔 설득력을 갖춰야 하므로, 상대가 요구하는 것이 무엇인지 고려하여 작성해야 한다.
③ 한눈에 내용을 파악할 수 있도록 체계적으로 목차를 구성해야 한다.
④ 자료를 인용하였다면 인용한 자료의 출처가 정확한지 확인해야 한다.
⑤ 내용에 대한 예상 질문을 사전에 추출해 보고, 그에 대한 답을 미리 준비해야 한다.

정답 | ⑤
해설 | 제시된 문서는 '기획서'이다. 내용에 대한 예상 질문을 사전에 추출해 보고, 그에 대한 답을 미리 준비하는 것은 '보고서'를 작성할 때 유의사항이다.

1. 의사표현의 의미

화자가 자신의 감정, 사고, 욕구, 바람 등을 상대방에게 효과적으로 전달하는 중요한 기술로 음성언어와 신체언어로 구분됨

① **음성언어** : 입말로 표현하는 구어
② **신체언어** : 신체의 한 부분인 표정, 손짓, 발짓, 몸짓 따위로 표현하는 몸말을 의미

2. 의사표현의 종류

공식적 말하기	사전에 준비된 내용을 대중 상대로 말하는 것 • 연설 : 화자가 혼자 여러 사람을 대상으로 자기의 사상이나 감정에 관하여 일방적으로 말하기 • 토의 : 여러 사람이 모여서 공통의 문제에 대하여 가장 좋은 해답을 얻기 위해 협의하는 말하기 • 토론 : 어떤 논제에 관하여 찬성자와 반대자가 각자 논리적인 근거를 발표하고, 상대방의 논거가 부당하다는 것을 명백하게 하는 말하기
의례적 말하기	정치적 · 문화적 행사에서와같이 의례 절차에 따른 말하기 ◉ 식사, 주례, 회의 등
친교적 말하기	매우 친근한 사람들 사이의 가장 자연스러운 상태에서 떠오르는 대로 주고받는 말하기

3. 의사표현의 중요성

의사표현을 통해 우리의 이미지가 형상화되므로, 말하는 표현을 바꿈으로써 자기 자신의 이미지도 바꿀 수 있음

대표 예제 01

다음 중 의사표현에 대한 설명으로 옳은 것은?

① 의사표현 중 신체의 한 부분인 표정, 손짓, 발짓, 몸짓 따위로 표현하는 것을 음성언어라고 한다.
② 의사표현을 통해 자신의 이미지를 바꿀 수 있다.
③ 사전에 준비된 내용을 대중 상대로 말하는 것은 의례적 말하기이다.
④ 의사표현의 종류에는 공식적인 말하기와 의례적인 말하기가 있고, 친구들끼리의 사적인 대화는 포함되지 않는다.
⑤ 여러 사람이 모여서 공통의 문제에 대하여 가장 좋은 해답을 얻기 위해 협의하는 말하기는 토론이다.

정답 | ②

해설 | 의사표현을 통해 우리의 이미지가 형상화되므로 말하는 표현을 바꿈으로써 자기 자신의 이미지도 바꿀 수 있다.

오답체크

① 의사표현 중 신체의 한 부분인 표정, 손짓, 발짓, 몸짓 따위로 표현하는 것을 신체언어라고 한다.
③ 사전에 준비된 내용을 대중 상대로 말하는 것은 공식적 말하기이다.
④ 의사표현의 종류에는 공식적인 말하기와 의례적인 말하기가 있고, 친구들끼리의 사적인 대화 또한 친교적 말하기로 의사소통의 한 종류이다.
⑤ 여러 사람이 모여서 공통의 문제에 대하여 가장 좋은 해답을 얻기 위해 협의하는 말하기는 토의이다.

4. 의사표현에 영향을 미치는 비언어적 요소

① **연단공포증** : 면접이나 발표 등 청중 앞에서 말을 해야 하는 상황일 때 가슴이 두근거리고 식은땀이 나는 생리적 현상으로, 소수 사람의 심리상태가 아닌 90% 이상의 사람들이 호소하는 불안

② **말** : 의사표현은 기본적으로 '말하기'이기 때문에 말하는 이가 전달하려는 메시지의 내용만큼이나 '비언어적' 측면 역시 중요함

③ **몸짓** : 비언어적 요소는 말의 장단, 발음, 속도뿐 아니라 화자의 몸짓, 표정, 신체적 외모 등도 포함

④ **유머** : 의사표현을 더욱 풍요롭게 할 수 있도록 도와주지만, 갑작스럽게 유머를 포함한 의사표현이 가능한 것은 아니며, 평소 일상생활 속에서 유머 감각을 훈련하여야만 자연스럽게 상황에 맞는 유머를 즉흥적으로 구사할 수 있음

대표 **예제 02**

다음은 M의 고민 내용이다. M에게 해줄 수 있는 조언으로 적절하지 않은 것은?

> M은 얼마 전 근처 학교에서 열린 청소년 인권 연설대회에 출전하였다. 학교 대표로 출전하게 된 M은 여러 친구의 격려를 받은 후 강당 무대에 섰다. 하지만 무대에 서자, 많은 사람이 M을 주목했고 M은 가슴이 두근거리고 입술이 타며 식은땀이 나기 시작했다. 그리고 밤새 준비한 연설 내용을 전부 잊어버리고 말았다.

① M은 청중 앞에서 말할 기회를 자주 가져야 할 것 같아.
② 가슴이 두근거릴 때 심호흡을 하며 안정을 찾는 것도 좋을 거야.
③ M과 같은 경우는 소수의 사람만 겪는 공포증인데, 심리현상을 잘 통제하면서 말을 하려고 노력해야 해.
④ 긴장할수록 말이 빨라질 수 있으니 천천히 말하려고 노력해야 해.
⑤ 마인드컨트롤을 통해 심리적 안정을 찾는 것도 좋은 방법이야.

5. 효과적인 의사표현 방법

① 화자는 자신이 전달하고 싶은 의도, 생각, 감정이 무엇인지 분명하게 인식해야 함
② 전달하고자 하는 내용을 적절한 메시지로 바꾸어야 함
③ 메시지를 전달하는 매체와 경로를 신중하게 선택해야 함
④ 청자가 자신의 메시지를 어떻게 받아들였는지 피드백을 받는 것이 중요함
⑤ 효과적인 의사표현을 위해서는 비언어적 방식을 활용하는 것이 좋음
⑥ 확실한 의사표현을 위해서는 반복적인 전달이 필요함

대표 **예제 03**

다음 중 효과적인 의사표현 방법으로 옳지 않은 것은?

① 효과적인 의사표현을 위해서는 몸짓을 섞어서 활용하는 것이 좋다.
② 확실한 의사표현을 위해서는 헷갈리지 않도록 한 번만 전달하는 것이 좋다.
③ 청자가 자신의 메시지를 어떻게 받아들였는지 피드백을 받는 것이 중요하다.
④ 화자는 자신이 전달하고 싶은 의도, 생각, 감정이 무엇인지 분명하게 인식해야 한다.
⑤ 메시지를 전달하는 매체와 경로를 신중하게 선택해야 한다.

정답 | ②
해설 | 확실한 의사표현을 위해서는 반복적인 전달이 필요하다.

6. 상황과 대상에 따른 의사표현 방법

상황	의사표현 방법
상대방의 잘못을 지적할 때	• 질책은 샌드위치 화법*을 사용하면 듣는 사람이 반발하지 않고 부드럽게 받아들일 수 있음 • 충고는 주로 예를 들거나 비유법을 사용하는 것이 효과적이며, 가급적 최후의 수단으로 은유적인 표현을 사용하는 것을 추천함
상대방을 칭찬할 때	• 칭찬은 상대방을 기분 좋게 만드는 의사표현 전략임 • 상대에게 정말 칭찬해 주고 싶은 중요한 내용을 칭찬하거나, 대화 서두에 분위기 전환 용도로 간단하게 칭찬하는 것이 좋음

상황	의사표현 방법
상대방에게 요구해야 할 때	• 부탁해야 하는 경우에는 상대방의 사정을 듣고 상대가 들어줄 수 있는 상황인지 확인하는 태도를 보여준 후, 응하기 쉽게 구체적으로 부탁해야 함. 물론 이때 거절을 당해도 싫은 내색을 해서는 안 됨 • 업무상 지시와 같은 명령을 해야 할 때는 '○○을 이렇게 해라!'라는 식의 강압적 표현보다는 '○○을 이렇게 해주는 것이 어떻겠습니까?'와 같은 청유식 표현이 훨씬 효과적임
상대방의 요구를 거절해야 할 때	• 먼저 요구를 거절하는 것에 대한 사과를 한 다음, 요구에 응해줄 수 없는 이유를 설명 • 요구를 들어주는 것이 불가능하다고 여겨질 때는 모호한 태도를 보이는 것보다 단호하게 거절하는 것이 좋음
상대방을 설득해야 할 때	설득은 상대방에게 나의 태도와 의견을 받아들이고 그의 태도와 의견을 바꾸도록 하는 과정으로 일방적인 강요는 금물

※ 샌드위치 화법 : '칭찬의 말', '질책의 말', '격려의 말'의 순서로, 질책을 가운데 두고 칭찬을 먼저 한 다음 마지막에 격려의 말을 하는 것

대표 **예제 04**

다음 중 상대방의 요구를 거절해야 할 때의 의사표현 방법으로 가장 적절한 것은?

① 적절한 변명을 대며 상대방이 잘 알아들을 수 없도록 모호한 태도로 거절한다.

② 불가능한 요구도 상대방을 생각해서 일단 받아들인 후 시간이 흐른 뒤에 거절한다.

③ 스스로 해야 한다며 충고를 한다.

④ 먼저 요구를 거절하는 것에 대한 사과를 한 다음, 응해줄 수 없는 이유를 설명한다.

⑤ 일단 요구를 받아들이고 이후에 일방적으로 할 수 없다고 통보한다.

정답 | ④
해설 | 상대방의 요구를 거절해야 할 때 먼저 요구를 거절하는 것에 대한 사과를 한 다음, 응해줄 수 없는 이유를 설명한다.

오답체크
①, ②, ⑤ 요구를 들어주는 것이 불가능하다고 여겨질 때는 모호한 태도를 보이는 것보다 단호하게 거절하는 것이 좋다.
③ 충고는 상대방의 잘못을 지적할 때 사용하는 의사표현 방법이다.

1. 경청능력

(1) 경청능력의 의미

① 상대방이 보내는 메시지 내용에 주의를 기울이고 이해를 위해 노력하는 행동을 의미함
② 경청을 통해 상대방은 우리가 얼마나 집중하고 있는지 알 수 있음
③ 경청은 대화의 과정에서 신뢰를 쌓을 수 있는 최고의 방법 중 하나임

(2) 경청의 종류

적극적 경청	소극적 경청
• 상대방의 이야기에 집중하고 있음을 행동을 통해 표현하며 듣는 것을 의미함 　예 상대방의 이야기를 들으며 손뼉을 치는 행위 • 상대방의 말 중 이해가 안 되는 부분을 질문하거나 자신이 이해한 내용을 확인하기도 하고, 때로는 상대의 발언 내용과 감정에 대해 공감할 수도 있음	• 상대방의 이야기에 특별한 반응을 표현하지 않고 수동적으로 듣는 것을 의미함 • 상대방이 하는 말을 중간에 자르거나 다른 화제로 돌리지 않고 상대의 이야기에 수동적으로 따라가는 것을 의미함

대표 예제 01

다음 중 경청에 대한 설명으로 옳지 않은 것은?

① 경청을 통해 상대방과의 대화 과정에서 신뢰를 쌓을 수 있다.
② 상대방의 말 중 이해가 안 되는 부분을 질문하는 것은 적극적인 경청이다.
③ 상대방의 말을 듣고 고개를 끄덕이거나 작게 반응하는 것은 소극적 경청에 해당한다.
④ 상대방은 경청을 통해 우리가 얼마나 집중하고 있는지 알 수 있다.
⑤ 경청은 상대방이 보내는 메시지 내용에 주의를 기울이고 이해를 위해 노력하는 행동을 의미한다.

정답 | ③
해설 | 상대방의 이야기에 집중하고 있음을 행동을 통해 표현하며 듣는 것은 적극적 경청에 해당한다.

(3) 경청의 올바른 자세

① 상대를 정면으로 마주하는 자세는 상대와 함께 의논할 준비가 되었음을 알리는 자세

② 개방적 자세(손이나 다리를 꼬지 않는 자세)를 취하는 것은 상대에게 마음을 열어놓고 있다는 표시

③ 상대방을 향하여 상체를 기울이는 자세를 통해 열심히 듣고 있다는 사실을 강조할 수 있음

④ 우호적인 눈의 접촉을 통해 자신이 관심을 가지고 있다는 사실을 알릴 수 있음

⑤ 비교적 편안한 자세를 취하는 것은 전문가다운 자신만만함과 아울러 편안한 마음을 상대방에게 전할 수 있음

(4) 경청의 방해 요인

짐작하기	• 상대방의 말을 듣고 받아들이기보다 자신의 생각에 들어맞는 단서들을 찾아 확인하는 것 • 상대방이 하는 말의 내용은 무시하고 자신의 생각이 옳다는 것만 확인하려 함
대답할 말 준비하기	• 상대방의 말을 듣고 곧 자신이 다음에 할 말을 생각하는 데 집중해 상대방이 말하는 것을 잘 듣지 않는 것 • 결국 자기 생각에 빠져서 상대방의 말에 제대로 반응할 수가 없게 됨
걸러내기	• 상대의 말을 듣기는 하지만 상대방의 메시지를 온전하게 받아들이는 것이 아니라 걸러 들으며 듣고 싶지 않은 메시지는 회피하는 것 • 상대방이 분노나 슬픔, 불안을 토로해도 상대방의 감정을 받아들이고 싶지 않을 때 상대방에게 아무 문제도 없다고 생각하게 됨
대화 중 다른 생각하기	대화 도중에 상대방에게 관심을 기울이는 것이 어려워지고 상대방이 말하는 동안에 자꾸 다른 생각을 하게 된다면, 이는 지금의 대화나 상황을 회피하고 있다는 위험한 신호임
판단하기	상대방에 대한 부정적인 선입견 때문에, 또는 상대방을 비판하기 위해 상대방의 말을 듣지 않는 것
조언하기	• 어떤 사람들은 지나치게 다른 사람의 문제를 본인이 해결해 주고자 함 • 상대가 원하는 것이 조언일 때도 있지만, 상대가 원하는 것이 공감과 위로였을 경우에 조언은 오히려 독이 될 수 있음 • 이러한 대화가 매번 반복된다면 상대방은 무시당하고 이해받지 못한다고 느끼게 되어 마음의 문을 닫아버리게 됨
언쟁하기	• 언쟁은 단지 논쟁을 위해서 상대방의 말에 귀를 기울이는 것을 의미함 • 언쟁은 상호 문제가 있는 관계에서 드러나는 전형적인 의사소통 패턴으로, 상대방이 무슨 주제를 꺼내든 말을 무시하고 자신의 생각만을 늘어놓거나 지나치게 논쟁적으로 행동함
자존심 세우기	자존심이 강한 사람은 자신의 자존심에 상처를 입힐 수 있는 내용에 대해 거부감이 강하기 때문에 자신의 부족한 점과 관련된 상대방의 이야기를 듣지 않음
슬쩍 넘어가기	• 대화가 너무 사적이거나 위협적이면 주제를 바꾸거나 농담으로 넘기려 함 • 문제를 회피하려 하거나 상대방의 부정적 감정을 회피하기 위해서 유머를 사용하여 상대방의 진정한 고민을 놓치게 됨
비위 맞추기	• 상대방을 위로하기 위해서 혹은 비위를 맞추기 위해서 너무 빨리 동의하는 것 • 의도는 좋지만, 상대방이 걱정이나 불안을 말하자마자 "그래, 당신 말이 맞아", "미안해, 앞으로는 안 할게"라고 말하면 상대방에게 자신의 생각이나 감정을 충분히 표현할 시간을 주지 못하게 됨

다음 대화에서 파악할 수 있는 경청 방해 요인은?

> A : 사실 오늘 아침에 동생이랑 싸웠어.
> B : 동생이랑 싸웠다니, 언니라면 동생한테 져줄 줄도 알아야지.
> A : 아니야. 오늘은 동생이 먼저 …
> B : 동생은 늘 너한테 져주는 편이잖아. 혹시 오늘 아침 네 태도가 잘못이었던 건 아닐까?

① 조언하기   ② 비위 맞추기

③ 언쟁하기   ④ 자존심 세우기

⑤ 대답할 말 준비하기

정답 | ①

해설 | 지나치게 다른 사람의 문제를 본인이 해결해 주고자 하는 행동은 경청의 방해 요인이 될 수 있다. 상대가
원하는 것이 공감과 위로였을 경우에 조언하는 것은 오히려 독이 될 수 있다.

(5) 경청 훈련 방법

① **주의 기울이기(예** 바라보기, 듣기, 따라하기)

　㉠ 상대방의 얼굴과 몸의 움직임뿐만 아니라 호흡하는 자세까지도 주의하여 관찰해야 함

　㉡ 상대방이 하는 말의 어조와 억양, 목소리의 크기까지도 귀를 기울임

② **상대방의 경험을 인정하고 더 많은 정보 요청하기** : 다른 사람의 메시지를 인정하는 것은 상대방
과 함께하며 인도하는 방향으로 따라가고 있다는 것을 언어적 · 비언어적인 표현을 통하여 상대
방에게 알려주는 행동

③ **정확성을 위해 요약하기**

　㉠ 요약하는 기술은 자신이 상대방의 말을 이해했는지 정보의 정확성을 확인하는 데 도움이 될
　　뿐만 아니라, 자신과 상대방의 메시지를 공유할 수 있도록 함

　㉡ 상대방의 요점에 대해서 자신의 말로 반복하는 표현과 자신의 요약을 확인 또는 명료화하기
　　위해 질문하는 표현을 사용할 수 있음

④ **개방적인 질문하기**

　㉠ 보통 '누가, 무엇을, 어디에서, 언제 또는 어떻게'로 시작함

　㉡ 개방적인 질문은 단답형의 대답이나 반응보다 상대방의 다양한 생각을 이해하고 상대방으로
　　부터 더 많은 정보를 얻기 위한 방법으로, 서로에 대한 이해도를 높일 수 있음

⑤ **'왜'라는 질문 피하기** : '왜'라는 질문은 보통 진술을 가장한 부정적 · 추궁적 · 강압적인 표현이므로
사용하지 않는 것을 추천함

대표 **예제 03**

다음 중 경청 훈련에 관한 내용으로 적절하지 않은 것은?

① 상대방의 얼굴과 몸의 움직임뿐만 아니라 호흡하는 자세까지도 주의하여 관찰하기

② 상대방의 경험을 인정하고 더 많은 정보 요청하기

③ 상대방에게 더 많은 정보 요청하기

④ 서로에 대한 이해도를 높이기 위해 단답형의 대답으로 반응하기

⑤ '왜?'라는 질문은 피하도록 하기

정답 | ④

해설 | 상대방의 다양한 생각을 이해하고 상대방으로부터 더 많은 정보를 얻기 위한 방법은 단답형의 대답이 아닌 개방적인 질문을 하는 것이다. 개방적인 질문을 통해 서로에 대한 이해도를 높일 수 있다.

(6) 공감적 반응

① 공감 : 상대방의 마음을 깊게 이해하고 느끼는 것을 의미하며, 상대방이 하는 말을 상대방의 관점에서 이해하고 그의 감정을 느끼는 것임

② 공감적 반응을 위한 노력

　㉠ 상대방의 이야기를 자신의 관점이 아닌 그의 관점에서 이해하려는 태도를 보여야 함

　㉡ 공감을 위해서는 상대방의 말 속에 담겨 있는 감정과 생각에 민감하게 반응해야 함

　㉢ 공감할 때는 대화를 통해 자신이 느낀 상대방의 감정을 전달해 주어야 함

2. 기초외국어능력

(1) 기초외국어능력의 의의

① 외국어로 된 간단한 자료를 이해할 수 있는 능력

② 외국인과의 전화 응대와 간단한 대화가 가능한 능력

③ 외국인의 의사표현을 이해하고 자신의 의사를 외국어로 표현할 수 있는 능력

④ 외국인과 간단하게 이메일이나 팩스로 업무 내용에 대해 상호 소통할 수 있는 정도를 의미함

(2) 기초외국어가 필요한 상황

① 전화, 메일 등 의사소통을 위해 외국어를 사용하는 경우

② 매뉴얼, 서류 등 외국어 문서를 이해해야 하는 경우

③ 필요한 정보를 얻기 위한 경우

(3) 외국인과의 의사소통에서 피해야 할 행동

① 상대를 볼 때 흘겨보거나 아예 보지 않는 행동

② 팔, 다리를 꼬는 행동

③ 표정 없이 말하는 것

④ 대화에 집중하지 않고 다리를 흔들거나 펜을 돌리는 행동

⑤ 맞장구를 치지 않거나, 고개를 끄덕이지 않는 것

⑥ 자료만 보는 행동

⑦ 바르지 못한 자세로 앉는 행동

⑧ 한숨을 쉬거나 하품하는 것

⑨ 다른 일을 하면서 듣는 것

⑩ 상대방에게 이름이나 호칭을 어떻게 할지 먼저 묻지 않고 마음대로 부르는 것

대표 **예제 04**

외국인과의 의사소통에서 피해야 할 행동을 〈보기〉에서 모두 고르시오.

〈보기〉
㉠ 하던 일을 멈추고 상대방의 말에 집중하는 행동
㉡ 오래 대화를 나누기 위해 편안한 자세로 의자에 기대어 앉는 행동
㉢ 상대방과 눈을 맞추며 흥미와 관심이 있음을 나타내는 행동
㉣ 친근함의 표시로 상대방의 이름을 부르는 행동

① ㉠, ㉡   ② ㉠, ㉢
③ ㉡, ㉣   ④ ㉠, ㉡, ㉢
⑤ ㉡, ㉢, ㉣

정답 | ③
해설 | 외국인과의 의사소통에 있어서 피해야 할 행동은 다음과 같다.
- 상대를 볼 때 흘겨보거나, 아예 보지 않는 행동
- 팔이나 다리를 꼬는 행동
- 표정 없이 말하는 것
- 대화에 집중하지 않고 다리를 흔들거나 펜을 돌리는 행동
- 맞장구를 치지 않거나, 고개를 끄덕이지 않는 것
- 자료만 보는 행동
- 바르지 못한 자세로 앉는 행동
- 한숨, 하품을 하는 것
- 다른 일을 하면서 듣는 것
- 상대방에게 이름이나 호칭을 어떻게 할지 먼저 묻지 않고 마음대로 부르는 것

대표 예제 05

다음은 영어 선생님이 학생들에게 조언하는 내용이다. 선생님의 조언으로 옳은 것은?

The important thing in studying English is understanding, not memorizing words. If you want to be good at English, you have to read many articles and books in English. The book I recommend is The Magic Finger. Nowadays, Korean students study English only to go to university. You have to think about the essence of studying English. Studying grammar and memorizing English words are not all about studying English.

① 영어 공부에서 중요한 것은 단어 암기이다.

② 영어를 잘하고 싶다면 우선 영상을 시청해야 한다.

③ 요즘 한국 학생들은 즐기면서 영어 공부를 한다.

④ 'The Magic Finger'라는 책을 추천하고 있다.

⑤ 영어에서 가장 중요한 것은 문법 공부이다.

정답 | ④

해설 | 아래는 영어 선생님의 조언을 해석한 내용이다.

영어 공부에서 중요한 것은 단어 암기가 아닌 이해입니다. 영어를 잘하고 싶다면 많은 영어로 된 기사, 책을 접해봐야 합니다. 제가 추천하는 책은 The Magic Finger라는 책이에요. 요즘 한국 학생들은 대학교에 가기 위해서만 영어 공부를 합니다. 영어 공부의 본질을 생각해봐야 해요. 문법 공부와 영어 단어 암기만이 영어 공부의 전부가 아닙니다.

영어 선생님은 영어를 잘하고 싶다면 영어로 쓰여진 책을 접해봐야 한다고 조언했다. 영어로 쓰여진 책 중 'The Magic Finger'라는 책을 언급하며 추천하고 있다.

SECTION 06   의사소통 응용

1. 내용 일치

(1) 유형 파악하기

① 지문과 선택지의 내용을 비교하여 일치 여부를 판단하는 유형으로, 의사소통영역에서 가장 빈번하게 출제됨

② 제시문에 따라 난이도가 다르므로 시간 분배가 중요함

(2) 문제 접근하기

① **첫·끝 문단에 집중하기** : 첫 문단과 끝 문단에 제시된 내용은 주로 선택지로 구성되거나 글 전체의 흐름을 알 수 있으므로 주의 깊게 살펴봐야 함

② 지문의 정보만으로 판단하기 : 이미 알고 있는 내용이 지문으로 등장하더라도 지문에 주어진 정보만으로 답을 찾아야 함

대표 예제 01

다음 중 글의 내용과 일치하는 것은? 한국전력공사

> 코로나19 팬데믹 시대에 대부분의 산업이 '코로나 불황기'를 거치고 있는 와중에 물류산업은 전례 없는 호황기를 누렸다. 코로나 전과 비교하여 택배 물동량은 21% 증가한 33.7억 박스를 기록했으며, 매출액 또한 전년 대비 19% 증가한 7.5조 원을 넘었다. 신규 등록 물류센터 수도 코로나 전과 비교하여 466개 증가했다. 1인 가구 증가와 베이비붐 세대가 온라인 시장으로 진입하며 나타난 소비 트렌드 변화가 물류산업의 성장을 견인했으며, 이커머스의 급속 성장도 물류 산업 성장에 영향을 끼친 것으로 나타났다.
> 코로나19 팬데믹 시대가 지나서도 물류 산업은 호황기를 이어가고 있다. 업계에서 자사의 인력과 시설을 활용하는 1PL 물류 체계에서 벗어나 제3의 물류 전문 기업에게 물류 사업을 이관하는 3PL에 대한 수요가 늘어나고 있어 이 또한 물류 산업 호황세에 도움을 주고 있다.
> 한편, 이러한 물류 산업의 호황에도 불구하고 업계에서는 산업 전망에 대한 우려의 목소리도 제기되었다. 대표적으로 공급 과잉의 우려, 집중 분포의 우려, 시설 전환의 우려가 제시되었다. 물류센터의 공급 과잉은 비대면 소비 패턴 고착과 D2C 트렌드의 부상으로 물류센터의 수요가 지속적으로 증가할 전망임에 따라 해결될 수 있다고 관측했으며, 수도권을 중심으로 한 집중 분포의 우려는 물류센터의 인허가 규제 강화 등의 이유로 해소되고 있는 추세이다. 더불어 최근 들어 물류에서 큰 비중을 차지하는 온라인 식품 배송 업체들이 새벽 배송 등 신선식품 유통망이 확대되면서 물류센터의 지역 분산은 더욱 가속화될 것으로 기대된다.

① 대부분의 산업은 코로나19 팬데믹 시대에 전례 없는 호황기를 누렸다.
② 택배 물동량과 매출액은 코로나 전과 비교하여 모두 감소하였다.
③ 최근 1PL에 대한 수요가 늘어나고 있다.
④ 물류센터의 집중 분포에 대한 우려는 정책 등의 이유로 점점 해소되고 있다.
⑤ 최근 들어 새벽배송 등 신선식품 유통망은 점차 축소되고 있다.

> **정답 |** ④
> **해설 |** STEP 01 **문제의 유형을 파악한다.**
> 지문과 선택지의 내용을 비교하여 일치 여부를 판단하는 유형으로, 의사소통영역에서 가장 빈번하게 출제된다.
> STEP 02 **문제에서 요구하는 사항을 가장 먼저 확인한다.**
> 글의 내용과 일치하는 것을 물어보는 문제인지, 일치하지 않는 것을 고르는 문제인지 파악해야 한다.
> STEP 03 **필요한 정보만을 찾아 비교한다.**
> 선지의 키워드를 중심으로 본문에 관련 내용이 있는지 찾은 후 비교해야 한다.
> ④ 선지 내용의 '정책'이라는 키워드를 본문에서 찾아 비교하면, 3문단에 '수도권을 중심으로 한 집중 분포의 우려는 물류센터의 인허가 규제 강화 등의 이유로 해소되고 있다.'를 통해 해당 내용이 옳은 내용임을 파악할 수 있다.

2. 내용 추론

(1) 유형 파악하기

① '내용 일치' 유형과 다르게 제시문에서 주어진 정보를 해석하는 것에서 나아가 이를 토대로 논리적 추리를 요구함
② 체감 난이도가 높으므로 꼼꼼하게 읽어야 함

(2) 문제 접근하기

① 주제와 먼 정답 찾기 : 제시문의 주제와는 상당히 거리가 먼 내용이나 주제와 반대되는 내용이 정답인 경우가 존재하므로 주제 위주로 제시문을 파악해서는 안 됨
② 모든 내용을 주의 깊게 읽기 : 주제나 중요 부분이 아닌 부분에서 추론을 요구할 수 있으므로 사례, 인용문 등과 같은 세부 내용을 중점으로 파악해야 함

대표 **예제 02**

다음 글을 통해 추론할 수 없는 것은?

한국전력공사

4차 산업혁명의 여러 서비스는 다방면에서 우리 일상을 점령하고 있다. 모바일, 클라우드, 빅데이터, 사물인터넷, 블록체인, 인공지능, 디지털 트윈 등은 4차 산업혁명의 다른 얼굴들이다.

1차 산업혁명은 석탄과 증기기관을 이용한 기계산업, 2차 산업혁명은 컨베이어 벨트와 전력을 사용하는 대량생산, 3차 산업혁명은 컴퓨터 기반의 자동화 생산시스템, 4차 산업혁명은 가상 물리 환경 기반의 정보기술 활용과 스마트 서비스 발전으로 대변된다. 4차 산업혁명의 가장 근본적인 특징은 모든 서비스가 디지털로 변환되어 공유될 수 있다는 점인데, 이는 연결되고 공유할 수 있어야만 구현되는 서비스이기 때문이다.

모바일은 노트북이나 데스크톱의 활용성을 넘어 스마트폰 컴퓨팅으로 성숙됐고, 스마트폰은 AR · VR 서비스로 진화하고 있다. 스마트폰의 론칭은 관심이 높지만 새로운 노트북이나 최신 데스크탑의 론칭은 흥미를 부르지 못한다. 홈페이지로 지원하는 서비스는 빗살무늬 토기나 민무늬 토기처럼 단조롭게 느껴진다. 앱은 원 소스 멀티 유즈(One Source Multi-Use)로 개발되고 안드로이드나 iOS, 윈도우나 리눅스에서 한 번에 서비스될 수 있게 된다. 사용한 언어가 무엇인지 중요하면서도 중요하지 않게 된다. 결국은 타임 투 마켓(Time to Market)이기 때문이다.

현대에는 컴퓨터가 고장나서가 아니라 느려져서 바꾸고 있다. 스마트폰도 마찬가지다. 실행 속도가 더 빠른 5G 서비스를 누리기 위해 바꾸는 것이지 폰이 망가져서 바꾸는 게 아니다. 사회는 빠른 것이 느린 것을 잡아먹는 시대에 진입해 있다.

클라우드는 아직도 많은 우려를 갖고 진행된다. 정보재의 특성이 가장 큰 우려를 만들고 있는데, 중요 정보의 소유와 관리, 보안에 대하여 상이한 관점이 존재하기 때문이다. 그러나 이 또한 선택의 문제다. 궁극적으로 대부분의 자료는 클라우드로 가게 된다. 데이터는 연결되고 공유되어야 가치가 완성되기 때문이다.

① 4차 산업혁명의 여러 서비스는 디지털 변환을 통하여 연결·공유·구현된다.

② 3차 산업혁명의 대표적인 서비스는 컴퓨터 기반의 자동화 생산시스템인 모바일이다.

③ 현대인은 전자기기의 실행 속도를 중요시한다.

④ 중요 정보재를 활용하는 방식에 있어서 서로 다른 관점이 존재하기 때문에 클라우드는 현재에도 우려를 갖고 있다.

⑤ 스마트폰에서 구동되는 앱은 안드로이드나 iOS, 윈도우 등 OS의 차이에 구애받지 않고 서비스된다.

정답 | ②

해설 | STEP 01 문제의 유형을 파악한다.

'내용 일치'와 달리 주어진 정보를 해석하고 이를 토대로 논리적인 추리를 요구한다.

STEP 02 내용을 주의 깊게 읽어야 한다.

주제나 중요 부분이 아닌 부분에서 추론을 요구할 수 있으므로 모든 내용을 주의 깊게 읽어야 한다. 1문단에 의하면 '모바일'은 4차 산업혁명의 다른 얼굴 중 하나이므로 3차 산업혁명의 대표적인 서비스라고 할 수 없다.

오답체크

① 2문단에 따르면 4차 산업혁명의 근본적인 특징은 모든 서비스가 디지털로 변환되어 공유될 수 있다는 점인데, 이는 연결되고 공유될 수 있어야만 구현되는 서비스를 갖는다.

③ 4문단에서 현대에는 컴퓨터가 고장 나서가 아니라 느려져서 바꾸고 있고 스마트폰의 경우도 스마트폰이 망가져서가 아니라 실행 속도가 빠른 서비스를 누리기 위해 교환한다고 언급한다. 이는 현대인이 전자기기의 실행 속도를 중요시한다는 것을 알 수 있다.

④ 마지막 문단에서 클라우드에 대한 우려를 설명하며 정보재의 특성이 가장 큰 우려를 만들고 있고, 이는 중요 정보의 소유와 관리, 보안에 대하여 상이한 관점이 존재하기 때문이라고 언급한다.

⑤ 3문단에서 앱은 원 소스 멀티 유즈(One Source Multi-Use)로 개발되고 안드로이드나 iOS, 윈도우나 리눅스에서 한번에 서비스된다고 언급한다.

---

3. 주제·제목 찾기

(1) 유형 파악하기

① 글의 요지를 파악하는 문제가 출제됨

② 전체적인 내용을 종합할 수 있어야 하며, 논설문의 경우 글쓴이가 궁극적으로 전달하고자 하는 바를 찾아야 함

③ 최근에는 찾은 주제를 토대로 글의 요지를 유추해야 하는 문제가 출제되기도 함

(2) 문제 접근하기

① 중심 내용 위주로 파악하기

㉠ 세부 내용을 꼼꼼히 파악하는 것보다 문단의 중심 내용 위주로 파악하는 것이 시간 단축의 지름길임

㉡ 제시문에 '첫째~, 둘째~, 마지막으로~' 등과 같은 표현들이 나온다면 이 문장들이 제시문의 중심 내용이 되기 때문에 이를 중점적으로 살펴봐야 함

② 첫·마지막 문장에 집중하기
　　㉠ 제시문의 첫·마지막 문장은 주제를 말하고 있을 확률이 높음
　　㉡ 하지만 최근 출제 경향을 분석해봤을 때, 주제와 상반된 내용을 담고 있는 경우도 있으니 주의
　　　해야 함

대표　예제 03

다음 글의 주제로 가장 적절한 것은?

> 기술의 발전은 인간과 사회에 긍정적인 영향과 부정적인 영향을 동시에 미친다. 그렇기 때문에 기술에 대한 사회적 통제의 필요성은 끊임없이 제기되었는데, 이를 위한 국가 정책 수단으로 대표적인 것이 바로 기술 영향 평가(technology assessment)이다. 기술 영향 평가는 전문가와 이해 당사자 및 일반 시민들이 특정 기술의 사회적 영향을 평가한 뒤, 긍정적 영향은 극대화하고 부정적 영향은 최소화할 수 있도록 기술 변화의 방향과 속도를 통제하는 것을 목표로 한다.
>
> 초창기의 기술 영향 평가는 이미 개발된 기술이 사회에 미치는 영향을 사후에 평가하고 처방하는 데 주력하는 경향이 강했다. 그러나 이러한 사후적 평가·처방은 기술에 대한 '통제의 딜레마' 문제에 부딪히게 되었다. 통제의 딜레마란 기술 영향 평가를 통해 어떤 기술에 문제가 많다고 판단되더라도, 그 기술의 개발이 이미 상당히 진행되어 있는 상태라면 그것을 중단시키는 일이 거의 불가능함을 말한다. 결국 이로 인해 사후적 기술 영향 평가는 원래의 목적을 달성하는 데 한계를 드러내게 되었다. 이를 극복하고자 기술 개발의 전 과정에 대한 지속적인 평가를 통해 기술 변화가 사회적으로 바람직한 방향으로 이루어지도록 적극적으로 유도하는, 사전적이고 과정적인 기술 영향 평가가 새롭게 등장하였다. 이 새로운 기술 영향 평가는 기술 개발의 과정에 초점을 둠으로써 기술 통제의 측면에서 보다 나은 평가를 받고 있다.
>
> 그러면 새로운 기술 영향 평가는 통제의 딜레마를 완전히 해결했는가? 그렇게 보기는 어렵다. 기술 발전의 방향은 불확실성이 많아 사전적이고 과정적인 평가조차도 그 영향을 정확히 예측하기 힘들기 때문이다. 또한 적절한 정책을 실시한다고 하더라도 오히려 그 정책이 의도치 않은 결과를 낳을 수도 있다. 그럼에도 불구하고 사회적 영향이 점점 더 커지고 있는 기술들에 대한 평가와 통제의 필요성을 감안한다면 이 기술 영향 평가는 현재로서 우리가 취할 수 있는 최선의 기술 정책 수단이라고 할 수 있다.

① 사후적 기술 영향 평가를 통해 통제의 딜레마를 해결할 수 있다.
② 기술 발전 방향의 불확실성은 사전적·과정적 기술 영향 평가로 통제의 딜레마를 완전히 해결했다.
③ 전통적 기술 영향 평가는 통제의 딜레마로 인해 본 목적을 달성하지 못했다.
④ 사전적·과정적 기술 영향 평가는 현재로서는 기술이 사회적으로 바람직한 방향으로 발전하도록 통제하는 최선의 정책 수단이다.
⑤ 통제의 딜레마는 기술 영향 평가라는 정책 수단을 통해 기술의 발전 방향을 통제할 수 없음을 보여준다.

4. 빈칸 추론

(1) 유형 파악하기

① 제시문 속 빈칸에 문장 혹은 문단을 끼워 넣는 유형으로 글의 흐름을 파악해야 함

② 기존에는 앞뒤 문장만 파악해도 빈칸을 찾을 수 있는 문제가 많이 출제되었으나 최근에는 제시문
전체를 파악해야지만 빈칸을 추론할 수 있는 문제가 출제되고 있음

③ 빈칸의 전후 맥락을 고려하여 가장 매끄럽게 연결되는 것을 선택해야 함

(2) 문제 접근하기

① 세부 설명 · 예문에 집중하기

㉠ 빈칸 추론 문제에서 가장 집중해서 봐야 할 부분은 빈칸 앞뒤에 있는 세부 설명과 예문임

㉡ 제시문 전체를 이해하기 어려울 경우 빈칸의 앞과 뒤에 위치한 세부 설명과 예문에 집중한다면
빈칸을 채울 수 있음

② 빈칸이 여러 개인 경우

㉠ 중간 단락의 빈칸을 먼저 확인함

㉡ 빈칸 추론 문제는 해당 문단 하나만 봐서는 정답을 찾기 어려운 경우가 많으므로 다른 빈칸들
과 계속 연결해 가면서 가장 적절한 답을 골라야 함

③ 빈칸이 마지막에 위치한 경우

㉠ 이 유형의 문제는 빈칸 추론보다는 제시문의 주제를 찾는 문제일 확률이 높음

㉡ 일부 문단이 아니라 제시문 전체를 관통하는 주제를 찾아야 함

대표 예제 04

제시된 글을 보고 〈보기〉의 내용이 들어갈 곳으로 가장 적절한 것을 고르면? [한국철도공사]

국민의 건강을 위해 정부가 어디까지 개입해야 하는가에 대한 논의는 종종 타인에게 피해를 입히는 행동을 막기 위함이라도 정부가 강압적인 권력을 행사해서는 안 된다는 존 스튜어트 밀의 원칙을 기반으로 삼고 있다. 만약 밀이었다면 담뱃갑에 경고 문구나 손상된 폐의 이미지를 실어야 한다는 주장에 동의하더라도 담배 판매를 전면 금지해야 한다는 주장에는 반대했을 것이다.

밀은 개인의 자유를 옹호하면서 개인이야말로 최고의 재판관이며 자신의 이익에 대한 최고의 수호자라고 본다. 이러한 생각은 오늘날의 상황에서 보자면 순진한 발상에 불과하다. 현재의 광고 기술은 밀의 시대와 우리의 시대를 완전히 갈라놓고 있다. 오늘날의 기업들은 지위와 매력, 사회적 인정을 얻고자 하는 사람의 무의식적 욕망을 자극함으로써 유해한 상품들을 팔고 있다. 특히 담배 회사들은 제품의 특성을 악용함으로써 중독성을 극대화하는 기술을 개발하고 있다.

이에 맞서 담배의 유해성을 경고하는 효과적인 방법은 무엇일까. 흡연의 피해를 시각적으로 보여주는 담뱃갑의 이미지는 무의식을 공략하는 유혹의 힘과 균형을 맞춰야 효과를 볼 수 있을 것이다. 이는 신중한 의사결정을 유도하고 기존의 많은 흡연자가 금연 결심을 지킬 수 있도록 도와줄 것이다. 우리는 이러한 규제를 표현의 자유에 대한 제약으로 생각할 것이 아니라 개인 소비자, 그리고 인간의 이성에 호소하지 않는 담배 대기업 사이의 경기장을 평평하게 만들기 위한 효과적인 방안으로 받아들여야 한다. (   )

① 담뱃갑에 경고 문구나 손상된 폐의 이미지를 담아서 판매해야 하는 규제는 정부의 강압이다.
② 담뱃갑의 흡연 피해 이미지는 금연에 도움을 준다.
③ 담뱃갑에 경고 문구와 시각 이미지를 담아서 판매해야 한다는 요구는 우리의 이성적인 측면에 평등한 기회를 보장하기 위한 법률적 방안이다.
④ 현재의 광고 기술은 담배의 유해성을 경고하는 데 큰 도움을 준다.
⑤ 정부는 담뱃갑의 경고 문구나 시각 이미지로 개인의 자유를 규제해서는 안 된다.

정답 | ③

해설 | STEP 01 **문제의 유형을 파악한다.**
제시문 속 빈칸에 들어갈 문장을 찾되, 빈칸이 제시문의 가장 마지막에 위치하므로 제시문의 주제를 찾아야 한다.

STEP 02 **글의 주제를 찾아야 하므로 제시문을 전체적으로 파악한다.**
주어진 제시문은 개인의 자유가 자신의 이익을 최대한 실현할 것이라 생각했던 밀의 시대와 달리 현대의 기업은 다양한 방법으로 개인의 욕망을 자극하고 판단력을 흐리고 있으며, 따라서 담뱃갑의 경고 문구 및 혐오스러운 이미지 등을 부착하도록 하는 정부의 규제는 대기업에 비해 약자에 입장일 수밖에 없는 개인을 대기업과 정당하게 맞설 수 있도록 돕는 장치에 해당한다고 주장하는 내용이다.

STEP 03 **제시문의 주제를 찾는다.**
제시문은 담뱃갑에 건강 관련 경고 문구 및 혐오스러운 이미지 등을 부착하도록 하는 정부의 규제가 밀이 중시했던 '자유'에 대한 제약이 아니라, 대기업의 상대로 불리한 위치일 수밖에 없는 개인을 도와 국민의 건강을 확보하기 위한 정부의 법률적 방책이라는 주장을 담고 있다. 따라서 빈칸에 들어갈 내용으로 가장 적절한 것은 ③이다.

5. 문장의 삽입

(1) 유형 파악하기

① 긴 제시문과 〈보기〉로 문장이 주어지고 이 문장을 제시문 사이에 위치한 빈칸 중 가장 적절한 위치에 넣는 유형

② 빈칸의 앞뒤 문장으로만 문제를 풀려고 할 경우 이는 문제 풀이를 더욱 어렵게 만듦

(2) 문제 접근하기

① 〈보기〉의 문장을 제시문 속 빈칸에 모두 넣어보기 : 해당 문장을 제시문 속 빈칸에 넣어보고 문맥을 고려하여 가장 적절한 위치를 찾아야 함

② 마지막 빈칸까지 모두 넣어 확인해야 함

대표 예제 05

제시된 글을 보고 〈보기〉의 내용이 들어갈 곳으로 가장 적절한 것을 고르면?   `한국전력공사`

지진해일(이하 쓰나미)은 해양 지각이 상승하거나 하강하면서 해수면을 높이거나 낮추어서 파도를 발생시키고 이 파도가 연안으로 접근하면서 바닷물이 육지를 덮는 현상이다. 따라서 수심이 깊은 곳에서 큰 요동이 발생하면 해안가에서는 출렁이는 바닷물이 모두 밀려와 파도가 급격히 높아지게 된다. 쓰나미는 화산 분화나 해저 산사태 등으로 발생하지만 대부분은 지진의 여파다. 규모 7.5 이상의 지진이 발생해야 쓰나미가 일어나는데 이는 지각을 크게 흔들어 해안까지 바닷물을 보낼 정도이다. 하지만 규모 6.5 지진에서도 2차적인 요인이 더해지면 쓰나미가 발생하기도 한다. (㉠)

기상청 분석에 따르면 동해안 해안가에 규모 6.6 이상 지진이 발생하면 한반도에 0.5m 높이의 쓰나미가 발생할 것으로 예측되며, 수심이 낮아 규모가 큰 지진이 발생하기 어려운 서해에서는 규모 7.2 이상 지진이 발생하면 한반도에 0.5m 높이의 쓰나미가 발생할 것으로 예측된다. (㉡) 한반도 주변은 규모 6.6 이상 지진이 발생할 가능성이 크지는 않다. 따라서 쓰나미가 발생 가능성도 높지는 않다. (㉢) 하지만 동해의 동쪽 끝이자 일본 서쪽 해안은 경계지역으로 한반도 주변에서 규모가 큰 지진이 발생할 가능성이 가장 큰 지역이다. 이 지역에서 규모 7.5~7.8 이상 지진이 발생하면 한반도에도 영향을 주는 것으로 분석되었다. (㉣) 가장 최근에 발생한 쓰나미는 1993년 규모 7.8의 지진으로 인해 동해안에 발생한 최대 높이 3m의 쓰나미이다. 그 다음은 1983년에 규모 7.7의 지진이 일으킨 쓰나미로 2~5m의 높은 파도가 70km 해안에 걸쳐 발생했다. 이 쓰나미로 인해 1명이 사망하고 2명이 실종되는 등 인명피해가 발생했다. (㉤)

〈보기〉

실제로 이 지역에 지진이 발생하여 한반도가 쓰나미를 겪은 사례가 1900년대 네 차례 있었다.

① ㉠

② ㉡

③ ㉢

④ ㉣

⑤ ㉤

정답 | ④

해설 | **STEP 01 문제의 유형을 파악한다.**

앞뒤 문장과의 의미 관계를 바탕으로 〈보기〉의 내용이 들어갈 위치를 추론하는 문제이다.

STEP 02 앞뒤 문장 사이의 의미 관계 추측하기

앞뒤 문장과 논리적으로 이어지면서 글 전체의 통일성을 해치지 않는 위치에 〈보기〉의 내용이 들어가야 한다. 문장 사이의 의미 관계는 나열, 대조, 선택, 이유, 조건, 의도, 결과 등 다양하다.

〈보기〉에 제시된 문장은 한반도가 1900년대에 쓰나미를 네 차례 겪었다는 내용이다. ⓔ 문장 앞에서는 일본에서 일어난 지진이 한반도에 영향을 주는 것을 설명하였고, ⓔ 문장 뒤에서는 한반도에 최근 발생한 쓰나미와 그 이전에 발생한 쓰나미에 대해 설명하고 있다. 따라서 〈보기〉의 문장은 ⓔ에 들어가는 것이 문맥상 자연스럽다.

PLUS

앞뒤 문장의 접속사를 파악하기

접속사가 있다면 역접, 순접, 병렬 등 기능에 따라 빠르게 문제 풀이를 할 수 있다. '그러나'가 나온다면 앞 문장과 상반된 의미의 문장이 올 수 있고, '그리고' 혹은 '그래서'가 온다면 앞 문장과 이어지는 의미의 문장이 온다는 것을 알 수 있다.

6. 문장·문단의 배열

(1) 유형 파악하기

① 순서가 뒤바뀐 문장·문단을 맥락에 맞게 재배열하는 유형

② 제시문의 전체적인 흐름을 파악하는 동시에 키워드를 중심으로 전후 관계를 고려

(2) 문제 접근하기

① 접속사와 지시어

　㉠ '또한', '하지만'과 같은 접속어로 시작하는 문장은 절대 첫 번째에 오지 않음

　㉡ 접속사나 지시어가 문두에 오는 경우 이를 통해 앞 문장이나 문단을 유추할 수 있음

② 주제문 찾기 : 문단 배열하기 문제 유형에서는 주제문이 마지막에 위치하지 않은 경우가 있지만, 문장 배열하기 문제 유형에서는 대부분 주제문이 마지막에 위치

T I P **글의 주요 전개 방식**

- 시간의 흐름은 과거-현재-미래 순서
- 글의 논제에 관한 질문 후 그에 대한 답변을 서술
- 사건은 발단-전개-결말 순서
- 일반적이고 포괄적인 진술 후 구체적인 사례 등을 부연 설명함

다음 중 ㉠~㉤의 순서를 적절하게 배열한 것은?

한국철도공사

㉠ 그러나 이러한 관점에서의 자유를 밀의 '자유론'에 적용하여 부당한 정치권력으로부터의 자유로 간주하는 것은 바람직하지 않다. 왜냐하면, 밀은 이미 민주주의가 수립된 시기에 살았기 때문이다.

㉡ 밀은 민주주의 국가에서도 언제든 다수의 시민이 소수를 억압함으로써 자유를 침해하는 문제가 존재할 수 있음을 간파하였다.

㉢ 자유는 전통적으로 지배자의 권력과 피지배자의 투쟁과 연관되어 있다. 즉, 자유란 지배자의 폭정으로부터의 자유를 뜻했다.

㉣ 다시 말해 밀은 이미 민주화로 인하여 정치적 자유가 확보된 상황에서 '자유론'을 저술하였다.

㉤ 그렇다면 밀이 '자유론'을 집필했던 이유는 무엇이고 그의 자유는 어떤 의미일까?

① ㉡-㉠-㉤-㉢-㉣
② ㉡-㉤-㉠-㉣-㉢
③ ㉢-㉠-㉣-㉤-㉡
④ ㉢-㉡-㉤-㉠-㉣
⑤ ㉢-㉤-㉠-㉡-㉣

정답 | ③

해설 | STEP 01   첫 문장을 찾는다.

가장 먼저 자유의 의미가 언급된 ㉢이 처음에 위치해야 한다.

STEP 02   남은 문장의 순서를 배열하여 전체 글을 조합한다.

이어서 이러한 관점에서의 자유와 자유론 속 자유가 다름을 설명하고 있는 ㉠이 와야 하고 이를 부연 설명하는 ㉣이 그 뒤에 와야 한다. 뒤이어 밀이 '자유론'을 집필한 이유에 대해 반문한 ㉤이 나오고 마지막으로 밀이 '자유론'을 집필한 사유인 ㉡이 나온다. 따라서 주어진 문장을 문맥에 맞게 배열하면 ㉢-㉠-㉣-㉤-㉡이다.

7. 실용문 이해·도표 해석

(1) 유형 파악하기

① 일상생활이나 업무상 접하게 되는 실용문이 자료로 주어지는 유형

② 문제해결능력과 유사하게 간단한 계산이 필요한 문제도 출제될 수 있음

③ 약관이나 법조문 등에는 낯선 용어가 등장할 수 있음

(2) 문제 접근하기

① 항목별 제목

  ㉠ 번호를 붙여 선택지와 연관시키면서 문제 풀이

  ㉡ 난이도는 오히려 낮음

② **법률 용어** : 일상에서는 구별 없이 쓰는 단어라도 법률 용어는 의미상 차별이 있는 경우가 존재하므로, 선택지의 내용을 판단하거나 상황 대입 시 주의해야 함

③ 각주와 단서

  ㉠ 각주가 들어 있는 규정이 있다면 가장 우선적으로 파악해야 함

  ㉡ 각주는 주로 예외 사항을 다루는데, 문제에서는 대부분 예외 사항을 묻기 때문에 주의해서 읽어야 함

④ **표·그림** : 문제를 읽는 단계보다는 선택지와 연관시켜 문제를 풀이할 때 꼼꼼하게 확인하는 것이 시간 단축에 유리

다음 A기업의 정보공개업무 운영기준의 일부 내용을 읽고 바르게 이해한 것은? 한국동서발전

제○○조(정보공개방법) ① 정보의 공개는 다음 각 호의 방법으로 한다.

1. 문서 · 도면 · 사진 등은 열람 또는 사본의 교부

2. 필름 · 테이프 등은 시청 또는 인화물 · 복제물의 교부

3. 마이크로필름 · 슬라이드 등은 시청 · 열람 또는 사본 · 복제물의 교부

4. 전자적 형태로 보유 · 관리하는 정보 등은 파일을 복제하여 정보통신망을 활용한 정보공개시스템으로 송부, 매체에 저장하여 제공, 열람 · 시청 또는 사본 · 출력물의 교부

5. 이미 공개된 정보의 경우 그 정보 소재(所在)의 안내

② 전자적 형태로 보유 · 관리하는 정보에 대하여 청구인이 전자적 형태로 공개하여 줄 것을 요청하는 경우에는 그 정보의 성질상 현저히 곤란한 경우를 제외하고는 청구인의 요청에 따라야 한다.

③ 전자적 형태로 보유 · 관리하지 아니하는 정보에 대하여 청구인이 전자적 형태로 공개하여 줄 것을 요청하는 경우에는 정상적인 업무수행에 현저한 지장을 초래하거나, 그 정보의 성질이 훼손될 우려가 없으면 그 정보를 전자적 형태로 변환하여 공개할 수 있다.

④ 정보를 공개할 때 본인 또는 그 정당한 대리인임을 확인할 필요가 없는 경우에는 청구인의 요청에 의하여 제1항 각 호의 사본 · 출력물 · 복제물 · 인화물 또는 복제된 파일을 우편 · 팩스 또는 정보통신망을 이용하여 보낼 수 있다.

⑤ 정보를 공개하는 때에는 타인의 지적 소유권, 사생활의 비밀, 그 밖에 타인의 권리 또는 이익이 부당하게 침해되지 아니하도록 유의하여야 한다.

⑥ 정보공개 청구대상이 이미 널리 알려진 사항이거나, 청구량이 과다하여 정상적인 업무수행에 현저한 지장을 초래할 경우 소관 업무부서장의 결정으로 공개일시, 장소, 방법 등에 대하여 일부 제한을 할 수 있다.

---

① 슬라이드 자료 공개 요청 시 자료가 저장된 매체를 제공받거나 정보 소재를 안내받을 수 있다.

② 전자적 형태로 정보를 보유하거나 관리하지 않는 경우 전자적 형태로 변환하여 제공하는 것은 원칙에 어긋난다.

③ 정보공개 청구인의 신원 확인이 필요하지 않은 정보는 정보통신망을 통하여 해당 정보의 복제 파일을 전송할 수 있다.

④ 정보공개 청구량이 과다하여 업무수행에 지장을 주는 경우 소관 업무부서장의 결정하에 공개를 거절할 수 있다.

⑤ 정보를 공개하는 때에는 공개자의 권리 또는 이익이 부당하게 침해되지 아니하도록 유의하여야 한다.

정답 | ③

해설 | **STEP 01   제시문의 성격을 파악한다.**

법 관련 제시문임에 유의한다.

STEP 02   선택지와 연관시키면서 문제 풀이를 한다.

제4항에 의하면 정보를 공개할 때 본인 또는 그 정당한 대리인임을 확인할 필요가 없는 경우에는 복제된 파일을 정보통신망을 이용하여 보낼 수 있다.

오답체크

① 제1항 제3호에 의하면 슬라이드 등은 시청·열람 또는 사본·복제물로 교부한다. 매체에 저장한 형태로 제공받는 경우는 전자적 형태로 보유·관리하는 정보이며(제4호), 정보 소재를 안내하는 경우는.이미 공개된 정보의 경우이다(제5호).

② 제3항에 의하면 전자적 형태로 보유·관리하지 않는 정보를 전자적 형태로 공개하여 줄 것을 요청하는 경우, 정상적인 업무수행에 현저한 지장을 초래하거나 그 정보의 성질이 훼손될 우려가 없을 시 전자적 형태로 변환하여 공개할 수 있다.

④ 제5항에 의하면 정보공개 청구대상이 이미 널리 알려진 사항이거나, 청구량이 과다하여 정상적인 업무수행에 현저한 지장을 초래할 경우 소관 업무부서장의 결정으로 공개일시, 장소, 방법 등에 대하여 일부 제한을 할 수 있다.

⑤ 제5항에 정보를 공개하는 때에는 타인의 지적 소유권이 침해되지 아니하도록 유의하여야 한다고만 언급하였다.

8. 어휘

(1) 동의어&유의어

① 유형 파악하기

ㄱ 대체할 수 있는 단어를 찾는 문제 유형

ㄴ 지문에 여러 개의 단어를 지목하고, 각각의 단어를 대체할 수 없는 것을 고르는 유형으로도 출제

ㄷ 단독으로 출제되기도 하지만 독해 문제와 함께 연결형으로 출제되기도 함

② 문제 접근하기 : 단어만 주어지는 경우 해당 단어를 모르면 답을 찾을 수 없지만, 지문 내의 특정 단어를 지목하는 문제는 글의 맥락을 통해 단어의 의미를 유추할 수 있음

③ 다의어

ㄱ 특정 단어의 의미가 동일한 경우를 찾는 문제 유형

ㄴ 소리는 같으나 뜻이 다른 단어인 동음이의어가 섞여서 출제되기도 함

ㄷ 제시문을 주고 해당 문장의 단어 뜻과 같은 문장을 고르는 유형 또는 선택지에서 의미가 다른 하나를 고르는 유형으로 출제

ㄹ 다의어는 기본 의미에서 의미가 파생된 경우가 많으므로 의미 차이가 다소 모호할 수 있음

ㅁ 다른 단어로 대체해서 판단하는 방법이 가장 명확함

(2) 반의어

① 유형 파악하기

　ⓐ 의미가 상대적인 단어를 고르는 유형

　ⓑ 유의어 문제 유형과 유사한 형태로 출제

② 문제 접근하기

　ⓐ 유의어 문제 유형과 접근 방식은 유사함

　ⓑ 맥락상 의미를 파악하더라도 제시된 단어의 뜻을 모르면 답을 찾을 수 없으므로 기출 어휘 중
　　심으로 헷갈리는 단어를 정리하는 것이 좋음

대표 예제 08

다음 중 제시문의 밑줄 친 ⓐ과 가장 유사한 의미로 사용된 것은?　　한국동서발전

> 사무실의 방충망이 낡아서 파손되었다면 세입자와 사무실을 빌려 준 건물주 중 누가 고쳐야 할까?
> 이 경우, 민법전의 법조문에 의하면 임대인인 건물주가 수선할 의무를 ⓐ진다. 그러나 사무실을 빌
> 릴 때, 간단한 파손은 세입자가 스스로 해결한다는 내용을 계약서에 포함하는 경우도 있다.

① 친구에게 계속 신세만 지기가 미안하다.

② 나는 팀의 대표로서 큰 부담을 지고 있다.

③ 옷에 얼룩이 진 상태로 집으로 향했다.

④ 감당하기 어려운 빚을 지고 있다.

⑤ 중국과 축구에서 1:0으로 지고 있다.

정답 | ②

해설 | **STEP 1　문제 유형을 파악한다.**
대체할 수 있는 단어를 찾는 문제 유형이다.
STEP 2　글의 맥락을 통해 단어의 의미를 유추한다.
대체할 수 있는 단어를 찾는 문제의 유형에서 지문 내의 특정 단어를 지목하는 문제는 글의 맥락을 통해
단어의 의미를 유추할 수 있다. '책임이나 의무를 맡다'와 유사한 의미의 단어를 찾으면 된다.

오답체크

①은 '신세나 은혜를 입다'라는 의미이고, ③은 '(어디에 무늬가) 나타나게 되다'라는 의미이다. ④은 '빌린
돈을 갚아야 할 의무가 있다'라는 의미이고, ⑤는 '경기나 싸움 등에서 상대에게 이기지 못하다'라는 의미
이다.

9. 문법

(1) 유형 파악하기
① 맞춤법이나 문법적인 오류 여부를 판단하는 문제 유형
② 문법 지식이 요구됨

(2) 문제 접근하기
문법 지식을 모르면 답을 찾을 수 없는 유형이므로 자주 혼동하는 부분을 위주로 반복적인 학습이 필요함

(3) 필수 암기 이론
① 사이시옷 : 사이시옷은 다음과 같은 경우에 받쳐 적음

  ㉠ 순우리말로 된 합성어로서 앞말이 모음으로 끝난 경우

    • 뒷말의 첫소리가 된소리로 나는 것

고랫재	귓밥	나룻배	댓가지	뒷갈망	맷돌	머릿기름	
바닷가	부싯돌	선짓국	아랫집	잇자국	잿더미	쳇바퀴	햇볕

    • 뒷말의 첫소리 'ㄴ, ㅁ' 앞에서 'ㄴ' 소리가 덧나는 것

아랫니	텃마당	뒷머리	잇몸	냇물

    • 뒷말의 첫소리 모음 앞에서 'ㄴㄴ'소리가 덧나는 것

두렛일	뒷일	베갯잇	깻잎	나뭇잎

  ㉡ 순우리말과 한자어로 된 합성어로서 앞말이 모음으로 끝난 경우

    • 뒷말의 첫소리가 된소리로 나는 것

귓병	머릿방	샛강	자릿세	전셋집	찻잔	탯줄	텃세	핏기	햇수

    • 뒷말의 첫소리 'ㄴ, ㅁ' 앞에서 'ㄴ' 소리가 덧나는 것

곗날	제삿날	훗날	툇마루	양칫물

    • 뒷말의 첫소리 모음 앞에서 'ㄴㄴ'소리가 덧나는 것

가욋일	사삿일	예삿일	훗일

  ㉢ 두 음절로 된 한자어

곳간(庫間)	셋방(貰房)	숫자(數字)	찻간(車間)	툇간(退間)	횟수(回數)

② '-이'와 '-히' : '-이'와 '-히'로 끝나는 부사의 맞춤법을 혼동하는 경우가 많으므로 주의해야 함. 다음 6가지는 '이'로 적어야 하는 경우이며, 이에 해당하지 않는 것은 '히'로 적음

 ⊙ '-하다'가 붙는 어근의 끝소리가 'ㅅ'인 경우 **예** 깨끗이, 느긋이, 버젓이 등

 ⓒ '-하다'가 붙는 어근의 끝소리가 'ㄱ'인 경우 **예** 깊숙이, 고즈넉이, 끔찍이, 멀찍이 등

 ⓒ '-하다'가 붙지 않는 용언 어간 뒤 **예** 같이, 굳이, 깊이, 높이, 많이, 헛되이 등

 ② 'ㅂ' 불규칙 용언의 어간 뒤 **예** 가까이, 기꺼이, 너그러이, 번거로이 등

 ⑩ 첩어 또는 준첩어인 명사 뒤 **예** 겹겹이, 곳곳이, 나날이, 번번이, 틈틈이 등

 ⓗ 부사 뒤 **예** 곰곰이, 더욱이, 일찍이 등

③ 'ㅂ' 소리나 'ㅎ' 소리가 덧나는 경우 : 두 말이 어울릴 때 'ㅂ' 소리나 'ㅎ' 소리가 덧나는 것은 소리 나는 대로 적음

 ⊙ 'ㅂ' 소리가 덧나는 경우

멥쌀(메ㅂ쌀)	볍씨(벼ㅂ씨)	입때(이ㅂ때)	입쌀(이ㅂ쌀)	좁쌀(조ㅂ쌀)	햅쌀(해ㅂ쌀)

 ⓒ 'ㅎ' 소리가 덧나는 경우

머리카락(머리ㅎ가락)	살코기(살ㅎ고기)	수캐(수ㅎ개)	안팎(안ㅎ밖)	암컷(암ㅎ것)	암탉(암ㅎ닭)

(4) 띄어쓰기

① 의존명사와 단위를 나타내는 명사, 열거하는 말 등

 ⊙ 의존명사는 띄어 씀

아는 것이 힘이다.	먹을 만큼 먹어라.	떠난 지 오래이다.	뜻한 바를 알겠다.

 ⓒ 단위를 나타내는 명사는 띄어 씀

한 개 소	한 마리	스무 살	조기 한 손

 ※ 단, 순서를 나타낼 때나 숫자와 어울려 쓰는 경우 붙여 쓸 수 있다.
  예 세시 오십분 사초, 육학년, 160미터, 506호

 ⓒ 수를 적을 때는 만 단위로 띄어 씀

삼십억	오천육백이십사만	육천육백삼십일	33억 5,578만 6,825

 ② 두 말을 이어 주거나 열거할 때 쓰는 말은 띄어 씀

극장 겸 회의실	청군 대 백군	학생 및 학부모
사과, 배, 귤 등	아홉 내지 여덟	서울, 인천 등지

 ⑩ 단음절로 된 단어가 연이어 나타날 경우 붙여 쓸 수 있음

그때	그곳	이말	저말	한잎	두잎

② 보조 용언 : 보조 용언은 띄어 쓰는 것을 원칙으로 하되, 경우에 따라 붙여 쓰는 것도 허용함

원칙	허용
불이 꺼져 간다.	불이 꺼져간다.
전깃불이 나가 버렸다.	전깃불이 나가버렸다.
비가 올 듯하다.	비가 올듯하다.
이 정도는 할 만하다.	이 정도는 할만하다.

대표 예제 09

다음 중 문법에 맞지 않는 문장을 모두 고르면?

한국토지주택공사

ㄱ 그 집을 한 번 바라다본 순간 나는 견딜 수 없는 침울한 감정이었다.
ㄴ 이 사람에게 도대체 어떻게 응대를 해야 하는지 도무지 갈피가 안 잡혔다.
ㄷ 서럽고 원통하다는 생각이 차츰 원망으로 변해져 갔다.
ㄹ 인간은 자연을 지배하기도 하고 복종하기도 한다.
ㅁ 정부에서는 각계의 의견을 수렴하여 정책을 수립하기로 하였다.

① ㄱ, ㄴ, ㄷ

② ㄱ, ㄷ, ㄹ

③ ㄱ, ㄹ, ㅁ

④ ㄴ, ㄷ, ㄹ

⑤ ㄴ, ㄹ, ㅁ

정답 | ②
해설 | STEP 01 **유형 파악하기**
문법적인 오류를 판단하는 문제 유형이다.
STEP 02 **학습했던 이론과 대조하기**
ㄱ 주어 '나는'과 서술어 '감정이었다.'가 호응하지 않으므로 주어 '나는'에 호응하는 서술어 '감정이 들었다.'로 수정하여 '그 집을 한 번 바라다본 순간 나는 견딜 수 없는 침울한 감정이 들었다.'라고 표현해야 한다.
ㄷ '−어지다' 피동법은 능동문의 서술어에 '−아/−어지다'를 붙여 피동문을 만드는 방법을 말한다. '−어지다' 피동법은 접미피동법과 마찬가지로 서술어가 타동사인 경우에만 가능하다. 하지만 변하다는 자동사이므로 문장에서는 '변하게 되었다'와 같이 표현해야 한다.
ㄹ 목적어 '자연을'과 서술어 '복종하기도 한다.'가 호응하지 않으므로 '복종하기도 한다.'에 호응하는 목적어 '자연에'를 넣어주어 '인간은 자연을 지배하기도 하고 자연에 복종하기도 한다.'라고 표현해야 한다.

10. 사자성어·속담·관용적 표현

(1) 유형 파악하기

① 상황에 따라 적절한 표현을 사용하거나 구분해야 하는 유형

② 사자성어와 속담을 서로 엮어 출제되는 유형, 중간 길이의 지문을 제시한 후 관련된 사자성어나 속담을 찾아내는 유형 등 다른 유형과 융합된 형태도 출제

(2) 문제 접근하기

① 자주 출제되는 사자성어 · 속담 · 관용적 표현 암기 필수

② 출제 가능성을 두고 사자성어 퀴즈 등을 통해 준비하는 것이 바람직

대표 예제 10

다음 제시문의 내용과 가장 관련이 깊은 사자성어를 고르면? `한국중부발전`

> 충무공 이순신은 명량 해전을 앞두고 임금에게 글을 올려 "신에게는 아직 배가 열두 척이 남아 있고 신은 아직 죽지 않았습니다."라고 했다. 또한 충무공은 부하들에게 "반드시 죽고자 하면 살고, 반드시 살고자 하면 죽을 것이라며 한 사람이 길목을 지키면 천 명도 두렵게 할 수 있다."라고 격려하였다.

① 파부침선(破釜沈船)

② 혼정신성(昏定晨省)

③ 조령모개(朝令暮改)

④ 교왕과직(矯枉過直)

⑤ 풍전등화(風前燈火)

정답 | ①

해설 | STEP 01 유형 파악하기

제시된 사례에 적절한 속담을 찾아내는 유형이다.

STEP 02 자주 나오는 사자성어, 관용표현 암기하기

파부침선(破釜沈船)은 '솥을 깨뜨려 다시 밥을 짓지 아니하며 배를 가라앉혀 강을 건너 돌아가지 아니한다'는 뜻으로, 죽을 각오로 싸움에 임함을 비유적으로 이르는 말이다.

오답체크

② 혼정신성(昏定晨省) : '밤에는 부모의 잠자리를 보아 드리고 이른 아침에는 부모의 밤새 안부를 묻는다'는 뜻으로, 부모를 잘 섬기고 효성을 다함을 이르는 말이다.

③ 조령모개(朝令暮改) : '아침에 명령을 내렸다가 저녁에 다시 고친다'는 뜻으로, 법령을 자꾸 고쳐서 갈피를 잡기가 어려움을 이르는 말이다.

④ 교왕과직(矯枉過直) : '굽은 것을 바로잡으려다가 정도에 지나치게 곧게 한다'는 뜻으로, 잘못된 것을 바로 잡으려다가 너무 지나쳐서 오히려 나쁘게 됨을 이르는 말이다.

⑤ 풍전등화 : '바람 앞의 등불'이라는 뜻으로, 곧 들이닥칠 바람에 의해 언제 꺼질지 모르는 촛불같이 위태로운 상황을 뜻한다.

11. 내용 및 개요 수정

(1) 유형 파악하기

① 작성된 문서의 특정 부분을 바르게 수정하는 문제 유형

② 조건 없이 수정사항의 옳고 그름을 판단하는 문제도 출제되므로 문법적인 배경지식이 필요함

(2) 문제 접근하기

① 개요의 수정 : 제시된 개요만 먼저 읽으면 선택지 구성을 예측하기 어려우므로, 제시된 개요와 선택지를 같이 보며 판단하기

② 내용의 수정

　㉠ 주제 파악 : 시간이 촉박하여 제시된 선택지를 모두 판단할 수 없는 경우 주제 먼저 파악하기

　㉡ 선택지로 교체 : 선택지에 수정 방안이 나와 있는 경우 선택지의 내용으로 수정해서 읽으면 시간 단축에 용이함

B대리는 A주임이 작성한 사내 공문을 결재받기 전 틀린 곳을 체크해 주었다. 〈사내 공문 작성 및 처리지침〉에 따라 조언한 사항으로 적절하지 않은 것을 〈보기〉에서 모두 고르면? 한국산업인력공단

발신 : 미래혁신실 대외협력처 A주임

수신 : C지사장, D부사장, E차장

제목 : 전자조달 시스템 개편에 따른 업체 등록 · 입찰 설명회 개최 건

금년도 전자조달 시스템 개편에 따라 업체의 등록 및 입찰 과정에 변경 사항이 있어 협력업체를 대상으로 설명회를 개최하고자 합니다.

1. 행사 일정

    가. 행사명 : 전자조달 시스템 개편에 따른 업체 등록 · 입찰 설명회

    나. 일시 : 2024년 11월 20일(목) 01:30PM~04:30PM

    다. 장소 : 본사 302호 대회의실

    라. 주요 내용

        ① 2025년 전자조달 시스템 개편 안내

        ② 새 전자조달 시스템상에서의 업체 등록 및 사업 입찰 방법

        ③ 정부 지침에 따른 낙찰자 선정 기준 변경 안내

2. 신청 방법

    가. 담당자 메일(it_system0001@○○○○.com) 혹은 팩스(02-0000-0000)를 통해 신청

    나. 신청 시 기입 사항 : 소속, 성명, 연락처

첨부 : 전자조달 시스템 개편 안내문 1부. 끝.

〈사내 공문 작성 및 처리지침〉

1. 제목은 본문의 내용을 포괄하되 간략하게 작성한다.

2. 수신자 및 발신자의 신원을 명확하게 밝힌다.

3. 번호는 1.-가.-㉠의 순서로 붙인다.

4. 날짜는 숫자로 표기하되 연 · 월 · 일의 글자는 생략하고 그 자리에 온점(.)을 찍어 표시한다. 시간은 시 · 분 대신 쌍점(:)을 찍어 표시하며 24시간제를 사용한다.

5. 기간 및 시간을 나타낼 때는 ~를 사용한다.

6. 본문이 끝나면 1자(2타) 띄우고 '끝.'을 붙인다. 단, 첨부물이 있을 경우 첨부 표기문 끝에 1자(2타) 띄우고 표시하며, 첨부물은 문서의 총 부수를 기입한다.

7. 모든 문서의 승인 · 반려 등의 절차는 전자문서시스템 또는 업무관리시스템상에서 전자적으로 처리되도록 한다.

〈보기〉

㉠ 날짜 표기 방식이 맞지 않네요. 2024. 11. 20.(목)으로 변경하세요.

㉡ 시간을 표시할 때는 24시간제를 사용해야 하니 13:30－16:30으로 수정하세요.

㉢ 번호 체계가 맞지 않네요. ①과 같이 표시된 부분은 ㉮로 바꾸세요.

㉣ 수정사항이 모두 적용되면 전자결재시스템을 통해 결재 승인을 받을 수 있어요.

① ㉠, ㉡   ② ㉠, ㉣

③ ㉡, ㉢   ④ ㉡, ㉣

⑤ ㉢, ㉣

정답 | ③

해설 | STEP 01   유형 파악하기

작성된 문서의 특정 부분을 바르게 수정하는 문제 유형이다.

STEP 02   제시된 내용과 〈보기〉를 같이 보며 판단하기

제시된 내용만 먼저 읽으면 선택지 구성을 예측하기 어려우므로 제시된 개요와 선택지를 같이 보며 판단해야 한다. 선택지 내용에 해당하는 〈처리지침〉 내용을 파악하여 빠르게 풀 수 있다.

㉡ 시간은 24시간제로 표기하도록 고쳐야 하나, 기간을 나타낼 때는 '∼'를 사용해야 하므로 '13:30∼16:30'으로 수정해야 한다.

㉢ 번호 체계는 1. －가. －㉠ 순이므로 ㉮가 아닌 ㉠으로 수정해야 한다.

01 의사표현 시 주의해야 할 사항으로 옳지 않은 것은?

① 청자에게 너무 복잡한 메시지를 전달하지 않는다.
② '말하지 않아도 안다', '일은 눈치로 배우는 것이다' 등과 같은 직접 표현하지 않는 의사소통은 오해를 불러일으키기 쉽다.
③ 화자는 자신이 말한 정보에 대해 청자가 이해했는지 확인하는 과정을 거쳐야 할 책임이 있다.
④ 화자는 전달하고자 하는 메시지의 내용을 분명하게 해야 한다.
⑤ 청자는 화자가 전하고자 하는 내용을 정확하게 이해하지 않아도 된다.

02 다음은 문서 이해를 위한 절차이다. ©에 들어갈 내용으로 가장 적절한 것은?

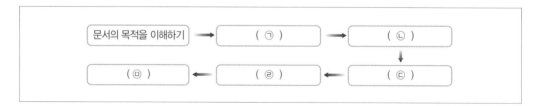

① 해당 문서가 된 배경과 주제를 파악하기
② 상대방의 의도를 도표나 그림 등으로 메모하여 요약 · 정리해보기
③ 문서에서 이해한 목적 달성을 위해 취해야 할 행동을 생각하고 결정하기
④ 문서를 통해 상대방의 욕구와 의도 및 내게 요구되는 행동에 관해 분석하기
⑤ 문서에 쓰인 정보를 밝혀내고 문서가 제시하고 있는 문제를 파악하기

03 다음은 문서작성능력 중 상황에 따른 문서 작성 방법에 대한 내용이다. ㉠, ㉡에 들어갈 것으로 적절한 것은?

> (㉠)인 경우 관련 부서나 외부기관, 단체 등에 명령이나 지시를 내려야 하는 경우가 있으므로, 상황에 적합하고 명확한 내용을 작성할 수 있어야 한다. 단순한 요청이나 자발적인 협조를 구하는 차원의 사안이 아니므로 즉각적인 업무 추진이 실행될 수 있도록 해야 한다. 이 문서의 예시로는 (㉡)가 있다.

	㉠	㉡
①	명령이나 지시가 필요한 상황	업무 지시서
②	요청이나 확인을 부탁하는 상황	업무 지시서
③	요청이나 확인을 부탁하는 상황	기획서
④	정보 제공을 위한 상황	추천서
⑤	명령이나 지시가 필요한 상황	제안서

04 〈보기〉에서 설명하는 문서는?

> **〈보기〉**
> 소비자에게 상품의 특징을 전달하여 상품을 구매하도록 유도하는 것이 목적인 문서

① 제품설명서   ② 상품소개서
③ 비즈니스 메모   ④ 영업보고서
⑤ 기안서

05 ○○○ 문제 풀이 서비스의 이용 약관 변경 사항을 읽고 〈보기〉 중 옳은 것을 모두 고르시오.

○○○ 문제 풀이 서비스 이용 약관 변경 사항

1. 제7조

용어 정리, 예시 문제, 문제 풀이 등 사전 콘텐츠의 저작권은 사전 콘텐츠 제공 업체에 있기 때문에 해당 업체의 요청에 의해 사전 콘텐츠가 변경 또는 삭제되는 경우, 이용자가 학습 풀이란에 저장한 콘텐츠도 동일하게 변경·삭제되어야 합니다. 이 내용을 이용자가 명확하게 인지할 수 있도록 서비스 변경 대상을 상세하게 기재하였습니다. 또한, 변경 사항을 신속하게 반영하여 최신 정보를 서비스할 수 있도록 기존 30일의 사전 공지 기간을 조정하는 방향(변경 전 게시)으로 수정하였습니다.

2. 제8조

안정적인 서비스의 운영과 데이터 저장 서버 확보를 위하여 1년 동안 ○○○ 문제 풀이 서비스를 사용하지 않은 휴면계정의 학습 풀이 데이터는 초기화되어 모두 삭제되며, 이 내용을 약관에 반영하였습니다.

변경 전	변경 후
제7조(서비스의 변경) ① 회사의 사정, 사전 콘텐츠 제공업체의 변경 등으로 인해 ○○○ 문제 풀이 서비스의 일부 또는 전부가 변경, 종료될 수 있으며, 이 경우 "회사"는 그 사유를 변경 또는 종료 전 30일 이상 단어장 서비스 메인 페이지에 게시하여야 합니다.	제7조(서비스의 변경) ① 회사의 사정, 사전 콘텐츠 제공업체의 변경 등으로 인해 이용자가 사전으로부터 저장한 콘텐츠, 문제 풀이 서비스의 일부 또는 전부가 변경, 종료될 수 있습니다. 이 경우 "회사"는 변경 사유, 변경될 서비스의 내용 및 제공 일자 등을 그 변경 전에 해당 서비스 초기화면에 게시하여야 합니다.
신설 조항	제8조(휴면계정의 데이터 삭제 등) 1년 동안 ○○○ 문제 풀이 서비스를 사용하지 않는 경우 회사의 휴면정책에 따라 이용자의 ○○○ 문제 풀이 계정은 휴면상태로 전환되며, 휴면계정으로 전환 시 학습 풀이 데이터는 초기화되어 모두 삭제됩니다.

〈보기〉

㉠ 데이터의 저장 공간을 확보하기 위해서 휴면계정에 관한 조항을 신설했다.

㉡ 회사의 사정으로 이용자가 사전에 저장한 콘텐츠가 변경 또는 종료된다면, 변경 사유와 내용 및 제공 일자의 게시와 함께 이용자의 동의를 구해야 한다.

㉢ 약관이 변경되기 전에도 한 달 이상의 기간 동안 단어장 서비스의 변경 또는 종료에 대한 사유를 볼 수 있었다.

㉣ 일정 기간 동안 활동 기록이 없는 이용자의 계정을 휴면계정으로 전환하기 전 이용자에게 반드시 사전 공지해야 한다.

① ㉠, ㉡   ② ㉠, ㉢

③ ㉡, ㉢   ④ ㉡, ㉣

⑤ ㉢, ㉣

06 다음 중 효과적인 의사표현 방법으로 옳은 것은?

① 효과적인 의사표현을 위해서는 언어적 방식으로만 소통하는 것이 좋다.

② 확실한 의사표현을 위해서는 반복적으로 전달해야 한다.

③ 화자는 청자의 의도, 생각, 감정에 따라 말해야 한다.

④ 전달하고자 하는 내용을 청자에게 그대로 전달해야 한다.

⑤ 메시지를 전달하는 매체와 경로 설정은 중요하지 않다.

07 상황과 대상에 따른 의사표현 방법으로 옳게 짝지어진 것은?

① 상대방의 잘못을 지적하는 상황 – 대화 서두에 분위기 전환 용도로 간단한 칭찬을 사용하는 것이 좋다.

② 상대방에게 요구해야 하는 상황 – 업무상 지시와 같은 명령을 해야 할 때는 '○○을 이렇게 해라!'라는 식의 강압적 표현을 사용한다.

③ 상대방을 설득해야 하는 상황 – 태도와 의견을 바꾸도록 하는 과정으로 일방적인 강요를 해서는 안 된다.

④ 상대방의 요구를 거절해야 하는 상황 – 은유적인 표현을 사용하는 것이 좋다.

⑤ 상대방을 칭찬하는 상황 – 먼저 요구를 거절하는 것에 대한 사과를 한 다음, 요구에 응해줄 수 없는 이유를 설명한다.

08 다음에서 파악할 수 있는 경청의 방해요인은?

> 상대방의 말을 듣고 곧 자신이 다음에 할 말을 생각하는 데 집중해 상대방이 말하는 것을 잘 듣지 않는 것이다. 이런 행동은 결국 자기 생각에 빠져서 상대방의 말에 제대로 반응할 수가 없게 된다. 상대방의 말을 듣지 않아 뒤늦게 반응하거나, 생각에 빠져 흐름과 전혀 다른 대답을 할 수도 있다.

① 대화 중 다른 생각하기   ② 짐작하기

③ 대답할 말 준비하기   ④ 판단하기

⑤ 자존심 세우기

09 기초외국어능력에 관한 내용으로 옳지 않은 것은?

① 전화, 메일 등 의사소통을 위해 외국어를 사용하는 경우 필요한 능력이다.

② 매뉴얼, 서류 등 외국어 문서를 이해해야 하는 경우 필요하다.

③ 외국어로 된 간단한 자료를 이해할 수 있는 능력이다.

④ 외국인의 의사표현을 이해하고 자신의 의사를 외국어로 표현할 수 있는 능력을 의미한다.

⑤ 외국인과 업무제휴가 잦은 특정 직군의 사람에게만 필요한 능력이다.

10 다음 대화를 읽고 B가 A에게 조언한 내용을 고르시오.

A : It's so hard for me to make friends. I'm worried about meeting new friends in a new class next year.

B : Well, I think it would be a good idea to talk to your new friend first.

A : I can't talk to my new friend first because I'm afraid I'll say something weird because the situation is awkward.

B : You need to stop thinking about it. Why don't you ask your new friend about her hobby when you talk to her first?

---

① 친구에게 농담을 던지며 자기소개하기

② 웃긴 이야기를 꺼내며 말을 걸기

③ 새로운 친구의 취미를 물어보기

④ 새로운 친구에게 먼저 말을 걸기

⑤ 새로운 친구에게 첫인상을 묻기

11 다음 중 효과적인 의사표현을 위해 고려해야 할 사항이 아닌 것은?

① 말
② 몸짓
③ 음성
④ 현란한 언어구사력
⑤ 적절한 유머

12 다음 중 문서의 종류와 내용이 적절하게 연결된 것은?

① 공문서 – 진행되었던 사안의 수입, 지출 결과를 보고하는 문서
② 기획서 – 소비자에게 상품의 특징을 전달하여 상품을 구매하도록 유도하는 것이 목적인 문서
③ 기안서 – 회사의 업무에 대한 협조를 구하거나 의견을 전달할 때 작성하는 문서
④ 설명서 – 엄격한 규격과 양식에 따라 정당한 권리를 가진 사람이 작성하는 문서
⑤ 비즈니스 레터 – 업무상 필요한 중요한 일이나 앞으로 체크해야 할 일이 있을 때 필요한 내용을 메모 형식으로 작성하여 전달하는 글

13 다음 중 상황과 대상에 따른 의사표현 방법에 대한 설명으로 옳지 않은 것은?

① 상대방에게 부탁해야 할 때는 먼저 상대방의 사정을 듣고 상대가 들어줄 수 있는 상황인지 확인한다.
② 상대방의 잘못을 지적할 때는 샌드위치 화법을 사용하면 듣는 사람이 반발하지 않고 부드럽게 받아들일 수 있다.
③ 상대방에게 부탁해야 하는 경우 구체적으로 부탁을 했음에도 거절당했을 때 싫은 내색 정도는 표현해도 된다.
④ 상대방에게 업무상 명령을 해야 할 때는 강압적인 표현보다는 부드러운 표현을 사용해야 한다.
⑤ 상대방을 설득해야 할 때는 상대방의 관심을 유도해야 한다.

[14~15] 다음 문서를 바탕으로 이어지는 물음에 답하시오.

출장보고서

1. 출장 개요
   - 기간 : 4월 2일~4월 10일(8박 9일, 이동 소요 4일 포함)
   - 출장지 : 미국 샌프란시스코 인근, 보스턴(케임브리지)
   - 출장자 : 이○○ 연구원, 김×× 책임연구자

2. 출장 목적
   - 통계 심리학 관련 연구 분석 및 수행을 위한 설문항목 공동작업
   - 대표공동과제 통계심리학 연구 수행을 위한 설문, 관련 전문가 자문
   - 분석 도구별 검사 결과에 대한 연구동향 청취 및 한국 맥락에 부합하는 연구설계 자문
   - 스탠포드, MIT 학자들과의 교류 및 최신 연구 동향 청취

3. 주요 방문기관 및 내용
   - Stanford University : 통계 심리 관련 연구 설문문항에 대해 공동작업
   - Massachusetts Institute of Technology : 통계 심리 관련 연구내용 및 최신 연구동향 논의

4. 첨부자료 : 출장비 내역서, 연구 동향 보고서

---

14 위 문서를 작성할 때의 유의사항으로 적절하지 않은 것은?

① 복잡한 내용이나 수치 등은 도표나 그림을 활용한다.
② 이해하기 어려운 전문용어의 사용을 지양하고 쉬운 말로 대체한다.
③ 업무상 상사에게 제출하는 문서이므로 궁금한 점을 질문 받을 것에 대비한다.
④ 동일한 내용이나 단어가 중복되지 않도록 간결하게 작성한다.
⑤ 읽는 사람이 읽기 용이하도록 표준화된 양식을 사용한다.

15 위 문서를 통해 알 수 없는 것을 〈보기〉 중 모두 고르시오.

〈보기〉
㉠ 출장지는 미국 샌프란시스코 인근이며 대학교 두 곳을 방문했다.
㉡ 8박 9일간 출장 후 복귀한 다음 날 보고서를 작성하였다.
㉢ 출장 목적은 통계 심리학 연구 관련 설문항목 공동작업이었다.
㉣ 공동작업한 설문항목은 첨부자료에서 확인할 수 있다.

---

① ㉠, ㉡   ② ㉠, ㉢
③ ㉠, ㉣   ④ ㉡, ㉢
⑤ ㉡, ㉣

16 다음 중 설명서의 올바른 작성법에 해당하지 않는 것은?

① 정확한 내용 전달을 위해 간결하게 작성한다.

② 복잡한 내용은 도표 등으로 시각화하여 이해도를 높인다.

③ 평서형이 아닌 명령문으로 작성한다.

④ 동일한 문장이 반복되지 않도록 다양한 표현을 사용한다.

⑤ 이해가 어려운 전문용어는 가급적 사용하지 않는다.

PART 01

PART 02

PART 03

PART 04

부록

의사소통능력

17 다음은 문서별 작성 시 유의사항을 설명한 글이다. (가)~(라)에 들어갈 내용으로 옳은 것은?

> (가) : 작성 시 회사 외부로 전달되는 문서이므로 '누가, 언제, 어디서, 무엇을, 어떻게, 왜'의 육하원칙이 정확하게 드러나도록 작성하는 문서
> (나) : 개인의 능력을 평가하는 기본요인이므로, 제출 전 반드시 최종검토를 진행해야 하는 문서
> (다) : 작성 전 상대에게 어필하여 채택하게끔 설득력을 갖춰야 하므로, 상대가 요구하는 것이 무엇인지 고려하여 작성하는 문서
> (라) : 내용 작성 시 문서 목적에 맞춰 정확한 내용 전달을 위해 간결하게 작성해야 하는 문서

	(가)	(나)	(다)	(라)
①	공문서	보고서	기획서	설명서
②	공문서	설명서	보고서	기획서
③	보고서	설명서	기안서	공문서
④	보고서	보고서	기획서	설명서
⑤	기획서	기안서	설명서	공문서

18 문서 표현의 시각화에 대한 설명으로 적절하지 않은 것은?

① 문서를 읽은 대상이 문서의 전반적인 내용을 쉽게 파악할 수 있다.

② 문서 내용의 논리적인 관계를 쉽게 이해할 수 있다.

③ 적절한 이미지 사용을 통해 문서에 대한 기억력을 높일 수 있다.

④ 전달하고자 하는 내용을 관련 그림이나 사진 등으로 나타내는 것을 이미지 시각화라고 한다.

⑤ 통계 수치 등을 도표(Graph)나 차트(Chart)를 통해 명확하고 효과적으로 전달하는 것은 데이터 정보에 대한 이해를 어렵게 만든다.

19 의사표현의 종류와 그에 대한 설명으로 옳지 않은 것은?

① 토의 : 여러 사람이 모여서 공통의 문제에 대하여 가장 좋은 해답을 얻기 위해 협의하는 것이다.

② 토론 : 어떤 논제에 관하여 찬성자와 반대자가 각자 논리적인 근거를 발표하고, 상대방의 논거가 부당하다는 것을 명백하게 하기 위해 말하는 것이다.

③ 의례적 말하기 : 정치적·문화적 행사에서와 같이 의례 절차에 따라 말하는 것이다.

④ 친교적 말하기 : 매우 친근한 사람들 사이의 가장 자연스러운 상태에서 떠오르는 대로 주고받으며 말하는 것이다.

⑤ 연설 : 화자가 여러 사람을 대상으로 자기의 사상이나 감정에 관하여 상호적으로 말하는 것이다.

20 다음 중 상대방의 요구를 거절해야 할 때의 의사표현 방법으로 가장 적절한 것은?

① 샌드위치 화법을 통해 상대방이 상처받지 않도록 조심스럽게 거절한다.

② 분위기 전환 용도로 별 의미 없는 칭찬을 하며 완곡하게 거절한다.

③ 상대방에게 스스로 할 수 있도록 조언한다.

④ 먼저 요구를 거절하는 것에 대한 사과를 한 다음, 응해줄 수 없는 이유를 설명한다.

⑤ 일단 요구를 받아들이고 이후에 일방적으로 할 수 없다고 통보한다.

21 〈보기〉에서 밑줄 친 단어와 같은 의미로 사용된 것은?

> **〈보기〉**
> K구는 수입물품의 원산지 정보를 표시해 국민 건강과 안전 및 국내 산업을 보호하고 건전한 유통거래 질서를 확립하는 차원에서 수입 공산품 원산지 표시 이행 실태 점검을 실시한다. 주요 점검내용은 원산지 미표시, 원산지 허위 표시 및 오인 표시 여부, 원산지 표시 손상 및 변경 행위 여부, 원산지 표시 방법의 적정성 여부 등이며, 지도·교육도 병행할 예정이다. 구 관계자는 "원산지표시 지도·점검을 통해 원산지 둔갑판매 등을 사전에 예방하여 소비자가 <u>안심하고</u> 제품을 구입할 수 있도록 하겠다"고 말했다.

① 방념하고   ② 부각하고

③ 확립하고   ④ 소비하고

⑤ 감응하고

22 다음 중 글의 내용과 일치하지 않는 것은?

> 태양으로부터 지구로 유입되는 에너지는 대부분 가시광선의 형태이며, 이 중 약 30%는 우주로 나가고 70%는 우리가 딛고 서 있는 지면까지 도달하게 된다. 지표면에 도달된 복사선도 적외선 또는 열복사의 형태로 다시 우주로 방출된다. 이때, 대기 중의 수증기나 이산화탄소와 같은 온실가스는 이 열을 흡수하여 대기를 따뜻하게 유지시켜 준다. 온실가스는 가시광선 등 파장이 짧은 태양광선은 그대로 통과시키지만, 태양광에 의해 따뜻해진 지표가 반사하는 긴 파장의 적외선은 잘 흡수하는 성질을 가진 기체이다. 이러한 온실가스가 마치 온실의 유리처럼 보온 효과를 일으키는 것을 온실효과라고 한다. 만약 자연적인 온실효과가 없다면, 지구 표면에서 반사된 열들이 모두 우주로 빠져나가게 되고, 지구의 온도는 현재보다 약 30℃ 정도 낮아져서 대부분의 생물들이 살기에는 너무 추운 환경이 될 것이다.
>
> 그런데 산업혁명 이후 대기 중의 온실가스 농도가 크게 증가하면서 지구의 에너지 균형이 깨지고 자연적 온실효과에 의한 적절한 온도보다 대류권의 기온이 상승하게 되었다. 이러한 과정을 통하여 지구가 지나치게 더워지는 현상을 지구온난화라고 한다. 특히 지구온난화의 약 60%는 이산화탄소에 의한 것이며, 이산화탄소는 석유나 석탄과 같은 화석연료가 연소될 때 가장 많이 발생한다. 화력발전소, 제철 공장, 시멘트 공장뿐만 아니라 가정용 난방과 자동차 운행 과정에서도 석유가 많이 사용되어 다량의 이산화탄소를 발생시킨다. 또한 열대림을 방화하는 과정에서도 이산화탄소가 배출된다. 숲이 사라지면 이산화탄소를 산소로 바꾸는 숲의 기능이 사라지므로 대기 중 이산화탄소의 양은 더욱 늘어나게 된다. 대기 중의 이산화탄소 농도는 산업혁명 이전의 280ppm에서 2000년대에 들어 368ppm으로, 무려 31%가 증가된 상태이다.

① 태양으로부터 지표면에 도달한 복사선은 지구에서 다시 적외선 형태로 방출된다.

② 대기 중 잔류하는 온실가스들의 증가로 인해 대류권의 기온이 상승하는 현상이 발생한다.

③ 온실가스는 적외선을 잘 흡수하는 성질을 갖고 있으며 대표적으로 수증기와 이산화탄소가 있다.

④ 화력발전소, 제철 공장, 시멘트 공장뿐만 아니라 가정용 난방과 자동차 운행 과정에서도 이산화탄소가 발생한다.

⑤ 태양으로부터 지구로 유입되는 모든 에너지는 다시 우주로 방출되어 대기권을 빠져나간다.

23 다음 글의 내용과 일치하지 않는 것은?

세계 최고의 자동차경주 대회인 F1(포뮬러 원)은 국제자동차연맹(FIA)의 주최로 개최되며 매년 3월부터 10월까지 세계 곳곳에서 경주를 치른 뒤 승점을 모두 합산해 우승자를 가리는 방식으로 치러진다. 이 대회는 공식적으로 1950년부터 시작되었으며 자동차 경주 대회 중 가장 긴 역사를 갖고 있다.

호주의 각 도시에서 진행되는 다양한 이벤트는 많은 관광객을 불러 모으고 있는데 그중에서도 멜버른에서 진행되는 F1 호주 그랑프리는 세계적으로 유명하다. 호주 그랑프리는 매년 3월에 열리며 총 19개국 중 가장 첫 번째로 개최된다. 1985년 세계 챔피언십에 속하게 된 이후로 1995년까지는 애들레이드 스트리트 서킷에서 개최되었고, 1996년 이후부터는 알버트 파크의 멜버른 그랑프리 서킷에서 개최되고 있다. 알버트 파크 서킷의 총 길이는 5,303km이며, 실제 레이스 거리는 307.574km로 총 58바퀴를 돌아야 한다.

모로코 그랑프리는 빛나는 전통과 많은 볼거리를 지니고 있어 F1 팬들에게 가장 중요한 대회로 꼽힌다. 모로코에서는 지난 1929년 처음 대회가 열려 부가티 소속의 윌리엄 그로버-윌리엄스가 우승을 차지했다. 최다 우승팀은 15번의 맥라렌이며 그 뒤를 페라리(9회), 로터스(7회)가 잇고 있다. 모로코의 경기장은 폭이 좁아 추월이 어렵지만, 시가지 경주장 특성상 변수가 많기 때문에 예상 밖 결과가 나오는 경우도 있다.

싱가포르에서 F1은 가장 인기 있고 역동적인 행사로 세계 최고의 레이서들과 전 세계 유명인들이 참여해 진행된다. 또한, 개최 기간 중 여러 관련 행사가 함께 열려 모든 이들의 주목을 끌기도 한다. F1이 개최되는 마리나베이 스트리트 서킷은 도시 경주로를 말하며 싱가포르의 중심 업무지구 및 랜드마크, 그리고 주요 건축물을 지나가는 코스이다. 이 코스를 따라 열리는 거리 공연과 거리의 특색 있는 비주얼 아트 등은 도시 축제의 분위기를 한껏 느낄 수 있게 해 준다.

① F1은 매년 총 19개국을 순회하여 경기를 치른 뒤 승점을 합산해 우승자를 가리는 방식으로 진행된다.

② 호주 그랑프리는 F1 경기 중 가장 첫 번째로 개최되며 1996년 이후부터 멜버른 그랑프리 서킷에서 경기가 진행되고 있다.

③ 모로코 경주장은 아름다운 경관을 자랑하며 폭이 좁고 경기 중 추월하기가 어려운 특징이 있다.

④ F1은 매년 3월부터 10월까지 매년 호주, 모로코, 싱가포르에서만 열린다.

⑤ 마리나베이 스트리트 서킷 코스는 싱가포르의 중심 업무지구 및 주요 건축물을 지난다.

24 다음 중 글의 내용과 일치하지 않는 것은?

외부에서 병균이 침입했을 때 면역세포는 다양한 면역매개물질을 분비하여 다른 면역세포들을 불러 모으거나 활성화시켜 병균을 물리친다. 이러한 자가면역질환의 원인으로 유전적 원인, 바이러스 혹은 세균 등의 감염, 스트레스 등 다양한 가설이 제기되고 있지만 아직 뚜렷하게 밝혀진 것은 없다. 다만 여성이 남성에 비해 발병률이 4배 정도 많다고 알려져 있다. 여성은 생리, 임신, 출산 등을 경험하며 남성보다 훨씬 잦은 호르몬의 변화를 겪기 때문인데, 주기적 혹은 일시적인 호르몬 변화가 면역 체계에 복합적으로 작용하면서 자가면역질환 발생에 영향을 미친다는 것이다.

20~30대의 가임기 여성에게 주로 발병하는 루푸스 또한 자가면역질환이다. 루푸스는 피부뿐 아니라 관절, 신장, 폐 등 전신에 염증 반응을 일으켜 만성적으로 증상 완화와 악화가 반복되는 희귀난치성 질환이다. 관절 통증, 열, 부기, 피로, 가슴 통증, 탈모, 발진, 발작, 입 통증, 보라색 손가락과 같은 증상을 보인다면 즉시 의사와 상담해야 한다. 완치되지 않는 질병이지만 식단 조절, 생선 기름 섭취, 척추 교정, 휴식 등을 통해 증상을 조절할 수 있다.

가려움증과 습진을 동반하는 만성 염증성 피부질환인 아토피 피부염도 자가면역질환이다. 유아기에 시작돼 많은 경우 성장하면서 자연스레 호전되지만, 특정 물질이나 자극에 의해 쉽게 가렵거나 염증 반응이 나타나는 경향이 있다. 발병 원인은 아직 확실히 알려지지 않았지만 산업화로 인한 환경 공해, 식품첨가물 섭취의 증가, 집먼지진드기 등 알레르기를 일으키는 원인물질(알레르겐)의 증가 등이 꼽힌다. 세계적으로 증가하는 추세로 유병률이 인구의 무려 20%라는 보고도 있다. 아토피 피부염은 환자의 특성에 따라 개별화된 치료를 시행해야 한다.

그런데 외부에서 들어온 병균과 자신의 정상 세포를 확실히 구분하지 못하면 몸속의 면역세포가 우리 몸을 스스로 공격하고 파괴하는 현상이 발생한다. 면역세포가 정상 세포를 적으로 오인하여 대항하는 자가항체를 만들고 이로 인해 염증이 일어나는 상태를 자가면역질환이라 하며 대표적으로 위에서 언급했던 루푸스, 아토피 피부염과 류마티스 관절염 등이 있다. 이외에도 건선, 비염, 천식, 난치성 갑상샘 질환, 1형 당뇨병, 원형탈모 등 종류만 80여 가지가 넘는다. 질환의 종류가 많은 만큼 자가면역질환의 원인을 정의하기는 쉽지 않다.

대표적인 자가면역질환으로 류마티스 관절염은 백혈구가 관절 부위로 이동해 정상 조직을 공격함으로써 발병하는데 초기에는 주로 손가락이나 손목, 발가락, 발목 등 관절 부위가 붓고 열이 나며 통증이 동반된다. 류마티스 관절염이 계속 진행되면 연골 및 뼈가 손상되고, 관절을 지지하는 근육 조직과 인대 등이 약화된다. 또한 적혈구가 감소하여 빈혈 증상이 일어나고, 목에 통증이 느껴지거나 눈이나 입안이 마르며, 심하면 혈관이나 폐, 심장 내벽에 염증이 생기기도 한다. 진단 후 2년 이내에 관절 파괴가 시작될 만큼 진행이 빠르지만, 발병 초기부터 자신의 증상에 맞게 약물 등의 적극적인 치료를 한다면 크게 완화될 수 있다. 건조한 피부의 보습, 피부염 치료를 위한 스테로이드 및 면역조절제 투여, 증상을 악화시키는 알레르겐과 스트레스를 피하는 다각적이고 체계적인 치료가 필요하다.

① 자가면역질환의 발병 원인은 유전적 요인, 바이러스나 세균 감염, 스트레스 등으로 추측할 뿐 뚜렷하게 밝혀진 바는 없다.

② 루푸스의 경우 완치보다는 발현 증상 조절을 목적으로 치료가 행해진다.

③ 여성의 경우 일시적·주기적 호르몬 변화를 남성보다 더 겪기 때문에 자가면역질환 발병률이 남성에 비해 4배가량 높다.

④ 루푸스는 전신에 염증 반응을 일으키는 질환으로 20~30대 가임기 여성에게서 주로 발생하고 호르몬 변화로부터 직접적인 영향을 받으므로 환자의 상태별 개별화된 치료가 시행된다.

⑤ 류마티스 관절염은 진단 후 2년 이내에 관절 파괴가 시작될 만큼 진행이 빠르지만, 발병 초기부터 증상에 맞게 약물 등의 적극적인 치료를 한다면 크게 완화될 수 있다.

25 다음 글의 제목으로 가장 적절한 것은?

상업적 농업이란 전통적인 자급자족 형태의 농업과 달리 판매를 위해 경작하는 농업을 말한다. 농업이 상업화된다는 것은 산출할 수 있는 최대의 수익을 얻기 위해 경작이 이루어짐을 의미한다. 이를 위해 쟁기질, 제초작업 등과 같은 생산 과정의 일부를 인간보다 효율이 높은 기계로 작업하게 되고, 농장에서 일하는 노동자도 다른 산업 분야처럼 경영상의 이유에 의해 쉽게 고용되고 해고된다. 이처럼 상업적 농업의 도입은 근대 사회의 상업화를 촉진시킨 측면이 있다.

이에 역사학 박사인 홉스봄은 18세기 유럽에 상업적 농업이 도입되면서 일어난 몇 가지 변화에 주목했다. 중세 말기 장원의 해체로 인해 지주와 소작인 간의 인간적이었던 관계가 사라진 것처럼, 농장주와 농장 노동자 간의 친밀하고 가까웠던 관계가 상업적 농업의 도입으로 인해 사라졌다. 토지는 삶의 터전이 아닌 수익의 원천으로 여겨지게 되었고, 농장 노동자는 시세대로 고용되어 임금을 받는 존재로 바뀌었다. 또한, 대량 판매 시장을 위한 대규모 생산이 점점 더 강조되면서 기계가 인간을 대체하기 시작했다. 더 나아가 상업적 농업의 도입은 계급의 양극화라는 중요한 사회적 결과를 가져왔다. 저임금 구조의 고착화로 농장주와 농장 노동자 간의 소득 격차는 갈수록 벌어졌고, 농장 노동자의 처지는 위생과 복지의 양 측면에서 이전보다 더욱 열악해졌다.

나아가 상업화로 인해 그동안 호혜성의 원리가 적용되어왔던 대상들의 성격이 변화하였는데, 특히 돈과 관련된 재산권이 그러했다. 수익을 얻기 위한 토지 매매가 본격화되면서 재산권은 공유되기보다는 개별화되었으며, 이에 따라 이전에 평등주의 가치관이 우세했던 일부 유럽 국가에서조차 자원의 불평등한 분배와 사회적 양극화가 심화되었다.

① 농업의 상업화로 인한 근대 상업화의 촉진
② 기계가 인간을 대체하는 근대 사회의 상업화의 부정적인 측면
③ 상업화로 인한 사회적 양극화 심화
④ 상업적 농업으로 인한 근대 사회의 발전
⑤ 농업의 상업화로 인한 호혜성의 원리

26 다음 글의 주제로 가장 적절한 것은?

> 기업의 윤리 문제는 비즈니스의 성과와 무관한 것이 아니다. 한 기업의 성과지향적 문화와 윤리지향적 문화 사이의 가치 충돌로 소속 임직원들이 혼란을 느낄 수도 있다. 기업의 지배구조가 안정적일수록 윤리적 가치를 존중함과 동시에 성과지향적 기업문화를 구축할 수 있다. 즉, 윤리경영이 기업의 제도 또는 조직문화의 일부로 성공적으로 자리 잡기 위해서는 안정적인 지배구조와 좋은 윤리 시스템 구축이 뒷받침되어야 한다. 윤리경영체계를 공고히 하고, 비윤리적 행위로 인한 위험을 최소화하기 위해서는 무엇보다 윤리경영의 시스템화가 중요하다. 그중 내부고발제도와 내부고발자의 보호는 이러한 위험에서 기업 생존의 필수 요소라고 할 수 있다.
>
> 더 나아가 윤리적 행위를 개인의 행동과 습관으로 정착시키고 윤리적 딜레마 상황에서의 체계적이고 합리적인 의사결정 방법을 체득하기 위한 교육에 좀 더 많은 관심을 가질 필요가 있다. 즉, 무엇이 옳은 것인가는 이미 알고 있다고 가정하고 이때 어떻게 할 것인가, 그리고 이를 위해 어떻게 연습하고 훈련할 것인가에 초점을 맞추어야 한다. 지금까지 우리 기업들이 좋은 기업윤리 시스템을 갖추고 정착하기 위해 노력해 왔다면, 이제는 윤리경영의 실천 수준을 높이기 위한 노력이 필요한 시기라고 할 수 있다. 윤리적 판단 능력의 강화를 넘어 이해관계자 시각에서 윤리적 행동의 실천 능력을 강화하기 위한 교육 프로그램 및 성과 보상 제도에 보다 주의를 기울여야 한다.
>
> 이러한 윤리경영 정착을 위한 노력들은 기업이 경제, 환경, 사회 등 각 영역에서 지속적으로 성과를 내고 기업가치를 증진시키는 참 경쟁력이 되어, 외부 이해관계자들과 소통을 활발하게 하고 기업에 대한 긍정적인 시각을 갖게 하는 데 도움을 줄 것이다.

① 기업들은 좋은 기업윤리 시스템을 갖추고 정착하기 위해 노력해왔다.

② 윤리적 행위에 대해 어떻게 연습하고 훈련할 것인가에 초점을 맞추어야 한다.

③ 내부고발제도와 내부고발자의 보호는 윤리경영에서 가장 중요하다.

④ 윤리경영 정착을 위한 기업의 노력은 그 기업의 참 경쟁력으로 이어진다.

⑤ 윤리적 딜레마 상황에서의 체계적이고 합리적인 의사결정 방법을 체득하기 위한 교육을 해야 한다.

27 다음 중 ㉠에 들어갈 문장으로 가장 적절한 것은?

재활로봇은 재활치료 및 일상생활을 돕는 로봇을 말하는데, 최근 노인 및 신체 활동이 불편한 사람을 대상으로 생활을 보조하고 신체 활동 회복에 기여할 수 있는 새로운 대안으로 주목받고 있다. 재활로봇은 사람과 달리 지치지 않아 설정한 치료를 지속적이고 일관적으로 제공할 수 있고, 센서를 이용해서 객관적인 회복량에 대한 데이터를 수집할 수 있다. 인간이 수행하던 재활치료를 보완하고 대체해 인력 부족 문제를 해결할 뿐만 아니라 보다 정교하고 지속적인 치료를 통한 재활의 질적 향상까지 도모가 가능하다는 측면에서 재활로봇에 대한 수요가 확대되는 추세이다.

이미 상용화를 앞둔 국내 기술도 있다. 손에 마비가 있는 사람이 착용만 하면 손가락을 쉽게 움직일 수 있는 장갑이다. 이 장갑의 이름은 '엑소 글러브 폴리(Exo Glove Poly)'로, 손이 마비되거나 근육이 손상된 사람이 외부 동력의 힘을 빌릴 수 있게 한다. 가벼운 통조림은 물론 1kg이 넘는 추도 들어 올릴 수 있고, 문고리를 돌려 문을 열 수도 있다. 엑소 글러브 폴리는 힘을 전달하는 와이어와 폴리머 소재의 장갑으로 이루어져 있다. 폴리머 재질로 만들어졌기 때문에 물에 닿거나 심지어 물속에 넣어도 망가지지 않는다. 착용감이 편안하고, 소독도 쉽다. 엄지와 검지, 중지에 착용할 수 있는 3개의 손가락이 있고, 사용자의 손 크기에 맞게 사이즈를 조정할 수 있어 누구나 착용할 수 있다. 폴리머 소재를 이용한 이유는 또 있다. (㉠) 그래서 사용자의 심리적 부담감을 해소하기 위해 저렴한 폴리머를 손 모양 그대로 밀착되는 장갑 형태로 만든 것이다.

① AI 기술 등과 결합된 로봇 손은 사람의 다양한 활동 능력을 끌어올리는 데 큰 도움을 줄 것으로 전망된다.

② 신체가 불편한 환자들은 값이 비싸고 미관상 어색하다는 이유로 동력으로 움직이는 의족이나 의수를 착용하기 꺼린다.

③ 장갑을 끼고 물체를 잡는 등의 활동을 하면 장갑에 설치된 약 550여 개의 센서가 물체에 대한 자세한 정보를 수집한다.

④ 사람들이 집게손가락의 중간 관절을 사용할 때는 거의 엄지손가락을 사용하지 않는다거나 검지와 가운뎃손가락의 끝은 항상 엄지손가락과 사용한다.

⑤ 폴리머 소재를 이용한 로봇 손은 사람들에게 거부감을 줄 수 있기 때문이다.

28 ㉠에 들어갈 내용으로 가장 적절한 것은?

집값을 안정시키는 것은 정부의 책무다. 이 목표를 달성하기 위해 정부는 바뀔 때마다 각종 규제를 쏟아낸다. 그러나 규제가 강화될수록 집값은 오히려 더 올라가는 현상이 나타난다. 공급과 수요의 법칙을 간과하고 단편적인 규제만 반복하다가 시장에 참패당하기 때문이다.

(㉠) 재건축과 층고 제한을 풀고, 선호 지역은 물론 주변에도 주택 공급을 대폭 늘려야 한다. 일시적인 부작용이 두려워 오히려 규제를 강화하면 공급 부족에 대한 기대심리로 가격은 더 상승할 수밖에 없다.

물론 보유세나 양도소득세를 강화해 주택 수요를 억제하는 정책도 시장의 법칙에 부합한다. 그러나 현행의 재산세나 보유세는 유효세율이 낮아 투기적 수요를 억제하지 못한다. 양도소득세 역시 세율은 높지만 매매 차액의 일부를 납부하는 것이므로 실질적인 부담이 되지 않는다. 오히려 실수요자 입장에서는 현재 살고 있는 집을 매도하고 양도세를 납부하면 같은 규모로 이사를 갈 수 없기 때문에 거래를 막는 장애요인이 되고 있다.

따라서 투기적 수요를 효과적으로 억제하려면 전체 보유 주택의 시가가 일정 수준을 넘는 가구에 누진적 재산세를 강화해 실질적 부담을 가중시키는 것이 바람직하다. 재산세와 보유세를 통합하고 세율도 선진국처럼 지역별로 차등화해 시가의 1~2% 수준까지 높이면 불필요한 주택 수요가 크게 억제될 것이다.

① 집값 안정을 위해서는 적절한 규제가 유지되어야 한다.
② 주택 수요를 억제하는 정책은 시장의 법칙에 부합하지 않는다.
③ 공급보다는 수요에 초점을 맞춘 대안을 제시해야 한다.
④ 부동산 투기 문제는 결국 정부 정책에 그 답이 있다.
⑤ 가격을 안정화하려면 당연히 공급을 늘려야 한다.

29 다음 중 밑줄 친 사자성어와 의미가 유사한 것은?

이 세상에서 변하지 않는 것은 없다. 불패의 태양도 수명이 있기 마련이다. 보통 인생무상(人生無常)을 '삶이 허무하다'는 뜻으로 많이 사용하지만, 본래 의미는 '인생은 항상 같지 않아 덧없다'는 뜻이다. 무상(無常)은 시간이 가면서 모든 것이 변하므로 가치나 의미가 없어 허무하다는 뜻이 있다. 즉, 인생무상이란 사람의 인생에 있어 미래는 어떻게 될지 모르는 것이고 좋은 일이 있으면 나쁜 일도 있다는 것이다.

① 상전벽해(桑田碧海) ② 무위도식(無爲徒食)
③ 견강부회(牽强附會) ④ 일장춘몽(一場春夢)
⑤ 사가망처(徙家忘妻)

30 다음 밑줄 친 부분이 맞춤법 규정에 맞는 것은?

① <u>몇년 사이에</u> 세상이 많이 변하였다.

② 무서운 폭음을 듣고 가슴이 <u>콩알만 해졌다</u>.

③ 이번 일은 직접 나서는 <u>수 밖에</u> 없다.

④ 피노키오의 코는 거짓말을 <u>할 때 마다</u> 길어진다.

⑤ 모든 인간은 종교, 인종과 <u>관계 없이</u> 평등하다.

31 다음 내용을 읽고 난 후의 반응으로 적절하지 않은 것은?

어지럼증만큼 자가진단이 위험한 질환도 드물다. 빈혈일 수도 있고, 뇌병변일 수도 있으며, 소화기관의 문제가 원인일 수도 있다. 하지만 어지럼증의 가장 흔한 원인은 귀에서 비롯된다. 전체의 20~50%가 귀의 이석에서 발생할 정도다. 특히 이석증은 나이가 들면서 증가해 고령화 시대를 맞은 요즘 중년 이후의 성인이 꼭 챙겨야 할 질환으로 꼽힌다. 뇌와 양쪽 귀 등 세 곳에서 균형을 유지해 주기 때문에 사람은 균형을 잡을 수 있다. 이때 뇌는 괜찮은데 한쪽 귀의 기능이 망가지거나, 제대로 작동하지 않으면 정보의 차이가 발생하면서 어지러움증을 느끼게 된다.

그렇다면 귀의 기능을 손상시키는 질환에는 어떤 것이 있을까. 첫째는 이석증이다. 신체의 균형을 담당하는 전정기관에 위치해 몸의 흔들림을 감지하는 이석이 제자리에서 떨어져 나가 부유성 석회화 물질이 되는 질환이다. 증상은 주변이 빙글빙글 돌고 한쪽으로 기우는 듯한 느낌이 든다. 마치 지각변동을 일으키는 것 같다. 두 번째는 전정신경염이다. 전정신경에 발생한 염증으로 어지럼증이 발생한다. 심한 어지럼증과 구역, 구토가 자연적으로 발생해 수 시간, 길게는 하루 이상 지속되는 것이 특징이다. 세 번째는 메니에르병이다. 이 질환을 쉽게 표현해 '귀의 고혈압'이라고도 한다. 귀에 물이 찬 듯 먹먹한 느낌이 동반된다. 달팽이관 안에는 내림프액이 순환하는데 이 흐름이 정상적이지 못하면 달팽이관이 풍선처럼 부풀어 올라 여러 증상이 나타난다. 초기에는 귀가 먹먹하고, 점차 청력이 떨어지면서 이명이 생긴다. 그러다 결국 압력이 높아지면서 달팽이관이 터진다.

문제는 어지럼증을 방치하면 청력을 잃을 수도 있다는 것이다. 이석증으로 진단을 받으면 비디오 안진검사를 이용해 어느 곳에 이석증이 생겼는지 검사한 뒤 치료한다. 이석증이 어느 위치에 생겼는지 판정해 간단한 약과 운동치료를 통해 개선할 수 있다. 이석치환술을 통해 이석을 제거할 수도 있다. 하지만 대체로 이석습성화 훈련을 통해 이석증을 극복하는 방법을 권한다. 예컨대 고개를 한쪽으로 돌려 옆으로 누운 뒤 귀 안의 불순물이 이동할 수 있도록 하고, 또 반대로도 행한다. 이러한 방법을 아침에 한쪽 귀당 2분씩 10번 정도 좌우로 행하면 이석을 제거할 수 있다.

① A : 이석증은 중년 이후의 성인들이 꼭 챙겨야 할 질환으로 꼽히는구나.

② B : 사람이 균형을 유지할 수 있는 건 뇌와 양쪽 귀 덕분이구나.

③ C : 달팽이관 안에서 내림프액의 순환이 정상적이지 못하면 달팽이관이 풍선처럼 부풀어 오르는구나.

④ D : 이석습성화 훈련을 통해 이석증을 예방할 수 있겠구나.

⑤ F : 비디오 안진검사를 통해 이석의 위치를 알 수 있고 간단한 약과 운동치료를 통해 개선할 수 있구나.

32 다음은 심장충격기(자동제세동기 AED) 사용법의 내용이다. 다음 자료를 읽은 내용으로 적절한 것은?

〈심장충격기(자동제세동기 AED) 사용법〉

1. 전원 켜기
   - 자동심장충격기(AED)를 심폐소생술에 방해가 되지 않는 위치에 놓은 뒤에 전원 버튼을 눌러 전원을 켠다.

2. 패드를 부착하기
   - 준비된 자동심장충격기(AED)의 패드를 부착 부위에 정확히 부착한다.
     패드1 : 오른쪽 빗장뼈 바로 아래 부착
     패드2 : 왼쪽 젖꼭지 옆 겨드랑이 부착
     ※ 패드와 자동심장충격기 본체가 분리되어 있는 경우 연결하며, 패드 부착 부위에 이물질이 있다면 제거한다.

3. 음성 지시에 따르기
   - "분석 중…"이라는 음성 지시가 나오면 심폐소생술을 멈추고 환자에게서 손을 뗀다.
     ※ 자동 심장 충격이 필요 없는 경우에는 "환자의 상태를 확인하고, 심폐소생술을 계속하십시오"라는 음성 지시가 나온다.
   - "쇼크 버튼을 누르십시오"라는 음성 지시가 나오면 점멸하고 있는 쇼크 버튼을 눌러 자동 심장 충격을 시행한다.
     ※ 쇼크 버튼을 누르기 전에는 반드시 다른 사람이 환자에게서 떨어져 있는지 확인하여야 한다.

4. 심폐소생술도 함께 진행하기
   - 자동심장충격을 시행한 뒤에는 즉시 가슴 압박과 인공호흡 비율을 30 : 2로 심폐소생술을 다시 시행한다.
     ※ 자동심장충격기는 2분마다 심장 리듬 분석을 반복해서 시행하며, 자동심장충격기 사용과 심폐소생술 시행은 119구급대가 현장에 도착할 때까지 지속되어야 한다.

[주의사항]
1) 흔들림이 많은 장소에서 제세동기를 작동할 경우 기계가 흔들림을 제세동이 필요한 리듬으로 판단하여 잘못된 제세동 충격을 시행할 수 있으므로 움직임이 없는 곳에서 작동해야 합니다.
2) 제세동 시행 시 감전의 우려가 있으므로 시행자와 환자 간의 접촉이 없어야 합니다.
3) 심정지 환자를 발견하였을 경우 당황하지 말고 기계 표면의 글과 그림으로 설명되어있는 작동 방법을 보며 작동합니다.

① 자동 심장 충격을 시행한 뒤에는 즉시 인공호흡과 가슴 압박 비율을 30 : 2로 심폐소생술을 다시 시행한다.
② 흔들림이 많은 장소에서 제세동기를 작동하여도 된다.
③ 쇼크 버튼을 누르기 전에는 반드시 환자 주변에 다른 사람이 있는지 확인해야 한다.
④ 패드는 2개를 부착하는데 그중 한 개는 왼쪽 빗장뼈 바로 아래 부착해야 한다.
⑤ 제세동 시행 시 시행자와 환자 간의 접촉은 필수적이다.

33 다음 중 〈보기〉 뒤에 이어질 내용을 가장 적절하게 배열한 것은?

(가) 하지만 지구의 경우 그 지름이 12,800km이고, 지구와 달 사이 거리의 4%에 해당한다. 따라서 지구 상에서 달을 바라보고 있는 쪽에 미치는 달의 인력과 달에서 멀어져 있는 쪽에 미치는 달의 인력 사이에는 큰 격차가 발생하게 된다. 이 인력의 차이가 바닷물에 회전력을 발생시키고, 그 회전력으로 인하여 약 1m 정도 바닷물이 부풀어오르는 현상이 생긴다.

(나) 조수간만의 차이가 발생하는 진짜 이유는 지구상의 두 지점 사이에 미치는 달의 인력이 서로 다르기 때문이다. 만약 달이 당신의 머리 위로 지나간다고 해보자. 달로부터 당신 머리까지와 발까지의 거리에는 1.5~1.8m의 차이가 있다. 이는 차이가 거의 없는 셈이고 곧 조수가 발생하지 않는다는 뜻이 된다. 이로 인해 당신 체내의 체액들은 있던 곳에 그대로 머물러 있을 것이다.

(다) 이렇듯 조수의 차이를 발생시키는 가장 큰 원인은 달이 지구와 매우 근거리에 존재하기 때문이다. 실제로 인력의 크기 면에서 보자면 태양이 지구에 미치는 영향이 훨씬 크다. 태양의 인력은 달에 비해 177배나 큰 힘으로 지구에 영향을 주고 있다. 태양의 무게가 달에 비해 2,700만 배나 무겁기 때문에 나타나는 현상이다. 하지만 태양은 지구에서부터 너무 멀리 떨어져 있다. 따라서 태양을 바라보는 지구면과 그 반대쪽 지구면 사이에 인력의 차이가 거의 나타나지 않는다.

(라) 만약 그렇다면 달의 끌어당기는 효과가 인간의 삶에 어떤 식으로든 영향을 미쳤을 것이다. 어쨌든 우리 몸의 65%는 물로 이뤄졌기 때문이다. 실제로는 달의 중력이 매우 특별한 방법으로 작용해 조수 현상을 일으키게 된다. 달의 인력은 지구와 달 사이의 거리의 3제곱에 비례해 약해지기 때문에 달은 자신을 향해 있는 지구쪽에 더 큰 인력을 미치고 반대쪽에는 미치는 힘이 약해진다.

〈보기〉

대부분의 사람들이 조수간만의 차이가 발생하는 원인을 오해한다. 달은 바닷물을 직접 끌어당기진 않는다.

① (가) – (나) – (라) – (다)   ② (나) – (라) – (가) – (다)

③ (다) – (가) – (라) – (나)   ④ (라) – (나) – (가) – (다)

⑤ (라) – (나) – (다) – (가)

34 다음은 아래 글을 읽고 토론한 내용이다. A~E의 발언 중 적절하지 않은 것은?

경상수지란 다른 나라와의 상품·서비스거래와 해외 투자 대가로 벌어들이는 배당금·이자 등의 소득거래 및 이전거래의 수지차를 의미한다. 이를 통해 소득, 고용, 통화량 등과 우리나라 경제의 상관관계를 파악할 수 있다.

경상수지는 크게 상품수지, 서비스수지, 소득수지, 경상이전수지 4개 항목으로 구분된다. 상품수지와 서비스수지는 각각 상품·서비스 수출과 수입의 차이를 말한다. 소득수지는 비거주자 노동자에게 지급되는 급료, 대외금융과 관련된 투자소득이 포함되고, 경상이전수지는 개인 송금, 국제기구 출연금, 무상원조 등이 포함된다. 상품이나 서비스를 외국에 수출하면 그만큼 수요가 증가하므로 생산 확대를 일으켜 일자리와 소득 증대가 발생한다. 따라서 상품 및 서비스수지가 우리 경제에 미치는 영향이 가장 크다.

경상수지가 흑자일 경우 외국에 판매한 재화와 서비스가 구매한 것보다 많으므로 소득과 일자리가 증가한다. 또한 외화를 벌어들인 만큼 외채 감소 효과를 얻을 수 있고, 물가상승 압력이 있을 때도 무리 없이 수입을 늘릴 수 있어 더 쉽게 물가를 안정시킬 수 있다. 경상수지 적자 상황이 되면 소득이 줄어들고 실업이 늘어나며, 외채 증가로 원금상환과 이자부담이 증가한다. 다만 경상수지 흑자는 국내통화량을 증가시켜 통화 관리에 어려움을 발생시킬 수 있고, 대외 수출품에 대한 수입규제를 유발하는 원인으로도 작용할 수 있다.

A : 경상수지는 결국 대외거래에서 발생하는 금액 차를 말하는 거구나.
B : 맞아, 쉽게 말해서 우리나라가 외국에서 벌어들인 돈과 외국에 지급한 돈의 차이를 나타내는 거지.
C : 응, 그중에서도 실제 경제활동과 밀접한 상품수지와 서비스수지의 중요도가 높겠구나.
D : 경상수지가 흑자를 보이면 소득과 일자리가 증가하는 효과를 거둘 수 있어.
E : 그렇지, 경상수지 흑자는 경제정책에도 유리하게 활용할 수 있으므로 긍정적인 면만 가지고 있어.

---

① A   ② B
③ C   ④ D
⑤ E

35 다음 (가)~(마)를 문맥상 전개 순서에 맞게 배열한 것은?

> (가) 그랬던 영국이 점차 쇠락해 독일에게 전쟁에서도 밀리는 지경이 된 것이다. 게다가 독일에 맞서는 연합국의 주도권 역시 신흥 강대국인 미국에 빼앗겨 버린 실정이었다. 이러한 상황에서 당시 영국의 지도자였던 윈스턴 처칠은 영국 국민들에게 희망의 메시지를 던져주고 싶었다. 그리고 처칠이 설계한 희망의 메시지가 바로 바로 복지국가였다. 하지만 보수당 출신으로 복지에 대해 별다른 식견이 없었던 처칠은 이 문제를 혼자 해결해 나갈 수 없었다. 결국 처칠은 노동당 소속의 경제학자 윌리엄 베버리지에게 도움을 청하게 된다.
>
> (나) 베버리지는 처칠의 요청을 받아들여 노동부 차관으로 임명된 뒤 영국의 100년 미래를 내다보는 거대한 계획을 세우기 시작한다. 베버리지는 정권이 바뀌어도, 총리가 바뀌어도 결코 변하지 않을 영국의 뼈대를 한 권의 책에 다 담고자 했다. 그 책이 바로 현대 자본주의 역사상 가장 위대한 '복지의 바이블'로 불리는 〈베버리지 보고서〉이다. 베버리지는 이 보고서에서 국가가 국민들에게 완벽한 의료 및 교육을 제공하고, 모든 국민이 어떤 경우에도 빈곤에 빠지지 않는 강력한 복지 시스템을 설계해 나갔다.
>
> (다) 보고서가 완성되었을 당시 영국 내각에서는 보고서의 공표를 둘러싸고 격론이 일어났지만, 우여곡절 끝에 이 보고서는 영국 정부의 중심 과제로 채택된다. 그리고 보고서를 바탕으로 강력한 복지정책을 실시한 덕에 영국은 '요람에서 무덤까지', 즉 태어나서 죽을 때까지 국가가 국민의 삶을 보호한다는 복지국가의 원조에 오른다. 보고서 이후 베버리지의 철학은 전 유럽으로 번져나갔고, 유럽은 전쟁의 참상을 딛고 풍요로운 땅으로 재건됐다.
>
> (라) 2차 세계대전이 한창이던 1940년대 초, 독일군은 연이은 폭격으로 영국에 막대한 피해를 입혔다. 독일군에게 본토가 점령당할 위험에 수차례 노출되자 영국 국민들은 크나큰 혼란에 빠져들었다. 1800년대까지만 해도 영국은 대영제국이라는 말을 들을 정도로 압도적인 세계 최강대국이었다. 얼마나 많은 식민지를 거느리고 있었는지 '해가 지지 않는 제국'이라는 별칭까지 얻을 정도였다. 영국의 지배자가 곧 세계의 지배자였다.

① (나) - (라) - (가) - (다)   ② (나) - (다) - (가) - (다)

③ (다) - (가) - (나) - (라)   ④ (라) - (가) - (나) - (다)

⑤ (가) - (나) - (라) - (다)

36 다음 글을 읽고 난 후의 반응으로 옳지 않은 것은?

> 근로기준법 제76조의2는 직장 내 지위, 관계 등의 우위를 이용하여 업무상 적정 범위를 넘는 신체적, 정신적 고통을 주거나 근무환경을 악화시키는 행위를 금지하고 있다. 직장 내 괴롭힘이 인정되는 행위 장소는 외근 및 출장지, 사적 공간, SNS, 사내 메신저, 회식 등 폭넓게 포함한다. 업무의 과도한 부여 혹은 미부여, 집단 따돌림, 뒷담화, 회식 강요, 업무 시간 외 과도한 사적 연락 등이 직장 내 괴롭힘 행위로 제재받을 수 있다. 해당 법은 근로자 5인 이상의 기업에만 적용되며, 신고자 또는 피해자에게 불이익을 줄 경우 3년 이하의 징역 또는 3,000만 원 이하의 벌금형에 처한다.
>
> 직장 내 괴롭힘 금지법의 가장 큰 특징은 형사 고소가 아니라 사내 신고라는 점이다. 게다가 모욕죄나 명예훼손죄와는 달리 가해자에 대한 직접적인 처벌 조항을 명시하고 있지도 않다. 따라서 직장 내 괴롭힘 사례가 신고되면, 회사가 내부 절차를 통해 사안을 판단한 뒤 피해자를 구제하고 가해자를 징계하라는 권고 매뉴얼에 가깝다. 가해자에게 형사 처벌을 가하기 위해서는 결국 법원의 유권해석을 통한 법리적 검토가 필요할 것이다.
>
> 게다가 가해자와 피해자의 증언이 엇갈릴 경우 피해자가 본인의 근무상황이 악화되었음을 증명해야 하는 피해자 증명 책임 구조를 전제로 하는 것 또한 실질적 구제를 어렵게 한다. 고용노동부가 배포한 '직장 내 괴롭힘 예방·대응 매뉴얼'에서는 '밥을 혼자 먹은 카드 명세서', '싫어하는 티를 내는 대화 녹음', '업무 공유에서 제외된 자료' 등을 합법적 입증자료의 예시로 제시했다. 그러나 소위 말하는 직장 내 '은따(은근히 따돌리는 행위)' 피해자가 따돌림의 증거를 적극적으로 수집할 수 있는지는 의문이다.
>
> 고용노동부는 직장 내 괴롭힘 금지법의 이해를 돕기 위해 '직장 내 괴롭힘 예방·대응 매뉴얼'을 배포했다. 매뉴얼에 따르면 '업무상 적정범위를 넘은 행위'란 '사회 통념에 비춰볼 때 업무상 필요성이 인정되지 않거나, 업무상 필요성은 인정되더라도 그 행동이 사회 통념상 문제가 있는 행위'를 의미한다. 사회 통념, 즉 상식에 어긋나는 행위가 괴롭힘 여부를 판단하는 기준으로 작용하는 셈이다. 문제는 대부분 괴롭힘이 상식에 대한 가해자의 몰지각, 몰이해에서 비롯된다는 점이다. 즉 피해자에게는 엄청난 압박, 조롱, 고통이었던 행위를 가해자는 업무의 연장, 장난, 독려였다고 주장할 수도 있는 것이다.

① 가해자와 피해자의 증언이 엇갈리는 경우에는 피해자가 본인이 피해를 입었음을 증명해야 하는군.

② 점심시간마다 혼자 먹은 카드 명세서도 직장 내 괴롭힘을 입증할 수 있는 자료로 제출이 가능하군.

③ 직장 내 괴롭힘으로 형사 고소된 가해자는 모욕죄 또는 명예훼손죄와 마찬가지로 명시된 처벌 조항에 따라 형사 처벌을 받게 되는군.

④ 직장 내 괴롭힘이 인정되는 행위 장소는 외근 및 출장지, SNS 등 광범위하지만, 근로자가 5명 이하인 사업체라면 해당 법이 적용되지 않는군.

⑤ 직장 내 괴롭힘 금지법은 가해자에 대한 직접적인 처벌 조항을 명시하고 있지 않아 법보다는 권고 매뉴얼에 가깝다.

37 문단 (가)~(마)를 맥락에 맞게 배열한 것은?

(가) 매체 언어란 일반적으로 기계나 전기, 전파 등의 기술적·공학적 수단을 이용하여 다른 사람에게 메시지를 전달하는 언어를 말한다. 이러한 매체 언어는 음성, 문자, 소리, 이미지, 동영상 등이 복합적으로 작용하여 의미를 형성한다.

(나) 마지막으로 즉흥적이지 않고 철저하게 계산된 방식으로 송신된다는 점도 매체 언어의 특성이라 할수 있다. 방송이나 영화에서 보듯이 매체 언어를 활용한 자료가 수용자의 관심을 끌고 공감을 유도하기 위해서는 계획성과 의도성을 지닌 언어를 사용해야 하는 것이다.

(다) 이 때문에 문자 언어로 표현된 글은 문자에 담긴 의미만 이해하면 되지만, 매체 언어로 표현된 글을 읽을 때에는 문자, 이미지, 사진, 소리 등이 결합하면서 만들어 낸 의미를 종합적으로 파악해야 한다. 또 매체 언어는 다양한 감각을 활용할 뿐 아니라 그 나름의 의미 구성 방식을 지니고 있기 때문에, 단순히 의사소통 수단에 그치지 않고 사고와 삶의 방식을 변화시키는 역할을 한다.

(라) 그렇다면 매체 언어에는 어떤 특성이 있을까? 먼저 매체 언어의 수용자는 불특정 다수의 대중이다. 수용자는 기계를 조작할 수 있는 간단한 기능만 익혀도 전파나 웹 등 무한대의 공간을 넘나들며 매체 언어의 소통에 참여할 수 있다. 또 생산자는 특정한 대상을 염두에 두고 매체 언어 활동을 하지 않는다.

(마) 매체 언어의 또 다른 특성은 신매체가 구매체를 대체하지 않는다는 것이다. 문자 언어가 나타나도 음성 언어를 계속해서 사용하는 것처럼 새로운 매체의 탄생은 이전의 매체를 대체하는 것이 아니라 매체의 범위와 종류를 넓히며 새롭게 추가되는 것이다. 모든 의사소통의 형태는 확장되고 복잡해진 체계 속에서 공존하고 함께 발전한다.

① (가)-(라)-(마)-(다)-(나)
② (가)-(다)-(라)-(마)-(나)
③ (다)-(나)-(마)-(가)-(라)
④ (다)-(라)-(가)-(마)-(나)
⑤ (다)-(라)-(가)-(나)-(마)

38 다음 글의 문맥상 빈칸에 들어갈 가장 적절한 문장은?

최근 한국교육과정평가원 OECD(경제협력개발기구)의 국제학업성취도 평가 연구보고서에 따르면 우리나라 학생들은 읽기 능력의 성취도가 낮고, 특히 장문 읽기에 많은 어려움을 겪는 것으로 나타났다. 글을 읽을 수 있지만, 내용은 이해하지 못하는 '실질 문맹(文盲)'인 학생들이 갈수록 늘고 있다. 글을 읽고 이해하는 능력인 '문해력(文解力)'에 심각한 결함이 있어, 금일(今日)을 금요일로 오해하거나, 고지식을 높은 지식으로 이해하는 등 문해력에 큰 어려움을 겪고 있다.

전문가들은 문해력 하락의 가장 큰 원인이 대중화된 스마트폰 때문이라고 지적한다. 요즘 청소년들은 유튜브·카톡·문자 등 짧은 스마트폰 영상과 콘텐츠에 매우 익숙해져 있어 글을 읽거나, 제대로 써 볼 기회조차 많지 않고, 굳이 쓰려고 노력하지도 않기 때문이다.

하지만 이러한 청소년 시기의 문해력 문제를 적극적으로 해결하지 않으면 단순히 학습력 손실을 넘어 고등교육 기회와 노동시장 참여 기회가 줄고, 나아가 미래 소득 감소로 이어질 수 있다. 학생들의 문해력을 높일 수 있는 방법으로는 독서가 있다. 대개 글에서는 일상적인 회화에서 사용하는 것보다 훨씬 고급 수준의 단어를 많이 사용하게 되므로 광범위한 독서를 통해서 어휘를 학습할 수 있다. 또한, (   )

① 평소에도 국어사전을 활용하여 어휘력을 습득하는 습관이 필요하다.

② 사용빈도가 낮은 한자어와 같은 어휘는 사용하지 않는 것이 좋다.

③ 고급수준의 단어들을 사용하는 것보다는 평범한 단어를 사용하는 것이 의미전달을 분명히 할 수 있다.

④ 평소에 수준이 높고, 좋은 책들을 많이 읽는 것이 필요하다.

⑤ 무분별한 독서보다 양질의 서적을 구별하여 읽을 줄 아는 능력을 키울 필요가 있다.

39 다음 글을 통해 알 수 없는 내용은?

> 시험 위주 능력주의의 기원은 600년대에 시작된 과거제도로 거슬러 올라간다. 지금부터 약 1,400년 전 중국의 수나라(581~618)는 과거제도 급제자에게 엄청난 부귀영화를 누릴 수 있는 특권을 줌으로써 똑똑한 중·고소득층 출신 남성들이 과거 급제에 집중하게 만들어 국가의 권력과 수직적 조직을 유지했다. 이 과거시험은 세계에서 최초로 표준화된, 즉 시험의 조건과 기회가 모든 사람에게 다 똑같이 주어지는 시험이었다. 표준화된 시험은 누구나 열심히 노력하면 좋은 성과를 얻을 수 있다는 능력주의 이념을 만들었다.
>
> 이런 과거제도가 한국, 일본, 싱가포르, 대만 등 다른 동양 국가로 전파됐고, 중국이 1905년에 과거제도를 공식적으로 폐지한 뒤에도 이는 중국을 포함한 여러 동양 국가들의 대학 입시로 이어졌다. 동양에서는 아직도 명문대에만 입학하면 그 대학에서 공부를 잘하든 못하든 상관없이 학벌과 학연이 가져다주는 엄청난 혜택을 누릴 수 있다. 그뿐 아니라 이런 혜택은 경력이 더 오래될수록 현저해진다. 일례로 일본 대기업의 최고 중역들 중 60% 이상이 명문대 출신이다. 이와 대조적으로 미국 100대 기업의 최고 중역들 중 명문대 출신은 10%도 채 안 된다. 동양에서는 대학 입학으로 얻을 수 있는 엄청난 혜택 때문에 개인의 적성에 맞는 전문성을 쌓는 대신 오직 시험에서 좋은 점수를 받으려는 풍토가 조성됐다. 아이들에게 남보다 좋은 사회·경제적 지위를 만들어주고 싶은 부모들의 과도한 욕심은 아이들을 '시험지옥'으로 내몰고 힘겨운 경쟁을 하게 했다.

① 최초 표준화된 시험은 약 1,400년 전 중국 수나라에서 실시되었다.

② 과거시험 응시자 중 중·고소득층 출신자가 급제하는 경우가 많았다.

③ 중국의 과거제도는 공식적으로 폐지되었으나 대학 입시로 이어졌다.

④ 일본 100대 기업의 명문대 출신 중역은 미국의 100대 기업의 명문대 출신 중역의 6배이다.

⑤ 과거제도는 중국을 넘어 한국, 일본, 싱가포르, 대만 등 다른 동양 국가로 전파되었다.

[40~41] 다음 글을 읽고 이어지는 물음에 답하시오.

오늘날 대부분의 국가에서는 국민들의 건강생활을 보장하기 위한 사회보장의 한 수단으로서 국가에 의하여 공적건강보험제도가 운영되고 있으며, 보험회사 등의 민간보험관리단체에 의해서도 건강의 상실을 보험 사고로 간주하여 보험 급여를 제공하는 민영건강보험제도가 영위되고 있다. 이와 같이 국가와 보험회사 등에 의하여 운영되는 건강보험은 국민들이 건강한 생활을 유지하는 데 없어서는 안 될 중요한 제도로 자리 잡고 있다.

최초의 건강보험제도는 질병이나 상해를 원인으로 하여 발생한 노동자의 노동력 상실과 그로 인한 임금의 상실에 대응하기 위한 목적으로 (ⓐ)되었는데, 손상된 노동력의 회복을 위해서 의료 급여 내지는 요양 급여를 제공하는 한편, 상실한 소득의 회복을 위해서 상병수당금을 지급하는 등 노동자들이 질병이나 상해로 인하여 입은 신체적 · 정신적인 손상뿐만 아니라 그로 인한 경제적 손실까지도 보상해 주는 제도였다.

이처럼 노동자의 질병이나 상해에 (ⓑ)하기 위하여 도입된 건강보험제도는 점차 제도가 발전되어 감에 따라 그 적용 대상이 노동자에서 국민 전체로 확대되어 오늘날에는 전 국민을 대상으로 하는 사회보장제도로 정착하게 되었다.

그러므로 본래 의미의 건강보험제도는 국민들의 질병이나 상해에 대하여 의료 급여나 요양 급여를 제공하고, 또한 그로 인하여 소득을 상실하였을 때는 상실한 소득을 보상해 주는 제도라고 할 수 있을 것이다. 건강보험을 운영주체에 따라 분류하면, 국가나 지방자치단체 등의 공영보험관리기관이 운영하는 공적건강보험과 민간보험회사나 공제조합 등의 민간보험관리기관이 운영하는 민영건강보험으로 분류할 수 있으며, 공적건강보험은 다시 재원조달방식에 따라 국민들이 갹출한 보험료를 재원으로 하여 국민들에게 보험 급여를 제공하는 사회보험방식과 국민들이 납부한 세금을 재원으로 하여 국민들에게 공적의료서비스를 제공하는 조세방식으로 분류할 수 있다.

사회보험방식은 국가가 국민을 건강보험에 강제적으로 가입하게 하고, 국민들이 갹출한 보험료를 재원으로 국민들에게 보험 급여를 제공하는 방식을 말한다. 우리나라와 일본, 프랑스 등과 같이 모든 국민이 강제적으로 공적건강보험에 가입하는 방식을 (ⓒ)하고 있다.

조세방식은 국가가 국민들이 납부한 국세와 지방세를 재원으로 의료 비용을 (ⓓ)하여 전 국민을 대상으로 의료서비스를 제공하는 것을 원칙으로 하는 방식이다. 이 방식은 대체적으로 재원의 대부분이 국민들이 납부하는 세금으로 조달되고 의료서비스 제공체계도 국가의 책임하에 조직화되어 있으므로, 전 국민이 모두 (ⓔ)하게 의료서비스 혜택을 받을 수 있다.

40 다음 중 글의 내용과 일치하는 것은?

① 사회보험방식하에서는 모든 국민들이 동일한 보험료를 납부한다.

② 건강보험제도의 초기 단계에는 신체적 손상에 대한 보상만 제공되었다.

③ 우리나라에서는 모든 국민이 강제적으로 건강보험에 가입하도록 하고 있다.

④ 건강보험을 운영주체에 따라 분류하면 세 가지 보험으로 분류할 수 있다.

⑤ 조세방식은 소득 수준에 따라 차별적인 의료 서비스를 제공하는 방식을 말한다.

41 다음 중 ⓐ~ⓓ에 들어갈 단어로 적절하지 않은 것은?

① ⓐ : 도출

② ⓑ : 대응

③ ⓒ : 채택

④ ⓓ : 조달

⑤ ⓔ : 동등

[42~43] 다음 글을 읽고 이어지는 물음에 답하시오.

영국 시사주간지 이코노미스트가 발표한 선진국 '유리천장 지수'에서 한국이 12년 연속 꼴찌를 차지했다. 업무성과나 능력이 있음에도 불구하고 여성이라고 하는 이유로 조직 내에서 고위직으로 진출하지 못하는 현상을 유리천장이라고 한다. (㉠) 2023년 한국의 남녀 임금 격차는 31.2%로, OECD 평균(11.9%)의 2배를 넘는다. 기업 이사회의 여성 비율은 16.3%(평균 32.5%), 의회 내 여성 비율은 19.1%(평균 33.9%)에 그쳤다. 각각 28위, 27위를 차지했다. OECD 평균 관리직 여성 비율은 지난해 33.8%에서 올해 34.2%로 오른 반면, 한국은 16.3%에 불과해 28위를 기록하면서 꼴찌에서 두 번째를 차지했다. (㉡) 이러한 유리천장의 원인으로 전문가들은 크게 남성 중심의 조직문화, 출산과 육아, 그리고 정책 문제를 꼽고 있었다. 기업 내 오랫동안 존재해 온 남성중심의 조직 문화는 유리천장 개선을 위해 시급히 해결되어야 한다고 강조했다. (㉢)
정부는 유리천장을 깨기 위해서 공공기관부터 여성의 대표성을 높이겠다는 입장을 밝혔다. 중앙행정기관, 지방자치단체에 여성 관리직 공무원 임용목표제를 시행하고, 공기업과 준정부기관의 여성 관리자 비율을 확대한다고 발표했다. 공직 내 여성관리자 임용 확대를 위해 4급 이상 여성 관리자 비율을 2024년까지 15%로 확대하는 방안을 내걸었지만, 현재 여성의 고위직 공무원의 비율은 현저히 낮은 실정에 불과하다. 정부의 입장에서 유리천장 해결을 위한 근본적인 대책 마련이 필요하다. (㉣) 그 결과, 경영진에 여성이 포진해 있는 기업은 여성이 한 명도 없는 기업에 비해 훨씬 더 많은 매출을 창출했으며, 기업의 의사결정을 다양화하고, 기업의 지배구조를 개선하는 데에 기여했다. (㉤)

42 다음 내용을 읽고 적절한 반응으로 옳은 것은?

① 여성의 고위관리직 승진을 장려해야 한다.

② 여성의 경력단절 방지를 위한 정책이 마련되어야 한다.

③ 우리 사회에 잠재된 남녀차별 인식을 개선해야 한다.

④ 여성 노인고용률을 높이기 위해 정부와 기업의 공조가 필요하다.

⑤ 여성 중심의 조직 문화를 만들어야 한다.

43 ㉠～㉤ 중 문맥상 〈보기〉의 문장이 삽입될 위치로 가장 적절한 것은?

> **〈보기〉**
>
> 해외에서는 여성임원할당제를 도입하여 여성의 고위직 진출을 장려하고 있다.

① ㉠   ② ㉡

③ ㉢   ④ ㉣

⑤ ㉤

44 다음의 〈문서작성의 원칙〉을 참고하여 〈보기〉에서 설명하는 문서를 바르게 고른 것은?

> **〈문서작성의 원칙〉**
>
> 1. 법규문서는 조문형식에 의하여 작성하고, 누년 일련번호를 사용한다.
> 2. 지시문서는 다음 구분에 의하여 작성한다.
>   가. 훈령
>   상급기관이 하급기관에 대하여 장기간에 걸쳐 그 권한의 행사를 일반적으로 지시하기 위하여 발하는 명령으로서 조문형식 또는 별지 제1호의2서식의 시행문형식(이하 "시행문형식"이라 한다)에 의하여 작성하고, 누년 일련 번호를 사용한다.
>   나. 지시
>   상급기관이 직권 또는 하급기관의 문의에 의하여 하급기관에 개별적·구체적으로 발하는 명령으로서 시행문형식에 의하여 작성하고, 연도표시 일련번호를 사용한다.
>   다. 예규
>   행정사무의 통일을 기하기 위하여 반복적 행정사무의 처리기준을 제시하는 법규문서 외의 문서로서 조문형식 또는 시행문형식에 의하여 작성하고, 누년 일련번호를 사용한다.
>   라. 일일명령
>   당직·출장·시간외근무·휴가 등 일일업무에 관한 명령으로서 시행문형식 또는 별지 제2호서식의 회보형식(이하 "회보형식"이라 한다) 등에 의하여 작성하고, 연도별 일련번호를 사용한다.
> 3. 공고문서는 다음 구분에 의하여 작성한다.
>   가. 고시
>   법령이 정하는 바에 따라 일정한 사항을 일반에게 알리기 위한 문서로서 연도표시 일련번호를 사용한다.
>   나. 공고
>   일정한 사항을 일반에게 알리는 문서로서 연도표시 일련번호를 사용한다.
> 4. 비치문서는 비치하여 사용하는 대장류 및 카드류의 문서로서 적합한 형태의 서식으로 정하여 작성한다.
> 5. 민원문서 및 일반문서는 시행문형식 등에 의하여 작성한다. 다만, 회보 및 보고서는 다음 구분에 의하여 작성한다.

가. 회보

　행정기관의 장이 소속공무원 또는 하급기관에 업무연락 · 통보 등 일정한 사항을 알리기 위한 경우
　에 사용하는 문서로서 회보형식에 의하여 작성하고 연도별 일련번호를 사용한다.

나. 보고서

　특정한 사안에 관한 현황 또는 연구 · 검토결과 등을 보고하거나 건의하는 때에 사용하는 문서로서
　특별한 사유가 있는 경우를 제외하고는 별지 제1호의2서식의 기안문형식에 의하여 작성한다.

- (㉠)은/는 법령이 정하는 바에 따라 일정한 사항을 알리기 위한 문서이므로 행정청이 (㉠)에 의해 행
정처분을 하기 위해서는 법령의 근거가 필요할 것이다.
- 대법원이 소송절차 등에서 수어통역이 원활하게 이뤄질 수 있도록 관련 (㉡)을/를 제정했다. 새 (㉡)
은/는 각급 법원에서 자격과 통역경력 등을 고려한 수어통역인 후보자 명단을 작성하고, 그 명단을 재
판부에 제공해 각 재판부에서 수어통역인 지정 결정 시 참고하도록 했다. 대법원 관계자는 "청각장애
인에 대한 국고 부담의 수어통역이 원활하게 이루어질 수 있도록 각급 법원에 안내할 예정"이라고 말
했다.
- (㉢)은/는 법규의 성질을 가지지 않지만 집무기준 또는 법령해석 기준을 제시하여, 행정조직 내부에
서 하급행정기관을 구속한다. (㉢)이/가 유효하게 성립되기 위해서는 지휘감독권을 가진 상급행정기
관과 하급행정기관이 각각 그 권한과 소관사무에 속한 것이어야 하고, 하급행정기관에게 권한행사의
독립성이 보장되어있는 사항이어야 한다.

	㉠	㉡	㉢
①	고시	예규	훈령
②	고시	예규	고시
③	훈령	예규	고시
④	훈령	고시	예규
⑤	예규	고시	훈령

[45~46] 다음 글을 읽고 이어지는 물음에 답하시오.

체험사업을 운영하는 이들은 아이들에게 다양한 직업의 환경과 삶의 ⑤실상, 즉 현실을 체험하게 해준다고 홍보한다. 직접 겪지 못하는 현실을 잠시나마 체험함으로써 미래에 더 좋은 선택을 할 수 있게 한다는 것이다. 체험은 생산자에게는 홍보와 돈벌이 수단이 되고, 소비자에게는 교육의 연장이자 주말 나들이 거리가 된다. 이런 필요와 전략이 맞물려 체험사업이 번성한다. 그러나 이때의 현실은 체험하는 사람의 필요와 여건에 맞추어 미리 짜놓은 현실, 치밀하게 계산된 현실이다. 다른 말로 하면 가상현실이다. 아이들의 상황을 고려해서 눈앞에 보일 만한 것, 손에 닿을 만한 것, 짧은 시간에 마칠 수 있는 것을 잘 계산해서 마련해 놓은 맞춤형 가상현실인 것이다. 눈에 보이지 않는 구조, 손에 닿지 않는 제도, 장기간 반복되는 일상은 체험행사에서는 제공될 수 없다. 경험 대신 체험을 제공하는 가상현실은 실제와 가상의 경계를 모호하게 할 뿐만 아니라 우리를 현실에 순응하도록 이끈다. 여기서 주목해야 할 것은 경험과 체험의 차이이다. 경험은 타자와의 만남이다. 타자들로 가득한 현실을 경험함으로써 인간은 스스로 변화하는 동시에 현실을 변화시킬 ⑥동력을 얻는다. 반면 체험 속에서 인간은 언제나 자기 자신만을 볼 뿐이다. 이처럼 가상현실에서는 그것을 체험하고 있는 자신을 재확인하는 것으로 ⑤완결되기 마련이다. 요즘 미래 기술로 ⑧각광받는 디지털 가상현실 기술은 경험을 체험으로 대체하려는 오랜 시도의 결정판이다. 버튼 하나만 누르면 3차원으로 재현된 세계가 바로 눈앞에 펼쳐진다. 한층 빠르고 정교한 계산으로 ⑩구현한 가상현실은 우리에게 필요한 모든 것을 눈앞에서 체험할 수 있는 본격 체험사회를 예고하는 것만 같다.

45 다음 글에서 알 수 있는 것은?

① 현실을 변화시킬 수 있는 동력은 체험이 아닌 현실을 경험함으로써 얻게 된다.
② 가상현실은 실제와 가상 세계의 경계를 구분하여 자기 자신을 체험할 수 없도록 한다.
③ 체험사업은 장기간의 반복적 일상을 가상현실을 통해 경험하도록 해준다.
④ 디지털 가상현실 기술은 체험을 경험으로 대체하려는 오랜 시도의 결정판이다.
⑤ 체험사업은 아이들에게 타자와의 만남을 경험하게 해줌으로써 경제적 이윤을 얻고 있다.

46 다음 밑줄 친 ⑤~⑩ 중 단어의 사용이 적절하지 않은 것은?

① ⑤   ② ⑥
③ ⑤   ④ ⑧
⑤ ⑩

[47~48] 다음 글을 읽고 이어지는 물음에 답하시오.

국민건강보험공단은 2017년부터 2024년까지 공황 장애의 진료 현황을 발표했다. 공황 장애 진료 인원의 성별 변화를 살펴보면, 여성 환자가 2017년 74,074명에서 2024년 111,267명으로 17년 대비 50% 증가한 것으로 나타났다. 남성 환자 또한 2017년 64,662명에서 2024년 89,273명으로 17년 대비 38% 증가한 것으로 나타났다. 이 중 남성 환자는 40대가 차지하는 비율이 25.4%로 가장 높았고, 여성 환자 또한 40대가 21.8%로 가장 많았다. 이와 같이 40대 이상 환자의 증가 폭이 큰 이유에 대해서 전문가는 다음과 같이 ㉠분석하고 있다. 40대 이상 환자는 공황 장애를 ㉡초기에 치료하지 않고 뒤늦게 치료를 시작하거나 꾸준히 치료하지 않아 재발하는 경우가 많기 때문이라고 말했다. 고혈압, 당뇨 등 다양한 건강 문제로 병원 방문 횟수가 ㉢뜸해지며 뒤늦게 치료를 시작하는 경우가 많다고 설명했다.

공황 장애는 가슴 두근거림, 식은땀, 숨이 안 쉬어지거나 답답한 느낌 등이 대표적인 증상으로 꼽힌다. 질병을 방치하면 사람들을 만나는 것을 피하게 되고 생활에 ㉣제약이 생길 수 있다고 말한다. 따라서 질병 초기에는 '인지행동치료'나 최근 신의료기술로 인정된 '가상현실 노출 치료' 등 비약물치료를 받으며 초기에 치료해야 한다. 질병을 ㉤방치했을 때 일상적인 생활이나 사회생활, 직업 활동을 하지 못하게 되면서 심한 우울증에 빠질 수 있기 때문이다.

47 다음 내용과 일치하지 않는 것은?

① 공황 장애 환자는 여성 환자의 비율이 더 높다.

② 40대 이상 환자는 고혈압으로 병원에 방문하여 공황 장애를 함께 치료받는 경우가 많다.

③ 질병 초기에도 약물치료가 필요하다.

④ 공황 장애를 방치하면 우울증을 앓을 수 있다.

⑤ 남성 환자와 여성 환자 모두 40대가 차지하는 비율이 가장 높다.

48 다음 밑줄 친 ㉠~㉤ 중 단어의 사용이 적절하지 않은 것은?

① ㉠
② ㉡
③ ㉢
④ ㉣
⑤ ㉤

[49~50] 다음 글을 읽고 이어지는 물음에 답하시오.

> ㉠클라우드 컴퓨팅이란, 컴퓨터를 활용하는 작업(자료 처리, 저장, 전송, 감상 등)에 필요한 다양한 요소들을 인터넷상의 서비스를 통해 다양한 종류의 컴퓨터 단말 장치(휴대폰, TV, 노트북, PC 등이 모두 해당)로 제공하는 것을 말한다. 컴퓨터를 활용하기 위해서는 소프트웨어(응용 프로그램), 데이터 파일, 운영체제, CPU, 메모리 디스크 스토리지, 네트워크 등의 컴퓨터를 구성하는 요소 자체가 필요하다. 클라우드 컴퓨팅은 이러한 모든 요소들을 자기 컴퓨터에 설치하지 않고 인터넷상의 어딘가에 두어 전화기나 TV, 컴퓨터나 스마트폰으로 접근해서 활용하면 필요한 모든 것들을 사서 꾸미지 않아도 원하는 컴퓨터 작업을 언제 어디서든 할 수 있다. 예를 들면, 내 컴퓨터의 하드 디스크가 모자랄 경우 인터넷에 연결된 어떤 컴퓨터의 디스크를 빌려 거기에 자료를 저장한다거나, 내 컴퓨터에 설치되지 않은 통계 프로그램을 필요할 때만 인터넷을 통해 받아와 통계처리를 한다거나, 심지어는 컴퓨터 없이 TV로 통계 프로그램이 설치된 컴퓨터에 접속해 원하는 통계 작업을 하는 것 등이 있다.
>
> 클라우드 컴퓨팅에서는 사용자가 원하는 요소를 인터넷을 통해 유료 혹은 무료로 제공하는데, 이때 사용자가 ⓐ몇만 명이 되건 사용자의 필요에 따라 원하는 크기와 성능을 제공할 수 있어야 한다. 이를 위해 해당 서비스가 몇 대의 컴퓨터나 디스크 스토리지 등의 장치로 ⓑ구성되던, 사용자는 자기만의 컴퓨터 한 대를 가지고 있는 것처럼 자유롭게 쓸 수 있어야 한다. 클라우드 컴퓨팅을 사용하면 다양한 이점이 있다. 특히 사용자 입장에서는 자신이 사용하는 디스크 스토리지 서비스나 컴퓨팅 서비스, 응용 프로그램 서비스 등이 어떻게 구현되는지 몰라도 ⓒ되고, 관리하지 않아도 되므로 쉽게 원하는 일을 할 수 있게 되어 비용을 아끼고 효율을 높일 수 있다.
>
> 또한, 자주 사용되지 않는 희귀한 프로그램도 사용할 때만 돈을 내면 되므로 비용 절감에 효과적이다. 서비스 제공자의 경우 ⓓ가치 있는 데이터나 희귀한 정보, 혹은 데이터 가공/접근/열람 수단과 같은 다양한 응용 프로그램을 만들어 인터넷을 통해 배포, ⓔ공급함으로써 큰 수익을 낼 가능성을 얻게 된다.

49 다음 밑줄 친 ㉠에 대한 설명으로 적절하지 않은 것은?

① 자주 사용하지 않는 프로그램의 경우 사용할 때에만 돈을 내면 되므로 비용 절감의 효과가 있다.

② 컴퓨터를 활용하기 위해서는 메모리 디스크, CPU 등의 컴퓨터 구성 요소 자체가 필요하다.

③ 서비스 제공자는 인터넷을 통해 각종 응용 프로그램을 만들어 배포함으로써 큰 수익을 얻게 된다.

④ 사용자는 자신이 사용하는 디스크 스토리지 서비스, 컴퓨팅 서비스 등의 구현 방식을 알고 있어야 한다.

⑤ 사용자의 인원수와 상관없이 사용자가 원하는 크기와 성능을 제공할 수 있어야 한다.

50 다음 ⓐ~ⓔ 중 밑줄 친 부분이 맞춤법 규정에 틀린 것은?

① ⓐ   ② ⓑ

③ ⓒ   ④ ⓓ

⑤ ⓔ

PART

02

수리능력

① 응용수리의 공식은 무조건 외우는 것이 유리하다. 다양한 유형의 문제들이 출제되기 때문에 유형별로 풀이법을 충분히 익혀야 한다. 다만 응용수리의 출제 비중이 높지 않은 기업의 경우 모든 유형을 학습하는 것보다 모르는 유형의 문제에 집중하는 것이 효율적이다.

② 통계에서는 서로의 사건에 영향을 미치는지, 미치지 않는지를 파악하는 것이 중요하다. 여부에 따라 계산식과 답이 완전히 달라지기 때문에 많은 문제를 풀어보며 학습하는 것이 필요하다.

③ 자료 해석은 다양한 주제와 형태로 출제되기 때문에 시간이 부족한 경우가 많다. 바로 해결할 수 있는 비례식, 증가·감소 추이나 간단한 사칙연산이 포함된 지문부터 살펴보는 것이 효율적이다. 또한 표나 그래프 아래 적혀있는 참고 문구나 주석 등까지도 꼼꼼하게 확인해야 실수 없이 문제를 해결해 나갈 수 있다.

④ 도표 작성은 주어진 자료를 통해 같은 수치가 표현된 표나 그래프를 찾는 유형이므로 수치의 단위와 제목에 유의해서 풀어야 한다. 이런 부분에서 함정을 만들어 실수를 유발할 수 있기 때문에 반드시 여러 번 확인하는 것이 중요하다.

1. 수리능력의 의미

① 업무상황에서 요구되는 사칙연산과 기초적인 통계를 이해하고, 도표 또는 자료(데이터)를 정리, 요약하여 의미를 파악하는 능력

② 도표를 이용해서 합리적인 의사결정을 위한 객관적인 판단근거로 제시하는 능력

③ 기초연산능력, 기초통계능력, 도표분석능력, 도표작성능력 등으로 구성

2. 수리능력의 구성

(1) 기초연산능력

① 업무 상황에서 필요한 기초적인 사칙연산과 계산방법을 이해하고 활용하는 능력

② 활용

    ㉠ 업무상 계산을 수행하고 결과를 정리하는 경우

    ㉡ 업무비용을 측정하는 경우

    ㉢ 고객과 소비자의 정보를 조사하고 결과를 종합하는 경우

    ㉣ 조직의 예산안을 작성하는 경우

    ㉤ 업무수행 경비를 제시하여야 하는 경우

    ㉥ 다른 상품과 가격비교를 하여야 하는 경우

(2) 기초통계능력

① 업무 상황에서 평균, 합계, 빈도와 같은 기초적인 통계기법을 활용하여 자료의 특성과 경향성을 파악하는 능력

② 기능

    ㉠ 많은 수량적 자료를 처리 가능하고 쉽게 이해할 수 있는 형태로 축소

    ㉡ 표본을 통해 연구대상 집단의 특성을 유추

    ㉢ 의사결정의 보조수단

    ㉣ 관찰 가능한 자료를 통해 논리적으로 어떠한 결론을 추출 · 검증

③ 활용

　　㉠ 연간 상품 판매실적을 제시하여야 하는 경우

　　㉡ 업무비용을 다른 조직과 비교하여야 하는 경우

　　㉢ 상품판매를 위한 지역조사를 하여야 하는 경우 등

(3) 도표분석능력

① 업무 상황에서 도표(그림, 표, 그래프 등)의 의미를 파악하고, 필요한 정보를 해석하는 능력

② 활용

　　㉠ 업무수행과정에서 도표로 주어진 자료를 해석하는 경우

　　㉡ 도표로 제시된 업무비용을 측정하는 경우

　　㉢ 조직의 생산가동률 변화표를 분석하는 경우

　　㉣ 계절에 따른 고객의 요구도가 그래프로 제시된 경우

　　㉤ 경쟁업체와의 시장점유율이 그림으로 제시된 경우 등

(4) 도표작성능력

① 업무 상황에서 도표(그림, 표, 그래프 등)를 이용하여 결과를 효과적으로 제시하는 능력

② 활용

　　㉠ 도표를 활용하여 업무 결과를 정리하는 경우

　　㉡ 업무의 목적에 맞게 계산결과를 묘사하는 경우

　　㉢ 업무 중 계산을 수행하고 결과를 정리하는 경우

　　㉣ 업무에 소요되는 비용을 시각화해야 하는 경우

　　㉤ 고객과 소비자의 정보를 조사하고 결과를 설명하는 경우 등

3. 수리능력의 중요성

① 수학적 사고를 통한 문제해결

② 직업세계 변화에 적응

③ 실용적 가치의 구현

4. 도표

① **도표** : 선, 그림, 원 등으로 그림을 그려서 내용을 시각적으로 표현하여 다른 사람이 한눈에 자신의 주장을 알아볼 수 있게 한 것

② **도표작성의 목적**

　　㉠ 보고 · 설명하기 위해

　　㉡ 상황분석을 위해

　　㉢ 관리목적을 위해

5. 단위 환산

단위	단위 환산
길이	1cm=10mm, 1m=100cm, 1km=1,000m
넓이	$1cm^2=100mm^2$, $1m^2=10,000cm^2$, $1km^2=1,000,000m^2$
부피	$1cm^3=1,000mm^3$, $1m^3=1,000,000cm^3$, $1km^3=1,000,000,000m^3$
들이	$1m\ell=1cm^3$, $1d\ell=100cm^3=100m\ell$, $1\ell=1,000cm=10d\ell$
무게	1kg=1,000g, 1t=1,000kg=1,000,000g
시간	1분=60초, 1시간=60분=3,600초
할푼리	1푼=0.1할, 1리=0.01할, 1모=0.001할

대표 **예제 01**

다음 빈칸 ㉠~㉢에 해당하는 값을 모두 더하면?

- $1m^3$는 (㉠)cm^3이다.
- 1할은 (㉢)리이다.

- 1시간은 (㉡)초이다.

① 1,004,600

② 1,003,700

③ 113,600

④ 104,600

⑤ 103,700

정답 | ②
해설 | • $1m^3$는 1,000,000cm^3이다.
  • 1시간은 3,600초이다.
  • 1할은 100리이다.

대표 **예제 02**

다음의 표현을 맞게 나타낸 것은?

A자동차의 연비는 1리터당 20km이다.

① 2m/h

② 2m/L

③ 20L/km

④ 20km/L

⑤ 20h/km

정답 | ④
해설 | 1리터당 20km에서 '1리터'는 비교하는 기준이 되고, '20km'는 비교의 대상이 된다. 따라서 20km/L가 된다.

1. 사칙 연산

(1) 개요

① 수 또는 식에 관한 덧셈($+$), 뺄셈($-$), 곱셈($\times$), 나눗셈($\div$) 네 종류의 계산법

② 수의 범위를 복소수 · 실수 또는 유리수 전체로 할 때는 0으로 나누는 나눗셈만 제외한다면 사칙은 항상 가능. 그러나 정수의 범위에서 나눗셈이 언제나 가능한 것은 아니며, 또 자연수의 범위에서도 뺄셈과 나눗셈이 언제나 가능한 것은 아님

(2) 수의 계산

① 교환법칙 : $a+b=b+a$, $a\times b=b\times a$

② 결합법칙 : $a+(b+c)=(a+b)+c$, $a\times(b\times c)=(a\times b)\times c$

③ 분배법칙 : $(a+b)\times c=a\times c+b\times c$

④ 분수 계산

    ㉠ 분모가 같은 경우 : $\dfrac{p}{a}+\dfrac{q}{a}=\dfrac{p+q}{a}$

    ㉡ 분모가 다른 경우 : $\dfrac{p}{a}+\dfrac{q}{b}=\dfrac{aq+bp}{ab}$

⑤ 곱셈 공식

    ㉠ $ab\times cd=ac\times bd=ad\times bc$

    ㉡ $a^p\times a^q\div a^r=a^{p+q-r}$

    ㉢ $a^2-b^2=(a+b)(a-b)$

    ㉣ $a^3+b^3=(a+b)(a^2-ab+b^2)$

    ㉤ $a^3-b^3=(a-b)(a^2+ab+b^2)$

(3) 혼합 계산의 순서

① 괄호가 있는 경우 소괄호( ) → 중괄호{ } → 대괄호[ ] 순으로 계산

② 네 개 연산기호의 혼합식에서 곱셈($\times$)과 나눗셈($\div$)을 먼저 계산한 후 덧셈($+$)과 뺄셈($-$)을 계산

    예 $4+8-2\times6\div3=4+8-12\div3=4+8-4=8$

③ 곱셈($\times$)과 나눗셈($\div$), 덧셈($+$)과 뺄셈($-$)은 각각 우선순위가 동일하므로, 어떤 것을 먼저 계산해도 상관없음

다음 식의 값은?

$$4,530+1,947-625$$

① 5,852

② 5,752

③ 5,652

④ 5,552

⑤ 5,452

정답 | ①

해설 | $4,530+1,947-625=6,477-625=5,852$

3. 식의 계산

(1) 약수와 배수

① **약수** : 0이 아닌 어떤 수를 나누어 떨어지게 하는 수

② **배수** : 어떤 수를 1배, 2배, 3배, … 한 수

③ **공약수와 최대공약수** : 두 수의 공통인 약수를 두 수의 공약수라고 하고, 최대공약수는 그중 가장 큰 수

　　예 12와 15의 최대공약수 : $12=2^2 \times 3$, $15=3 \times 5$, 최대공약수$=3$

④ **공배수와 최소공배수** : 두 수의 공통인 배수를 두 수의 공배수라고 하고, 최소공배수는 그중 가장 작은 수

　　예 12와 15의 최대공약수 : $12=2^2 \times 3$, $15=3 \times 5$, 최소공배수$=2^2 \times 3 \times 5=60$

⑤ **서로소** : 1을 제외하고 공약수를 갖지 않는 두 자연수

(2) 소수

① **소수** : 약수가 1과 자기 자신만으로 이루어진 자연수

② **소인수분해** : 자연수를 소인수의 곱으로 나타낸 것

　　예 18의 소인수분해 : $18=2 \times 3 \times 3=2 \times 3^2$

대표 예제 02

다음 식을 보고 빈칸에 들어갈 수로 적절한 것은?

$$3 ◆ 3 = 18$$
$$2 ◆ 5 = 29$$
$$1 ◆ 7 = 50$$
$$4 ◆ 6 = 52$$
$$3 ◆ 7 = (\quad)$$

① 58   ② 56
③ 54   ④ 52
⑤ 50

정답 | ①
해설 | 연산 ◆은 앞뒤에 있는 수를 제곱하여 더한 값과 같다.
$$3 ◆ 3 = 3^2 + 3^2 = 18$$
$$2 ◆ 5 = 2^2 + 5^2 = 29$$
$$1 ◆ 7 = 1^2 + 7^2 = 50$$
$$4 ◆ 6 = 4^2 + 6^2 = 52$$
$$3 ◆ 7 = 3^2 + 7^2 = (58)$$
따라서 빈칸에 들어갈 수는 58이다.

SECTION 03 기초통계능력

1. 통계

(1) 의미

① 어떤 현상의 상태를 양으로 반영하는 숫자이며, 특히 사회집단의 상황을 숫자로 표현한 것
② 일체의 집단적 현상을 숫자로 나타낸 것
③ 어떤 일정집단에 대한 숫자 자료, 같은 종류의 사례(개체)를 모은 집단에 대한 숫자

(2) 조사방법

① 전수조사
　㉠ 분석대상을 모두 조사하는 방법
　㉡ 가장 정확한 정보를 얻는 방법이나 엄청난 시간과 비용이 들기 때문에 잘 사용하지 않음
② **표본조사** : 전체(모집단)를 잘 대표하는 일부분(표본)을 뽑고 표본을 조사, 분석하여 전체(모집단)의 특성을 유추하는 방법

2. 기본적인 통계치

① 빈도(빈도수, 도수) : 어떤 사건이 일어나거나 증상이 나타나는 정도
② 백분율 : 전체의 수량을 100으로 하여, 나타내려는 수량이 그중 몇이 되는가를 가리키는 수(퍼센트)
③ 범위 : 관찰값의 흩어진 정도를 나타내는 도구로서 최곳값과 최젓값을 가지고 파악하며, 최곳값에서 최젓값을 뺀 값에 1을 더한 값
④ 평균 : 관찰값 전부에 대한 정보를 담고 있어 대상 집단의 성격을 함축적으로 나타낼 수 있는 값
⑤ 최빈값 : 자료의 값 중에서 가장 많이 나타난 값
⑥ 분산 : 자료의 퍼져 있는 정도를 구체적으로 알려주는 수치
⑦ 편차 : 자룻값 또는 변량과 평균의 차이를 나타내는 수치
⑧ 표준편차 : 분산값의 제곱근 값

대표 예제 01

자료의 평균은 얼마인가?

3	6	25	31	14	41

① 15   ② 20
③ 25   ④ 30
⑤ 35

정답 | ②
해설 | 나열된 자료의 총합은 3+6+25+31+14+41=120이다. 자료의 평균은 $\frac{120}{6}$=20이다.

대표 예제 02

다음은 A~E씨의 영역별 점수이다. 영역 평균 점수가 가장 높은 사람은?

구분	의사소통능력	수리능력	문제해결능력
A씨	80점	60점	75점
B씨	85점	85점	60점
C씨	90점	60점	80점
D씨	75점	80점	85점
E씨	95점	70점	70점

※ 100점 만점으로 환산한 점수이다.

① A씨   ② B씨

③ C씨   ④ D씨

⑤ E씨

정답 | ④

해설 | A~E씨의 영역 평균 점수는 다음과 같다.

구분	평균
A씨	$\frac{80+60+75}{3} ≒ 71.7$점
B씨	$\frac{85+85+60}{3} ≒ 76.7$점
C씨	$\frac{90+60+80}{3} ≒ 76.7$점
D씨	$\frac{75+80+85}{3} = 80$점
E씨	$\frac{95+70+70}{3} ≒ 78.3$점

따라서 평균 점수가 가장 높은 사람은 D씨이다.

3. 다섯숫자요약

최솟값	원자료 중 값의 크기가 가장 작은 값
최댓값	원자료 중 값의 크기가 가장 큰 값
중앙값	각 변량을 크기순으로 나열했을 때 중앙에 오는 값
하위 25%값	원자료를 크기순으로 배열하여 4등분한 값
상위 25%값	

1. 도표분석능력

(1) 비율, 백분율

① 비율 : $\dfrac{비교하는\ 양}{기준량}$

㉠ A 대비 B : $\dfrac{B}{A}$

㉡ A 중 B : $\dfrac{B}{A}$

㉢ A 당 B : $\dfrac{B}{A}$

㉣ A 에 대한 B : $\dfrac{B}{A}$

② 백분율(기준량 100) : $\dfrac{비교하는\ 양}{기준량} \times 100$

③ %와 %p

㉠ %(퍼센트) : 백분율 지표

　예 실업률이 지난해 5%, 올해 10%라고 하면 지난해에 비해서 올해 $\dfrac{10-5}{5} \times 100 = 100\%$ 늘어났다.

㉡ %p(퍼센트 포인트) : 퍼센트 값들 사이 증감량

　예 실업률이 지난해 5%, 올해 10%라고 하면 지난해에 비해서 올해 $10-5=5\%$p 늘어났다.

(2) 증감

① 이상, 이하

㉠ 이상 : 어떤 수와 같거나 어떤 수보다 큰 수

㉡ 이하 : 어떤 수와 같거나 어떤 수보다 작은 수

② 초과, 미만

㉠ 초과 : 어떤 수보다 큰 수(어떤 수와 같지 않음)

㉡ 미만 : 어떤 수보다 작은 수(어떤 수와 같지 않음)

③ 증가, 감소

㉠ 증가=성장=상승=신장

㉡ 감소=하락=위축=후퇴

㉢ 증가폭=증가량, 감소폭=감소량

㉣ 증가율=증가세=증가폭, 감소율=감소세=감소폭

㉤ 작년 대비 올해 증감률 : $\dfrac{올해-작년}{작년} \times 100$

(3) 평균

① 자료 전체의 합을 자료의 개수로 나눈 값

② (변량의 총합)÷(변량의 개수)

③ 중앙값과의 차이점 : 각 변량을 크기순으로 나열했을 때 중앙에 오는 값으로 평균과 다름

> 📖 1, 2, 6의 평균은 $\dfrac{1+2+6}{3}=3$이고, 중앙값은 크기순으로 나열했을 때 중앙에 오는 값인 2 이다.

(4) 주의해야 할 표현

① '지속적', '꾸준히', '계속', '연속', '매년' 같은 표현은 예외가 허용되지 않으므로 주의

② '대체로', '경향', '추세' 같은 표현은 예외 허용

③ '비(非)~', '미(未)~', '~외(外)'가 붙은 단어들은 여사건을 묻는 것에 주의

④ '~뿐이', '~만이', '~가 유일하게' 같은 표현은 해당되는 것이 ~외에도 존재하는지 주의

대표 **예제 01**

다음은 2021~2024년 연구수행주체별 연구개발비 현황이다. 이에 대한 설명으로 옳지 않은 것은?

한국도로공사

〈2021~2024년 연구수행 주체별 연구개발비 현황〉

(단위 : 백만 원)

구분		2021년	2022년	2023년	2024년
공공연구기관	국·공립 연구기관	758,513	815,646	826,001	853,496
	비영리법인	8,354,658	8,727,571	9,017,867	9,315,270
대학	국·공립대학	2,874,488	2,957,916	3,088,493	3,274,570
	사립대학	3,465,400	3,724,608	3,961,922	4,097,079
기업체	민간기업체	53,147,044	61,673,312	67,925,985	70,637,773
	정부투자기관	805,427	890,135	908,447	868,889

① 2024년 공공연구기관, 대학, 기업체 중 연구개발비가 가장 많은 기관은 기업체이다.

② 비영리법인 연구개발비는 2023년에 처음으로 9,000,000백만 원을 넘었다.

③ 2023년 정부투자기관 연구개발비는 전년 대비 5% 이상 증가했다.

④ 2021년 기업체 연구개발비는 대학 연구개발비보다 많다.

⑤ 조사기간 중 민간기업체 연구개발비는 매년 증가했다.

정답 | ③

해설 | 2023년 정부투자기관 연구개발비는 전년 대비 $\dfrac{908,447-890,135}{890,135}\times100 ≒ 2.1\%$ 증가했다.

대표 예제 02

다음 자료에 대한 설명으로 옳지 않은 것은? 한국동서발전

〈2019~2024년 상반기 경제활동인구〉
(단위 : 천 명)

구분	1월	2월	3월	4월	5월	6월
2019년	25,941	26,292	26,488	27,018	27,066	27,131
2020년	26,380	26,671	26,840	27,204	27,453	27,488
2021년	26,631	26,925	27,133	27,698	27,617	27,720
2022년	26,886	27,321	27,579	27,911	27,987	28,081
2023년	27,232	27,348	27,811	28,029	28,184	28,161
2024년	27,455	27,649	28,002	28,284	28,468	28,545

① 2023년 상반기 경제활동인구는 매월 증가했다.
② 2019~2024년 1월 평균 경제활동인구는 26,000천 명 이상이다.
③ 2024년 6월 경제활동인구는 전년 동월 대비 약 1% 증가했다.
④ 2020년 5월 경제활동인구는 전월 대비 20만 명 이상 증가했다.
⑤ 2021년 2~4월 경제활동인구는 81,756천 명이다.

정답 | ①
해설 | 2023년 상반기 경제활동인구는 27,232 → 27,348 → 27,811 → 28,029 → 28,184 → 28,161천 명으로 6월에 전월 대비 23천 명 감소하였다.
오답체크
② 2019~2024년 1월 평균 경제활동인구는 (25,941＋26,380＋26,631＋26,886＋27,232＋27,455)÷6 ≒26,754천 명이다.

③ 2024년 6월 경제활동인구는 28,545천 명, 전년 동월(2023년 6월)은 28,161천 명이다. 2024년 6월 경제활동인구는 전년 동월 대비 $\dfrac{28,545-28,161}{28,161}\times100≒1\%$ 증가했다.

④ 2020년 5월 경제활동인구는 27,453천 명, 전월은 27,204천 명이다. 2020년 5월 경제활동인구는 전월 대비 249천 명 증가했다.

⑤ 2021년 2~4월 경제활동인구는 26,925+27,133+27,698=81,756천 명이다.

2. 도표의 종류

① 막대그래프

　㉠ 조사한 수를 막대 모양으로 나타낸 그래프

　㉡ 막대의 길이를 비교하여 각 수량 간의 대소 관계를 나타낼 때 사용함

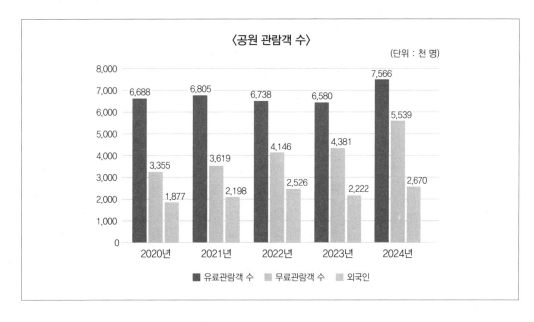

② 원그래프
  ㉠ 전체에 대한 각 부분의 비율을 부채꼴 모양으로 나타낸 그래프
  ㉡ 내역이나 내용의 구성비를 분할하여 나타낼 때 사용함

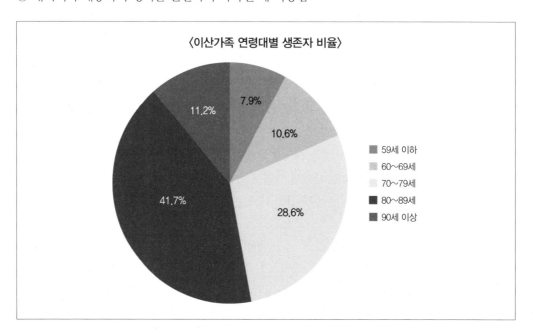

③ 띠그래프 : 전체에 대한 각 부분의 비율을 띠 모양으로 나타낸 그래프

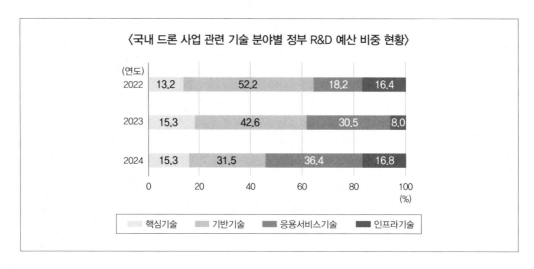

④ 꺾은선그래프
   ㉠ 조사한 내용을 가로 눈금과 세로 눈금에서 찾아 만나는 곳에 점을 찍고, 점을 선분으로 이은 그래프
   ㉡ 시간적 추이, 경과 · 비교 · 분포 등 상관관계를 나타낼 때 사용함

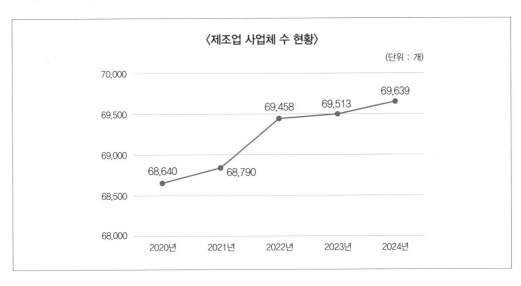

⑤ 층별그래프
   ㉠ 선의 움직임보다는 선과 선 사이의 크기로써 데이터 변화를 나타내는 그래프
   ㉡ 합계와 각 부분의 크기는 백분율로 나타내고, 시간적 변화를 나타낼 때 사용함

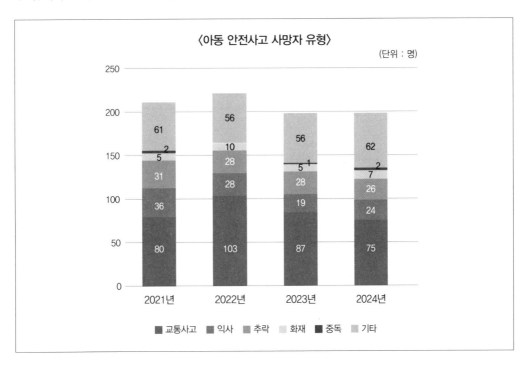

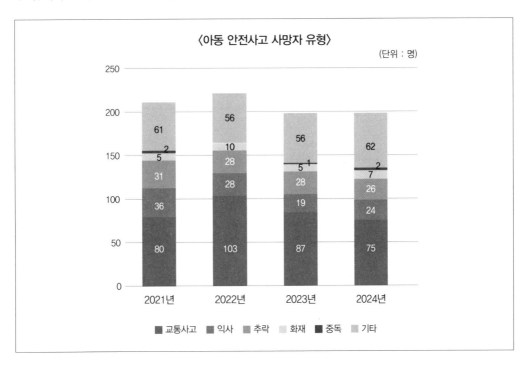

⑥ 방사형그래프

    ㉠ 비교하는 수량을 직경, 반경으로 나누어 원의 중심에서 거리에 따라 각 수량의 관계를 나타내는 그래프

    ㉡ 다양한 요소를 비교할 때 경과를 나타내는 데 적합함

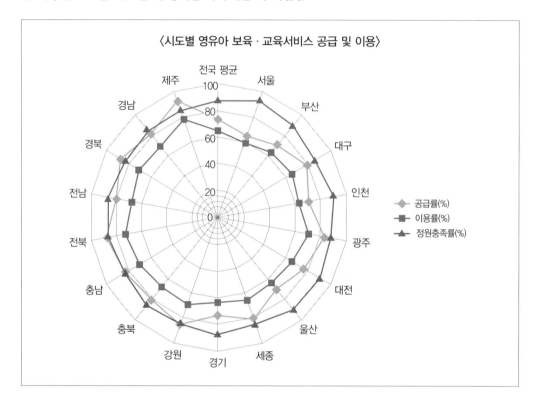

---

1. 도표의 작성 순서

---

① 어떠한 도표로 작성할 것인지를 결정

    업무 수행 과정에서 도표를 작성할 때에는 우선 주어진 자료를 면밀히 검토하여 어떠한 도표를 활용·작성할 것인지를 결정. 도표는 목적이나 상황에 따라 올바르게 활용할 때 실효를 거둘 수 있으므로 어떠한 도표로 작성할지를 결정하는 일이 선행되어야 함

▼

② 가로축과 세로축에 나타낼 것을 결정

    주어진 자료를 활용하여 가로축과 세로축에 무엇을 나타낼 것인지를 결정. 일반적으로 가로축에는 명칭 구분(연, 월, 장소 등), 세로축에는 수량(금액, 매출액 등)을 나타내며 축의 모양은 L자형이 일반적

▼

---

③ 가로축과 세로축의 눈금 크기를 결정
　주어진 자료를 가장 잘 표현할 수 있도록 가로축과 세로축의 눈금 크기를 결정. 한 눈금의 크기가 너무 크거나 작으면 자료의 변화를 잘 표현할 수 없으므로 자료를 가장 잘 표현할 수 있도록 한 눈금의 크기를 결정하는 것이 바람직

▼

④ 자료를 가로축과 세로축이 만나는 곳에 표시
　결정된 축에 자료 각각을 표시. 이때 가로축과 세로축이 만나는 곳에 정확히 표시하여야 정확한 그래프를 작성할 수 있으므로 주의하여야 함

▼

⑤ 표시된 점에 따라 도표를 작성
　표시된 점들을 활용하여 실제로 도표를 작성. 선 그래프라면 표시된 점들을 선분으로 이어 도표를 작성하며, 막대 그래프라면 표시된 점들을 활용하여 막대를 그려 도표를 작성

▼

⑥ 도표의 제목 및 단위를 표시
　도표를 작성한 후에는 도표의 상단 혹은 하단에 제목과 함께 단위를 표기

2. 도표 작성 시 유의사항

(1) 선 그래프

① 선 그래프를 작성할 때에는 세로축에 수량(금액, 매출액 등), 가로축에 명칭 구분(연, 월, 장소 등)을 제시하며, 축의 모양은 L자형으로 하는 것이 일반적
② 선 그래프에서는 선의 높이에 따라 수치를 파악하는 경우가 많으므로 세로축의 눈금을 가로축의 눈금보다 크게 하는 것이 효과적. 특히 선이 두 종류 이상인 경우에는 반드시 무슨 선인지 그 명칭을 기입해야 하며, 그래프를 보기 쉽게 하기 위해서는 중요한 선을 다른 선보다 굵게 한다든지 그 선만 색을 다르게 하는 등의 노력을 기울일 필요가 있음

(2) 막대 그래프

① 막대를 세로로 할 것인가 가로로 할 것인가의 선택은 개인의 취향에 따라 다르나, 세로로 하는 것이 보다 일반적
② 축은 L자형이 일반적이나 가로 막대 그래프는 사방을 틀로 싸는 것이 좋음. 가로축은 명칭 구분(연, 월, 장소, 종류 등)으로, 세로축은 수량(금액, 매출액 등)으로 정하며, 막대 수가 부득이하게 많은 경우에는 눈금선을 기입하는 것이 알아보기 쉬움
③ 막대의 폭은 모두 같게 해야 함

(3) 원 그래프

① 일반적으로 원 그래프를 작성할 때에는 정각 12시의 선을 시작선으로 하며, 보통 이를 기점으로 하여 오른쪽으로 그림

② 분할선은 구성 비율이 큰 순서로 그리고, '기타' 항목은 구성 비율의 크기에 관계없이 가장 뒤에 그리는 것이 좋음

③ 각 항목의 명칭은 같은 방향으로 기록하는 것이 일반적이지만, 만일 각도가 작아서 명칭을 기록하기 힘든 경우에는 지시선을 써서 기록

대표 예제 01

다음 자료를 토대로 그린 그래프 중 옳지 않은 것은?

한국동서발전

〈2019~2024년 상반기 경제활동인구〉

(단위 : 천 명)

구분	1월	2월	3월	4월	5월	6월
2019년	25,941	26,292	26,488	27,018	27,066	27,131
2020년	26,380	26,671	26,840	27,204	27,453	27,488
2021년	26,631	26,925	27,133	27,698	27,617	27,720
2022년	26,886	27,321	27,579	27,911	27,987	28,081
2023년	27,232	27,348	27,811	28,029	28,184	28,161
2024년	27,455	27,649	28,002	28,284	28,468	28,545

① 2019년 상반기 경제활동인구

② 2019~2024년 3월 경제활동인구

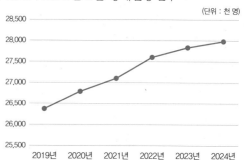

③ 2021~2022년 1월과 6월 경제활동인구

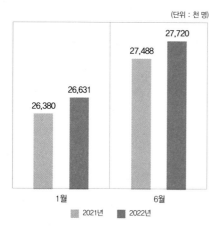

④ 2023년 2~6월 경제활동인구의 전월 대비 증감치

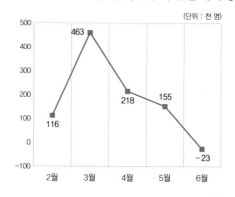

⑤ 2020년 상반기 경제활동인구

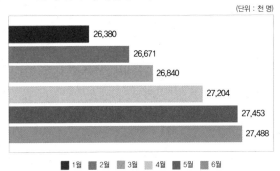

(단위 : 천 명)

- 1월 26,380
- 2월 26,671
- 3월 26,840
- 4월 27,204
- 5월 27,453
- 6월 27,488

■1월 ■2월 ■3월 ■4월 ■5월 ■6월

정답 | ③

해설 | 2021~2022년 1월과 6월 경제활동인구를 정리하면 다음과 같다.

(단위 : 천 명)

구분	1월	6월
2021년	26,631	27,720
2022년	26,886	28,081

따라서 해당 자료로 그래프를 그리면 다음과 같다.

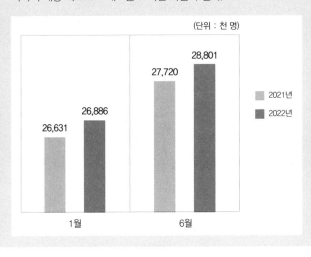

(단위 : 천 명)

- 1월: 2021년 26,631, 2022년 26,886
- 6월: 2021년 27,720, 2022년 28,801

■ 2021년
■ 2022년

다음은 가정부분 에너지 소비 현황에 대한 자료이다. 이를 바탕으로 그래프를 작성할 때 옳지 않은 것은?

한국동서발전

〈2012~2024년 가정부분 에너지 소비 현황〉
(단위 : 천 TOE)

구분	2012년	2015년	2018년	2021년	2024년
연탄	198	322	438	437	417
석유	6,159	3,379	3,490	2,470	2,228
도시가스	8,804	9,138	11,147	11,822	10,597
전력	4,196	4,676	5,318	5,551	5,555
기타	1,322	1,370	1,531	1,831	1,983

① 2012~2024년 가정부분 석유, 도시가스 소비 현황

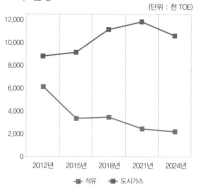

② 2021, 2024년 가정부분 도시가스, 전력 소비 현황

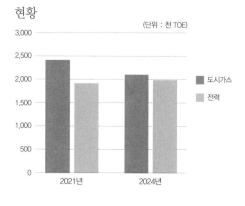

③ 2012~2024년 가정부분 에너지 소비 현황

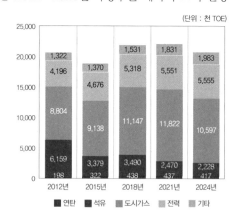

④ 2021년 가정부분 에너지 소비량

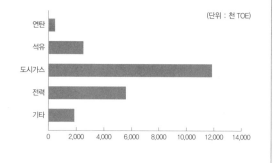

⑤ 2012~2024년 가정부분 연탄 소비 현황

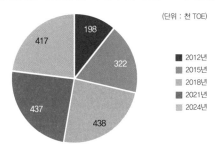

(단위 : 천 TOE)

- 2012년
- 2015년
- 2018년
- 2021년
- 2024년

정답 | ②

해설 | 2021, 2024년 가정부분 도시가스, 전력 소비 현황은 다음과 같다.

(단위 : 천 TOE)

구분	2021년	2024년
도시가스	11,822	10,597
전력	5,551	5,555

따라서 해당 자료로 그래프를 그리면 다음과 같다.

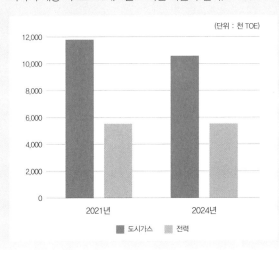

(단위 : 천 TOE)

- 도시가스
- 전력

1. 수·문자 추리

(1) 수 추리

① 등차수열 : 같은 수를 더하거나 빼서 반복되는 수열

2	→	4	→	6	→	8	→	10
	+2		+2		+2		+2	

② 등비수열 : 같은 수를 곱하거나 나눠서 반복되는 수열

3	→	6	→	12	→	24	→	48
	×2		×2		×2		×2	

③ 계차수열 : 인접한 항 간의 차이가 수열을 이루는 수열

3	→	5	→	9	→	15	→	23
	+2		+4		+6		+8	

④ 피보나치수열 : 앞의 두 항의 합이 그 다음 항의 수가 되는 수열

1	→	2	→	3	→	5	→	8
			1+2		2+3		3+5	

⑤ 묶음형 수열 : 세 수(또는 네 수) 사이의 관계를 찾아내는 수열

(2, 5, 12)	(4, 6, 26)	(6, 8, 50)	(7, 9, 65)
(2×5)+2	(4×6)+2	(6×8)+2	(7×9)+2

(2) 문자 추리

① 알파벳 추리 : 알파벳이 각각의 숫자와 대응하므로, 알파벳을 숫자로 바꿔서 수열로 만든 후 규칙을 찾음. Z(26)를 초과하는 경우 A(27)부터 순환

A	B	C	D	E	F	G	H	I	J
1	2	3	4	5	6	7	8	9	10
K	L	M	N	O	P	Q	R	S	T
11	12	13	14	15	16	17	18	19	20
U	V	W	X	Y	Z				
21	22	23	24	25	26				

② **한글 자음 추리** : 한글 자음이 각각의 숫자와 대응하므로, 한글 자음을 숫자로 바꿔서 수열로 만든 후 규칙을 찾음. ㅎ(14 또는 19)을 초과하는 경우 ㄱ(15 또는 20)부터 순환

ㄱ	ㄴ	ㄷ	ㄹ	ㅁ	ㅂ	ㅅ	ㅇ	ㅈ	ㅊ
1	2	3	4	5	6	7	8	9	10
ㅋ	ㅌ	ㅍ	ㅎ						
11	12	13	14						

또는

ㄱ	ㄲ	ㄴ	ㄷ	ㄸ	ㄹ	ㅁ	ㅂ	ㅃ	ㅅ
1	2	3	4	5	6	7	8	9	10
ㅆ	ㅇ	ㅈ	ㅉ	ㅊ	ㅋ	ㅌ	ㅍ	ㅎ	
11	12	13	14	15	16	17	18	19	

③ **한글 모음 추리** : 한글 모음이 각각의 숫자와 대응하므로, 한글 모음을 숫자로 바꿔서 수열로 만든 후 규칙을 찾음. ㅣ(10)를 초과하는 경우 ㅏ(11)부터 순환

ㅏ	ㅑ	ㅓ	ㅕ	ㅗ	ㅛ	ㅜ	ㅠ	ㅡ	ㅣ
1	2	3	4	5	6	7	8	9	10

또는

ㅏ	ㅐ	ㅑ	ㅒ	ㅓ	ㅔ	ㅕ	ㅖ	ㅗ	ㅘ
1	2	3	4	5	6	7	8	9	10
ㅙ	ㅚ	ㅛ	ㅜ	ㅝ	ㅞ	ㅟ	ㅠ	ㅡ	ㅢ
11	12	13	14	15	16	17	18	19	20
ㅣ									
21									

2. 방정식, 부등식

(1) 일차방정식과 일차부등식

① 일차방정식

　⊙ 계수가 분수나 소수이면 정수로 고침

　　※ 소수 : 0보다 크고 1보다 작은 수

　⊙ 괄호가 있을 경우 괄호를 풀어 정리함

　⊙ x를 포함한 항은 좌변으로, 상수항은 우변으로 이항

　⊙ 양변을 정리하여 $ax=b(a \neq 0)$의 형태로 만들어 줌

　⊙ x의 계수로 양변을 나눔

② **일차부등식** : 일차방정식의 등호(=) 대신 부등호가 들어간 식으로 풀이 방법은 일차방정식과 동일함

(2) 연립방정식과 연립부등식

① 연립방정식

$$\begin{cases} x+y=5 \\ 3x+2y=12 \end{cases}$$

⊙ 방정식이 2개 이상 모여 있는 것

ⓛ 미지수를 차례로 줄여 미지수가 1개인 일차방정식을 만들어 풀어줌

② 연립부등식

$$\begin{cases} 2x-1<5x+2 \\ 3x-2\leq0 \end{cases}$$

⊙ 부등식이 2개 이상 모여 있는 것

ⓛ 각 부등식의 해를 구하여 그 교집합을 구함

③ 풀이 방법

⊙ 가감법 : 주어진 두 식 더하거나 빼는 방법. 필요한 경우 일정한 수를 곱하거나 나눠서 두 식의 특정 문자 앞에 위치한 숫자를 일치시켜야 함

ⓛ 대입법 : 하나의 식에서 특정 문자를 다른 문자에 관한 식으로 변환한 뒤, 다른 식에 대입하는 방법

ⓒ 등치법 : 두 식 모두 특정 문자에 대한 식으로 변환한 뒤, 두 식이 같다는 점을 이용하여 푸는 방법

(3) 응용 계산

① 숫자

⊙ 연속하는 세 자연수 : $x-1$, x, $x+1$

ⓛ 연속하는 세 짝수 · 홀수 : $x-2$, x, $x+2$

ⓒ 십의 자리 숫자를 x, 일의 자리의 숫자를 y라 했을 때, 두 자리의 자연수 : $10x+y$

ⓔ 백의 자리 숫자를 x, 십의 자리의 숫자를 y, 일의 자리의 숫자를 z라 했을 때, 세 자리의 자연수 : $100x+10y+z$

② 나이

⊙ 올해 x살인 사람의 a년 전의 나이 : $(x-a)$살

ⓛ 올해 x살인 사람의 b년 후의 나이 : $(x+b)$살

③ 개수 : 다리의 개수가 a개인 동물이 x마리, b개인 동물이 y마리 있는 경우

⊙ 전체 동물의 수 : $(x+y)$마리

ⓛ 전체 동물 다리의 수 : $(ax+by)$개

④ 득점, 감점 : 맞히면 a점을 얻고 틀리면 b점을 잃는 시험에서 x문제를 맞히고, y문제를 틀렸을 때 받는 점수

⊙ 전체 문제 수 : $(x+y)$개

ⓛ 점수 : $(ax-by)$점

⑤ 과부족과 증감

 ㉠ x명에서 p개씩 나누어주면 r개가 남을 때 총 개수 : $(xp+r)$개

 ㉡ x명에서 q개씩 나누어주면 r개가 모자를 때 총 개수 : $(xq-r)$개

 ㉢ ㉠과 ㉡은 같은 수이므로 $xp+r=xq-r$

 ㉣ x가 $a\%$ 증가하면 $x\left(1+\dfrac{a}{100}\right)$

 ㉤ x가 $a\%$ 감소하면 $x\left(1-\dfrac{a}{100}\right)$

대표 예제 01

2023년 L공사의 직원은 총 110명이었다. 2024년 L공사의 남직원 수는 전년 대비 30% 감소하였고, 여직원 수는 10% 증가하여 총 직원 수는 93명이다. 이때 2024년 L공사의 여직원 수는 몇 명인가?

한국토지주택공사

① 37명   ② 40명

③ 44명   ④ 51명

⑤ 56명

정답 | ③

해설 | STEP 01   직원 수를 미지수로 둔다.

2023년 L공사의 남직원 수를 x명, 여직원 수를 y명이라고 한다.

STEP 02   주어진 조건으로 방정식을 세워 구한다.

$x+y=110$, $(1-0.3)x+(1+0.1)y=93$

두 식을 연립하면 $x=70$, $y=40$이다.

따라서 2024년 L공사의 여직원 수는 10% 증가하였으므로 $40 \times 1.1 = 44$명이다.

---

⑥ 시계

 ㉠ x분 동안 시침이 회전한 각도 : $0.5x°$

 ㉡ x분 동안 분침이 회전한 각도 : $6x°$

⑦ 비례식

 ㉠ $a{:}b$와 $c{:}d$가 같을 때, $a{:}b=c{:}d$로 나타냄

 ㉡ $a{:}b=c{:}d \Leftrightarrow a{:}c=b{:}d$

 ㉢ $a{:}b=c{:}d \Leftrightarrow \dfrac{a}{b}=\dfrac{c}{d}$

 ㉣ X당 $a{:}X$당 $b=\dfrac{a}{X}{:}\dfrac{b}{X}=a{:}b=\dfrac{a}{b}$

 ㉤ a당 $X{:}b$당 $X=\dfrac{X}{a}{:}\dfrac{X}{b}=b{:}a=\dfrac{b}{a}$

⑧ 속력

　㉠ 시간＝$\dfrac{거리}{속력}$, 거리＝시간×속력, 속력＝$\dfrac{거리}{시간}$

　㉡ 호수를 도는 경우 : P, Q 두 사람이 x분 후에 만날 때

　　• 반대 방향으로 도는 경우 : P, Q 두 사람이 x분 동안 걸은 거리의 합＝호수 둘레의 길이

　　• 같은 방향으로 도는 경우 : P, Q 두 사람이 x분 동안 걸은 거리의 차＝호수 둘레의 길이

　㉢ 속력이 바뀌는 경우 : (시속 $a$km로 가는 데 걸린 시간)＋(시속 $b$km로 가는 데 걸린 시간)＝
　　총 걸린 시간

　㉣ 기차가 완전히 터널을 통과하는 경우 : 터널의 길이＋기차의 길이＝기차가 이동한 거리

대표　예제 02

A씨는 평소 출근할 때 1분당 75m 속력으로 8분 걸어간 후 1분당 550m 속력의 버스를 12분 동안 타고 회사에 간다. 어느 날 A가 자전거를 타고 출근하여 평소보다 10분 늦게 회사에 도착했다. 이때 A의 자전거 평균 속력은 얼마인가?

한국토지주택공사

① 17.9km/h　　　　　　　　　② 17.2km/h

③ 16.5km/h　　　　　　　　　④ 15.1km/h

⑤ 14.4km/h

정답 | ⑤

해설 | **STEP 01　A씨가 평소 회사로 출근하는 방법을 이용해 회사까지의 거리를 구한다.**

A씨가 평소 회사로 출근하는 방법을 이용하여 회사까지의 거리를 구하면 (8×75)＋(12×550)＝7,200m 이다.

STEP 02　A씨가 자전거를 타고 출근할 때 평균 속력을 구한다.

A씨가 자전거로 출근한 날은 평소에 비해 10분 늦었으므로 총 8＋12＋10＝30분이 걸렸다. 따라서 A가 자전거로만 회사로 출근하였을 때 평균 속력은 $\dfrac{7,200}{30}$＝240m/분이며 시속으로 변환하면 14.4km/h이다.

PLUS 속력 공식

• 속력＝$\dfrac{거리}{시간}$

• 시간＝$\dfrac{거리}{속력}$

• 거리＝속력×시간

⑨ 농도

    ㉠ 용액의 질량을 100이라 할 때, 해당 용액 속에 녹아 있는 용질의 질량

    ㉡ 농도 $= \dfrac{\text{용질의 질량}}{\text{용액의 질량}} \times 100$

대표 예제 03

농도가 24%인 소금물의 40%를 증발시킨 후 농도가 16%인 소금물 300g을 섞어 농도가 20%인 소금물을 만들었다. 증발시키기 전 농도가 24%인 소금물의 양은 얼마인가?   국민연금공단

① 100g

② 150g

③ 200g

④ 250g

⑤ 300g

|정답| ①

|해설| STEP 01 **구하고자 하는 것을 미지수로 둔다.**

증발시키기 전 소금의 양은 x, 소금물의 양은 y라고 하면 $x = y \times 24\%$이다.

STEP 02 **주어진 조건을 통해 소금의 양이 동일함을 이용한다.**

소금물의 40%를 증발시키면 물만 증발하므로 소금물의 양은 $y \times 60\%$가 남고 여기에 농도가 16%인 소금물 300g을 섞어 농도가 20%인 소금물을 만든다.

이때 소금의 양은 $x + (300 \times 16\%) = (0.6y + 300) \times 20\%$이다.

STEP 03 **증발시키기 전 소금물의 양을 구한다.**

식에 $x = y \times 24\%$를 넣어 정리하면 $0.24y = 0.2(0.6y + 300) - 480$이다. $y = 100$이므로 증발시키기 전 농도가 24%인 소금물의 양은 100g이다.

PLUS 농도 공식

• 농도(%) $= \dfrac{\text{소금의 질량}}{\text{소금물의 질량}} \times 100 = \dfrac{\text{소금의 질량}}{\text{물의 질량} + \text{소금물의 질량}} \times 100$

• 소금의 질량 $= \dfrac{\text{농도}(\%)}{100} \times \text{소금물의 질량}$

• 소금물의 질량 $= \dfrac{\text{소금의 질량}}{\text{농도}(\%)} \times 100$

⑩ 원가 · 정가

    ㉠ 원가 : 이익을 붙이지 않은 원래 가격

    ㉡ 정가 : 원가에 이익을 붙여서 정한 가격

    ㉢ a원에서 $b\%$ 할인한 가격 : $a \times \left(1 - \dfrac{b}{100}\right)$

    ㉣ 이익률 $= \dfrac{\text{이익}}{\text{원가}} \times 100$

    ㉤ 할인율 $= \dfrac{\text{할인액}}{\text{정가}} \times 100$

⑪ **일률**

　ⓐ 전체 해야 할 일의 양을 1로 두고, 각 사람이 단위 시간동안 할 수 있는 일의 양을 구함

　ⓑ 일률 $= \dfrac{\text{일의 양}}{\text{시간}}$

　ⓒ 두 사람 P, Q가 혼자서 일을 마칠 때 각각 x일, y일 걸리는 경우

　　• 하루 동안 P가 혼자서 한 일의 양 : $\dfrac{1}{x}$

　　• 하루 동안 Q가 혼자서 한 일의 양 : $\dfrac{1}{y}$

　　• 하루 동안 P, Q가 한 일의 양 : $\dfrac{1}{x}+\dfrac{1}{y}$

대표 예제 04

어떤 일을 A씨가 혼자 2일 동안 한 후 남은 일을 A, B씨 두 사람이 함께 하면 3일 만에 끝낸다고 한다. 같은 일을 B씨가 혼자 4일 동안 한 후 남은 일을 A, B씨 두 사람이 함께 하여 2일 만에 끝낸다면, A씨가 혼자 일을 끝낼 경우 며칠이 걸리는가? `한국산업인력공단`

① 8일　　　　　　　　　　　　② 9일
③ 10일　　　　　　　　　　　 ④ 11일
⑤ 12일

> **정답 |** ①
> **해설 |** STEP 01　A씨와 B씨가 하루에 할 수 있는 일의 양을 미지수로 둔다.
> 　　　　전체 일의 양을 1, A와 B가 하루에 할 수 있는 일의 양을 각각 x, y라 한다.
> 　　　　STEP 02　주어진 조건으로 방정식을 세워 A씨 일의 양을 구한다.
> 　　　　　$2x+3(x+y)=1$ …… ㉠
> 　　　　　$4y+2(x+y)=1$ …… ㉡
> 　　　　㉠식과 ㉡식을 연립하면 $x=\dfrac{1}{8}$, $y=\dfrac{1}{8}$이다.
> 　　　　따라서 A가 혼자 일을 끝내려면 8일이 걸린다.

3. 경우의 수

(1) 경우의 수

① 어떤 사건이 일어날 수 있는 모든 가짓수

② 팩토리얼 : 자연수 n부터 시작하여 1까지 모든 자연수를 곱하는 것

　　예 $5! = 5 \times 4 \times 3 \times 2 \times 1 = 120$

③ 순열과 조합

　　㉠ 순열 : 서로 다른 n개 중 r개를 선택한 후 순서를 고려하여 나열한 것

$$_n\mathrm{P}_r = \frac{n!}{(n-r)!}$$

　　㉡ 조합 : 서로 다른 n개 중 순서를 고려하지 않고 r개를 선택하는 것

$$_n\mathrm{C}_r = \frac{_n\mathrm{P}_r}{r!}$$

(2) 합의 법칙, 곱의 법칙

① 합의 법칙 : 두 사건 A, B가 동시에 일어나지 않을 때, 사건 A가 일어나는 경우의 수가 m가지이고, 사건 B가 일어나는 경우의 수가 n가지이면, 사건 A 또는 사건 B가 일어나는 경우의 수는 $m+n$가지

② 곱의 법칙 : 사건 A가 일어나는 경우의 수가 m가지이고, 사건 B가 일어나는 경우의 수가 n가지이면 사건 A와 사건 B가 동시에 일어나는 경우의 수는 $m \times n$가지

(3) 여러 가지 경우의 수

① 한 줄로 서기

　　㉠ n명을 한 줄로 세우는 경우의 수 : $n \times (n-1) \times (n-2) \times \cdots \times 2 \times 1$

　　㉡ n명 중 k명을 뽑아 한 줄로 세우는 경우의 수 : $n \times (n-1) \times (n-2) \times \cdots \times (n-k+1)$

② n명이 원형 테이블에 앉을 때의 경우의 수 : $(n-1)! = (n-1) \times (n-2) \times \cdots \times 2 \times 1$

③ 서로 다른 n개에서 중복을 허락하여 r개를 택하는 경우의 수 : $\underbrace{n \times n \times \cdots \times n}_{r개} = n^r$

④ 대표 뽑기

　　㉠ 자격이 서로 다른 대표를 뽑는 경우의 수(반장/부반장)

　　　• n명 중 자격이 다른 2명의 대표를 뽑을 때 : $n \times (n-1)$

　　　• n명 중 자격이 다른 3명의 대표를 뽑을 때 : $n \times (n-1) \times (n-2)$

　　㉡ 자격이 같은 대표를 뽑는 경우의 수

　　　• n명 중 자격이 같은 2명의 대표를 뽑을 때 : $\dfrac{n \times (n-1)}{2 \times 1}$

　　　• n명 중 자격이 같은 3명의 대표를 뽑을 때 : $\dfrac{n \times (n-1) \times (n-2)}{3 \times 2 \times 1}$

⑤ 동전 또는 주사위 던지기

ㄱ n개의 동전을 던질 때의 경우의 수 : $\underbrace{2 \times 2 \times \cdots \times 2}_{n개} = 2^n$

ㄴ n개의 주사위를 던질 때의 경우의 수 : $\underbrace{6 \times 6 \times \cdots \times 6}_{n개} = 6^n$

⑥ 경기 수 세기

ㄱ 참가한 n개의 팀들이 모두 서로 한 번씩 경기를 하여 그중 가장 성적이 좋은 팀을 뽑는 경기
방식(리그) : $\dfrac{n(n-1)}{2}$

ㄴ 참가한 n개의 팀들이 2팀씩 경기를 하여 진 팀은 탈락하고 이긴 팀만 다시 경기를 하는 과정을
반복하여 최종 우승팀을 뽑는 경기 방식(토너먼트) : $n-1$

⑦ **최단 경로 수** : 가로 x칸, 세로 y칸인 경우 $\dfrac{(x+y)!}{x!\,y!}$

4. 확률

(1) 확률

① 하나의 사건이 일어날 수 있는 가능성을 수로 나타낸 것

② 확률 $= \dfrac{어떤\ 사건이\ 일어날\ 수\ 있는\ 경우의\ 수}{일어날\ 수\ 있는\ 모든\ 경우의\ 수}$

ㄱ 어떤 사건이 일어날 확률이 p라고 하면 $0 \le p \le 1$

ㄴ 절대로 일어날 수 없는 사건의 확률은 0

ㄷ 반드시 일어나는 사건의 확률은 1

③ **경우의 수와 확률의 차이** : 확률에서 분모에 해당하는 '어떤 사건이 일어날 수 있는 경우의 수'가
경우의 수를 의미함

(2) 확률의 덧셈, 곱셈

① **확률의 덧셈** : 사건 A와 B가 동시에 일어나지 않을 때, 사건 A가 일어날 확률을 P(A), 사건 B가
일어날 확률을 P(B)라 함

ㄱ 사건 A 또는 사건 B가 일어나는 경우(교집합이 없음) : P(A)+P(B)

ㄴ 사건 A 또는 사건 B가 일어나는 경우(교집합이 있음) : P(A)+P(B)−P(A∩B)

② **확률의 곱셈** : 사건 A와 B가 동시에 일어날 확률 P(A)×P(B)

(3) 여러 가지 확률

① **여사건의 확률** : 사건 A에 대하여 사건 A가 일어나지 않을 사건을 A의 여사건이라고 하고 A^c로
나타냄

$P(A^c) = 1 - P(A)$

※ '적어도'가 포함된 문제는 대부분 여사건의 확률로 푸는 것이 시간 절약에 도움이 됨

② 조건부 확률 : P(B)>0일 때 두 사건 A, B에 대해 사건 B가 일어난 조건하에서 사건 A가 일어날 확률을 조건부 확률이라고 함

$$P(A|B) = \frac{P(A \cap B)}{P(B)}, \ P(B|A) = \frac{P(A \cap B)}{P(A)}, \ P(A \cap B) = P(A) \times P(B|A) = P(B) \times P(A|B)$$

대표 **예제 05**

A공장에서 한 개의 텀블러를 만들어 팔면 4,000원의 이익이 남고, 불량품을 만들게 되면 6,000원의 손실을 입게 된다. 텀블러의 기댓값이 3,200원이라면 텀블러를 만드는 A공장의 불량률은 얼마인가?

한국농어촌공사

① 10%   ② 9%

③ 8%   ④ 7%

⑤ 6%

정답 | ③

해설 | STEP 01   **구하고자 하는 확률을 미지수로 둔다.**

텀블러가 불량일 확률을 x라 하고, 정상일 확률을 $(1-x)$라 한다.

STEP 02   **기댓값을 이용해 A공장의 불량률을 구한다.**

텀블러 판매의 기댓값은 $(1-x)4,000 - 6,000x = 3,200$, $x = 0.080$이다.

따라서 불량률은 $0.08 \times 100 = 8\%$이다.

[01~03] 다음 식을 계산한 값으로 적절한 것을 고르면?

01

$$45+17-15\times2\div3$$

① 62   ② 52

③ 42   ④ 32

⑤ 22

02

$$(0.25+0.25+0.25+0.25)\times\frac{1}{5}$$

① 0.1   ② 0.2

③ 0.3   ④ 0.4

⑤ 0.5

03

$$0.19-0.256+0.297+0.202$$

① 0.433   ② 0.533

③ 0.633   ④ 0.733

⑤ 0.833

[04~06] 일정한 규칙으로 수를 나열할 때, 빈칸에 들어갈 수로 가장 적절한 것은?

04

1 4 3 6 5 8 7 ( )

① 18
② 16
③ 14
④ 12
⑤ 10

05

6 10 19 35 60 ( ) 145

① 66
② 76
③ 86
④ 96
⑤ 106

06

1 3 8 19 42 89 184 ( )

① 345
② 355
③ 365
④ 375
⑤ 385

07 가로 10cm, 세로 20cm인 직사각형이 있다. 이 직사각형은 1분마다 가로는 3cm, 세로는 4cm씩 늘어나 넓이가 처음 직사각형 넓이의 5배가 되었다. 이때 직사각형의 가로 길이는 얼마인가?

① 19cm
② 22cm
③ 25cm
④ 28cm
⑤ 31cm

08 농도 15% 소금물 300g에 물을 넣어 농도 10% 소금물을 만들었다면, 이때 넣은 물의 양은 얼마인가?

① 150g

② 155g

③ 160g

④ 165g

⑤ 170g

09 상자 3개가 있고 그중 하나에만 경품이 있는데, 한 가지 상자를 선택한 후 경품 당첨이 안 되면 다시 한번 기회를 준다. 2회 시행 동안 경품에 당첨될 확률은 얼마인가? (단, 한 번 선택한 상자는 다시 선택할 때 제외된다.)

① $\dfrac{2}{3}$

② $\dfrac{3}{4}$

③ $\dfrac{4}{5}$

④ $\dfrac{5}{6}$

⑤ $\dfrac{6}{7}$

10 작년 A회사의 신입사원은 총 165명이었다. 올해 남자 신입사원 수는 작년보다 50% 증가했고, 여자 신입사원 수는 작년보다 40% 감소했다. 올해 신입사원 수가 총 180명일 때 그중 여자 신입사원의 수는?

① 35명

② 40명

③ 45명

④ 50명

⑤ 55명

11 어떤 프로젝트를 A씨 혼자서 진행하면 12일 걸리고, A씨와 B씨 둘이서 진행하면 8일 걸린다. 4일 동안 A씨와 B씨 둘이 진행한 후 나머지를 B씨 혼자 진행해서 끝냈다. B씨 혼자 진행한 날은 며칠인가?

① 11일 ② 12일

③ 13일 ④ 14일

⑤ 15일

12 A대리가 회사를 나서고 15분 후에 B사원이 A대리를 따라나섰다. A대리는 매분 150m의 속력으로 걸었고, 그 뒤를 B사원이 매분 300m의 속력으로 따라갔다. B사원이 A대리를 따라가 A대리와 만난 지점으로부터 둘이 함께 매분 150m의 속력으로 갔던 길을 다시 걸어 회사로 돌아온다면, 회사로 돌아오는 데 걸린 시간은 몇 분인가?

① 20분 ② 30분

③ 40분 ④ 50분

⑤ 60분

13 남자직원 2명, 여자직원 3명 중 회의 발표자 2명을 정하려고 한다. 적어도 1명이 여자일 확률은?

① 75% ② 80%

③ 85% ④ 90%

⑤ 95%

14 주머니에 100원짜리 동전, 500원짜리 동전, 1,000원짜리 지폐를 합쳐서 총 13개가 있다. 동전과 지폐를 다 합친 금액은 6,100원이고, 100원짜리 동전과 500원짜리 동전 개수의 비가 2:1일 때 500원짜리 동전은 몇 개인가?

① 6개 ② 5개

③ 4개 ④ 3개

⑤ 2개

15 K사는 올해 상반기 채용을 통해 뽑힌 신입사원들을 대상으로 워크숍을 진행했다. 호텔에 도착해서 숙소 배정을 하는데 한 방에 4명씩 배정하면 신입사원은 12명이 남고, 방마다 차례로 6명씩 배정하면 마지막 방에는 2명만 배정되고 1개 방이 빈다. 이때 방은 몇 개인가?

① 9개　　　　　　　　　　　　　　② 10개

③ 11개　　　　　　　　　　　　　④ 12개

⑤ 13개

16 제품의 정가에서 10%를 할인해서 팔아도 원가의 8%의 이익을 만들고 싶을 때, 원가의 몇 %의 이익을 더해서 정가를 책정해야 하는가?

① 10%　　　　　　　　　　　　　② 15%

③ 20%　　　　　　　　　　　　　④ 25%

⑤ 30%

17 농도 10% 소금물 300g과 농도 x % 소금물 200g을 섞었더니 농도 12% 소금물이 되었다고 할 때, x 는 얼마인가?

① 15　　　　　　　　　　　　　　② 20

③ 25　　　　　　　　　　　　　　④ 30

⑤ 35

18 20L인 물통에 물이 들어오는 입수구 2개와 물이 나가는 배출구 1개가 있다. 입수구 한 개로 물통을 가득 채우는 데 4시간이 걸리고 배출구로 가득 찬 물통을 완전히 비우는 데 3시간이 걸린다고 한다. 입수구 2개로 물을 채우면서 배출구 1개로 물을 빼낸다면, 물통이 가득 차는 데 걸리는 시간은 얼마인가?

① 6시간　　　　　　　　　　　　② 7시간

③ 8시간　　　　　　　　　　　　④ 9시간

⑤ 10시간

19 현재 아버지의 나이는 42살이고, 아들 나이는 13살이라고 할 때, 아버지의 나이가 아들의 나이의 2배가 될 때 아버지의 나이는 몇 살인가?

① 55살　　　　　　　　　　② 58살

③ 61살　　　　　　　　　　④ 64살

⑤ 70살

20 0, 1, 2, 3, 4의 숫자가 적힌 총 5장의 카드에서 3장을 뽑아 세 자리의 정수를 만들려고 한다. 320보다 큰 세 자리의 정수가 나올 확률은?

① $\dfrac{11}{48}$　　　　　　　　　② $\dfrac{13}{48}$

③ $\dfrac{5}{16}$　　　　　　　　　④ $\dfrac{17}{48}$

⑤ $\dfrac{19}{48}$

21 부품 a, b의 원자재 비용은 각각 1만 5천 원, 3만 5천 원이었으나 물가 상승으로 각각 10%, 30% 증가했다. 원래의 예산으로 부품 a, b의 원자재를 구매했을 때 168개씩을 살 수 있었다면, 동일 예산으로 각각의 부품을 최대 몇 개까지 구매할 수 있는가?

① 123개　　　　　　　　　② 126개

③ 129개　　　　　　　　　④ 132개

⑤ 135개

22 KTX가 길이 480m인 터널을 완전히 통과하는 데 36초가 걸리고, 길이가 120m인 터널을 완전히 통과하는 데 18초가 걸린다고 한다. 이때 KTX의 속력은 얼마인가?

① 35m/s   ② 30m/s

③ 25m/s   ④ 20m/s

⑤ 15m/s

23 다음 자료에 대한 설명으로 옳지 않은 것은?

〈최근 5년 성별 암 발생분율 및 상대생존율〉

(단위 : %)

순위	남성			여성		
	암종	발생분율	생존율	암종	발생분율	생존율
	모든 암	100.0	63.0	모든 암	100.0	78.2
1	위	17.1	76.7	유방	19.9	92.7
2	폐	14.8	23.2	갑상선	18.8	100.1
3	대장	13.9	77.8	대장	10.5	74.4
4	전립선	9.8	93.9	위	9.2	73.8
5	간	9.8	34.9	폐	7.3	37.9
6	갑상선	4.6	100.6	간	3.7	32.4
7	담낭 및 기타 담도	2.9	29.5	자궁경부	3.3	79.8
8	방광	2.9	78.0	췌장	3.0	11.4
9	신장	2.8	82.2	담낭 및 기타 담도	2.9	28.3
10	췌장	2.8	10.6	자궁체부	2.5	87.4

※ 국가암검진사업 대상 암종 : 위, 대장, 간, 유방, 자궁, 폐

① 여성 암 환자의 5년 생존율은 남성보다 높다.

② 남성과 여성 모두 위암 환자의 생존율 순위는 동일하다.

③ 남성의 경우 전립선암으로 사망할 가능성이 타 암종에 비해 높다.

④ 남성 암 환자의 10대 암 중 발생 순위가 남성보다 여성이 더 높은 암종은 갑상선암과 췌장암이다.

⑤ 국가암검진사업 대상인 6대 암 중 유방과 자궁을 제외한 남성 암 환자의 5년 생존율이 50% 미만인 암은 2가지이다.

24 다음은 한 스튜디오에서 찍은 사진의 용량 및 개수이다. 찍은 사진을 모두 한 개의 USB에 저장하려고 한다. 이때 필요한 USB의 최소 용량은 무엇인가? (단, 1MB＝1,000KB이다.)

구분	1개당 용량(KB)	개수(개)
반명함	160	90
운전면허증, 여권	190	120
신분증	210	105
명함	230	250
가족사진	1,500	80

〈J스튜디오에서 찍은 사진의 1개당 용량 및 개수〉

① 100MB   ② 120MB
③ 240MB   ④ 300MB
⑤ 360MB

25 다음은 본인 인증 방법별 사용자 수를 조사한 자료이다. 이에 대한 설명으로 옳은 것은?

〈본인 인증 방법별 사용자 수〉

(단위 : 명)

구분	I-PIN	공동인증서	휴대폰 (SMS)	ARS	신용카드	바이오인식 (지문·홍체)
20대	1,141	2,459	4,212	3,121	1,785	( )
30대	2,877	4,321	( )	3,544	1,452	3,460
40대	2,612	( )	4,485	2,304	1,250	1,578
50대 이상	1,445	2,487	3,612	2,745	( )	692
합계	8,075	13,779	18,290	11,714	5,528	10,856

① 연령대가 높아질수록 I-PIN 인증 방법 사용자 수가 증가한다.
② 40대 사용자는 본인 인증 방법 중 공동인증서를 가장 많이 사용한다.
③ 휴대폰(SMS) 인증은 30대 사용자가 가장 적게 사용한다.
④ 신용카드 인증은 50대 이상 사용자가 20대 사용자보다 많다.
⑤ 20대 사용자는 본인 인증 방법 중 바이오인식을 휴대폰(SMS) 다음으로 많이 사용한다.

26 1인 가구 비율 변동 추이 자료를 분석한 내용으로 옳지 않은 것은?

〈2000~2020년 연령대별 1인 가구 비율〉

(단위 : 천 가구, %)

구분		2000년	2010년	2020년
전체	1인 가구 수	2,743	3,625	4,843
	비율	20	23.9	27.2
20세 미만	1인 가구 수	44	58	62
	비율	1.6	1.6	1.3
20대	1인 가구 수	679	762	987
	비율	24.8	21.0	20.4
30대	1인 가구 수	631	791	1,053
	비율	23.0	21.8	21.7
40대	1인 가구 수	479	630	948
	비율	17.5	17.4	19.6
50대	1인 가구 수	364	591	879
	비율	13.3	16.3	18.1
60대 이상	1인 가구 수	546	793	914
	비율	19.9	21.9	18.9

① 2010년 대비 2020년 1인 가구 수 증가율은 30% 이상이다.

② 2020년 1인 가구 비율이 가장 높은 연령대는 30대이다.

③ 조사 시기마다 1인 가구 비율이 꾸준히 증가한 연령대는 50대이다.

④ 조사 시기마다 1인 가구 수가 증가하면 비율도 높아진다.

⑤ 2010년 30대 1인 가구 수는 20대 1인 가구 수보다 2만 9천 가구 더 많다.

27 다음은 만 19세 이상 가구주를 대상으로, 노후생활에 대한 준비 방법을 파악한 자료이다. 이에 대한 설명으로 옳은 것은?

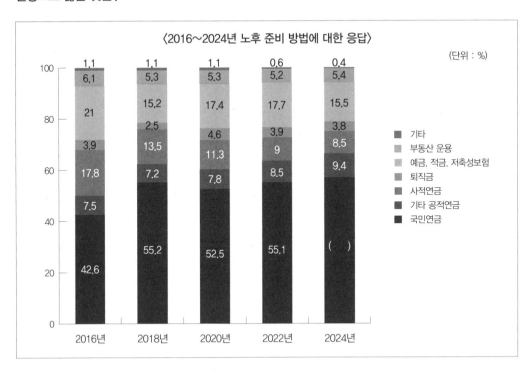

〈2016~2024년 노후 준비 방법에 대한 응답〉

(단위 : %)

① 조사기간 동안 노후 준비 방법 중 퇴직금이 차지하는 비중은 꾸준히 감소했다.

② 2024년 노후 준비의 주된 방법은 국민연금이 57.0%로 가장 많다.

③ 2024년 사적연금을 통한 노후 준비 비중은 기타 공적연금을 통한 노후 준비 비중보다 1%p 이상 낮다.

④ 조사기간 동안 예금, 적금, 저축성보험으로 노후를 준비하고 있는 경우는 10%대를 유지했다.

⑤ 예금, 적금, 저축성보험을 통해 노후를 준비하고 있는 비중은 사적연금보다 항상 낮다.

28 다음은 경영지원팀 진급 예정자들의 평가 점수표이다. 최종 1위만 진급한다고 할 때, 다음 중 최종 1위는 누구인가?

<평가 과목별 진급 예정자의 성적 결과표>

(단위 : 점)

순위	컴퓨터 활용능력		대인관계능력		외국어 회화능력	
	이름	점수	이름	점수	이름	점수
1	M대리	94	J대리	91	K대리	97
2	L대리	93	K대리	90	M대리	95
3	J대리	90	L대리	88	P대리	90
4	K대리	88	P대리	82	L대리	88
5	P대리	85	M대리	76	J대리	84

※ 점수의 합이 높을수록 최종 순위가 높다.

① J대리
② K대리
③ L대리
④ P대리
⑤ M대리

29 다음은 지목별 국토면적을 조사한 자료이다. 이에 대한 설명으로 옳지 않은 것은?

<지목별 국토면적>

(단위 : km²)

구분	2022년	2023년	2024년
전	7,648	7,611	7,610
답	11,370	11,282	11,223
임야	63,925	63,834	63,710
대지	3,051	3,093	3,143
도로	3,200	3,251	3,307
하천	2,851	2,860	2,860
기타	8,296	8,433	8,524
계	100,341	100,364	100,377

① 국토면적은 2022~2024년 동안 매년 증가했다.
② 면적이 가장 큰 지목인 임야는 매년 전체 국토면적의 60% 이상을 차지한다.
③ 기타를 제외한 2022~2024년 국토면적은 하천, 도로, 대지, 전, 답, 임야 순으로 좁다.
④ 2022년 대비 2024년에 대지의 면적은 약 3% 증가했다.
⑤ 2024년 전과 답의 면적을 합치면 도로의 면적보다 5배 이상 넓다.

30 다음은 국적별 결혼이민자 현황 자료이다. 이에 대한 설명으로 옳은 것은?

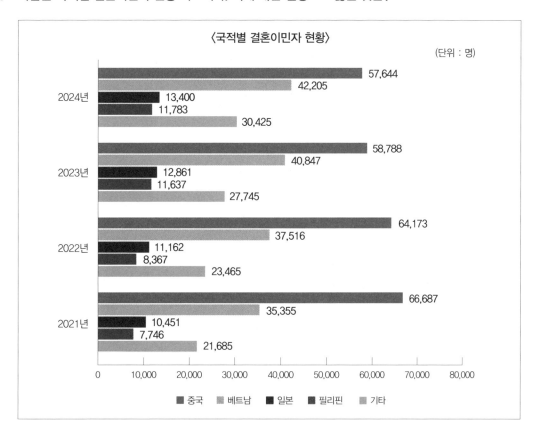

① 조사기간 동안 중국 결혼이민자는 꾸준히 증가했다.

② 기타를 제외한 2024년 국적별 결혼이민자는 중국, 베트남, 필리핀, 일본 순으로 많다.

③ 2021년 대비 2024년 필리핀 결혼이민자는 55% 이상 증가했다.

④ 전년 대비 베트남 결혼이민자 증가폭은 2024년이 가장 적다.

⑤ 2020년 대비 2021년 일본 결혼이민자 증가율은 25%라면 2020년 일본 국적의 결혼이민자는 8,000명 미만이다.

31 다음 자료를 보고 2020년 대비 2024년 시내버스 여객 수송률은 얼마나 감소했는가? (단, 소수 둘째 자리에서 반올림한다.)

〈2020~2024년 버스 형태별 여객 수송 현황〉

(단위 : 천 명)

구분	2020년	2021년	2022년	2023년	2024년
시내버스	5,247	5,536	5,541	5,563	5,624
시외버스	226	222	227	234	232
고속버스	38	37	38	35	35
전세버스	207	253	289	338	280

※ 버스 여객 수송률 : 전체 버스의 수송 인원 대비 해당 버스의 수송 인원 비율

① 0.6%p   ② 0.7%p

③ 0.8%p   ④ 0.9%p

⑤ 1.0%p

32 다음은 일부 지역별 문화체육관광 사업체 수를 나타낸 자료이다. 이에 대한 분석으로 옳지 않은 것은?

〈일부 지역별 문화체육관광 사업체 수 현황〉

(단위 : 개)

구분	문화산업	예술산업	스포츠산업	관광산업	합계
전국	138,259	222,692	135,306	69,387	565,644
서울	46,609	73,434	32,142	12,418	164,603
부산	8,645	14,672	9,646	4,482	37,445
대구	7,072	12,050	6,247	2,027	27,396
경기	24,642	46,038	28,125	10,918	109,723

① 4개 지역 모두 문화체육관광 사업체 수 중 관광산업 사업체 수가 가장 적다.

② 특정 산업 분야의 사업체 수가 전체의 50% 이상인 지역은 한 곳도 없다.

③ 4개 지역 예술산업 사업체 수는 전국 사업체 수의 70% 이상을 차지한다.

④ 4개 지역에서 스포츠산업 분야 사업체 수가 두 번째로 많은 지역은 경기이다.

⑤ 4개 지역을 제외한 지역의 문화산업 사업체 수는 50,000개 이상이다.

33 다음은 사업용 차량 운전사의 연령대별 사고율에 대한 자료이다. 이에 대한 해석으로 옳지 않은 것은?

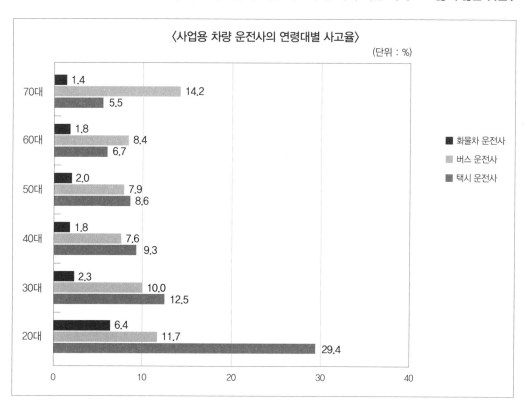

〈사업용 차량 운전사의 연령대별 사고율〉

(단위 : %)

- 화물차 운전사
- 버스 운전사
- 택시 운전사

① 버스 운전사의 경우 40대의 사고율이 가장 낮다.

② 택시 운전사와 화물차 운전사의 경우 사고율이 가장 높은 연령대가 동일하다.

③ 모든 연령대에서 화물차 운전사의 사고율이 가장 낮다.

④ 60대 이후부터는 연령대별 사고율이 높은 차량의 순위가 60대 이전과 달라진다.

⑤ 20대의 택시 운전사가 일으킨 사고건수가 70대의 버스 운전사가 일으킨 사고건수보다 많다.

34 국가별 이산화탄소 배출 추이를 나타낸 자료에 대한 설명으로 〈보기〉 중 옳은 것을 고르면?

〈국가별 이산화탄소 배출 추이〉

(단위 : 백만 tCO_2)

구분	1990년	2000년	2010년	2020년	2024년
중국	2,076	3,086	7,707	8,980	9,087
미국	4,803	5,642	5,347	5,103	5,176
캐나다	420	516	526	550	555
이란	171	312	498	535	556

〈보기〉
㉠ 4개국의 이산화탄소 총 배출량에 대한 2010년 대비 2020년 증가율은 10% 미만이다.
㉡ 국가별로 2000년 이산화탄소 배출 비중이 큰 국가부터 나열하면 중국, 미국, 캐나다, 이란 순이다.
㉢ 1990년 대비 2000년 이산화탄소 증가율이 가장 큰 나라는 중국이다.

① ㉠
② ㉠, ㉡
③ ㉠, ㉢
④ ㉡, ㉢
⑤ ㉠, ㉡, ㉢

35 다음은 갑국의 연도별 1인당 의료기관 입내원 일수와 관련 비용에 대한 자료이다. 2023년 대비 2024년 입내원 1일당 월평균 진료비의 증감률은 약 몇 %인가? (단, 금액은 모두 반올림하여 원 단위로 표시한다.)

〈1인당 의료기관 입내원 일수 및 비용〉

(단위 : 원, 일)

구분		2021년	2022년	2023년	2024년
입내원 1일당 월평균	진료비	55,029	58,390	( )	( )
	급여비	41,218	43,666	47,343	50,246
월평균	입내원 일수	1.64	1.64	1.68	1.69
	진료비	90,248	95,760	106,286	113,612
	급여비	67,598	71,612	79,536	84,916

① 5.9%
② 6.1%
③ 6.3%
④ 6.8%
⑤ 7.2%

36 다음은 A사업 예산의 증가 동향을 나타낸 자료이다. 이에 대한 설명으로 옳은 것은?

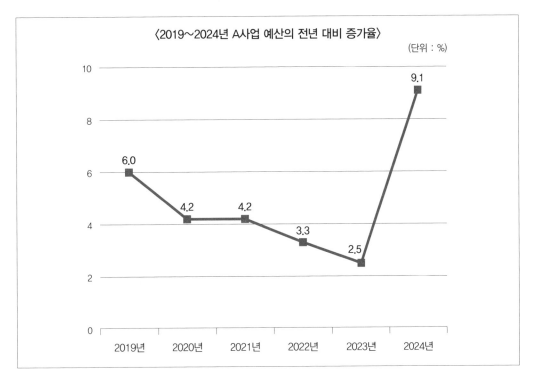

① A사업 예산의 전년 대비 증가율은 매년 낮아졌다.

② 2021년 A사업 예산은 전년도 A사업 예산과 동일하다.

③ 2023년 A사업 예산은 2024년 A사업 예산의 90% 미만이다.

④ 2021년 A사업 예산이 105억 원이었다면 2023년 A사업의 예산은 120억 원 이상이다.

⑤ 2019~2024년 중 A사업 예산이 가장 적은 해는 2019년이다.

37 다음은 면적이 넓은 도시와 인구가 많은 나라의 순위를 나타낸 자료이다. 인구밀도가 높은 순서대로 올바르게 나열한 것은?

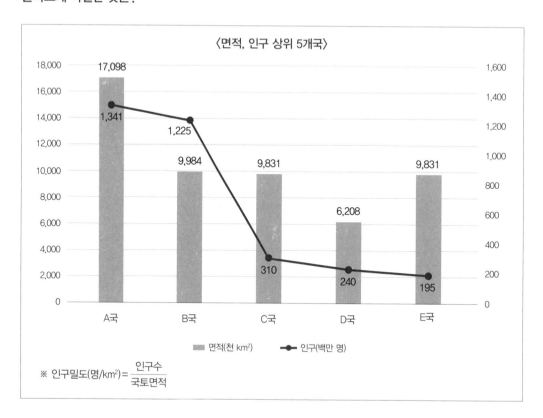

〈면적, 인구 상위 5개국〉

※ 인구밀도(명/km²) = $\dfrac{인구수}{국토면적}$

① A국, B국, C국, D국, E국   ② A국, B국, D국, C국, E국
③ B국, A국, C국, D국, E국   ④ B국, A국, D국, C국, E국
⑤ C국, D국, A국, E국, B국

38 다음은 한우 등급 비율에 대한 자료이다. 이에 대한 설명으로 옳은 것은?

〈한우 등급 비율〉

(단위 : %, 두)

연도	육질 등급					한우 등급 판정 두수
	1++	1+	1	2	3	
2020년	7.5	19.5	27.0	25.5	20.5	588,003
2021년	8.6	20.5	27.6	24.8	18.5	643,930
2022년	9.7	23.0	28.7	25.6	11.6	602,046
2023년	9.3	21.0	31.0	27.5	11.3	959,752
2024년	9.2	22.6	33.8	25.5	8.8	839,161

① 1++등급으로 판정된 한우의 두수는 2021년이 2022년보다 더 많다.

② 1등급 이상 육질 등급을 받은 한우 비중이 전체의 60%를 넘는 해는 총 4개년이다.

③ 3등급 판정을 받은 한우의 두수는 2022년이 가장 적다.

④ 1++등급 비율이 전년보다 증가한 연도의 2등급 비율은 전년보다 항상 감소했다.

⑤ 1+등급 비율이 가장 높은 연도는 3등급 비율이 가장 낮은 연도이다.

39 다음은 10세 이상 전 국민의 하루 시간활용 변화에 대한 자료이다. 이에 대한 해석으로 옳지 않은 것은?

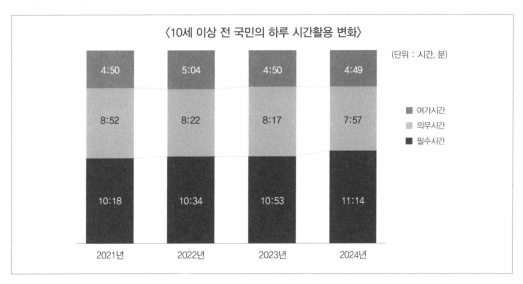

① 조사기간 중 여가시간과 의무시간의 증감 추이는 동일하다.

② 2022년 대비 2024년 의무시간은 25분 줄었다.

③ 2023년 하루 중 필수시간은 40% 이상을 차지한다.

④ 2021년보다 2022년 의무시간의 비중이 약 2%p 줄었다.

⑤ 2021년 이후 필수시간은 점차 증가하고, 의무시간은 감소하는 추세이다.

[40~41] 다음은 A시의 연도별 주택 관련 자료이다. 물음에 답하시오.

〈A시의 세대별 주택소유 비중〉

(단위 : %)

구분	2020년	2021년	2022년	2023년	2024년
30대	16.1	15.1	14.6	14.2	13.8
40대	25.8	25.5	25.5	25.2	24.7
50대	25.7	26.1	26.1	25.9	25.8
60대 이상	27.7	28.8	29.4	30.3	31.4

〈A시의 연도별 주택 공급 증가율〉

(단위 : %)

구분	2020년	2021년	2022년	2023년	2024년
전년 대비 증가율	1.5	0.8	1.1	1.4	1.8

40 위 자료를 해석한 것으로 〈보기〉 중 옳은 것은?

〈보기〉

㉠ 2024년 30대 미만의 주택소유 비중은 2020년보다 0.5%p 감소했다.
㉡ 60대 이상의 주택소유 비중은 꾸준히 증가했다.
㉢ 2020~2024년 주택소유 비중의 연령대별 순위는 모두 동일하다.

① ㉠　　　　　　　　　　　　　② ㉡
③ ㉢　　　　　　　　　　　　　④ ㉠, ㉡
⑤ ㉡, ㉢

41 2022년 A시 주택수가 125,000호라면, 2020년 주택수는 얼마인가? (단, 소수 첫째 자리에서 반올림한다.)

① 126,659호　　　　　　　　　② 125,659호
③ 124,659호　　　　　　　　　④ 123,659호
⑤ 122,659호

[42~43] 다음은 A~E회사의 상품 H에 대한 2024년 상반기(1~6월) 판매 현황이다. 물음에 답하시오.

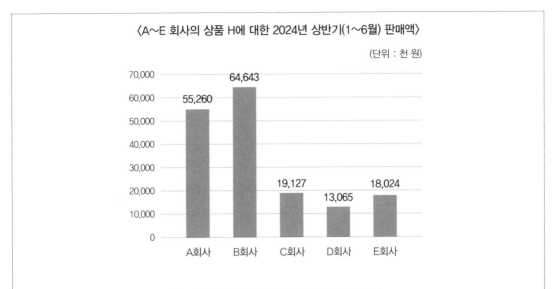

〈A~E 회사의 상품 H에 대한 2024년 상반기(1~6월) 판매액〉

(단위 : 천 원)

- A회사: 55,260
- B회사: 64,643
- C회사: 19,127
- D회사: 13,065
- E회사: 18,024

〈A~E 회사의 상품 H에 대한 월별 판매 개수〉

(단위 : 개)

구분	1월	2월	3월	4월	5월	6월
A회사	245	321	145	321	189	123
B회사	312	126	142	345	165	178
C회사	59	102	132	142	84	96
D회사	46	89	105	69	30	31
E회사	52	46	63	103	98	47

※ 상품 H의 가격은 회사별로 다름

42 자료에 대한 설명으로 옳은 것은?

① 상반기 중 상품 H의 판매량이 가장 많은 달은 A~E회사 모두 4월이다.

② B회사와 C회사의 상품 H 가격 차이는 20,000원 미만이다.

③ E회사의 상품 H 상반기 판매량은 419개이다.

④ 상품 H에 대한 회사별 6월 판매량은 B−A−C−D−E 순으로 많다.

⑤ A회사의 상반기 월 평균 상품 H 판매량은 230개 이상이다.

43 D회사의 상품 H 하반기 판매 개수가 상반기보다 10% 증가하고, 판매 가격은 동일하다고 하면, D회사의 2024년 판매액은 얼마인가? (단, 소수점 첫째 자리에서 반올림한다.)

① 12,371,577원

② 13,371,577원

③ 14,371,577원

④ 15,371,577원

⑤ 16,371,577원

44 다음은 A공사와 B사의 에너지원별 발전량 현황이다. 이에 대한 설명으로 옳은 것은?

〈A공사의 에너지원별 발전량 현황〉

(단위 : MWh)

에너지원	2021년	2022년	2023년	2024년
수력	5,262,507	5,187,234	4,476,640	4,501,624
복합화력	33,955,125	43,133,972	36,669,948	38,033,491
신재생	2,693,481	3,663,802	5,427,962	7,016,146

〈B사의 에너지원별 발전량 현황〉

(단위 : MWh)

에너지원	2021년	2022년	2023년	2024년
수력	1,732,666	2,083,219	1,770,424	2,646,625
복합화력	65,663,865	73,701,635	73,618,864	73,725,754
신재생	21,451,881	23,512,872	25,098,295	24,040,363

① 2021~2024년 A공사 평균 수력 에너지 발전량은 5,000,000MWh 이상이다.

② 2023년 발전량이 가장 많은 에너지원은 A공사와 B사 모두 신재생 에너지이다.

③ A공사 에너지 발전량 총합은 2024년보다 2023년이 더 많다.

④ 신재생 에너지 발전량은 매년 A공사보다 B사가 많다.

⑤ 2022년 B사 수력 에너지 발전량은 전년 대비 25% 이상 증가했다.

[45~46] 다음은 최근 5년간 금융사고 발생 현황에 관한 자료이다. 다음 물음에 답하시오.

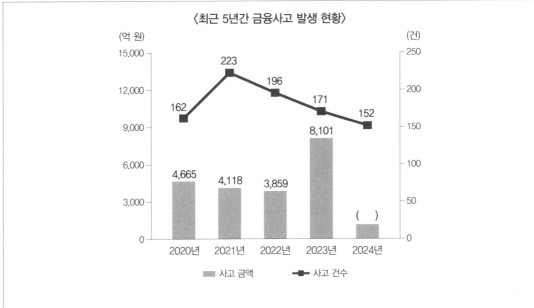

〈최근 5년간 금융사고 발생 현황〉

〈2024년 사고 유형별 금융사고 금액 비중〉

유형	사기	횡령·유용	배임	도난·피탈
사고 금액(억 원)	843	( )	( )	( )
비중(%)	72.9	15.3	( )	0.1

※ 금융사고 유형은 상기 네 종류만 있는 것으로 가정한다.

45 위 자료에 대한 설명으로 옳지 않은 것은? (단, 소수 둘째 자리에서 반올림한다.)

① 최근 5년간 금융사고 발생건수는 2021년을 제외하고 꾸준히 감소했다.
② 2024년 금융사고 총 금액은 약 1,156억 원이다.
③ 2022~2023년 전년 대비 금융사고 건수의 감소율은 1%p 이상 차이가 난다.
④ 2024년 배임으로 인한 금융사고 발생은 전체의 11.7%이다.
⑤ 최근 5년간 금융사고 발생건수가 가장 많은 해와 금융사고 금액이 가장 큰 해는 동일하지 않다.

46 2024년 횡령·유용과 배임으로 인한 금융사고 금액은 약 얼마인가? (단, 소수 첫째 자리에서 반올림한다.)

① 310억 원
② 312억 원
③ 314억 원
④ 316억 원
⑤ 318억 원

47 다음은 성별 및 연령집단별 비만율을 조사한 자료이다. 표의 내용을 그래프로 옮길 때 적절하지 않은 것은?

〈성별 및 연령집단별 비만율〉

(단위 : %)

구분		2018년	2019년	2020년	2021년	2022년	2023년	2024년
전체		30.9	31.4	32.4	31.8	30.9	33.2	34.8
성별	남자	36.4	35.1	36.3	37.7	37.8	39.7	42.3
	여자	24.8	27.1	28.0	25.1	23.3	25.9	26.4
연령 집단	20대	20.5	21.7	22.4	22.4	23.9	23.5	27.2
	30대	31.0	31.5	32.5	33.2	31.8	32.9	34.2
	40대	34.1	35.4	39.2	33.7	31.1	35.6	39.0
	50대	35.3	35.7	34.1	37.3	35.4	38.3	36.1
	60대	40.7	38.8	38.5	36.3	36.8	40.1	40.2
	70대 이상	30.6	29.7	31.1	33.8	32.1	37.4	37.5

① 2018~2024년 전체 비만율

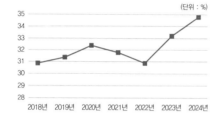

② 2018~2024년 남녀 비만율

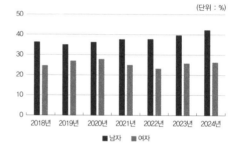

③ 2018~2024년 60대와 50대 비만율 차이

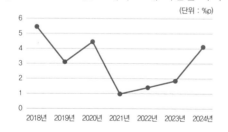

④ 2019~2024년 40대 비만율 증감폭

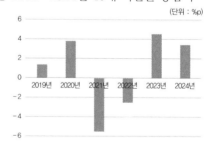

⑤ 2018~2024년 20대, 30대 비만율

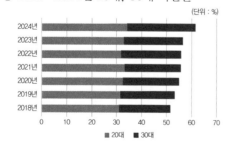

48 다음은 행동분류별 무급 가사노동 평가액 자료이다. 이를 바탕으로 그린 그래프 중 가장 적절하지 않은 것은?

〈행동분류별 무급 가사노동 평가액〉

(단위 : 10억 원)

구분		2009년	2014년	2019년	2024년
무급 가사노동		144,994	201,300	270,620	360,730
가정 관리		86,550	119,853	166,564	226,699
	음식 준비	44,660	57,807	81,170	107,637
	의류 손질 및 세탁	8,274	10,528	13,367	19,412
	청소 및 정리	17,169	25,552	36,849	50,389
	동식물 돌보기	1,602	2,593	4,493	6,847
	상품 및 서비스 도입	9,718	16,515	21,742	31,905
	주거 및 기타 가정 관리	5,127	6,858	8,943	10,509
가족 및 가구원 돌보기		42,419	57,604	73,793	93,564
	미성년 돌보기	38,210	50,093	64,924	84,781
	성인 돌보기	4,209	7,511	8,869	8,783
아동(가정 관리 · 돌보기)		14,355	21,656	28,005	35,316

① 무급 가사노동 평가액 추이

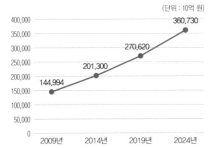

② 가족 및 가구원 돌보기 분류별 비교

③ 2014년 대비 2024년 행동분류에 따른 가사노동 평가 증감액

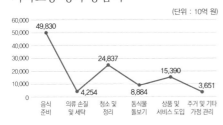

④ 2009년과 2019년 가정 관리 분류별 무급 가사 노동 평가액

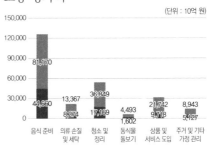

⑤ 2024년 행동분류별 가사노동가치 구성비

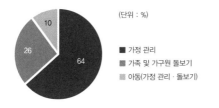

49 다음은 연도별 근로장려금 지급 현황을 나타낸 자료이다. 이를 참고하여 가구당 평균 지급액을 나타낸 그래프로 옳은 것은?

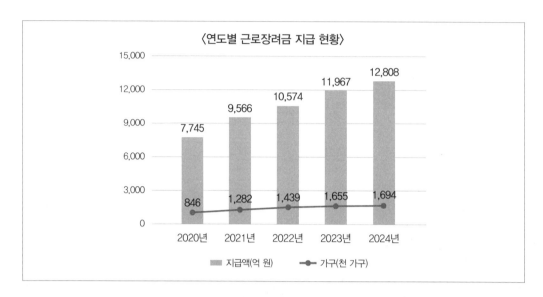

〈연도별 근로장려금 지급 현황〉

①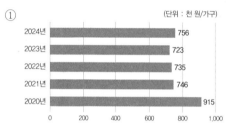

②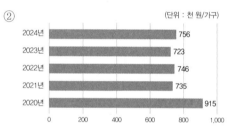

③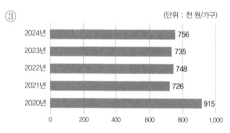

④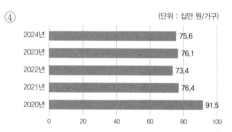

⑤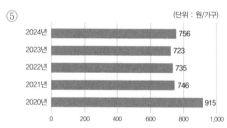

50 다음은 부처별 부담금 징수계획 자료이다. 이를 바탕으로 그린 그래프 중 가장 적절하지 않은 것은? (단, 소수 첫째 자리에서 반올림한다.)

<부처별 부담금 징수계획>

(단위 : 건, 억 원, %)

	소관부처	징수 건수	금액	구성비		소관부처	징수 건수	금액	구성비
1	산업통상자원부	9	50,822	24.1	9	과학기술정보통신부	2	5,839	2.8
2	금융위원회	8	36,727	17.4	10	교육부	1	3,755	1.8
3	보건복지부	1	29,247	13.9	11	산림청	2	1,500	1.5
4	환경부	20	29,176	13.7	12	외교부	2	1,067	0.7
5	국토교통부	15	16,314	7.7	13	기획재정부	2	981	0.5
6	농림축산식품부	7	13,115	6.2	14	해양수산부	1	927	0.4
7	고용노동부	2	9,358	4.5	15	행정안전부	7	826	0.4
8	문화체육관광부	7	7,905	3.7	16	식품의약품안전처	1	210	0.1

① 징수 건수가 2건인 부처의 부담금

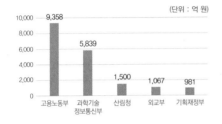

② 전체 부담금 구성비 하위 5개 부처별 건당 평균 부담금

(단위 : 억 원)

외교부	기획재정부	해양수산부	행정안전부	식품의약품안전처
534	981	927	118	210

③ 전체 부담금의 상위 5개 부처 구성비

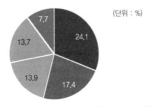

■ 산업통상자원부 ■ 금융위원회 ■ 보건복지부 ■ 환경부 ■ 국토교통부

④ 징수 건수 상위 4개 부처별 부담금

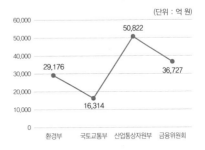

⑤ 부담금 상위 6~10위 부처의 구성비

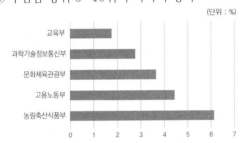

PART

03

문제해결능력

공 기 업 N C S 고 졸 채 용

① 단순 명제 문제의 경우 제시된 조건을 기호나 약어로 바꿔 도식화하면 쉽게 해결할 수 있다. 참·거짓의
   경우 동일 관계/모순 관계에 있는 명제를 찾아 경우의 수를 줄이고, 그중에 참·거짓을 가정하면 빠르게
   답을 찾을 수 있다.

② 대응 및 위치 배정 중 명제와 비슷한 유형은 조건을 도식화하면 쉽게 해결할 수 있다. 경우의 수가 여러 개
   존재한다면 표 또는 그림을 활용하여 주어진 조건을 정리한 후, 나머지 조건을 고려한다.

③ 상황 적용 및 규칙의 경우 낯선 용어 및 이론 혹은 복잡하고 난해한 규칙이 제시되기도 한다. 이때 상식이나
   추측에 따라 판단하지 않고 주어진 자료 혹은 예시를 그대로 적용하면 된다. 상상 속에서 가능한 규칙이
   주어진 경우 논리적 추론과정 없이 규칙만 따라가면 풀리는 경우가 대다수이다.

④ 경비 계산 문제의 경우 문제 풀이 전 그림 등을 활용하여 간단하게 정리하고, 단위가 있을 경우 통일한다.
   스포츠 경기 문제는 모든 참가팀의 경기 수가 동일하다면 모든 팀의 승수의 합은 패수의 합과 동일하고 무
   승부의 합은 항상 짝수라는 점과 득점의 합과 실점의 합은 동일하다는 점에 주의해야 한다.

01 개념 정리

문제해결능력

1. 문제

(1) 문제와 문제점

문제	• 원활한 업무수행을 위해 해결해야 하는 질문이나 의논 대상 • 목표와 현상의 차이이자 해결이 필요한 사항
문제점	• 문제의 근본 원인이 되는 사항으로 문제해결을 위해서 조치가 필요한 대상 • 문제의 발생을 미리 방지할 수 있는 사항

🔟 무단횡단으로 접촉 사고가 났을 경우, 문제는 '사고의 발생'이며, 문제점은 '무단횡단'임

(2) 문제의 유형

① 기준에 따른 문제의 유형

기준	기능	해결방법	시간	업무수행과정
유형	• 제조 문제 • 판매 문제 • 자금 문제 • 인사 문제 • 경리 문제 • 기술상 문제	• 논리적 문제 • 창의적 문제	• 과거 문제 • 현재 문제 • 미래 문제	• 발생형 문제 • 탐색형 문제 • 설정형 문제

② 업무수행과정에 따른 문제 유형

　㉠ 발생형 문제(보이는 문제)

　　• 우리 눈앞에 발생되어 당장 해결하기 위해 고민하는 문제

　　• 눈에 보이는 이미 일어난 문제로 원상 복귀가 필요함

　　• 문제의 원인이 내재되어 있기 때문에 원인 지향적인 문제라고도 함

　　• 일탈 문제, 미달문제로 대변됨

　　　－일탈 문제 : 어떤 기준을 일탈함으로써 발생한 문제

　　　－미달 문제 : 기준에 미달하여 발생한 문제

ⓛ 탐색형 문제(찾는 문제)
- 현재 상황을 개선하거나 효율을 높이기 위한 문제
- 눈에 보이지 않는 문제로 방치할 경우 큰 손실이 따르거나 결국 해결할 수 없는 문제로 확대됨
- 잠재 문제, 예측 문제, 발견 문제로 구분됨
  - 잠재 문제 : 문제가 잠재되어 인식하지 못하다가 확대되어 결국은 해결이 어려운 문제로 숨어 있기 때문에 조사 및 분석을 통해 찾을 수 있음
  - 예측 문제 : 현재는 문제가 아니지만 진행 상황을 예측했을 때 미래에 문제 발생 가능성이 있는 문제
  - 발견 문제 : 현재는 아무런 문제가 없으나 유사한 타 기업의 업무 방식이나 선진기업의 업무 방법 등의 정보를 얻음으로써 지금보다 좋은 제도나 기법, 기술을 발견하여 개선·향상할 수 있는 문제
ⓒ 설정형 문제(미래 문제)
- 미래 상황에 대응하는 장래 경영전략의 문제로 '앞으로 어떻게 할 것인가'에 대한 문제
- 지금까지 해오던 것과 전혀 관계없이 미래 지향적으로 새로운 과제 또는 목표를 설정함에 따라 일어나는 문제로 목표지향적 문제라고 할 수 있음
- 창조적인 노력이 요구되기 대문에 창조적 문제라고도 함

대표   예제 01

다음은 문제의 유형에 대한 설명이다. 각 빈칸에 들어갈 내용으로 바르게 짝지어진 것은?

- (㉠)은/는 눈에 보이는 이미 일어난 문제로 원상 복귀가 필요하며, 이를 대변하는 문제로는 (㉡)와/과 (㉢)이/가 있다.
- (㉡)은/는 어떤 기준을 일탈함으로써 생기는 문제이다.
- (㉢)은/는 기준에 미달하여 생기는 문제이다.

	㉠	㉡	㉢
①	발생형 문제	일탈 문제	잠재 문제
②	탐색형 문제	미달 문제	예측 문제
③	탐색형 문제	잠재 문제	미달 문제
④	발생형 문제	일탈 문제	미달 문제
⑤	설정형 문제	미달 문제	일탈 문제

정답 | ④
해설 | ㉠은 발생형 문제, ㉡은 일탈 문제, ㉢은 미달 문제이다.

2. 문제해결

(1) 문제해결의 정의

목표와 현상을 분석하고 분석 결과를 토대로 주요 과제를 도출한 뒤, 바람직한 상태나 기대되는 결과가 나타나도록 최적의 해결안을 찾아 실행·평가하는 활동

(2) 문제해결의 의의

① **조직 측면** : 자신이 속한 조직의 관련 분야에서 세계 일류수준을 지향하며, 경쟁사와 대비하여 탁월하게 우위를 확보하기 위해서 끊임없는 문제해결이 요구됨

② **고객 측면** : 고객이 불편하게 느끼는 부분을 찾아 개선하거나 고객 감동을 통한 고객 만족을 높이는 측면에서 문제해결이 요구됨

③ **자기 자신 측면** : 불필요한 업무를 제거하거나 단순화하여 업무를 효율적으로 처리하게 됨으로써 자신을 경쟁력 있는 사람으로 만들어 나가는 데 문제해결이 요구됨

대표 **예제 02**

다음 중 문제해결에 대해 바르게 이해하고 있는 사람을 모두 고른 것은?

> 아린 : 문제해결은 최적의 해결안을 찾아 실행·평가하는 활동으로 다양한 측면에서 필요한 능력이야.
> 이서 : 맞아. 조직 측면에서는 경쟁사보다 탁월한 우위 확보를 위해 문제해결이 필요해.
> 예나 : 개인 측면에서도 업무를 효율적으로 처리하고 경쟁력 있는 사람이 되기 위해 문제해결의 역할은 중요해.
> 유주 : 그래? 고객 측면에서 봤을 땐 고객 만족 개선에 문제해결이 주는 도움은 없어.

① 아린, 이서   ② 예나, 유주

③ 아린, 이서, 예나   ④ 아린, 이서, 유주

⑤ 이서, 예나, 유주

정답 | ③

해설 | 문제해결은 목표와 현상을 분석하고 분석 결과를 토대로 주요 과제를 도출한 뒤, 바람직한 상태나 기대되는 결과가 나타나도록 최적의 해결안을 찾아 실행·평가하는 활동이다. 조직, 고객, 자기 자신 3가지 측면에서 모두 문제해결이 요구된다.

PLUS
고객 측면에서 고객이 불편하게 느끼는 부분을 찾아 개선하거나 고객 감동을 통한 고객 만족을 높이는 측면에서 문제해결이 요구된다.

(3) 문제해결의 필수 요소

① 조직과 각 실무자는 체계적인 교육훈련을 통해 일정 수준 이상의 문제해결능력을 발휘할 수 있도록 노력해야 함
② 고정관념과 편견 등 심리적 타성 및 기존의 패러다임을 극복하고 새로운 아이디어를 효과적으로 낼 수 있는 창조적 기술 등의 습득이 필요함
③ 개인은 사내외의 체계적인 교육훈련을 통해 문제해결을 위한 기본 지식뿐 아니라 본인이 담당하는 전문영역에 대한 지식도 습득해야 함

(4) 문제해결을 위한 기본적 사고

① **전략적 사고** : 현재 당면하고 있는 문제와 그 해결방법에만 집착하지 않고, 그 문제와 해결방안이 상위 시스템 또는 다음 문제와 어떻게 연결되어 있는지를 생각하는 것이 필요함
② **분석적 사고** : 전체를 각각의 요소로 나누어 그 요소의 의미를 도출한 다음 우선순위를 부여하고 구체적인 문제해결 방법을 실행하는 것이 요구됨
　㉠ 성과 지향의 문제 : 기대하는 결과를 명시하고 효과적으로 달성하는 방법을 사전에 구상하고 실행
　㉡ 가설 지향의 문제 : 현상 및 원인 분석 전에 지식과 경험을 바탕으로 일의 과정이나 결과, 결론을 가정한 다음 검증 후 사실일 경우 다음 단계의 일을 수행
　㉢ 사실 지향의 문제 : 일상 업무에서 일어나는 상식, 편견을 타파하여 객관적 사실로부터 사고와 행동을 실행
③ **발상의 전환** : 사물과 세상을 바라보는 인식의 틀을 전환하여 새로운 관점에서 바라보는 사고를 지향
④ **내·외부자원의 효과적 활용** : 문제해결 시 기술, 재료, 방법, 사람 등 필요한 자원 확보 계획을 수립하고 내·외부자원을 활용

대표　예제 03

다음 중 문제해결을 위한 기본적 사고인 분석적 사고에 대한 설명으로 옳지 않은 것은?

① 전체를 각각의 요소로 나누어 그 요소의 의미를 도출한다.
② 성과 지향의 문제는 기대하는 결과를 명시하고 효과적으로 달성하는 방법을 사전에 구상하고 실행한다.
③ 가설 지향의 문제는 인식의 틀을 전환하여 새로운 관점에서 사고하는 방법을 사전에 구상하고 실행한다.
④ 사실 지향의 문제는 상식, 편견을 타파하여 객관적 사실로부터 사고와 행동을 실행한다.
⑤ 우선순위를 부여하고 구체적인 문제해결 방법을 실행하는 것이 요구된다.

정답 | ③

해설 | 가설 지향의 문제는 현상 및 원인 분석 전에 지식과 경험을 바탕으로 일의 과정이나 결과, 결론을 가정한 다음 검증 후 사실일 경우 다음 단계의 일을 수행한다.

PLUS

문제해결을 위한 기본적 사고 중 발상의 전환은 사물과 세상을 바라보는 인식의 틀을 전환하여 새로운 관점에서 바라보는 사고를 지향한다.

(5) 문제해결의 장애 요인

① **문제를 철저하게 분석하지 않는 경우** : 문제를 성급하게 판단하면 근본적인 해결이 어려움

② **고정관념에 얽매이는 경우** : 증거와 논리에도 불구하고 개인적인 편견이나 경험, 습관으로 정해진 규정과 틀에 얽매여서 새로운 아이디어와 가능성을 무시해버릴 수 있음

③ **쉽게 떠오르는 단순한 정보에 의지하는 경우** : 단순한 정보에 의지하면 문제를 해결하지 못하거나 오류를 범함

④ **너무 많은 자료를 수집하려고 노력하는 경우** : 양적인 부분에만 치중한 자료 수집은 오류를 범할 가능성이 높음

대표 예제 04

다음 중 〈보기〉에서 문제해결의 장애 요인에 해당하는 내용을 모두 고른 것은?

〈보기〉

㉠ 고정관념에 얽매이는 것

㉡ 너무 많은 자료를 수집하려고 노력하는 것

㉢ 문제를 철저하게 분석하지 않는 것

㉣ 쉽게 떠오르는 단순한 정보에 의지하는 것

① ㉠

② ㉠, ㉡

③ ㉠, ㉡, ㉢

④ ㉠, ㉡, ㉣

⑤ ㉠, ㉡, ㉢, ㉣

정답 | ⑤

해설 | 문제해결의 장애 요인으로는 문제를 철저하게 분석하지 않는 경우, 고정관념에 얽매이는 경우, 쉽게 떠오르는 단순한 정보에 의지하는 경우, 너무 많은 자료를 수집하려고 노력하는 경우가 있다.

(6) 문제해결 방법

구분	소프트 어프로치	하드 어프로치	퍼실리테이션
상황	같은 문화적 토양을 가진 구성원으로 이심전심으로 서로를 이해하는 상황	상이한 문화적 토양을 가지고 있는 구성원으로 의견 조율이 필요한 상황	집단적 의사결정이 필요한 상황
내용	• 기분을 서로 통하게 하는 문제 해결방법 • 직접적인 표현은 바람직하지 않다고 여김 • 시사·암시를 통해 의사를 간접적으로 전달	• 서로의 생각을 직설적으로 주장하고 논쟁이나 협상을 통해 서로의 의견을 조정해 가는 문제 해결방법 • 사실과 원칙에 근거한 토론이 중심적으로 역할을 함	• 퍼실리테이션(facilitation)이란 '촉진'을 의미함 • 어떤 그룹이나 집단이 의사결정을 잘하도록 도와주는 일을 뜻함 • 깊이 있는 커뮤니케이션을 통해 창조적인 문제해결 도모
특징	결론이 애매하게 산출되는 경우가 적지 않음	• 합리적이나 잘못하면 단순한 이해관계의 조정에 그칠 수 있음 • 창조적인 아이디어나 높은 만족감을 이끌어 내기 어려움	• 구성원의 동기 및 팀워크가 강화됨 • 초기에 생각하지 못했던 창조적인 해결방법이 도출됨
제3자	결론을 미리 그려 가면서 권위나 공감에 의지해 타협과 조정을 통해 해결을 도모	사실과 원칙을 기반으로 구성원에게 지도와 설득을 통해 전원이 합의하는 일치점 추구	합의점이나 줄거리를 준비해 놓고 예정대로 결론이 도출되어서는 안 됨

대표 예제 05

다음 중 문제해결방법에 대한 설명으로 옳은 것은?

① 소프트 어프로치는 사실과 원칙에 근거한 토론이 중심적으로 역할을 한다.

② 퍼실리테이션은 시사·암시를 통해 의사를 간접적으로 전달한다.

③ 하드 어프로치의 구성원은 같은 문화적 토양을 가지고 있다.

④ 소프트 어프로치의 구성원은 상이한 문화적 토양을 가지고 있다.

⑤ 퍼실리테이션은 깊이 있는 커뮤니케이션을 통해 창조적인 문제해결을 도모한다.

정답 | ⑤

해설 | 퍼실리테이션은 집단적 의사결정이 필요한 상황에서 깊이 있는 커뮤니케이션을 통해 창조적인 문제해결을 도모한다.

오답체크

①, ④ 하드 어프로치에 대한 설명이다.

②, ③ 소프트 어프로치에 대한 설명이다.

1. 창의적 사고

(1) 개요

당면한 문제를 해결하기 위해 이미 알고 있는 경험과 지식을 바탕으로 새로운 아이디어를 도출하는 능력

(2) 의미

① 발산적(확산적) 사고로서 아이디어가 많고 다양하며 독특한 것

② 새롭고 유용한 아이디어를 생산해 내는 정신적 과정

③ 통상적인 것이 아니라 기발하거나 신기하며 독창적인 것

④ 유용하고 적절하며 가치가 있는 것

⑤ 기존의 정보(지식, 상상, 개념 등)를 특정한 요구조건에 맞거나 유용하도록 새롭게 조합시킨 것

(3) 특징

① 정보와 정보의 조합

② 사회나 개인에게 새로운 가치를 창출함

③ 교육훈련을 통해 개발될 수 있는 능력

대표　예제 01

다음 중 창의적 사고에 대한 설명으로 옳지 않은 것은?

① 기존 정보의 활용 없이 새로운 아이디어를 도출한다.

② 발산적 사고로서 아이디어가 많고 다양하다.

③ 교육훈련을 통해 개발될 수 있는 능력이다.

④ 사회나 개인에게 새로운 가치를 창출한다.

⑤ 유용하고 적절하며 가치가 있는 것이다.

정답 | ①

해설 | 창의적 사고는 기존의 정보(지식, 상상, 개념 등)를 특정한 요구조건에 맞거나 유용하도록 새롭게 조합시키는 것이다.

---

(4) 개발 방법

① **자유연상법** : 어떤 생각에서 다른 생각을 계속해서 떠올리는 작용을 통해 어떤 주제에서 생각나는 것을 계속해서 열거해 나가는 발산적 사고

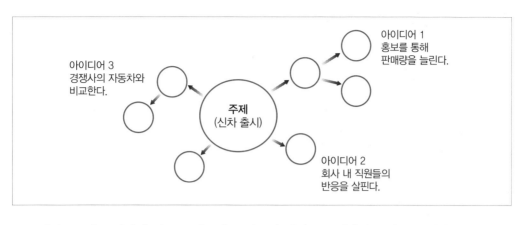

㉠ 브레인스토밍 : 발산적 사고를 일으키는 대표적 기법으로 집단의 효과를 살려서 아이디어의 연쇄반응을 일으켜 자유분방한 아이디어를 내는 것

TIP 브레인스토밍의 진행 방법과 4원칙

- 브레인스토밍의 진행 방법
  - 주제를 구체적이고 명확하게 정하기
  - 구성원의 얼굴을 볼 수 있는 좌석 배치와 큰 용지 준비
  - 구성원들의 다양한 의견을 도출할 수 있는 사람을 리더로 선발
  - 다양한 분야의 5~8명으로 구성
  - 자유롭게 누구나 발언 가능하며, 모든 발언 기록
  - 아이디어에 대한 평가 금지

- 브레인스토밍의 4원칙
  - 질보다 양 : 가능한 많은 아이디어 도출
  - 비판 보류 : 다양한 아이디어 도출을 위해 평가 유보
  - 어떠한 아이디어도 환영 : 어떤 의견도 수용하고 환영하는 자세
  - 아이디어 결합 및 개선 : 아이디어의 결합 및 개선을 통한 발전된 아이디어 도출

② **강제연상법** : 각종 힌트에서 강제적으로 연결지어 발상하는 방법

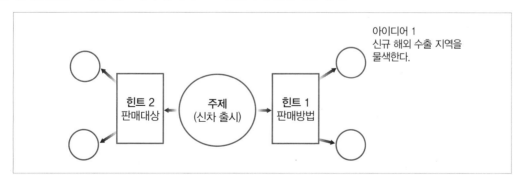

㉠ 속성열거법 : 문제의 대상이나 아이디어의 다양한 속성을 목록으로 작성하는 방법
㉡ 체크리스트 : 개선점을 구하기 위하여 모든 질문을 설정하고 하나씩 점검하면서 아이디어를 내는 발상법

③ 비교발상법 : 주제와 본질적으로 닮은 것을 힌트로 하여 새로운 아이디어를 얻는 방법

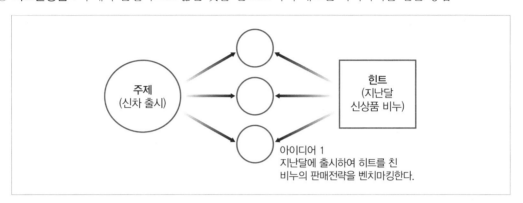

　㉠ NM법 : 대상과 비슷한 것을 찾아내 그것을 힌트로 새로운 아이디어 등을 생각하는 방법
　㉡ Synectics법 : 서로 관련이 없어 보이는 것들을 조합하여 새로운 것을 도출해 내는 집단 아이
　　디어 발상법

대표　예제 02

어떤 생각에서 다른 생각을 계속해서 떠올리는 작용을 통해 주제에서 생각나는 것을 계속해서 열거해 나가는 창의적 사고 개발 방법은?

① NM법　　　　　　　　　　　　　② 속성열거법
③ Synectics법　　　　　　　　　　④ 브레인스토밍
⑤ 체크리스트

정답 | ④
해설 | 창의적 사고 중 자유연상법에 대한 설명으로 가장 대표적인 방법은 브레인스토밍이다. 브레인스토밍은 발산적 사고를 일으키는 대표적 기법으로 집단의 효과를 살려서 아이디어의 연쇄반응을 일으켜 자유분방한 아이디어를 낸다.

오답체크
①, ③ 비교발상법에 해당한다.
②, ⑤ 강제연상법에 해당한다.

---

2. 논리적 사고

(1) 개념
　① 사고의 전개에서 전후 관계가 일치하는지 살피고 아이디어를 평가하는 능력
　② 다른 사람을 공감시켜 움직일 수 있게 하고 짧은 시간에 헤매지 않고 사고할 수 있으며, 행동을
　　하기 전 생각할 수 있게 하여 설득을 쉽게 할 수 있음

(2) 구성 요소

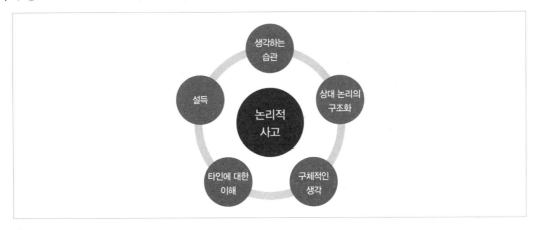

대표	예제 03

다음 중 논리적 사고의 구성 요소가 아닌 것은?

① 타인에 대한 이해   ② 개괄적인 검토
③ 상대 논리의 구조화   ④ 설득
⑤ 생각하는 습관

> **정답** | ②
> **해설** | 논리적 사고의 구성 요소는 생각하는 습관, 상대 논리의 구조화, 구체적인 생각, 타인에 대한 이해, 설득으로 5가지이다.

(3) 개발 방법

① 피라미드 구조화 방법 : 보조 메시지들을 통해 주요 메인 메시지를 얻고, 다시 메인 메시지를 종합한 최종적인 정보를 도출해 내는 방법

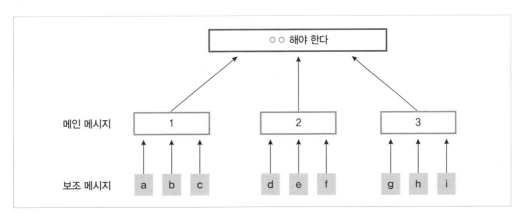

② So What 방법 : 눈앞에 있는 정보로부터 의미를 찾아내어 가치 있는 정보를 이끌어 내는 사고 방법

대표 예제 04

다음 중 〈보기〉에서 설명하는 기법으로 옳은 것은?

> **〈보기〉**
> "그래서 무엇이지?"하고 자문자답하는 의미로, 눈앞에 있는 정보로부터 의미를 찾아내어 가치 있는 정보를 이끌어 내는 사고이다. 포함되어야 하는 내용으로는 "어떻게 될 것인가?", "어떻게 해야 한다." 가 있다.

① 속성열거법   ② So What 방법
③ Synectics법   ④ 피라미드 구조화 방법
⑤ NM법

정답 | ②
해설 | So What 방법에 대한 설명으로 논리적 사고를 개발하기 위한 방법 중 하나이다.

---

3. 비판적 사고

(1) 의미

① 어떤 주제나 주장 등에 대해서 적극적으로 분석하고 종합하며 평가하는 능동적인 사고
② 어떤 논증, 추론, 증거, 가치를 표현한 사례를 타당한 것으로 수용할 것인가 아니면 불합리한 것으로 거절할 것인가에 대한 결정을 내릴 때 요구되는 사고

(2) 비판적 사고를 위한 태도

① 문제의식 함양
② 고정관념 타파

(3) 개발 방법

① **지적 호기심** : 다양한 문제의 해답을 탐색하고 사건의 원인을 설명하기 위한 질문 제기
② **객관성** : 타당한 논증을 근거로 결론에 도달
③ **개방성** : 다양한 신념이 진실일 수 있음을 받아들임
④ **융통성** : 독단적 태도나 경직성을 배격하고, 개인의 신념 및 탐구방법 변경 가능
⑤ **지적 회의성** : 적절한 결론이 제시되기까지 거짓 가능성을 열어 둠
⑥ **지적 정직성** : 진술이 바라는 신념과 대치되더라도 충분한 증거가 있다면 받아들임
⑦ **체계성** : 결론에 이르기까지 논리적 일관성을 유지
⑧ **지속성** : 쟁점의 해답을 얻을 때까지 끈질기게 탐색

⑨ 결단성 : 증거가 타당할 경우 결론을 맺음

⑩ 다른 관점 존중 : 타인의 관점을 경청하고 들은 것에 대하여 정확히 반응함

대표 예제 05

다음 중 비판적 사고에 대한 설명으로 옳지 않은 것은?

① 비판적 사고를 위한 태도에는 문제의식 함양과 고정관념 타파가 있다.

② 비판적 사고는 어떤 주제에 대해 적극적으로 분석 · 종합 · 평가하는 능동적인 사고이다.

③ 비판적 사고에 있어 융통성보다 개인의 신념을 주장하는 것이 중요하다.

④ 비판적 사고에 있어 결론에 이르기까지 논리적 일관성을 유지하는 체계성은 중요하다.

⑤ 비판적 사고는 적절한 결론이 제시되기까지 거짓 가능성을 열어 둔다.

정답 | ③

해설 | 비판적 사고의 개발 방법으로는 지적 호기심, 객관성 타당한, 개방성 다양한, 융통성, 지적 회의성, 지적 정직성, 체계성, 지속성, 결단성, 다른 관점 존중이 있다. 그중 융통성을 통해 독단적 태도나 경직성을 배격하고, 개인의 신념 및 탐구방법의 변경이 가능하다.

SECTION 03   문제처리능력

1. 문제처리능력

① **의미** : 다양한 상황에서 발생한 문제의 원인 및 특성을 파악한 뒤 적절한 해결안을 선택, 적용하고 그 결과를 평가하여 피드백하는 능력

② **문제해결 절차** : 문제 인식 → 문제 도출 → 원인 분석 → 해결안 개발 → 실행 및 평가

2. 문제 인식

(1) 의미와 절차

① **의미** : 해결해야 할 전체 문제를 파악하여 우선순위를 정하고, 선정 문제에 대한 목표를 명확히 하는 절차를 거침

② **절차**

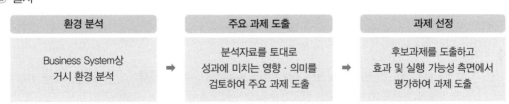

환경 분석	주요 과제 도출	과제 선정
Business System상 거시 환경 분석	분석자료를 토대로 성과에 미치는 영향 · 의미를 검토하여 주요 과제 도출	후보과제를 도출하고 효과 및 실행 가능성 측면에서 평가하여 과제 도출

(2) 환경분석

① 3C 분석 : 시장 환경을 구성하는 자사, 경쟁사, 고객 3요소를 분석

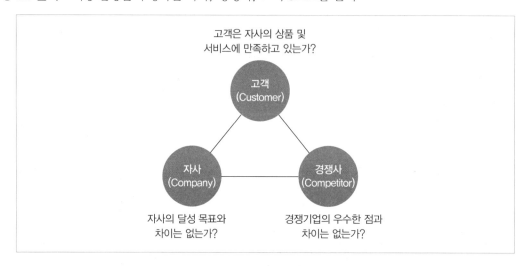

고객은 자사의 상품 및 서비스에 만족하고 있는가?

자사의 달성 목표와 차이는 없는가?

경쟁기업의 우수한 점과 차이는 없는가?

대표 예제 01

3C 분석은 마케팅에서 상황 분석을 할 때 주로 사용되는 경영 기법 중 하나로, 현재 상황을 자사(Company), 경쟁사(Competitor), 고객(Customer)의 관점에서 분석하는 것을 말한다. 다음 중 한 커피전문점에 대한 3C 분석으로 옳지 않은 것은? 한국수력원자력공사

1. 자사 분석
   ㄱ. 강점
   - 동종 업계 중 가맹점 점포 수 최다 1위
   - ① 높은 가격 경쟁력과 차별화된 마일리지 제도
   - ② 고급 스페셜티 커피에 대한 수요 증가
   ㄴ. 약점
   - '저가형 브랜드'로 인식된 브랜드 이미지
   - ③ 직원 교육 시스템 미흡으로 숙련된 직원 수급이 불안정함
2. 경쟁사 분석
   ㄱ. 강점
   - '공정무역 커피 사용'을 내세워 '착한 커피' 이미지 구축
   - 강한 특색의 메뉴로 입소문, 점포 수가 빠르게 증가 중
   ㄴ. 약점
   - ④ 젊은 층에 한정된 브랜드 인식률
   - 디저트류 상품의 다양성에 비해 커피 본연의 맛은 떨어진다는 평가
3. 고객 분석
   - ⑤ 소위 '인스타용' 매장의 인기 증가 등 음료 외적인 요인에 대한 주목도 증가
   - 경기 침체로 커피 가격에 대한 민감도 증가

② SWOT 분석 : 기업 내부의 강점, 약점과 외부 환경의 기회, 위협 요인을 분석하고 전략과 문제해
결 방안을 개발

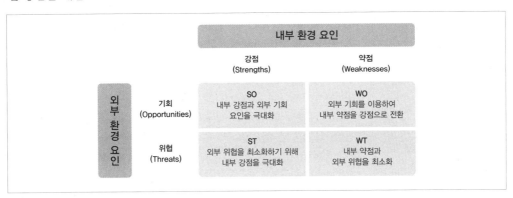

⊙ SWOT 분석 방법

외부 환경 요인 분석 (Opportunities, Threats)	• 자신을 제외한 모든 정보를 기술 : 좋은 쪽으로 작용하는 것은 기회, 나쁜 쪽으로 작용 하는 것은 위협 • 언론매체, 개인 정보망 등을 통하여 입수한 상식적인 세상의 변화 내용을 시작으로 당 사자에게 미치는 영향을 순서대로 정리하고 점차 구체화함 • 인과관계가 있는 경우 화살표로 연결 • 동일한 자료라도 자신에게 긍정적으로 전개되면 기회로, 부정적으로 전개되면 위협으로 구분 • SCEPTIC 체크리스트를 활용하면 편리함 : Social(사회), Competition(경쟁), Economic (경제), Politic(정치), Technology(기술), Information(정보), Client(고객)
내부 환경 요인 분석 (Strength, Weakness)	• 경쟁자와 비교하여 나의 강점과 약점을 분석 • 강점과 약점의 내용 : 보유하거나 동원 가능하거나 활용 가능한 자원(resources) • MMMITI 체크리스트를 활용할 수도 있지만 이를 반드시 적용해서 분석할 필요는 없음 : Man(사람), Material(물자), Money(돈), Information(정보), Time(시간), Image(이미지)

ⓒ SWOT 전략 수립 방법

- SO 전략 : 강점을 활용하여 기회를 살리는 전략
- ST 전략 : 강점을 활용하여 위협을 최소화/회피하는 전략
- WO 전략 : 약점을 보완하여 기회를 살리는 전략
- WT 전략 : 약점을 보완하고 위협을 최소화/회피하는 전략

다음 중 한 커피전문브랜드의 SWOT 분석을 보고, 이에 대응하는 전략으로 옳지 않은 것은?

한국중부발전

〈SWOT 분석 결과〉

강점 (Strength)	• 긍정적인 브랜드 이미지와 확고한 인지도 • 최상위 등급의 커피 원두 안정적 확보 가능	• 높은 고객 충성도
약점 (Weakness)	• 경쟁사 대비 높은 상품 가격 • 점포별 수익률 악화로 인한 가맹점 유치율 하락 • 메뉴의 다양성 부족	
기회 (Opportunity)	• 커피 문화 발달로 소비자 급증 • 해외 시장 진출 기회 확대 • 커피와 함께 즐기는 디저트 시장의 성장 • 극심한 무더위로 아이스 메뉴 판매 폭증	
위협 (Threat)	• 경쟁사의 시장 점유율 상승 • 저가 전략의 경쟁 업체 증가 • 커피의 질에 까다로운 '준전문가'급 소비자의 증가	

〈SWOT 전략〉

	S(강점)	W(약점)
O(기회)	① 브랜드 이미지를 앞세워 적극적으로 해외 시장 진입 • 자사 원두의 높은 품질을 강조하여 커피 마니아층 소비자 적극 유치	② 여름철 한정 아이스 음료 가격 할인을 통해 해당 메뉴의 가격 경쟁력과 판매고 확보
T(위협)	③ 마일리지 적립 등 고객 충성도 증가 정책을 펴 경쟁사로의 고객 유출 방지 ④ 신규 디저트 출시로 메뉴의 다양성을 확보하고 디저트 부문의 매출 제고	• 기존 메뉴의 질적 향상에 자본 및 인력을 투입하여 맛에 까다로운 소비자까지 만족시키는 정책 시행 ⑤ 가맹수수료 등 본사의 이익률을 일부 낮춤으로써 개별 점포의 수익률 보전 및 시장 점유율 제고

정답 | ④

해설 | '신규 디저트를 출시해 메뉴 다양성을 확보하고 디저트 부문의 매출을 제고하는 것'은 '메뉴의 다양성 부족'이라는 약점을 보완하여 '디저트 시장의 성장'이라는 기회를 살리는 WO 전략에 해당한다.

오답체크

① '긍정적인 브랜드 이미지'라는 강점을 활용하여 '해외 시장 진출 기회 확대'라는 기회를 살리는 SO 전략에 해당한다.

② '경쟁사 대비 높은 상품 가격'이라는 약점을 보완하여 '극심한 무더위로 아이스 메뉴 판매 폭증'이라는 기회를 살리는 WO 전략에 해당한다.

③ '높은 고객 충성도'라는 강점을 활용하여 '경쟁사의 시장 점유율 상승'이라는 위협을 최소화/회피하는 ST 전략에 해당한다.

⑤ '가맹점 유치율 하락'이라는 약점을 보완하고 '경쟁사의 시장 점유율 상승'이라는 위협을 최소화/회피하는 WT 전략에 해당한다.

(3) 주요 과제 도출

① 분석 결과 검토 후 주요 과제 도출을 위한 과제안을 작성함

② 과제안 작성 시 과제안 간의 동일한 수준, 표현의 구체성, 기간 내 해결 가능성 등을 확인해야 함

(4) 과제 선정

① 과제안 중 효과 및 실행 가능성 측면을 평가하여 가장 우선순위가 높은 안을 선정

② 우선순위 평가 시 과제의 목적, 목표, 지원현황 등을 종합적으로 고려함

③ 과제안에 대한 평가 기준

과제 해결의 중요성	• 매출/이익 기여도 • 고객만족도 향상 • 자사의 내부적 문제 해결	• 지속성/파급성 • 경쟁사와의 차별화
과제 착수의 긴급성	• 달성의 긴급도	• 달성에 필요한 시간
과제 해결의 용이성	• 실시상의 난이도	• 필요자원의 적정성

3. 문제 도출

(1) 의미와 절차

① 의미

　㉠ 선정된 문제를 분석하여 해결해야 할 것이 무엇인지를 명확히 하는 단계

　㉡ 현상에 대하여 문제를 분해하여 인과관계 및 구조를 파악하는 단계

② 절차

(2) 문제 구조 파악

① 전체 문제를 개별화된 세부 문제로 재구성하는 과정

② 문제의 내용 및 부정적인 영향 등을 파악하여 문제의 구조를 도출

③ 문제가 발생한 배경이나 문제를 일으키는 원인을 분명히 하는 것이 가장 중요

④ 로직트리(Logic Tree)

⊙ 문제의 원인을 깊이 파고들거나 해결책을 구체화할 때 제한된 시간 속에 문제의 넓이와 깊이를 추구하는 데 도움이 되는 기술

© 주요 과제를 나무 모양으로 분해·정리하는 기술

© 주의사항
  - 전체 과제를 명확히 해야 함
  - 분해해 가는 가지의 수준을 맞춰야 함
  - 원인이 중복되거나 누락되지 않고 각각의 합이 전체를 포함해야 함

(3) 핵심 문제 선정

문제에 영향력이 큰 이슈를 핵심 이슈로 선정

대표 예제 03

다음 중 〈보기〉에서 설명하는 문제해결의 단계로 옳은 것은?

〈보기〉

선정된 문제를 분석하여 해결해야 할 것이 무엇인지를 명확히 하는 단계로 현상에 대하여 문제를 분해하여 인과관계 및 구조를 파악한다.

① 문제 인식   ② 해결안 개발
③ 원인 분석   ④ 실행 및 평가
⑤ 문제 도출

정답 | ⑤
해설 | 문제해결은 문제 인식, 문제 도출, 원인 분석, 해결안 개발, 실행 및 평가 5단계로 문제 도출 단계에 대한 설명이다.

PLUS 문제해결의 5단계
- 문제 인식 : 해결해야 할 전체 문제를 파악하여 우선순위를 정하고, 선정 문제에 대한 목표를 명확히 하는 단계
- 문제 도출 : 선정된 문제를 분석하여 해결해야 할 것이 무엇인지를 명확히 하는 단계
- 원인 분석 : 파악된 핵심 문제에 대한 분석을 통해 근본 원인을 도출하는 단계
- 해결안 개발 : 문제로부터 도출된 근본 원인을 효과적으로 해결할 수 있는 최적의 해결방안을 수립하는 단계
- 실행 및 평가 : 해결안 개발을 통해 만들어진 실행 계획을 실제 상황에 적용하는 활동으로, 당초 장애가 되는 문제의 원인들을 해결안을 사용하여 제거하는 단계

4. 원인 분석

(1) 의미와 절차

① 의미 : 파악된 핵심 문제에 대한 분석을 통해 근본 원인을 도출하는 단계

② 절차

쟁점(Issue) 분석		자료(Data) 분석		원인 파악
• 핵심 이슈 설정 • 가설 설정 • 분석 결과 이미지 결정	➡	• 자료 수집 계획 수립 • 자료 정리/가공 • 자료 해설	➡	근본 원인을 파악하고 원인과 결과를 도출

(2) 쟁점(Issue) 분석

① 핵심 이슈 설정

  ㉠ 현재 수행하고 있는 업무에 가장 크게 영향을 미치는 문제로 선정

  ㉡ 사내외 고객 인터뷰 및 설문조사, 관련 자료 등을 활용하여 본질적인 문제점을 파악

② 가설 설정

  ㉠ 자신의 직관, 경험, 지식, 정보 등에 의존하여 쟁점에 대한 일시적인 결론을 예측해보는 가설을 설정

  ㉡ 관련자료, 인터뷰 등을 통해 검증할 수 있어야 함

  ㉢ 간단명료하게 표현하고 논리적이며 객관적이어야 함

③ 분석 결과 이미지 결정 : 가설 검증계획에 의거하여 분석 결과를 미리 이미지화함

(3) 데이터(Data) 분석

① '데이터 수집 계획 수립 → 데이터 수집 → 데이터 분석'의 절차를 거쳐 수행

② 데이터를 수집할 때는 목적에 따라 수집 범위를 정하고, 전체 자료의 일부인 표본을 추출하는 전통적인 통계학적 접근과 전체 데이터를 활용한 빅데이터 분석을 구분하며, 객관적인 사실을 수집하여 자료의 출처를 명확히 밝힐 수 있어야 함

③ 데이터 수집 후에는 목적에 따라 수집된 정보를 항목별로 분류 정리한 후 "무엇을", "어떻게", "왜"라는 것을 고려해서 데이터 분석을 실시하고, 의미를 해석해야 함

(4) 원인 파악

① 이슈와 데이터 분석을 통해 얻은 결과를 바탕으로 최종 원인을 확인하는 단계

② 원인의 패턴

  ㉠ 단순한 인과관계 : 원인과 결과를 분명하게 구분할 수 있는 경우

  ㉡ 닭과 계란의 인과관계 : 원인과 결과를 구분하기 어려운 경우

  ㉢ 복잡한 인과관계 : 단순한 인과관계와 닭과 계란의 인과관계 두 가지 유형이 복잡하게 서로 얽혀 있는 경우

다음 중 문제해결 절차의 원인 분석 단계 중 이슈 분석 절차에 해당하는 것을 모두 고른 것은?

> ㉠ 핵심 이슈 설정 ㉡ 데이터 수집 범위 결정
> ㉢ 가설 설정 ㉣ 분석 결과 이미지 결정
> ㉤ 데이터 정리 및 가공

① ㉠, ㉡, ㉢ ② ㉠, ㉡, ㉤

③ ㉠, ㉢, ㉣ ④ ㉡, ㉢, ㉣

⑤ ㉢, ㉣, ㉤

정답 | ③

해설 | 핵심 이슈 설정, 가설 설정, 분석 결과 이미지 결정은 문제해결 절차의 원인 분석 단계 중 이슈 분석 절차에 해당한다.

오답체크

㉡, ㉤ 원인 분석 단계 중 데이터 분석 절차에 해당하는 내용이다.

PLUS **문제해결 절차 : 원인 분석 3단계**

- 이슈(Issue) 분석 : 핵심 이슈 설정, 가설 설정, 분석 결과 이미지 결정
- 데이터(Data) 분석 : 자료 수집 계획 수립, 자료 정리/가공, 자료 해설
- 원인 파악 : 근본 원인을 파악하고 원인과 결과를 도출

5. 해결안 개발

① **의미** : 문제로부터 도출된 근본 원인을 효과적으로 해결할 수 있는 최적의 해결방안을 수립하는 단계

② **절차** : 해결안 도출 → 해결안 평가 및 최적안 선정

③ **해결안 도출** : 해결안 도출은 열거된 근본 원인을 어떠한 시각과 방법으로 제거할 것인지에 대한 독창적이고 혁신적인 아이디어를 도출하고, 이를 바탕으로 유사한 방법이나 목적을 갖는 내용의 군집화를 거쳐 최종 해결안으로 정리하는 과정으로 이어짐

④ **해결안 평가 및 최적안 선정** : 문제, 원인, 방법을 고려해서 해결안을 종합적으로 평가하고 가장 효과적인 해결안을 선정

6. 실행 및 평가

(1) 의미와 절차

① **의미** : 해결안 개발을 통해 실행 계획을 실제 상황에 적용하는 활동

② 절차

실행 계획 수립		실행		Follow-up
최종 해결안을 실행하기 위한 구체적인 계획 수립	⮕	실행 계획에 따른 실행 및 모니터	⮕	실행 결과에 대한 평가

(2) 실행 계획 수립

① 무엇을(what), 어떤 목적으로(why), 언제(when), 어디서(where), 누가(who), 어떤 방법으로(how)의 물음에 대한 답을 가지고 계획하는 단계
② 자원(인적, 물적, 예산, 시간)을 고려하여 수립해야 함

(3) 실행 및 Follow-up(사후 관리)

① 사전 조사를 통해 문제점을 발견하고, 해결안을 보안한 후 대상 범위를 넓혀서 전면적으로 실시해야 함
② 고려사항
  ㉠ 바람직한 상태가 달성되었는가?
  ㉡ 문제가 재발하지 않을 것을 확신할 수 있는가?
  ㉢ 사전에 목표한 기간 및 비용은 계획대로 지켜졌는가?
  ㉣ 혹시 또 다른 문제를 발생시키지 않았는가?
  ㉤ 해결책이 주는 영향은 무엇인가?

대표 예제 05

다음 중 문제 해결 과정 중 사후 관리 단계에서 고려해야 할 사항으로 옳은 것은?

① 해결안별 세부 실행내용은 구체적으로 수립되었는가?
② 사전에 목표한 기간 및 비용은 계획대로 지켜졌는가?
③ 관련자료, 인터뷰 등을 통해 검증할 수 있는가?
④ 자원을 고려하여 해결안을 수립하였는가?
⑤ 선정 문제에 대한 목표를 명확히 하였는가?

정답 | ②
해설 | '사전에 목표한 기간 및 비용은 계획대로 지켜졌는가?'는 사후 관리 단계에서 고려해야 할 사항 중 하나이다.

오답체크
①, ④ 실행 계획을 수립할 때 고려해야 하는 사항이다.
③ 쟁점 분석 단계 중 가설 설정 시 고려해야 하는 사항이다.
⑤ 문제 인식 단계에서 고려해야 하는 사항이다.

1. 집합

(1) 집합과 원소

① 집합 : 어떤 특정한 조건에 의해 그 범위가 확실하게 결정될 수 있는 요소들의 모임

② 원소 : 집합을 이루고 있는 대상

(2) 집합의 종류

종류	정의	예시
교집합 (A∩B)	두 집합 A, B에 대하여 A에도 속하고 B에도 속하는 모든 원소로 이루어진 집합	
합집합 (A∪B)	두 집합 A, B에 대하여 A에 속하거나 B에 속하는 모든 원소로 이루어진 집합	
차집합 (A−B)	두 집합 A, B에 대하여 A에 속하고 B에는 속하지 않는 모든 원소로 이루어진 집합	
여집합 (A^c)	전체집합 U의 부분집합 A에 대하여, U의 원소 중에서 A에 속하지 않는 모든 원소로 이루어진 집합	

2. 명제

(1) 역, 이, 대우

① 명제 $p \to q$에 대하여 다음과 같은 관계가 성립

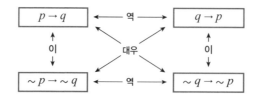

② 역, 이, 대우의 성질

　　㉠ 명제 $p \rightarrow q$가 참이면 그 대우 $\sim q \rightarrow \sim p$도 반드시 참

　　㉡ 명제가 $p \rightarrow q$가 참이라도 그 역 $q \rightarrow p$나 이 $\sim p \rightarrow \sim q$가 반드시 참인 것은 아님

(2) 명제 연결사

기호	해석	활용
$\sim$	not	$\sim p$ (p가 아니다.)
$\wedge$	and	$p \wedge q$ (p이고 q이다.)
$\vee$	or	$p \vee q$ (p이거나 q이다.)
$\rightarrow$	implies	$p \rightarrow q$ (p이면 q이다.)
$\leftrightarrow$	if and only if	$p \leftrightarrow q$ (p는 q이고, q는 p이다.)

TIP 합성명제

- 두 개의 명제가 합쳐진 명제로 '그리고'와 '또는'으로 연결됨
- 합성명제의 기호 표현
　- 그리고 $q : p \wedge q$　　　　- 또는 $q : p \vee q$
- 항상 성립하는 경우
　- $(p \wedge q) = \sim p \vee \sim q$　　- $(p \vee q) = \sim p \wedge \sim q$　　- $(p \vee \sim q) = \sim p \wedge q$
　- $(\sim p \wedge q) = p \vee \sim q$　　- $(p \vee q) = \sim p \wedge \sim q$

(3) 논증 규칙

규칙	수식	규칙	수식
이중부정	$\sim(\sim p) = p$	교환법칙	• $p \wedge q = q \wedge p$ • $p \vee q = q \vee p$
멱등법칙	• $p \wedge p = p$ • $p = p \vee p$	결합법칙	• $(p \wedge q) \wedge r = p \wedge (q \wedge r)$ • $(p \vee q) \vee r = p \vee (q \vee r)$
대우법칙	$p \rightarrow q = \sim q \rightarrow \sim p$	분배법칙	• $p \wedge (q \vee r) = (p \wedge q) \vee (p \wedge r)$ • $p \vee (q \wedge r) = (p \vee q) \wedge (p \vee r)$
배리법(귀류법)	$p \rightarrow q = (p \wedge \sim q \rightarrow r)$	드모르간법칙	• $\sim(p \wedge q) = \sim p \vee \sim q$ • $\sim(p \vee q) = \sim p \wedge \sim q$

(4) 삼단논법 규칙

① 명제를 구성하는 개념요소는 각각 2번씩 등장함

② 전제 중 하나가 부정이면 결론도 부정이어야 하고, 전제가 둘 다 긍정이면 결론도 긍정이어야 함

③ 전제에 '어떤'이 포함되면 결론도 '어떤'을 포함함

다음 명제가 모두 참일 때, 항상 옳은 것은?

한국전력공사 국민건강보험공단

- 수박을 좋아하면 복숭아를 좋아한다.
- 포도를 좋아하면 딸기를 좋아하지 않는다.
- 키위를 좋아하지 않으면 딸기를 좋아한다.
- 키위를 좋아하면 복숭아를 좋아하지 않는다.

① 복숭아를 좋아하면 딸기를 좋아한다.
② 딸기를 좋아하면 수박을 좋아한다.
③ 수박을 좋아하면 포도를 좋아한다.
④ 수박을 좋아하지 않으면 딸기를 좋아하지 않는다.
⑤ 수박을 좋아하지 않으면 복숭아를 좋아하지 않는다.

정답 | ①
해설 | STEP 01   주어진 명제를 기호로 정리한다.
- 수박 → 복숭아
- 포도 → ~딸기
- ~키위 → 딸기
- 키위 → ~복숭아
STEP 02   주어진 명제의 대우를 기호로 정리한다.
- ~복숭아 → ~수박
- 딸기 → ~포도
- ~딸기 → 키위
- 복숭아 → ~키위
STEP 03   기호로 정리된 내용을 종합하여 참인 명제를 찾는다.
내용을 종합하면 '수박 → 복숭아 → ~키위 → 딸기 → ~포도'이고, 그 대우는 '포도 → ~딸기 → 키위 → ~복숭아 → ~수박'이다. 따라서, '복숭아를 좋아하면 딸기를 좋아한다'는 항상 참이다.

3. 참·거짓

(1) 모순과 동일 관계가 명확한 경우

① 주어진 명제 중에서 모순 관계를 찾음

A : B가 거짓이다.   /   B : A가 거짓이다.

② 주어진 명제 중에서 동일 관계를 찾음

A : 나는 거짓을 말하지 않는다.   /   B : A의 말은 사실이다.

※ 가령 5개의 명제가 주어지고 그중 2명이 거짓을 말했다면, 동일 관계 진술은 무조건 참이 된다.

③ 모순인 명제 둘 중 하나를 참이라고 가정한 뒤 나머지 명제를 판별함

(2) 모순과 동일 관계가 불분명한 경우

① 각 명제를 하나씩 참이라고 가정한 뒤 나머지 진술의 참·거짓 여부를 판별함

② 문제에서 언급한 참 혹은 거짓의 개수와 일치하는 경우가 답이 됨

대표 예제 02

A~E 5명이 시험을 보았다. 이들 중 부정행위를 한 사람의 진술은 거짓이고, 부정행위를 하지 않은 사람의 진술은 참이다. 이들 중 부정행위를 한 사람이 2명일 때, 반드시 참인 것은? 코레일

A : B나 C는 부정행위를 하지 않았다.
B : 나는 부정행위를 하지 않았다.
C : B의 말은 사실이 아니다.
D : E는 부정행위를 하지 않았다.
E : A는 부정행위를 하였다.

① A는 부정행위를 하지 않았다.   ② B는 부정행위를 하지 않았다.
③ C의 말은 사실이 아니다.   ④ D는 부정행위를 하지 않았다.
⑤ E는 부정행위를 하였다.

정답 | ④

해설 | **STEP 01 주어진 명제 중 모순된 관계를 찾는다.**

A~E의 진술 중 모순되는 내용이 있을 경우 둘 중 한 명의 진술은 거짓이다. B와 C의 진술이 모순되므로 B를 기준으로 참·거짓을 판별한다.

STEP 02 B를 기준으로 참인 진술과 거짓인 진술을 구분한다.

• B가 부정행위를 한 경우

구분	참	거짓
A		○
B		○
C	○	
D	○	
E	○	

• B가 부정행위를 하지 않은 경우

구분	참	거짓
A		○
B	○	
C		○
D	○	
E	○	

4. 대응 및 위치 배정

(1) 문제 유형

① **일렬배치** : 제시된 정보들을 기반으로 나열된 순서, N번째 사람/사물을 찾는 형식

② **평면배치** : 팀 짜기, 방 배치, 동아리나 출장, 강의실이나 회의실 등의 유형으로 출제

③ **원형배치** : 일렬배치 유형의 심화된 형태로서 시작과 끝이 없고 맞은편, 오른쪽, 왼쪽 등의 위치 조건을 통해 풀이

④ **통합배치** : 명제와 배치, 참/거짓과 배치 등 여러 문제 형식을 통합하여 출제

(2) 유형에 따른 배치 관계 작성

유형	예시
선후 관계가 확실한 경우	A>B
바로 옆에 위치하는 경우	A-B or B-C
연속해서 위치하지 않는 경우	A-(×)-B or B-(×)-C
사이에 다른 사람이나 사물이 위치하는 경우	A-(?)-B or B>(?)>C
A와 B의 관계는 불확실하나, C와의 관계가 확실한 경우	$\frac{A}{B}$-C

대표 예제 03

다음 〈조건〉을 따를 때 순위가 높은 순서대로 팀을 나열한 것은? 국민건강보험공단

〈조건〉
- A, B, C 3개 팀 중 업무평가 점수가 가장 낮은 팀은 교육 대상이다.
- A팀은 교육을 받지 않는다.
- B팀은 A팀보다 평가점수가 높다.

① A-B-C   ② A-C-B
③ B-A-C   ④ B-C-A
⑤ C-B-A

정답 | ③
해설 | STEP 01 주어진 조건 중 명확한 정보 먼저 정리한다.
　　　조건 1, 2에 의해 교육을 받지 않는 A팀은 3등이 아니므로 1등 혹은 2등이다.

> **STEP 02** 앞서 알아낸 정보를 활용하여 새로운 정보를 정리한다.
>
> 조건 3에서 B팀의 점수가 A팀보다 높다고 했으므로 1등은 B팀, 2등은 A팀이 된다. 따라서, 순위가 높은 순서대로 팀을 나열하면 B−A−C가 된다.

5. 상황 적용 및 규칙

(1) 상황 적용

① 실제 업무 중 접할 수 있는 다양한 자료들을 바탕으로 주어진 상황에 적절히 대처하는 문제 유형

② 자료를 이해하려는 독해력과 자료를 활용한 계산 능력이 요구됨

③ 수리능력과도 유관하며, 평가·선정 등 타 유형과 연결 문제로 나오는 경우도 많음

(2) 규칙

① 일상생활에서 실제로 접할 수 있는 규칙들과 실제로는 접하기 어렵지만 상상 속에서 가능한 규칙들이 제시되는 문제 유형

② 상상 속에서 가능한 규칙이 주어진 유형의 문제는 상대적으로 어렵게 느껴질 수 있음

대표 예제 04

다음은 A회사의 기획부에 근무하는 K주임의 일정표이다. 주어진 상황에서 K주임이 처리해야 할 업무 순서로 가장 적절한 것은?   한국수력원자력

〈202×년 4월 20일 주요 업무〉

09:00~	부서 회의
11:00~	팀장 회의
13:30~14:30	영업 실적 조사
15:00:16:00	신제품 기획안 미팅

※ 팀장 회의의 경우 각 부서별 팀장만 참석함

〈K주임의 상황〉

안녕하세요. K주임님. 오늘 업무 일정에 관해 변동사항이 있어 메시지 보냅니다. 우선, 오늘 오전에 잡혀 있던 각 부서별 팀장 회의가 오후 3시 30분으로 변경됐습니다. 오후 3시에 예정되어 있던 신제품 기획안 미팅은 팀장 회의가 끝나는 대로 바로 하려고 합니다. K주임님은 오후에 있을 팀장 회의에 필요한 서류를 정리해 주세요. 양이 많지 않으니 부서 회의가 끝난 후, 바로 준비해서 오전 중으로 부탁드립니다. 그리고 내일 새로운 프로젝트가 끝난 기념으로 점심 회식을 하려고 합니다. 회사 근처에 장소 예약해 주시고, 내일 오전에 메신저로 알려 주세요.

① 부서 회의 → 영업 실적 조사 → 팀장 회의 서류준비 → 신제품 기획안 미팅 → 점심회식 장소 예약

② 부서 회의 → 팀장 회의 서류준비 → 영업 실적 조사 → 신제품 기획안 미팅 → 점심회식 장소 예약

③ 부서 회의 → 팀장 회의 서류준비 → 신제품 기획안 미팅 → 점심회식 장소 예약 → 영업 실적 조사

④ 팀장 회의 서류준비 → 부서 회의 → 영업 실적 조사 → 점심회식 장소 예약 → 신제품 기획안 미팅

⑤ 팀장 회의 서류준비 → 영업 실적 조사 → 부서 회의 → 신제품 기획안 미팅 → 점심회식 장소 예약

정답 | ②

해설 | **STEP 01　주어진 상황 중 논리적 판단이 필요 없는 내용을 정리한다.**

먼저 오전 11시에 예정되어 있던 팀장 회의가 오후 3시 30분으로 변경됐으나, 각 부서별 팀장만 해당되는 일정이므로 K주임과 상관없다. 신제품 기획안 미팅의 경우 오전으로 변경되지 않고, 팀장 회의가 끝나는 대로 오후에 진행될 예정이다. 업무 순서를 정리하면 '부서 회의 → 영업 실적 조사 → 신제품 기획안 미팅'가 된다.

STEP 02　주어진 상황 중 논리적 판단이 필요한 내용을 정리한다.

여기서 팀장이 부서 회의가 끝난 후, 오전 중에 팀장 회의 서류를 준비할 것과 내일 있을 점심 회식을 위해 장소를 예약할 것을 요청하였다. 팀장 회의 서류 준비의 경우 당일 오전에 반드시 끝내야 하며, 점심 회식 장소 예약은 내일 오전에 보고해도 되므로 당일 일정이 모두 끝난 후, 진행해도 된다. 따라서 K주임의 최종 업무 순서는 '부서 회의 → 팀장 회의 서류준비 → 영업 실적 조사 → 신제품 기획안 미팅 → 점심회식 장소 예약'이다.

6. 경비 계산 및 스포츠 경기

(1) 경비 계산 문제

① 조건을 적용하여 상황별 경비를 계산하는 유형으로 수리능력과도 유관함

② 출장비나 수당, 대관비 등의 소재가 자주 출제됨

(2) 스포츠 경기 문제

① 규칙을 적용하여 승점 계산하기, 동점자 처리하기 등의 유형으로 출제됨

② 리그 경기 수 : 참가한 n개의 팀들이 모두 서로 한 번씩 경기하여 그중 가장 성적이 좋은 팀을 뽑는 경기 방식

$$_nC_2 = \frac{n(n-1)}{2}$$

③ 토너먼트 경기 수 : 참가한 n개의 팀들이 2팀씩 경기하여 진 팀은 탈락하고, 이긴 팀만 다시 경기하는 과정을 반복하여 최종 우승팀을 뽑는 경기 방식

$$n-1$$

Y공단 경영지원팀 사원 K는 비품을 관리하고 있다. 지난주 A4용지 재고가 없다는 이야기를 듣고 A4용지 8,500매를 구입하려 한다. A~E 중 가장 저렴하게 구입할 수 있는 곳은? (단, Y공단에서는 이전에 A~E에서 A4용지를 구매한 적이 없다.) 한국철도공사

<PART navigation image>

〈A4용지 판매처 비교표〉

구분	묶음당 매수	묶음당 가격	배송비	기타
A	250매	4,000원	매수 상관없이 2,000원	–
B	400매	6,500원	매수 상관없이 2,500원 ※ 10만 원 이상 주문 시 무료	–
C	500매	7,500원	2,000원 ※ 10만 원 이상 주문 시 무료	주문 가격의 10% 할인
D	400매	6,500원	무료	당사에서 처음 주문하는 고객에게 20% 할인
E	60매	7,000원	2,000원 ※ 5,000매 이상 주문 시 무료	10,000원 할인 쿠폰

① A
② B
③ C
④ D
⑤ E

정답 | ⑤

해설 | STEP 01 각 판매처별 A4 용지 구매 비용을 계산한다.

- A : $\frac{8,500}{250}=34$묶음이 필요하므로, $34 \times 4,000$원$=136,000$원의 비용이 든다. 배송비는 2,000원이므로 총비용은 138,000원이다.

- B : $\frac{8,500}{400}≒22$묶음이 필요하므로, $22 \times 6,500$원$=143,000$원의 비용이 든다. 구매 비용이 10만 원 이상이므로 배송비는 무료이다. 따라서 총비용은 143,000원이다.

- C : $\frac{8,500}{500}=17$묶음이 필요하므로, $17 \times 7,500$원$=127,500$원의 비용이 든다. 주문 가격의 10%를 할인해주므로 $127,500 \times 0.9=114,750$원의 비용이 들며, 10만 원 이상 주문이므로 배송비는 무료이다. 따라서 총비용은 114,750원이다.

- D : $\frac{8,500}{400}≒22$묶음이 필요하므로, $22 \times 6,500$원$=143,000$원의 비용이 든다. 처음 주문하므로 20% 할인받아 $143,000 \times 0.8=114,400$원의 비용이 들며, 배송비는 무료이므로 총비용은 114,400원이다.

- E : $\frac{8,500}{600}≒15$묶음이 필요하므로, $15 \times 7,000=105,000$원의 비용이 든다. 5,000매 이상 주문으로 배송비는 무료이며, 10,000원 할인 쿠폰을 받아 총비용은 95,000원이다.

STEP 02 문제에서 제시한 조건에 맞는 판매처를 구한다.
가장 저렴하게 A4 용지를 구입할 수 있는 곳은 E이다.

01 다음 중 문제점에 대한 설명으로 옳은 것은?

① 원활한 업무수행을 위해 해결해야 하는 질문이나 의논 대상

② 목표와 현상의 차이이자 해결이 필요한 사항

③ 무단횡단으로 접촉 사고가 났을 경우 문제점은 사고의 발생임

④ 무단횡단으로 접촉 사고가 났을 경우 문제는 무단횡단임

⑤ 문제해결을 위해서 조치가 필요한 대상

02 다음 중 문제의 유형이 다른 것은?

① 제조 문제   ② 창의적 문제

③ 기술상 문제   ④ 인사 문제

⑤ 자금 문제

03 다음 중 문제해결을 위한 기본적 사고에 대한 설명으로 옳지 않은 것은?

① 전체를 요소로 나누어 의미를 도출한 뒤 우선순위를 부여하는 건 분석적 사고이다.

② 당면 문제와 해결방안, 상위 시스템과 그 다음 문제까지 고려하는 것은 전략적 사고이다.

③ 외부자원을 효과적으로 활용하는 건 기본적 사고에 해당하지 않는다.

④ 인식의 틀을 전환하여 새로운 관점에서 바라보는 사고를 지향하는 건 발상의 전환이다.

⑤ 분석적 사고에는 구체적인 문제해결 방법을 실행하는 것이 요구된다.

04 다음 중 문제의 유형과 예시가 알맞게 연결된 것은?

문제의 유형	예시
㉠	○○ 브랜드 국내 시장 점유율이 10% 하락하였다.
㉡	□□ 기업은 향후 중국 시장 내 점유율 확대 전략에 따른 발생 가능한 문제를 파악하라는 지시가 내려왔다.
㉢	△△ 기업은 업무 생산성 제고를 위해 부서별 업무 혁신 계획을 제출하라는 지시를 받았다.

	㉠	㉡	㉢
①	발생형 문제	탐색형 문제	설정형 문제
②	탐색형 문제	발생형 문제	설정형 문제
③	설정형 문제	발생형 문제	탐색형 문제
④	설정형 문제	탐색형 문제	발생형 문제
⑤	발생형 문제	설정형 문제	탐색형 문제

05 다음 중 문제해결의 필수 요소가 아닌 것은?

① 체계적인 교육훈련　　　　② 기존의 패러다임 거부
③ 창조적 기술 습득　　　　④ 사외 교육 훈련 거부
⑤ 전문영역 지식 습득

06 다음 중 퍼실리테이션(facilitation)에 대한 설명으로 옳지 않은 것은?

① 집단적 의사결정이 필요한 상황에 사용된다.
② 우리말로 '촉진'을 의미한다.
③ 구성원의 동기 및 팀워크가 강화된다.
④ 준비해 놓은 합의점과 동일한 결론이 도출된다.
⑤ 집단이 의사결정을 잘하도록 도와주는 일이다.

07 ○○기업 마케팅 부서 김 팀장은 신제품 판매량을 높이기 위한 방법을 모색하기 위해 회의를 열었다. 다음 회의 내용에 나타난 발산적 사고 개발 방법으로 옳은 것은?

> 김 팀장 : 올해 상반기 출시된 신제품 판매량이 예상보다 저조합니다. 지금까지는 기존 마케팅 계획을 유지했으나, 새로운 시도가 필요한 시점 같네요. 오늘은 이와 관련해서 각자의 의견을 자유롭게 공유해보도록 하겠습니다.
>
> 박 대리 : 이번 신제품 같은 경우 10~20대 고객층 확보가 목표인 만큼 기존과 달리 다양한 SNS를 활용한 공격적인 마케팅이 필요하다고 생각합니다.
>
> 이 주임 : 젊은 연령층에 익숙한 인플루언서에게 협찬이나 광고 제안을 해 추가적인 홍보를 진행할 필요가 있어 보입니다. 같은 시기에 출시된 경쟁사 제품 같은 경우에도 유명 인플루언서를 광고 모델로 하여 인지도를 끌어모으고 있습니다.
>
> 오 사원 : 개인 블로그 활동이 활발한 일반인을 대상으로 블로그 체험단을 모집해 홍보하는 것도 하나의 방법이라고 생각합니다.
>
> 김 팀장 : 좋습니다. 다들 좋은 의견을 제시해준 거 같네요. 다음 회의 땐 오늘 나온 의견을 토대로 구체적인 마케팅 계획을 세워봅시다.

① 속성열거법
② 브레인스토밍
③ 체크리스트
④ NM법
⑤ 체크리스트

08 다음 중 브레인스토밍의 진행 방법으로 옳지 않은 것은?

① 리더 없이 진행하여 구성원들의 다양한 의견을 도출한다.
② 자유롭게 누구나 발언 가능하며, 모든 발언을 기록한다.
③ 구성원의 얼굴을 볼 수 있도록 좌석을 배치한다.
④ 주제를 구체적이고 명확하게 정한다.
⑤ 아이디어에 대한 평가는 금지한다.

09 다음 중 논리적 사고에 대한 설명으로 옳지 않은 것은?

① 대표적인 개발 방법으로 Synetics법, 속성열거법이 있다.

② 피라미드 구조화 방법은 보조 메시지를 통해 메인 메시지를 얻는다.

③ 다른 사람을 공감시켜 움직일 수 있게 한다.

④ So What 방법은 눈앞에 있는 정보로부터 의미를 찾는다.

⑤ 행동을 실행하기 전 생각을 함으로써 설득을 쉽게 할 수 있다.

PART 01

PART 02

PART 03

PART 04

부록

문제해결능력

10 다음 중 비판적 사고를 위한 태도 중 고정관념 타파에 해당하는 것은?

① 스테이플러를 이용하여 종이를 붙인다.

② 드라이어를 이용하여 머리를 말린다.

③ 스카치테이프를 이용하여 지문을 채취한다.

④ 칫솔을 이용하여 서류를 정리한다.

⑤ 가위를 이용하여 종이를 자른다.

11 다음은 창의적 사고의 개발 방법에 대한 설명이다. 빈칸에 들어갈 용어로 알맞은 것은?

- (㉠) : 각종 힌트에 강제적으로 연결 지어서 발상하는 것으로 대표적인 방법은 체크리스트다.
- (㉡) : 주제의 본질과 닮은 것을 힌트로 발상하는 것으로 대표적인 방법은 NM법이다.
- (㉢) : 생각나는 대로 자유롭게 발상하는 것으로 대표적인 방법은 브레인스토밍이다.

	㉠	㉡	㉢
①	자유연상법	강제연상법	비교발상법
②	강제연상법	비교발상법	자유연상법
③	비교발상법	자유연상법	강제연상법
④	자유연상법	비교발상법	강제연상법
⑤	비교발상법	강제연상법	자유연상법

12 다음 중 비판적 사고를 개발하기 위한 태도로 옳지 않은 것은?

① 타인의 관점을 경청하고 들은 것에 대하여 정확히 반응한다.

② 개인의 신념 및 탐구방법은 변경할 수 있다.

③ 결론에 이르기까지 논리적 일관성을 유지한다.

④ 적절한 결론이 제시되기까지 진실이라 믿고 주장을 유지한다.

⑤ 쟁점의 해답을 얻을 때까지 끈질기게 탐색한다.

13 다음 중 문제해결 절차를 순서대로 나열한 것은?

① 원인 분석 → 문제 도출 → 문제 인식 → 실행 및 평가 → 해결안 개발

② 원인 분석 → 문제 인식 → 문제 도출 → 해결안 개발 → 실행 및 평가

③ 문제 인식 → 문제 도출 → 원인 분석 → 해결안 개발 → 실행 및 평가

④ 문제 인식 → 원인 분석 → 문제 도출 → 해결안 개발 → 실행 및 평가

⑤ 문제 도출 → 원인 분석 → 문제 인식 → 실행 및 평가 → 해결안 개발

14 다음 중 문제 인식 단계의 과제 선정에 대한 설명으로 옳지 않은 것은?

① 과제안에 대한 평가 기준으로는 과제 해결의 중요성이 있다.

② 과제안에 대한 평가 기준으로는 과제 착수의 긴급성이 있다.

③ 과제안에 대한 평가 기준으로는 과제 해결의 용이성이 있다.

④ 과제안 중 효과 및 실행 가능성 측면을 평가하여 우선순위가 높은 안을 선정한다.

⑤ 우선순위 평가 시 과제의 목적만을 고려하여 평가해야 한다.

15 다음 중 원인 분석에 대한 설명으로 옳은 것은?

① 파악된 핵심 문제에 대한 분석을 통해 근본 원인을 도출하는 단계이다.

② 해결해야 할 전체 문제를 파악하여 우선순위를 정한다.

③ 문제 구조 파악 후 핵심 문제를 선정한다.

④ 해결책이 주는 영향은 무엇인지 고려한다.

⑤ 환경 분석이 이루어지는 단계이다.

PART 01
PART 02
PART 03
PART 04
부록
문제해결능력

16 다음 중 원인 분석 단계의 쟁점(Issue) 분석에 대한 설명으로 옳지 않은 것은?

① 직관, 경험, 지식, 정보 등에 의존하여 가설을 설정해서는 안 된다.

② 관련자료, 인터뷰 등을 통해 검증할 수 있어야 한다.

③ 문제점 파악 시 사내외 고객 인터뷰 및 설문조사 등을 활용한다.

④ 현재 업무에 가장 큰 영향을 미치는 문제로 선정한다.

⑤ 간단명료하게 표현하고 논리적이며 객관적이어야 한다.

17 다음 중 로직트리에 대한 설명으로 옳지 않은 것은?

① 문제 도출 단계 중 문제 구조 파악 시 활용된다.

② 주요 과제를 나무 모양으로 분해 · 정리하는 기술이다.

③ 전체 과제를 명확히 해야 한다.

④ 분해해 가는 가지의 수준을 맞출 필요는 없다.

⑤ 원인이 중복되거나 누락되지 않고 각각의 합이 전체를 포함해야 한다.

18 ○○ 기업은 신제품의 중국 출시를 앞두고 3C 분석을 진행하였다. 다음 중 3C 분석 결과를 토대로 자사에서 해결해야 할 전략 과제로 옳지 않은 것은?

〈3C 분석 결과〉

고객 (Customer)	• 중국 시장의 지속적 성장 • 온라인 구매가 약 80% 이상 • 젊은 소비자들의 구매 증가 • 친환경 제품에 대한 선호 증가
경쟁사 (Competitor)	• 중국 기업들의 압도적인 시장 점유율 • 낮은 인건비로 인한 높은 가격 경쟁력 • A/S 및 사후관리 취약 • 생산 및 유통망 노하우 보유
자사 (Company)	• 압도적인 국내 시장 점유율 • 타 국내 제품 대비 중국 내 낮은 인지도 • 소비자 편의를 고려한 고객서비스 제공 • 높은 생산 원가로 인한 낮은 가격 경쟁력 • 미흡한 온라인 구매시스템

① 온라인 구매시스템 강화

② 원가 절감을 통한 가격 경쟁력 강화

③ 고객서비스 부문 강화

④ 중국 소비자 대상 마케팅 강화

⑤ 친환경 제품 개발 강화

[19~20] 다음은 국내 ○○코스메틱의 SWOT 분석 내용을 구분 없이 나열한 것이다. 물음에 답하시오.

㉠ 화장품과 관련된 높은 기술력 보유	㉡ 해외 소비자들의 한국 화장품에 대한 관심 증가
㉢ 기초화장품 전문 브랜드라는 소비자 인식	㉣ 남성 화장품 시장의 지속적인 성장
㉤ 경기 침체로 인한 소비 심리 위축	㉥ 경쟁사 대비 뒤처진 옴므 라인 출시
㉦ 브랜드 대표 제품의 카피 제품 등장	㉧ 높은 생산 원가로 인한 낮은 가격 경쟁력

19 다음 중 'O(기회)'에 해당하는 내용을 모두 고른 것은?

① ㉠, ㉢

② ㉡, ㉣

③ ㉢, ㉦

④ ㉣, ㉤

⑤ ㉥, ㉧

20 다음 중 SWOT를 활용한 전략에 해당하는 내용을 모두 고른 것은?

> ⊙ 자사 기술력을 활용한 새로운 대표 제품 출시
> ⓒ 지속적인 옴므 라인 출시로 남성 화장품 시장 내 입지 확보
> ⓒ 기초화장품 전문 브랜드라는 이미지를 활용한 해외 마케팅 추진

① ㉠
② ㉢
③ ㉠, ㉡
④ ㉡, ㉢
⑤ ㉠, ㉡, ㉢

21 다음 중 A~F 6개 사무실의 위치가 〈조건〉과 같을 때, 거짓인 것은? (단, 각 층별로 1개의 사무실만 위치한다.)

> **〈조건〉**
> • C사무실과 A사무실이 위치한 층 사이에는 2개 층이 있다.
> • D사무실과 E사무실이 위치한 층 사이에는 3개 층이 있다.
> • A사무실보다 낮은 층에 F사무실은 있으나, B사무실은 없다.
> • D사무실보다 낮은 층에 있는 사무실은 없다.

① C사무실과 F사무실 사이에는 3개 층이 있다.

② B사무실은 F사무실보다 높은 층에 있다.

③ A사무실은 3층에 위치하고 있다.

④ E사무실은 C사무실보다 낮은 층에 위치한다.

⑤ E사무실과 A사무실 사이 층에는 F사무실이 있다.

22 다음 중 〈조건〉으로부터 추론한 내용으로 옳지 않은 것은?

> **〈조건〉**
> - 논설가나 극작가는 모두 인문학 전공자이다.
> - 인문학 전공자 중 남자는 모두 논설가이다.
> - 인문학 전공자인 여자 중 극작가는 없다.
> - 극작가이면서 논설가인 사람이 적어도 한 명 있다.

① 여자 극작가는 없다.

② 극작가 중 남자가 있다.

③ 극작가는 모두 논설가이다.

④ 극작가이면서 논설가인 사람은 모두 남자이다.

⑤ 인문학을 전공한 남자는 극작가이면서 논설가이다.

23 다음 중 〈조건〉이 모두 참일 때 항상 참인 것은?

> **〈조건〉**
> - 유연한 사람은 스트레칭을 자주 한다.
> - 요가를 좋아하지 않는 사람은 여행을 좋아한다.
> - 스트레칭을 자주 하는 사람은 야채를 좋아하지 않는다.
> - 유연하지 않은 사람은 요가를 좋아하지 않는다.

① 여행을 좋아하지 않는 사람은 야채를 좋아하지 않는다.

② 여행을 좋아하는 사람은 유연하지 않고 야채를 좋아하지 않는다.

③ 스트레칭을 자주 하지 않는 사람은 요가를 좋아한다.

④ 여행을 좋아하는 사람이라면 스트레칭을 자주 한다.

⑤ 스트레칭을 자주 하는 사람은 유연하다.

24 K공단의 영업부, 기획부, 홍보부, 물류관리부, 재무부, 인사부, 경영지원부 7개 부서는 모두 워크숍 장소로 인천과 부산 중 한 곳을 선택했다. 주어진 〈조건〉을 고려하였을 때 거짓인 것은? (단, 모든 부서가 한 개의 장소만 선택했다.)

〈조건〉
- 인천을 선택한 부서는 3개이다.
- 영업부는 인천을 선택하지 않았다.
- 물류관리부와 재무부는 서로 다른 장소를 선택했다.
- 영업부와 홍보부는 서로 다른 장소를 선택했다.
- 홍보부와 인사부는 서로 같은 장소를 선택했다.

---

① 인사부는 확실히 인천을 선택했다.
② 재무부는 확실히 부산을 선택했다.
③ 기획부는 확실히 부산을 선택했다.
④ 물류관리부는 어떤 지역을 선택했는지 알 수 없다.
⑤ 경영지원부는 확실히 부산을 선택했다.

25 다음 논증이 타당해지기 위해서 보충되어야 할 전제로 옳은 것은?

(전제 1) 어떤 직원은 업무를 잘한다.
(전제 2) 어떤 직원은 정규교육을 받는다.
(전제 3) 특별교육을 받는 직원은 특별업무를 한다.
(전제 4) (   )
(결론) 특별업무를 하는 어떤 직원은 업무를 잘한다.

---

① 어떤 직원은 특별업무를 한다.
② 어떤 직원은 특별교육을 받는다.
③ 모든 직원은 특별교육을 받는다.
④ 정규교육을 받는 직원은 특별교육을 받지 않는다.
⑤ 정규교육을 받는 직원은 특별업무를 하지 않는다.

26 A~D 4명 중 1명이 이번 승진자이다. A~D의 진술이 다음과 같을 때, 진술이 참인 사람과 승진자를 고르시오. (단, A~D 중 1명의 진술만이 참이다.)

> • A : 나는 승진자가 아니다.
> • B : C가 승진자이다.
> • C : B는 거짓말을 한다.
> • D : B가 승진자이다.

	진술이 참인 사람	승진자
①	A	D
②	B	C
③	C	A
④	C	B
⑤	D	D

27 A~C 3명은 도난 사건의 용의자이다. 이들 중 가해자는 거짓만을, 가해자가 아닌 사람은 진실만을 말한다. 세 사람의 진술이 다음과 같을 때, 가해자가 확실한 사람과 가해자가 아닌 것이 확실한 사람을 고르시오.

> • A : 우리 중 한 명이 거짓말을 하고 있다.
> • B : 우리 중 두 명이 거짓말을 하고 있다.
> • C : A와 B 중 한 명이 거짓말을 하고 있다.

	가해자가 확실한 사람	가해자가 아닌 것이 확실한 사람
①	A	C
②	B	없음
③	C	A, C
④	B, C	없음
⑤	A, C	B

28 A~C 3명은 각각 2가지 주장을 하고 있으며, 각자의 주장 중 1개는 참, 다른 1개는 거짓이다. 다음 중 승진한 사람으로 옳은 것은?

> • A : "나는 승진을 하지 않았다. B도 승진을 하지 않았다."
> • B : "나는 승진을 하지 않았다. C도 승진을 하지 않았다."
> • C : "나는 승진을 하지 않았다. 누가 승진을 했는지 모른다."

① A
② B
③ C
④ A, B
⑤ B, C

29 ○○공장의 생산라인에서 작업하고 있는 A~D 4명 중 한 사람의 실수로 문제가 발생하였다. 이들 4명 중 3명은 진실을 말하고 1명은 거짓을 말할 때, 거짓을 말한 사람과 실수를 한 사람이 바르게 연결된 것은?

> • A : D가 실수를 했어요.
> • B : A 때문에 문제가 발생했어요.
> • C : 저는 실수를 저지르지 않았어요.
> • D : 제가 실수했다고 A가 거짓말하고 있어요.

	거짓말한 사람	실수한 사람
①	A	A
②	A	B
③	B	D
④	B	C
⑤	C	C

PART 01

PART 02

PART 03

PART 04

부록

문제해결능력

30 A~E 5명 중 2명은 거짓을 말할 때, 다음 중 참석하지 않은 사람으로 옳은 것은?

> - A : 나는 참석했습니다.
> - B : 나와 A와 C는 참석했습니다.
> - C : A는 참석하지 않았습니다.
> - D : E를 제외하고 모두 참석했습니다.
> - E : A와 D와 저는 참석했습니다.

① A   ② B

③ C   ④ D

⑤ E

31 K사는 부서별로 순서를 정해 대외 봉사활동을 하려 한다. 다음 진술이 모두 참일 때 각 부서를 봉사활동 순서대로 옳게 나열한 것은? (단, 봉사활동을 가는 달은 5주이며, 한주에 한 부서만이 봉사활동을 한다.)

> - 기획부 : 셋째 주에 예정된 기획 발표가 끝나기 전까진 아무래도 봉사활동에 참여하기 힘들 것 같습니다.
> - 정보부 : 첫째 주와 셋째 주에는 보안 관련 외부교육 일정이 잡혀 있습니다.
> - 총무부 : 업무상 매월 첫째 주와 마지막 주는 업무량이 많아 시간을 내기 어렵습니다.
> - 영업부 : 넷째 주부터 지방 출장이 잡혀 있어 그 전에 진행하려고 합니다.
> - 인사부 : 저희 부서는 둘째 주에 봉사활동을 할 예정입니다.

① 총무부 – 영업부 – 정보부 – 기획부 – 인사부

② 영업부 – 인사부 – 총무부 – 기획부 – 정보부

③ 영업부 – 기획부 – 정보부 – 인사부 – 총무부

④ 인사부 – 정보부 – 기획부 – 총무부 – 영업부

⑤ 기획부 – 인사부 – 정보부 – 총무부 – 영업부

32 신입사원 미희, 은아, 현수, 성준 4명은 각각 계열사 A, B, C, D에 배치되었다. 다음 〈조건〉이 모두 참일 때 신입사원이 배치된 계열사와 바르게 연결된 것은? (단, 계열사 하나에 직원 1명이 배치된다.)

〈조건〉
- 미희와 현수는 계열사 C에 대외 공문을 보낸 적이 있다.
- 계열사 D에서 미희와 은아, 성준의 스카우트를 진행하였으나 무산되었다.
- 미희와 현수는 퇴근 후 계열사 A에 근무하는 사람과 만나서 술을 한잔했다.
- 성준은 계열사 A에 출장 갔다 오는 길에 계열사 B에 들러 동기들을 보고 회사에 복귀하였다.

	A	B	C	D
①	미희	은아	현수	성준
②	은아	미희	성준	현수
③	성준	현수	은아	미희
④	은아	현수	성준	미희
⑤	현수	은아	미희	성준

33 자격증 시험 준비 중인 A~F 6명은 스터디를 위해 도서관에서 만나기로 했다. 주어진 〈조건〉이 참일 때 도서관에 도착한 순서대로 나열한 것은?

〈조건〉
- F보다 먼저 도착한 사람은 없다.
- A는 B보다 뒤에 도착했다.
- E와 D는 연속해서 도착하지는 않았다.
- A와 E 사이에 도착한 사람이 한 명 있다.
- C는 네 번째로 도착했다.

① A-B-E-C-F-D
② F-B-A-C-E-D
③ F-D-E-C-A-B
④ A-B-E-C-D-F
⑤ F-B-E-C-A-D

34 ○○공사 홍보부 4명은 파주, 인천, 대전, 부산으로 출장을 가게 되었다. 출장지에 대한 다음 진술이 모두 참일 때 출장 지역과 직원이 올바르게 연결된 것은?

> • 박 부장 : 홍보부 4명 중 출장지가 같은 직원은 없어.
> • 최 과장 : 나는 파주로 가지 않고, 박 부장님은 대전으로 가지 않아.
> • 정 대리 : 나는 인천으로 가지 않고, 김 사원은 대전으로 가지 않아.
> • 김 사원 : 나는 부산으로 가고, 최 과장님은 대전으로 가지 않아.

	파주	인천	대전	부산
①	박 부장	최 과장	정 대리	김 사원
②	정 대리	박 부장	최 과장	김 사원
③	김 사원	정 대리	박 부장	최 과장
④	최 과장	정 대리	김 사원	박 부장
⑤	정 대리	최 과장	박 부장	김 사원

35 ○○공단의 영업부 자리 배치도는 다음 〈그림〉과 같다. 〈조건〉을 참고할 때 항상 참이라고 볼 수 없는 것은? (단, 통로를 기준으로 다른 라인으로 본다.)

㉠	㉡	㉢	㉣
통로			
㉤	㉥	㉦	㉧

〈조건〉
• 영업부 직원은 A~G 총 7명이고, 한 자리는 비어 있다.
• A와 G는 가장 멀리 떨어져 있다.
• B의 자리는 ㉣이다.
• E의 자리는 G의 바로 옆이며, B와는 다른 라인에 있다.
• F의 자리는 A의 바로 옆이며, 맞은편은 C이다.

① G는 C와 같은 라인에 앉는다.
② E는 C와 G 사이에 있다.
③ D는 F와 B 사이에 있다.
④ C는 B와 다른 라인에 앉는다.
⑤ B는 F와 같은 라인에 앉는다.

[36~37] 다음은 건강검진 항목 중 일부의 정상범위 기준이다. 자료를 바탕으로 이어지는 물음에 답하시오.
(단, 정상 A와 정상 B 범위를 초과하는 값은 질환 의심으로 판정하며, 이 경우 재검이 필요하다.)

〈일부 건강검진 항목 정상범위 기준〉

목표 질환	검진 항목	정상 A(양호)	정상 B(경계)
비만	허리둘레	남 90cm 미만 여 85cm 미만	
	체질량지수	18.5~24.9kg/m²	18.5kg/m² 미만 25~29.9kg/m²
고혈압	이완기	80mmHg 미만	80~94mmHg
	수축기	120mmHg 미만	120~144mmHg
당뇨병	식전혈당	100mg/dL 미만	100~125mg/dL
건강질환	AST	40U/L 이하	41~50U/L
	ALT	35U/L 이하	36~45U/L
	γ-GTP	남 11~63U/L 여 8~35U/L	남 64~77U/L 여 36~45U/L
이상지질혈증 동맥경화	총콜레스테롤	200mg/dL 미만	200~239mg/dL
	HDL-콜레스테롤	60mg/dL이상	40~59mg/dL
	LDL-콜레스테롤	130mg/dL 미만	130~159mg/dL
	중성지방	100~150mg/d	151~199mg/dL

※ AST와 ALT는 간염, γ-GTP(감마지티피)는 알콜성 간 질환 여부를 나타냄

36 35세 남성 K씨는 키 178cm, 몸무게 85kg이며, 허리둘레는 90cm이다. K씨의 비만 항목 검진결과로 옳은 것은? (단, 체질량지수는 체중을 신장의 제곱으로 나눈 값이며, 계산 시 소수 둘째 자리 이하는 버린다.)

① 허리둘레(cm) : 90(질환 의심), 체질량지수(kg/m²) : 23.5(정상 A)
② 허리둘레(cm) : 90(정상 B), 체질량지수(kg/m²) : 23.5(정상 B)
③ 허리둘레(cm) : 90(질환 의심), 체질량지수(kg/m²) : 26.8(정상 A)
④ 허리둘레(cm) : 90(질환 의심), 체질량지수(kg/m²) : 26.8(정상 B)
⑤ 허리둘레(cm) : 90(정상 B), 체질량지수(kg/m²) : 26.8(정상 A)

37 다음 표는 남성 L씨의 건강검진 일부 항목의 결과이다. 이를 바탕으로 〈보기〉에 작성된 의사의 소견 중 적절한 것을 모두 고른 것은?

〈L씨의 건강검진 일부 항목〉

검진 항목	결과	검진 항목	결과
이완기	82mmHg	γ-GTP	68U/L
수축기	125mmHg	총콜레스테롤	216mg/dL
식전혈당	100mg/dL	HDL-콜레스테롤	48mg/dL
AST	40U/L	LDL-콜레스테롤	173mg/dL
ALT	32U/L	중성지방	115mg/d

〈보기〉
㉠ 간염 경계 수치이므로 생활습관 교정과 더불어 주기적인 검진을 통한 관리가 필요합니다.
㉡ 식전혈당 수치는 양호한 편이나 경계 범위에 근접하므로 당뇨병 예방에 관심을 기울이십시오.
㉢ 경계치 혈압이므로 지속적인 혈압 측정과 함께 혈압 관리를 위한 생활습관을 유지하시기 바랍니다.
㉣ 콜레스테롤 수치가 전반적으로 경계 범위에 속하며 특정 수치의 경우 정상 범위를 훨씬 웃도는 수준 이므로 재검을 통해 관련 질환 유무를 확인하시기 바랍니다.

① ㉠, ㉣
② ㉡, ㉢
③ ㉢, ㉣
④ ㉠, ㉡, ㉣
⑤ ㉠, ㉢, ㉣

38 △△기업에서 수습 기간이 지난 신입사원을 대상으로 부서 이동을 실시하려고 한다. 내부 평가 성적에 따라 각자 희망하는 부서로 우선 배치된다고 할 때, 다음 자료를 토대로 배정 희망 부서를 다시 선택해야 하는 사원은?

〈신입사원 업무 평가표〉

구분	업무지식	업무수행능력	근무 태도	조직기여도	문제해결능력
A	67	61	93	73	84
B	91	73	88	54	60
C	85	74	62	68	93
D	72	71	95	76	82
E	83	81	59	91	84

※ 각 항목은 100점 만점이며 모든 항목의 점수를 종합하여 최종 평가한다.

〈신입사원 배정 희망 부서〉

구분	1지망	2지망	3지망
A	인사부	대외협력부	개발부
B	개발부	대외협력부	영업부
C	개발부	관리부	총무부
D	인사부	대외협력부	영업부
E	인사부	관리부	대외협력부

※ 부서별 정원은 1명이다.

〈부서 배정 규정〉

• 각 사원은 1지망 부서에 우선 배치되며, 부서 정원보다 배정 희망자가 많을 경우 수습 기간 업무 평가 결과가 높은 사원을 우선적으로 배정한다.
• 1지망 배정이 완료된 후 남은 사원을 대상으로 2지망 부서를 배정한다. 2지망 부서 배정 종료 후 같은 방법으로 3지망 부서를 배정한다.
• 3지망 부서 배정까지 종료된 후에도 부서 배정을 받지 못하는 사원이 있는 경우 업무 평가 점수가 높은 사원을 우선적으로 희망하는 부서에 배정한다.
• 마지막까지 부서에 배정받지 못하는 사원은 배정 희망 부서를 다시 선택한다.

① A   ② B

③ C   ④ D

⑤ E

39 B는 이번 주 주말 지역 농산물 특별 판매장을 열어 주민들에게 각 지역의 특산품을 합리적인 가격으로 공급하고자 한다. 제시된 조건에 따라 특판장의 장소를 결정할 때, 최종 결정될 후보지는?

〈지역 농산물 특별 판매장 후보지별 평가 현황〉

(단위 : 점)

구분	A	B	C	D	E
유동인구	80	60	65	55	75
접근성	55	75	70	60	80
부지 넓이	70	80	75	90	50
편의시설	60	65	80	70	75

※ 평가요소별 점수를 합하여 가장 높은 점수를 받은 곳을 특판장 장소로 결정한다.
※ 유동인구와 접근성에 각각 30%, 부지 넓이와 편의시설에 각각 20%의 가중치를 곱한다.
※ 최종 점수가 동일할 경우, 유동인구의 평가 점수가 더 높은 곳을 선택한다.

① A
② B
③ C
④ D
⑤ E

40 Y사는 일본 파견 근무 직원을 모집하고 있다. 다음 공고문과 지원 대상자를 참고할 때, 다음 중 파견될 가능성이 가장 높은 사람은?

〈일본 장기 파견 근무자 모집 공고〉

일본의 선진 기업과 기술 교류를 주재하기 위한 장기 파견 근무자를 모집하고 있습니다. 모집 요건은 다음과 같으며, 유능한 인재 여러분의 많은 지원을 바랍니다.

1. 파견 내용
   - 파견 직렬 : 관리직, 기술직, 연구직
   - 예정 인원 : 각 직렬별 1명
   - 파견 기간 : 1년
   - 근무지 : 일본 시즈오카 현

2. 지원 조건
   - 공고일 현재 만 3년 이상의 경력자
   - JLPT N3 이상인 자
     ※ 급수가 높은 사람을 우대(최고 등급은 N1)
   - 관리 · 기술 · 연구 직종 중 하나에 종사하는 자
   - 공고일 기준 최근 6개월 내에 사내 규정에 따른 징계를 받지 아니한 자
     ※ 급여 및 복리후생은 사내 규정에 따름

2025년 4월 23일
대외협력부

〈파견근무 지원 대상자〉

이름	비고	
A	• 입사일 : 2021년 8월 22일 • JLPT N3	• 소속 부서 및 직렬 : 기술부 기기운영팀 대리 • 징계 이력 : 없음
B	• 입사일 : 2022년 3월 20일 • JLPT N2	• 소속 부서 및 직렬 : 연구 · 개발부 종자연구팀 연구원 • 징계 이력 : 2024년 9월 5일 구두 경고 처분 1회
C	• 입사일 : 2023년 4월 30일 • JLPT N2	• 소속 부서 및 직렬 : 연구 · 개발부 농법연구팀 연구원 • 징계 이력 : 없음
D	• 입사일 : 2022년 5월 3일 • JLPT N4	• 소속 부서 및 직렬 : 관리부 사업지원팀 대리 • 징계 이력 : 2022년 5월 3일 서면 경고 처분 1회
E	• 입사일 : 2020년 7월 15일 • JLPT N1	• 소속 부서 및 직렬 : 기술부 기기운영팀 대리 • 징계 이력 : 2024년 12월 21일 3개월 감봉 처분 1회

① A
② B
③ C
④ D
⑤ E

41 다음은 한 기업의 본사와 거래처 A~D의 거리를 나타낸 그림이다. 본사 직원 H씨는 본사에서 출발하여 거래처를 모두 들러 본사로 다시 돌아오려고 한다. 이때 H씨가 최단 거리로 이동해야 한다면, 최적의 경로는? (단, 중간에 본사는 거쳐 가지 않는다.)

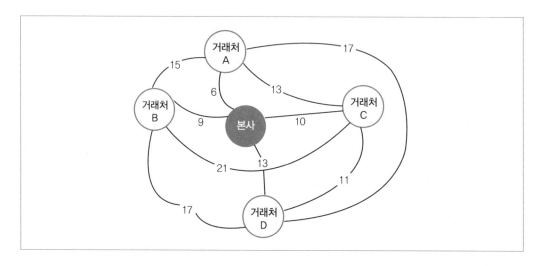

① 본사−거래처 A−거래처 C−거래처 D−거래처 B−본사
② 본사−거래처 A−거래처 D−거래처 B−거래처 C−본사
③ 본사−거래처 B−거래처 A−거래처 C−거래처 D−본사
④ 본사−거래처 C−거래처 D−거래처 B−거래처 A−본사
⑤ 본사−거래처 D−거래처 B−거래처 C−거래처 A−본사

42 표지의 색이 다른 책 5권이 왼쪽부터 오른쪽으로 다음 〈조건〉을 만족하면서 꽂혀있다. 다음 중 오른쪽에서 두 번째에 꽂혀있는 책 표지의 색으로 옳은 것은? (단, 반드시 왼쪽에서 오른쪽으로 순서대로 정렬한 것으로 가정한다.)

〈조건〉
• 갈색 책은 파란색 책보다 뒤에 있다.
• 초록색 책은 검은색 책 바로 앞에 있고, 빨간색 책보다는 뒤에 있다.
• 파란색 책은 초록색 책 바로 앞에 있다

① 초록색   ② 파란색
③ 갈색   ④ 빨간색
⑤ 검은색

43 다음은 도서번호 체계에 관한 자료이다. 자료를 참고할 때 아동용 위인전기의 부가기호에 해당하는 것은?

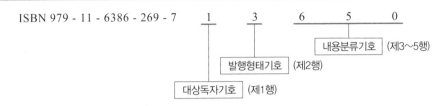

우리나라에서 발행되는 도서와 소프트웨어 등의 도서번호는 ISBN에 이어 5자리의 부가기호를 덧붙여 구성한다.

〈대상독자기호(제1행)〉

기호	내용	기호	내용
0	교양	5	중 · 고교용 교 · 지 · 학 · 참*
1	실용	6	초등용 교 · 지 · 학 · 참
2	여성	7	아동(기호 6에 해당하는 도서 제외)
3	(예비)	8	(예비)
4	청소년(기호 5에 해당하는 도서 제외)	9	전문

*교과서, 지도서, 학습서, 참고서

〈발행형태기호(제2행)〉

기호	내용	기호	내용
0	문고본	5	전자출판물
1	사전	6	도감
2	신서판	7	그림책 · 만화
3	단행본	8	혼합 자료 · 점자 자료 · 마이크로 자료
4	전집 · 총서 · 다권본	9	(예비)

〈내용분류기호(제3~5행)〉

4행＼3행	총류 0	예술 6	역사 · 지리 · 관광 9
0	총류	예술 일반	역사 일반
1	도서학/서지학	건축술	아시아
2	문헌정보학	조각	유럽
3	백과사전	공예/장식미술	아프리카
4	강연집/연설문	서예	북아메리카
5	일반연속간행물	회화/도화/판화	남아메리카
6	일반학회/협회	사진술	오세아니아
7	신문/언론	음악/국악	양극지방
8	일반총서	연극/영화/무용	지리/관광
9	향토자료	오락/운동	전기/족보

※ 제5행은 0을 붙인다.

① 07090　　　　　　　　　　② 63910

③ 64130　　　　　　　　　　④ 74990

⑤ 77060

44 연구 · 개발부 E 대리는 해외 농업 박람회에 다녀오고자 한다. 제시된 정보를 참고하였을 때, 다음 중 E 대리가 박람회 시작 시간에 늦지 않게 도착할 수 있는 비행기편으로 가장 저렴한 것은?

〈박람회 정보〉

- 박람회 시작 시간 : 런던 현지 시각으로 202×년 6월 10일 오전 10:00
- E 대리의 이동 경로 : 히드로 공항 도착 후 숙소로 이동, 짐을 풀고 즉시 박람회장으로 이동
- 런던 내에서의 소요 시간
  - 히드로 공항 체크아웃 : 30분
  - 히드로 공항 → 숙소 : 1시간 20분
  - 숙소 → 박람회장 : 35분
  ※ 상기 소요 시간 외에 추가적인 시간 소요는 없다.
- 시차

런던	서울
GMT 0	GMT +9

〈항공편 정보〉

항공편명	출발 시각	총 비행 시간	운임
A0181	6월 10일 오전 1시 40분	15시간	65만 원
B0942	6월 10일 오전 2시	14시간	75만 원
C1073	6월 10일 오전 0시 10분	16시간	55만 원
D4804	6월 9일 오후 11시 20분	17시간	60만 원
E0035	6월 9일 오후 11시 55분	16시간	50만 원

① A0181　　　　　　　　　　② B0942

③ C1073　　　　　　　　　　④ D4804

⑤ E0035

45 다음 설명을 바탕으로 지하철역 A~F 중 가장 멀리 떨어진 역의 조합을 고르면? (단, 역 간의 거리는 직선상의 거리만을 고려한다.)

> • A는 D에서 정동쪽으로 5km 떨어져 있다.
> • B는 C에서 정북쪽으로 15km 떨어져 있다.
> • E는 A에서 정남쪽으로 10km 떨어져 있다.
> • F와 E, B는 순서대로 일직선상에 위치하고, F는 E에서 정서쪽으로 10km 떨어져 있다.
> • B에서 E까지의 거리는 B에서 C까지의 거리보다 멀다.

① A-D   ② A-C

③ B-D   ④ C-D

⑤ E-F

[46~47] 다음은 A 공항 주차 요금 기준에 대한 자료이다. 다음 질문에 답하시오.

〈A 공항 주차 요금 기준〉

구분	기본요금	1일권
승용차	1,200원(30분당)	월~목 24,000원 / 금~일, 공휴일 35,000원
승합차(SUV)	1,400원(30분당)	45,000원

〈○○사 교통비 지원 정책〉

> • 회사 차량을 이용할 경우 출장으로 발생한 교통비 중 50%를 지원해 준다.
> • 교통비 지원을 받을 경우 최대 30,000원까지 가능하다.
> • 자차를 이용할 경우 회사에서 교통비 지원이 불가하다.

46 김 과장은 출장을 위해 자차인 SUV를 A 공항 주차장에 주차한 뒤 이동하기로 했다. 8월 1일 목요일 오전 8시 입차하여 8월 3일 토요일 오전 11시에 출차할 예정이라고 할 때, 김 과장이 지불해야 할 주차 요금으로 옳은 것은?

① 36,200원   ② 72,400원

③ 98,400원   ④ 108,400원

⑤ 132,400원

47 김 과장은 자차를 이용할 경우 회사에서 교통비 지원이 불가하다는 박 사원의 이야기를 듣고 회사 차량인 승용차를 이용하여 A 공항 주차장을 이용하기로 하였다. 46번과 동일한 일정일 때 김 과장이 지불해야 할 주차 요금으로 옳은 것은?

① 36,200원

③ 98,400원

② 72,400원

④ 108,400원

⑤ 132,400원

48 국외 출장여비 지급기준을 참고할 때, 출장여비를 많이 지급 받은 출장자부터 순서대로 나열한 것은?

〈국외 출장여비 지급기준〉

구분	갑지	을지	병지
식비(달러/1일)	100	70	80
숙박비(달러/1박)	120	80	100

- 출장여비＝식비＋숙박비
- 식비는 정액 지급하며, 숙박비는 상한액 내에서 실비 지급한다(초과분 본임 부담).
- 출장여비는 출장지에 따라 차등 적용된다.

〈출장자 지출 내역〉

출장자	출장지	출장 기간	실지출 숙박비(달러/1박)
A	을지	4박 5일	100
B	병지	3박 4일	150
C	갑지	2박 3일	120

① A－C－B

③ B－C－A

⑤ C－B－A

② A－B－C

④ C－A－B

[49~50] 다음은 A택배회사의 택배 요금표이다. 자료를 바탕으로 이어지는 물음에 답하시오.

■ 창구접수

〈등기소포〉

(단위 : 원)

구분 (초과~이하)	50cm 이하	50~80cm	80~100cm		100~120cm			120~160cm
	1kg 이하	1~3kg	3~5kg	5~10kg	10~15kg	15~20kg	20~25kg	25~30kg
익일배달	3,500	4,000	4,500	5,000	7,000	8,000	9,000	11,000
제주 익일배달	5,000	6,000	7,000	7,500	9,500	10,500	11,500	13,500
제주 D+2일 배달	3,500	4,000	4,500	5,000	7,000	8,000	9,000	11,000

〈일반소포〉

(단위 : 원)

구분 (초과~이하)	50cm 이하	50~80cm	80~100cm		100~120cm			120~160cm
	1kg 이하	1~3kg	3~5kg	5~10kg	10~15kg	15~20kg	20~25kg	25~30kg
D+3일 배달	2,200	2,700	3,200	3,700	5,700	6,700	7,700	9,700

■ 방문접수

(단위 : 원)

구분 (초과~이하)	2kg 이하 (60cm 이하)	2~5kg (60~80cm)	5~10kg (80~120cm)	10~20kg (120~140cm)	20~30kg (140~160cm)
익일배달	5,000	6,000	7,500	9,500	12,000
제주 익일배달	6,500	8,500	10,000	12,000	14,500
제주 D+2일 배달	5,000	6,000	7,500	9,500	12,000

■ 부가 이용 수수료

(단위 : 원)

구분	당일특급	착불소포	안심소포	대금교환
수수료 (1개당)	• 기본 수수료 : 2,000원 • 철도 · 항공운송 구간(제주지역 제외) : 기본 수수료 +3,000원	500원	1,000원+손해배상 한도액 초과 시 10만 원마다 500원	• 만 원까지 1,000원 • 만 원 초과 시 5만 원마다 500원

※ 등기소포를 전제로 하며 취급 지역에 한한다.
※ 크기는 '가로＋세로＋높이'이며, 한 변의 길이는 100cm 이내여야 한다.
※ 'D+3'의 의미 : 접수 다음날부터 3일 이내 배달된다.
※ 당일특급 우편물의 경우 : 중량 20kg 이하, 크기 140cm 이내만 가능하다.

49 다음 중 자료에 대한 설명으로 옳지 않은 것은?

① 당일특급 우편물의 경우 소포의 크기가 최대 140cm까지 가능하며, 중량이 20kg을 초과해서는 안 된다.

② 제주로 보내는 100~120cm 크기의 등기소포는 익일배달하는 경우 접수 다음날부터 2일 이내 배달하는 경우보다 2,500원 더 비싸다.

③ 제주로 보내는 140cm 크기의 등기소포는 익익배달하는 경우 방문접수 익익배달 비용보다 비싸다.

④ 등기소포 요금은 일반소포 요금보다 전반적으로 더 비싸다.

⑤ 등기소포에 한해서, 제주지역을 제외한 항공운송 구간으로 당일특급 서비스를 이용하는 경우 수수료 3,000원을 내야 한다.

50 다음 중 배송료를 가장 적게 내는 사람은 누구인가? (단, 소포 중 손해배상 한도액을 초과한 경우는 없다.)

① A-파주 : "나는 크기 130cm인 소포를 경기지역에 사는 친구가 내일까지 받을 수 있도록 보내야 해. 창구에 들를 시간이 없어서 방문접수를 해야 하고, 안심소포로 보낼 거야."

② B-제주 : "나는 파주에 사는 엄마가 부탁한 크기 145cm, 무게 26kg인 소포를 등기로 보낼거고, 착불서비스를 이용할 거야. 다음날까지 받아야 될 만큼 급한 것은 아니야."

③ C-서울 : "나는 파주에 있는 회사로 발령받아서 짐을 빼려고 해. 방문접수를 신청할 예정이고, 소포 개수는 크기 70cm, 무게 4kg인 2개야. 바로 다음날에 배달됐으면 좋겠어."

④ D-강원 : "나는 가로 20cm, 세로 40cm, 높이 30cm로 무게 4.8kg인 소포 3개를 제주에 사는 친구가 내일 받을 수 있도록 등기로 보낼 거야."

⑤ E-서울 : "나는 크기 100cm, 무게 5kg인 소포를 서울지역에 있는 거래처에 등기로 보낼 거야. 급하게 보내야 할 소포이기 때문에 방문접수를 해서 당일특급으로 보내야 해."

National Competency Standards

PART

04

최종점검
모의고사

공 기 업   N C S   고 졸 채 용

의사소통능력

01 의사소통에 대한 설명으로 옳은 것은?

> ㉠ 의사소통은 내가 상대방에게 메시지를 전달하는 과정이다.
> ㉡ 의사소통은 정보의 전달 이상은 아니다.
> ㉢ 의사소통에서 상대방이 어떻게 받아들일 것인가에 대한 고려가 바탕이 되어야 한다.
> ㉣ 구성원 간 의견이 다른 경우에는 일방적으로 의사를 전달해야 한다.

① ㉢
② ㉠, ㉡
③ ㉢, ㉣
④ ㉠, ㉢
⑤ ㉠, ㉡, ㉢, ㉣

02 다음 중 ㉠~㉣에 해당하는 문서를 바르게 짝지은 것은?

> ㉠ 회사의 업무에 대한 협조를 구하거나 의견을 전달할 때 작성하는 문서
> ㉡ 진행됐던 사안의 수입과 지출결과를 보고하는 문서
> ㉢ 상대방에게 기획의 내용을 전달하여 기획을 시행하도록 설득하는 문서
> ㉣ 각종 조직 및 단체 등이 언론을 상대로 자신들의 정보가 기사로 보도되도록 보내는 자료

	㉠	㉡	㉢	㉣
①	설명서	기안서	기획서	공문서
②	설명서	기획서	결산보고서	보도자료
③	기안서	결산보고서	기획서	보도자료
④	기안서	기획서	결산보고서	보도자료
⑤	기획서	설명서	비즈니스 레터	기안서

03 다음 〈공문서 작성 원칙〉을 참고할 때, 지켜지지 않은 사항을 모두 고르면?

○○자치부

수신 : 운영지원과장

제목 : 장관직인 인영사용 승인 신청

「행정업무의 효율적 운영에 관한 규정」 제14조 제4항에 따라 장관직인 인영사용 승인을 다음과 같이 신청하오니 승인하여 주시기 바랍니다.

1. 사용목적 : 2025년 주거 여건 개선 유공자 장관 표창장 제작

가. 국가보훈대상자 주거 여건 개선사업 시행

나. 자택 수리 및 주거 안정

2. 사용부서 : 지방행정국 자치행정과

3. 사용업체 : ○○사(대표 : 박○○)

4. 사용수량 : 100매

5. 사용예정기간 : 2024년 12월 20일~12월 26일

6. 반납예정일 : 2024년 12월 27일. 끝.

붙임 1. 장관직인 인영사용 승인 신청서 1부.

    2. 사업자등록증 사본 1부.

주무관 김○○   행정사무관 이○○   자치행정과장 박○○

시행 자치행정과−5268

우 0101 서울특별시 동대문구 ××길 10

전화 02−0000−0000 / 전송 02−0000−0000

〈공문서 작성 원칙〉

㉠ 본문은 왼쪽 처음부터 시작하여 작성한다.

㉡ 본문 내용을 둘 이상의 항목으로 구분할 필요가 있으면 1., 가., 1), 가), (1), (가) 순서로 표시한다.

㉢ 하위 항목은 상위 항목의 위치로부터 1자(2타)씩 오른쪽에서 시작한다.

㉣ 쌍점(:)의 왼쪽은 붙이고 오른쪽은 1타를 띄운다.

㉤ 날짜는 숫자로 표기하되, 연ㆍ월ㆍ일의 글자는 생략하고 그 자리에 온점(.)을 찍는다.

㉥ 기간을 나타낼 때는 물결표(~)를 쓴다.

㉦ 본문이 끝나면 1자를 띄우고 '끝.' 표시를 한다. 단, 첨부물(붙임)이 있는 경우, 첨부 표시문 끝에 1자를 띄우고 '끝.' 표시를 한다.

㉧ 붙임 다음에는 쌍점을 찍지 않고, 붙임 다음에 1자를 띄운다.

① ㉠, ㉣, ㉤, ㉧   ② ㉡, ㉢, ㉥, ㉦

③ ㉢, ㉣, ㉤, ㉦   ④ ㉢, ㉣, ㉤, ㉦, ㉧

⑤ ㉢, ㉣, ㉥, ㉦, ㉧

04 다음 중 문서 작성 시 주의해야 할 사항으로 옳지 않은 것은?

① 작성 시기를 고려하며, 육하원칙에 맞게 쓴다.

② 작성한 문서와 관련된 자료를 가능한 한 모두 첨부한다.

③ 문서 작성 후에는 반드시 다시 한번 내용을 검토한다.

④ 문서에 포함된 금액, 수량, 일자 등을 정확히 기재한다.

⑤ 맞춤법이 틀렸는지 혹은 올바른 표현을 사용했는지 신경을 써야 한다.

05 다음 중 밑줄 친 단어와 같은 의미로 사용된 것을 고르시오.

> 변호사의 세무대리 등록신청을 반려한 국세청의 처분은 위법하다는 판결이 나왔다.

① 그 사람이 부드럽게 나오니 화를 낼 수가 없었다.

② 이번 달에는 세금이 너무 많이 나왔다.

③ 오랜 연구 끝에 가설을 증명할 수 있는 실험 결과가 나왔다.

④ 우리 마을에서 나온 걸출한 인물들이 궁금해졌다.

⑤ 배우가 되고 싶어 했던 친구가 드디어 연극에 나온다.

[06~07] 다음 자료를 바탕으로 이어지는 질문에 답하시오.

출장보고서

작성일 : 2024년 11월 29일

작성자 : 영업팀 서○○ 대리

지난 11월 24~28일 출장 결과를 다음과 같이 보고합니다.

– 다음 –

1. 출장일시 : 2024년 11월 24~28일
2. 출장지 : 대전광역시, 광주광역시
3. 출장 인원 : 영업팀 박○○ 과장, 서○○ 대리
4. 보고 내용
    - 최근 경기 불황과 시장 내 경쟁 과열이 맞물려 납품 계약 체결에 어려움을 겪고 있으며, 전기 대비 납품 물량도 줄어든 상황임
    - 이번에 출시된 신제품을 적극적으로 홍보함으로써 신규 계약 체결 및 시장점유율 확대의 기회로 삼고자 함
    - 기존 거래처인 A, B, C와 기존 물량 추가 납품 및 신제품 납품 계약을 체결하였고, 신규 거래처 D, E와 거래 약정을 합의함
5. 첨부 자료 : 납품 계약서, 출장비 내역서

---

06 위와 같은 문서를 작성할 때의 유의사항으로 적절하지 않은 것은?

① 복잡한 내용이나 수치 등은 도표나 그림을 활용한다.

② 핵심적인 내용이 잘 드러나도록 간결하면서도 내용이 중복되지 않게 쓴다.

③ 업무상 상사에게 제출하는 문서이므로 궁금한 점을 질문받을 것에 대비한다.

④ 이해하기 어려운 전문용어는 가급적 사용하지 않는다.

⑤ 제출 전 반드시 최종검토를 진행해야 한다.

07 위 문서를 통해 알 수 없는 것은?

① 출장자는 영업팀 2인이다.

② 4박 5일간 출장 후 복귀한 다음 날 보고서를 작성하였다.

③ 신제품 홍보가 이 출장의 주목적이었다.

④ 출장비 지출 내역은 첨부 자료로 확인할 수 있다.

⑤ 신규 거래처와 거래 약정을 합의하였다.

08 원활한 의사소통을 위한 노력으로 옳지 않은 것은?

① 주위의 언어 정보에 민감하게 반응하고 활용할 수 있도록 노력해야 한다.

② 사용할 수 있는 다른 표현은 없는지 탐구해보고 새로운 표현을 검토해야 한다.

③ 의사소통 과정에서 지나치게 감정을 드러내면 전달하고자 하는 의미를 정확하게 전달할 수 없으므로 감정이 가라앉을 때까지 의사소통을 연기해야 한다.

④ 타인과 대화할 때 자주 사용하는 표현을 반복적으로 사용해야 한다.

⑤ 상황에 따라 청자에게 적절한 단어를 유연하게 선택해야 한다.

09 공문서의 작성 방법으로 옳지 않은 것은?

① 회사 외부로 전달되는 문서이므로 '누가, 언제, 어디서, 무엇을, 어떻게, 왜'의 육하원칙이 정확하게 드러나도록 작성한다.

② 한 장에 담아내는 것이 원칙이다.

③ 마지막엔 반드시 '끝'자로 마무리한다.

④ 복잡한 내용은 항목별로 구분 '-다음-', '-아래-' 등으로 표시한다.

⑤ 단기간 보관되는 문서이므로 정확하게 기술해야 한다.

10 기초외국어능력에 대한 설명으로 옳지 않은 것은?

① 매뉴얼, 서류 등 외국어 문서를 이해해야 하는 경우 요구되는 능력이다.

② 외국인과 대화에 집중하지 않고 다리를 흔들거나 펜을 돌리는 행동은 하지 않아야 한다.

③ 전화, 메일 등 의사소통을 위해 외국어를 사용할 때 유용하다.

④ 외국인과 전문적인 내용에 대해 유창하게 상호 소통할 수 있는 정도를 의미한다.

⑤ 상대방에게 이름이나 호칭을 어떻게 할지 먼저 물어봐야 한다.

스마트 팩토리(Smart Factory)는 직역하면 '영리한 공장'이다. 다시 말해 생산 과정에 있어 다양한 변화에 유연하게 대응하고 체계적으로 관리하는 공장이다. 스마트 팩토리의 궁극적인 목적은 제조 공정의 모든 단계를 수직적 · 수평적으로 상호 연결하여 시스템을 통합함으로써 최적의 생산 환경을 ⓐ<u>만드는</u> 데 있다.

스마트 팩토리에서 사람, 기계 및 생산될 제품은 연결망을 구축하고 있으며, 이 연결망을 통해 실시간으로 소통하고, 정보를 교환하는 것이 특징이다. 원료 공급, 보관, 제품 판매에 이르는 생산 전 과정은 스마트 기기가 통합하는데, 이러한 스마트 기기는 제조 최적화에 기여하지만, 그 복잡성도 매우 높다. 이는 여러 스마트 기기와 공장 기계 및 시스템이 동시에 상호작용하는 과정이 제품 생산과 긴밀하게 연결되기 때문이다.

4차 산업에는 조립 · 이동 · 검수와 같은 다양한 제조공정에 스마트 기기가 활용되므로, 정보통신기술의 중요도가 3차 산업보다 훨씬 높다. 공장 내 컨베이어 또한 수동적 · 단선형 방식이 아닌 능동적 · 다선형으로 구성되어 분산된 작업이 이루어진다.

제품 설계 단계에서도 데이터 분석을 통해 PC에서 가상의 제품을 디자인한 후 실제 제품이 만들어진다. 이때 인공지능을 탑재한 각 제품 혹은 반제품이 다음 공정 모듈을 찾아 스스로 이동하고, 실시간 정보 교환으로 대기시간을 최소화한다. 또한 공정이 모듈별로 진행되기 때문에 일부 설비에 이상이 발생해도 생산라인 전체가 중단되는 상황이 발생하지 않는다. 동시에 제품 완성도에 영향을 끼치지 않는 선에서 경우에 따라 공정 순서를 바꿔서 진행하기도 한다. 따라서 특정 공정의 병목 현상으로 인한 지연도 방지할 수 있다. 뿐만 아니라 IoT와 3D 프린팅 도입으로 서로 다른 디자인과 재질 및 기능의 제품을 혼합 생산하는 것도 가능하고, 갑자기 설계가 변경되더라도 이를 실시간으로 반영할 수 있다. 즉, 3차 산업시대가 소품종 대량 생산 체제였다면, 4차 산업시대에는 다품종 맞춤형 생산으로 한 단계 발전하는 것이다.

11 스마트 팩토리의 특징에 해당되는 것을 〈보기〉에서 모두 고르면?

〈보기〉
㉠ 소품종 대량 생산　　　　　　　　㉡ 다품종 맞춤형 생산
㉢ 생산 공정별 유연성 강화　　　　　㉣ 제품 생산 공정의 자동화 실현
㉤ 데이터를 활용한 운영 패러다임의 변화

① ㉠, ㉢, ㉣, ㉤　　　　　　　　　② ㉡, ㉢, ㉣, ㉤
③ ㉠, ㉢, ㉣　　　　　　　　　　　④ ㉢, ㉤
⑤ ㉣, ㉤

12 밑줄 친 ⓐ와 같은 의미로 쓰인 것은?

① 오랜 공사 기간을 거쳐 터널을 <u>만들었다</u>.
② 이 카페에서는 아이스크림과 주스를 직접 <u>만든다</u>.
③ 어떤 나라는 자국어 보호법을 <u>만드느라</u> 법석이다.
④ 괜한 일거리 <u>만들지</u> 말고 잠자코 있으시오.
⑤ 새로 부임한 감독은 팬들에게 기쁨을 주는 팀을 <u>만들겠다는</u> 포부를 밝혔다.

[13~14] 다음 글을 읽고 이어지는 질문에 답하시오.

동영상 압축은 막대한 크기의 동영상 데이터에서 필요한 정보만 남김으로써 화질의 차이는 거의 없이 데이터의 양을 수백 분의 일까지 줄이는 기술이다. 동영상 압축에서는 일반적으로 화면 간 중복, 화소 간 중복, 통계적 중복 등을 이용한다.

(가) 하나의 화면은 수많은 점들로 구성되는데, 이를 화소라 한다. 각각의 화소는 밝기와 색상을 나타내는 화소 값을 가진다. 화소 간 중복은 한 화면 안에서 서로 가까이 있는 화소들끼리 화소 값의 차이가 별로 없거나 변화가 규칙적인 것을 말한다. 동영상 압축에서는 원래의 화소 값들을 여러 개의 성분들로 형태를 변환한 다음, 화질에 거의 영향을 미치지 않는 성분들을 제거하고 나머지 성분들만을 저장한다.

(나) 동영상은 연속적인 화면의 모음인데, 화면 간 중복은 물체가 출현, 소멸, 이동하는 영역을 제외하고는 현재 화면과 이전 화면이 비슷한 것을 말한다. 따라서 동영상을 압축할 때 변하지 않는 영역의 데이터는 저장하지 않고 변화된 영역에 해당하는 정보만 저장하면 데이터의 양을 크게 줄일 수 있다.

(다) 이때 압축 전후의 화소 개수에는 변화가 없고 변환된 성분들의 저장 개수만 줄어들기 때문에 화질의 차이가 별로 없이 데이터의 양을 크게 줄일 수 있다. 화면이 단순하고 규칙적일수록 화소 간 중복이 많아서 제거 가능한 성분들이 많아진다. 다만 이들 성분을 너무 많이 제거하면 화면이 흐려지거나 얼룩이 지는 등 동영상의 화질이 나빠진다.

(라) 압축된 동영상에 저장해야 하는 여러 가지의 데이터는 위의 과정을 거쳐 이미 많은 부분이 제거된 상태이다. 통계적 중복은 이들 데이터에서 몇몇 특정한 값이 나오는 빈도가 통계적으로 매우 높은 것을 말한다. 이때 자주 나오는 값일수록 더 짧은 코드로 변환하여 저장하면, 데이터 값을 그대로 저장할 때보다 저장하는 양을 크게 줄일 수 있다.

13 다음 중 윗글의 문단을 순서대로 바르게 나열한 것은?

① (가) – (나) – (다) – (라)   ② (가) – (나) – (라) – (다)
③ (나) – (가) – (다) – (라)   ④ (나) – (다) – (가) – (라)
⑤ (다) – (가) – (라) – (나)

14 다음 글을 읽은 후의 반응으로 적절하지 않은 것은?

① 똑같은 길이의 압축 영상도 사람이 빠르게 움직이는 영상과 화면의 변화가 거의 없는 영상은 서로 용량의 차이가 있겠구나.

② 화질이 달라지면 안 될 때는 화소 간 중복을 너무 많이 제거하지 않는 편이 좋겠어.

③ 화소 간 중복을 과도하게 제거하면 화면을 구성하는 화소의 개수가 줄어서 화질이 나빠질 거야.

④ 자주 나오는 값일수록 더 짧은 코드로 변환하여 저장하면 데이터 값을 그대로 저장할 때보다 저장하는 양을 크게 줄일 수 있을 거야.

⑤ 동영상 압축에서는 화질에 거의 영향을 미치지 않는 성분들을 제거하고 나머지 성분들만을 저장하는구나.

[15~16] 다음 글을 읽고 이어지는 질문에 답하시오.

운전경계장치는 철도기관사의 갑작스러운 심신장애 또는 졸음으로 인하여 발생할 수 있는 열차사고를 예방하기 위하여 운전실 내에 설치한 장치를 말한다. 이 장치는 기관사가 제어대에서 손을 떼거나 일정시간 내 운전경계스위치를 작동시키지 않을 경우, 기관사가 경고를 무시할 경우에 자동으로 비상제동이 체결되어 열차를 정지시킨다. 만약 이러한 장치가 설치되어 있지 않으면, 기관사가 정상적인 운전을 할 수 없을 때 열차가 속도를 초과하여 탈선을 하거나 앞 열차와의 충돌로 인하여 끔찍한 피해가 발생할 것이다.

고속차량의 운전자 경계장치는 열차의 속도가 제한된 규정속도보다 3km/h를 초과하였다는 정보를 속도정보처리 및 기록장치 컴퓨터로부터 전달받거나, 운전실 제어대의 스위치 박스에 설치되어있는 운전경계장치 감지기를 울리면 카운터가 시작된다. 이때, 기장이 2.5초 동안 어떤 감지기도 접촉하지 않았다면 경고음이 발생하고, 경고음 소리를 듣고도 2.5초 동안에 반응하지 않는다면, 운전경계장치가 동작하여 비상제동과 운전경계장치 동작표시등이 점등된다. 또한, 기장이 계속해서 1분 정도 감지기를 접촉하고 있으면 경고벨 소리가 작동되며 소리가 발생한 5초 후에도 기장이 반응하지 않는다면 운전경계장치에 의해 비상제동이 체결되고 비상등이 점등한다. 30초 내에 기장이 알람취소 버튼을 누르지 않았다면, 운전경계장치에 의해 5초 동안 알람이 울리고 관제실로 통보된다.

전기기관차의 운전자 경계장치는 열차가 규정속도보다 5km/h 이상의 속도를 낼 때 동작이 가능하도록 설계되어 있다. 만약 기관사가 운전자 경계장치 스위치를 2분 이상 계속 누르고 있고, 주간제어기를 작동하지 않게 되면 운전자 경계장치 경고 신호기에 청색의 불이 ⓐ들어온다. 청색등이 점등되었는데도 스위치에서 손을 떼지 않으면 2.5초 후에 경고음이 울린다. 경고음이 울렸는데도 손을 떼지 않을 경우에는 약 2.5초 후에 견인력차단 및 비상제동이 체결된다.

15 다음 글의 내용과 일치하지 않는 것은?

① 운전경계장치는 기관사의 운전 상황을 체크하여 탈선이나 앞 열차와의 충돌 등 위험 요소가 감지될 경우 열차를 정지시키는 장치이다.

② 고속차량의 경우 운전경계장치는 열차의 속도가 규정속도보다 높다는 정보를 받으면 감지기를 울리고, 이후 2.5초 동안 기장의 반응이 없으면 경고음을 발생시키며, 경고음이 울리고 5초 후에도 반응이 없으면 운전경계장치 동작표시등을 점등시킨다.

③ 고속차량의 경우 경고 알람이 30초 넘게 울리면 운전경계장치에 의해 관제실로 통보된다.

④ 전기기관차의 경우 운전자 경계장치 경고 신호기의 청색등이 점등된 후 5초 동안 기관사의 반응이 없으면 견인력이 차단되고 비상제동이 체결된다.

⑤ 전기기관차의 경우 열차가 규정속도보다 5km/h 이상의 속도를 낼 때 운전자 경계장치가 동작한다.

16 밑줄 친 ⓐ와 같은 의미로 쓰인 단어를 고르시오.

① 오후에 일을 마치고 <u>들어왔다.</u>
② AI 기술은 21세기 <u>들어</u> 가장 놀라운 혁명이다.
③ 정전으로 꺼졌던 TV 전원이 다시 <u>들어왔다.</u>
④ 선생님께서 해주시는 말씀이 머리에 쏙쏙 <u>들어왔다.</u>
⑤ 동아리에 새로운 부원이 <u>들어왔다.</u>

17 다음 글의 제목으로 적절한 것을 고르시오.

남극의 빙하는 과거 지구의 대기 성분과 기온 변화에 관한 기초 자료를 보존하고 있다. 과학자들은 빙하를 분석하여 지구 온난화 등 지구의 문제에 대한 중요한 정보를 얻고 있다.

남극의 표층에 쌓인 눈은 계속 내리는 눈에 덮이면서 점점 깊이 매몰되고 그에 따라 눈의 밀도는 점차 증가한다. 일정한 깊이에 이르면 상부에 쌓인 눈의 압력 때문에 하부의 눈은 얼음이 된다. 이때 눈 입자들 사이의 공기가 얼음 속에 갇히고, 얼음이 두꺼워지면서 상부의 얼음이 가하는 압력이 증가하게 되면 클라트레이트 수화물이 형성된다. 이 속의 기포들은 당시 대기의 기체 성분을 그대로 가지게 된다. 기포가 포함된 얼음을 시추하여 녹이면 원래의 상태로 바뀌고, 이때 정밀 기기를 사용해 그 속의 기체 성분을 분석한다. 이러한 과정을 통해 이산화탄소나 메탄 등 과거 지구의 대기 성분과 농도를 알아낼 수 있다.

그러나 이러한 정보를 통해 그 당시의 기온을 알아내는 데에는 한계가 있다. 과거의 기온을 조사하는 대표적인 방법은 빙하를 구성하는 물 분자의 산소나 수소의 동위원소비를 이용하는 것이다. 남극 빙하를 구성하는 물 분자들의 산소 동위원소비는 눈으로 내릴 당시의 기온 변화에 따라 증가하거나 감소하는데, 그 증감은 일 년의 주기를 갖는다. 오늘날의 실험 결과에 따르면 산호 동위원소비의 증감은 기온 변화와 거의 정비례 관계를 가지고 있다. 이러한 관계를 적용하여 빙하가 만들어진 당시의 기온을 밝힐 수 있는 것이다.

① 기후 변화의 기록 보관소인 남극 빙하
② 새로운 자원의 보고로 여겨지는 남극 빙하
③ 빙하 연구에 대한 과학적 연구 성과와 전망
④ 남극 빙하로 본 지구 온난화와 환경오염 실태
⑤ 남극 분석으로 이루어지는 동위원소 연구의 현황

18 다음 글의 내용에서 유추할 수 없는 것을 고르시오.

> 언어의 사회성은 언어가 의사소통을 위해 언중들 간에 만들어진 사회적 약속임을 뜻한다. 이는 규범상 아무리 잘못된 말이라도 어떤 개인이 임의로 언어를 바꿀 수 없다는 뜻이고, 어떤 개인이나 집단의 사회적 영향력이 강할수록 언어에 미치는 영향력도 강하다는 뜻으로도 해석할 수 있다.
>
> 한 언어의 화자들이 모두 같은 곳에서 대화하는 것은 사실상 불가능하기 때문에 언어권 내에서 더 작은 규모의 커뮤니티가 형성되는 것은 자연스러운 일이다. 그 예가 바로 사투리와 은어, 민간어원이다. 그리고 그 단계에서 새로 만들어지는 무수히 많은 낱말들은 제 나름의 사회성 검증을 거치고, 그 가운데의 몇몇은 다른 언중들에 영향을 주기도 한다. 각종 문체를 보면 한국어 화자 전체를 아우르는 사회성을 충족하지는 못했어도 특정 집단의 사회성 차원에는 부합하는 언어를 볼 수 있다.
>
> 언어/낱말이 탄생하고, 변화하고, 사어가 되는 것도 언중들의 약속에 기반하므로 언어의 사회성은 '언어의 역사성'과도 연계된다. 단어가 새로 만들어지거나 단어의 뜻이 달라지거나 단어에 다른 뜻이 더해져 사용되는 때에는 사회성을 획득했는지 여부를 가리게 되고, 반대로 자주 쓰이던 단어가 다른 단어에 밀려 잊혀진 때에는 사회성을 잃었는지 여부를 가리게 된다.
>
> 표준어가 아니었던 '짜장면'은 나중에 사회성을 인정받아 표준어의 지위를 얻었고, '너무'는 부정의 의미를 나타낼 때만 쓸 수 있는 말이었지만 나중엔 긍정과 부정을 가리지 않고 쓸 수 있는 말이 되었다. '오타쿠'라는 단어는 처음에는 '전문가'나 '마니아'와 같은 뜻이었지만, 부정적인 이미지로 바뀌어 통용되고 있는 사실 자체는 부정할 수 없다. 이런 식으로 단어의 이름과 실제 의미가 다르게 통용되기도 하고, 고유명사가 보통 명사로 바뀌는 경우도 있다.

① 언어가 의사소통을 위해 언중들 간에 만들어진 사회적 약속이라는 것을 언어의 사회성이라고 한다.

② 언어는 사회성이라는 속성 때문에 한 개인에 의해서 바뀌기 힘들다.

③ 한 언어권 안에는 하나의 언어적 사회성만이 존재한다.

④ 언중들의 사용에 따라 사회성이 없던 단어가 사회성을 인정받기도 한다.

⑤ 언어의 역사성은 언어의 사회성에 의해 형성된다.

[19~20] 다음 글을 읽고 이어지는 질문에 답하시오.

양립불가능이란 말은 모순이라는 용어와 동의어로, 두 진술이나 판단·견해가 모두 함께 참일 수는 없으며 두 부류가 서로 배타적인 상태에 있을 때 사용되는 개념이다. 자유의지와 결정론의 관계를 말할 때, 양립불가능성은 흔히 자유의지론자들이나 강한 결정론자들에 의해 제기된다. 의지의 세계에 관한 자아활동이나 창조적인 활동을 강조하면서 결정론을 배제하려는 Cambell(1966)이나 Broad(1966) 같은 자유의지론자들이 있는가 하면, '발생한 모든 것은 이미 다른 어떤 것에 의해 결정된 것이며, 그 원인을 지닌다.'고 보며 '의지의 세계도 예외일 수 없으며 인간에게는 자유의지가 없다.'고 주장하는 강한 결정론자들도 있다.

강한 결정론자들의 주장에 의하면 의지의 세계에서도 선택의 자유는 있을 수 없다. (㉠) 우리가 '선택할 수 있는 의지'인 자유의지를 가지고 어떤 일을 선택하거나 행한다는 것이 불가능하다는 것이다. 그 이유는 인간의 행위가 그 원인을 지니며 불가피하게 이루어지기 때문이다. 또한 강한 결정론에서는 어떠한 자유의지도 자리 잡을 수 없다. 강한 결정론에 근거한 양립불가능론자들은 자유의지가 도덕적 책임을 위해 필요 불가결한 조건인데, 우리에게는 그런 자유의지가 없으므로, 결정론은 자유의지뿐만 아니라 도덕적인 책임과도 당연히 양립될 수 없다고 주장한다. 따라서 결정론은 자유의지와도 도덕적인 책임과도 조화를 이룰 수 없다고 주장한다.

예컨대, Hospers는 현대정신의학의 견지에서 강한 결정론에 근거한 양립불가능성을 옹호한다. 그는 우리 인간의 행위를 시곗바늘에 비유한다. 시곗바늘은 겉보기에는 시계 표면에서 자유로운 듯 움직인다. 그러나 '시곗바늘이 자유로이 움직인다'고 간주하는 것은 옳지 않다. 시곗바늘의 움직임은 단지 시계 내부에 있는 부속품들에 의해 결정되는 것이며, 사람의 행위도 이와 마찬가지로 그 내부에 잠재된 무의식적인 힘에 의해 야기되기 때문이다. 그의 의견에 따르면 무의식적인 동기와 갈등이 사람의 행동을 불러일으키며, 우리 마음의 근처에 있는 내부의 힘이 행위를 결정한다고 주장한다.

(㉡) 그는 사람의 행위가 욕구와 충동에 의해 야기된다 할지라도 따지고 보면 이런 것들은 모두 다 무의식적인 힘에서 유래하는 산물일 뿐이며, 무의식적인 힘이 우리가 하는 행위의 원인이 된다고 본다. 즉, 모든 행위를 야기시키는 것은 자유의지에 의해서가 아니라 우리 내부에 있는 무의식적인 힘에 의한 것이다. 특히 그는 유아시절에 형성되는 무의식적인 힘에 의해 행위가 야기된다는 점을 강조한다.

19 다음 글의 내용과 일치하는 것은?

① 강한 결정론에 따르면 자유의지뿐만 아니라 도덕적인 책임과도 양립이 가능하다고 보았다.
② Hospers는 사람의 행위가 충동에 의해 야기될 경우 이는 자유의지에 따른 결과라고 보았다.
③ 주로 자유의지론자들보다 강한 결정론자들에 의해 양립불가능성의 개념이 제기된다.
④ 일부 강한 결정론자들은 발생한 모든 것은 반드시 그 원인이 존재하며 의지의 세계도 마찬가지라고 보았다.
⑤ Hospers는 청소년시절에 형성되는 무의식적인 힘에 의해 행위가 야기된다는 점을 강조한다.

20 다음 중 빈칸에 들어갈 접속사를 순서대로 나열하면?

① ㉠-그러나, ㉡-또한
② ㉠-즉, ㉡-또한
③ ㉠-또한, ㉡-그러나
④ ㉠-즉, ㉡-그러나
⑤ ㉠-또한, ㉡-즉

01 다음은 문화예술 분야 활동 건수를 조사한 자료이다. 이에 대한 설명으로 옳은 것은?

구분	문학	시각예술	공연예술		
			국악	연극	무용
2023년	9,865	13,207	1,547	5,721	1,330
2024년	11,785	13,260	1,498	6,721	1,982

〈문화예술 분야 활동 건수〉

(단위 : 건)

① 2023년에 비해 2024년 문화예술 활동 건수는 모든 분야에서 증가했다.
② 2023년 문화예술 활동은 시각예술, 공연예술, 문학 순으로 비중이 크다.
③ 2023년 공연예술 활동 중 국악예술 활동 건수는 15% 이상을 차지한다.
④ 2024년 문화예술 활동 비율 중 문학 활동 분야는 약 40%이다.
⑤ 2024년 무용 예술활동 건수는 작년 대비 50% 이상 증가하였다.

02 다음은 차 vs 사람의 교통사고에 대한 자료이다. 차도통행 중 교통사고 건수는 얼마인가?

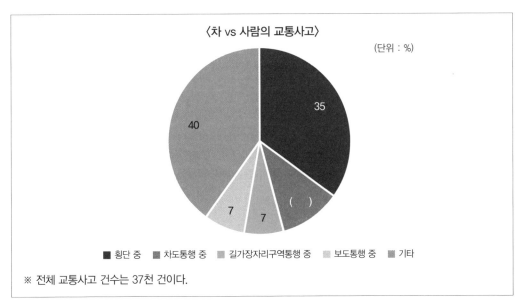

〈차 vs 사람의 교통사고〉

(단위 : %)

■ 횡단 중 ■ 차도통행 중 ■ 길가장자리구역통행 중 ■ 보도통행 중 ■ 기타

※ 전체 교통사고 건수는 37천 건이다.

① 4,470건   ② 4,370건
③ 4,270건   ④ 4,170건
⑤ 4,070건

03 다음 식을 계산한 값으로 적절한 것은?

$$(0.25+0.25+0.25+0.25)-\left(\frac{1}{125}+\frac{1}{125}+\frac{1}{125}+\frac{1}{125}+\frac{1}{125}\right)$$

① 0.96

② 0.94

③ 0.92

④ 0.90

⑤ 0.88

04 다음은 규칙적 체육활동 참여 빈도에 관한 자료이다. 〈보기〉 중 이에 대한 설명으로 옳은 것을 고르면?

〈규칙적 체육활동 참여 빈도〉

(단위 : %)

구분		주 1회 이하	주 2~3회	주 4~6회	매일
성별	남성	37.4	31.2	10.5	20.9
	여성	38	34.2	13.4	14.4
연령별	20대	47.4	30.1	11.5	11
	30대	38	37.6	10.1	14.3
	40대	40.7	38	15.7	5.6
	50대	37.6	34.2	20	8.2
	60대	36.5	27.9	21.5	14.1
	70세 이상	49.8	25.1	20.8	4.3

〈보기〉

ㄱ. 남성의 경우 규칙적인 체육활동은 주 3회 이하가 반 이상을 차지한다.

ㄴ. 연령이 올라갈수록 매일 체육활동에 참여하는 비율은 꾸준히 늘어난다.

ㄷ. 주 4회 이상 체육활동을 참여하는 연령 중 60대가 가장 활발하다.

ㄹ. 70대 이상은 주 1회 이하 체육활동을 참여하는 비율이 주 4~6회 체육활동을 참여하는 비율보다 3배 더 높다.

① ㄱ, ㄴ

② ㄱ, ㄷ

③ ㄴ, ㄷ

④ ㄴ, ㄹ

⑤ ㄷ, ㄹ

05 다음은 문화예술 관람 횟수에 대한 자료이다. 이에 대한 설명으로 옳지 않은 것은?

〈문화예술 관람 횟수〉

(단위 : 명, %)

구분	표본 수	경험 없음	연 1회	연 2회	연 3회	연 4회 이상
남성	4,577	47.6	9.2	15.6	11.1	16.5
여성	5,562	48.9	11	16.4	11.3	13.4

① 문화예술 관람 경험이 없는 사람은 남성보다 여성이 더 많다.

② 연 3회 문화예술을 관람하는 여성은 600명 이상이다.

③ 연 2회 문화예술을 관람하는 여성은 남성보다 250명 이상 많다.

④ 여성 중 문화예술 관람 경험이 없는 사람과 있는 사람은 100명 이상 차이가 난다.

⑤ 남성 중 연 1회 문화예술을 관람한 사람은 연 4회 이상 문화예술을 관람한 사람보다 1.5배 이상 적다.

06 다음은 생활폐기물 현황에 대한 자료이다. 전체 가동업체 중 폐지류 가동업체가 차지하는 비율은 얼마인가?

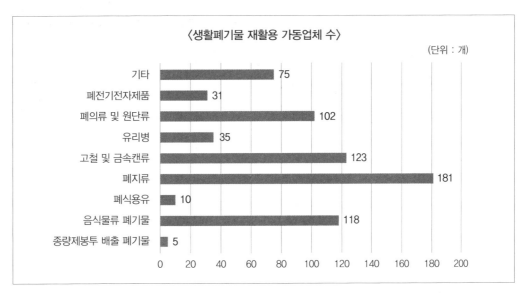

① 약 23%

② 약 25%

③ 약 27%

④ 약 29%

⑤ 약 31%

다음 숫자가 규칙에 따라 나열되어 있을 때, 빈칸에 들어갈 알맞은 것을 고르면?

( )	124	372	1,488	4,464	17,856

① 31
② 32
③ 33
④ 34
⑤ 35

08 어제 설명회 참석자는 120명이었다. 오늘은 남자 참석자가 20% 증가하고, 여자 참석자가 30% 감소하여 총 6명이 감소하였다. 어제 참석자 중 여자는 몇 명인가?

① 50명
② 55명
③ 60명
④ 65명
⑤ 70명

09 다음은 소유자별 국토면적을 조사한 자료이다. 이에 대한 설명으로 옳은 것은?

〈소유자별 국토면적〉

(단위 : km²)

구분	2022년	2023년	2024년
민유지(개인)	51,753	51,517	51,260
국유지	25,070	25,173	25,269
도유지	2,779	2,795	2,813
군유지	5,225	5,275	5,313
법인	6,788	6,883	7,008
비법인	6,566	6,568	6,567
기타	2,073	2,074	2,077
계	100,254	100,285	100,307

① 2024년 개인 명의로 등록된 토지 면적은 국가 명의로 등록된 표지 면적의 3배 이상이다.
② 2022년 법인 및 비법인 국토면적은 전체 국토면적의 15%이다.
③ 조사기간 동안 기타를 제외한 국토면적의 크기 순서는 2022년과 2023년이 동일하다.
④ 2022년 대비 2024년 도유지 국토면적은 1% 이상 증가했다.
⑤ 조사기간 동안 꾸준히 국토면적이 증가한 곳은 3곳이다.

10 다음은 국적별 결혼이민자에 대한 자료이다. 이에 대한 설명으로 옳지 않은 것은?

〈국적별 결혼이민자 현황〉

(단위 : 명)

구분	2021년	2022년	2023년	2024년
합계	141,654	144,681	151,309	155,457
중국	66,687	64,173	60,663	57,644
베트남	35,355	37,516	39,725	42,205
필리핀	7,476	8,367	12,603	11,783
일본	10,451	11,162	11,367	13,400
기타	21,685	23,463	26,951	30,425

① 조사기간 동안 국적별 전체 결혼이민자는 꾸준히 증가하여 1만 명 이상 증가했다.
② 2024년 국적별 결혼이민자는 기타를 제외하고 중국, 베트남, 일본, 필리핀 순으로 많다.
③ 2021년 대비 2024년 베트남 결혼이민자는 20% 이상 증가했다.
④ 2022년 결혼이민자 중 중국 결혼이민자는 40% 이상 차지한다.
⑤ 2023년 결혼이민자 중 작년 대비 가장 많이 증가한 곳은 필리핀이다.

11 다음은 총 서점 수 및 인구 10만 명당 서점 수를 조사한 자료이다. 2024년 인구 수가 작년 대비 0.05% 증가했다면 2024년 10만 명당 서점 수는 몇 개인가? (단, 소수 첫째 자리에서 반올림한다.)

〈총 서점 수 및 인구 10만 명당 서점 수〉

구분	2020년	2021년	2022년	2023년	2024년
총 서점 수 (만 개)	10.3	10.5	10.9	11.3	11.5
인구 10만 명당 서점 수 (개)	204	209	216	222	( )

① 234개
② 232개
③ 230개
④ 228개
⑤ 226개

12 다음은 5개 시도별 경제활동인구를 조사한 자료이다. 이 중 경제활동참가율이 가장 높은 곳은?

〈5개 시도별 경제활동인구〉

(단위 : 천 명)

구분	경제활동인구	비경제활동인구
서울	5,424	3,044
부산	1,751	1,169
대구	1,269	827
인천	1,755	914
광주	808	470

※ 15세 이상 인구＝경제활동인구＋비경제활동인구

※ 경제활동참가율(%)＝$\dfrac{\text{경제활동인구}}{\text{15세 이상 인구}}$

① 서울 ② 부산
③ 대구 ④ 인천
⑤ 광주

13 원가의 50% 이익을 더해서 정가를 책정하였으나, 잘 팔리지 않아서 30%의 할인 판매를 하였더니, 1,500원의 이익을 만들 수 있었다. 이 제품의 정가는 얼마인가?

① 40,000원 ② 45,000원
③ 50,000원 ④ 55,000원
⑤ 60,000원

14 KTX 기차는 길이가 1,300m인 터널을 완전히 통과하는 데 75초가 걸리고, 400m인 다리를 완전히 지나가는 데 25초가 걸린다고 할 때, KTX의 속력은 얼마인가?

① 18m/s ② 20m/s
③ 22m/s ④ 24m/s
⑤ 25m/s

15 다음은 시도별 대중교통 이용 비중을 조사한 자료이다. 이에 대한 설명으로 옳지 않은 것은?

〈시도별 대중교통 이용 비중〉

(단위 : %)

구분	시내버스	지하철
A시	25.6	74.4
B시	50.7	49.3
C시	52.7	47.3
D시	46.3	53.7
E시	81.2	18.8
F시	54.7	45.3
G시	97.8	2.2
H시	100	0

① 지하철이 없는 지역은 H시다.
② 지하철 이용 비중이 두 번째로 큰 지역은 F시다.
③ 시내버스의 이용 비중이 50% 넘는 지역은 6개다.
④ E시의 인구가 100만 명이라고 하면 지하철을 이용하는 인구는 188,000명이다.
⑤ 시내버스와 지하철 이용 비중의 차이가 가장 적은 곳은 B시다.

16 농도 12% 소금물 300g을 농도 9% 소금물로 만들 때, 추가해야 하는 물의 양은 얼마인가?

① 250g
② 200g
③ 150g
④ 100g
⑤ 50g

17 흰 공 4개, 빨간 공 2개가 들어있는 상자에서 1개를 꺼내는 동작을 3번 반복한다. 단, 한 번 꺼낸 공은 다시 넣지 않는다고 할 때, 3번의 시행에서 모두 흰 공을 뽑을 확률은?

① $\frac{1}{4}$
② $\frac{1}{5}$
③ $\frac{1}{6}$
④ $\frac{1}{7}$
⑤ $\frac{1}{8}$

[18~19] 다음은 20~40대 음주 현황에 대한 자료이다. 물음에 답하시오.

〈20~40대 음주 현황〉

(단위 : 명)

구분	20대		30대		40대	
	남성	여성	남성	여성	남성	여성
술을 마시지 않는다.	135,010	149,643	227,354	287,914	307,433	400,173
주 1회	146,562	129,936	290,656	165,867	357,518	229,283
주 2~4회	195,004	200,055	427,660	357,346	829,295	220,041
주 5~7회	13,160	10,372	57,669	21,091	99,987	21,962

18 위 자료에 대한 해석으로 옳지 않은 것은?

① 여성의 경우 나이가 들수록 음주를 하지 않는 사람이 지속적으로 증가했다.

② 주 2~4회 음주를 하는 20대 남성은 40대 남성보다 4배 이상 적다.

③ 30대 여성 중 주 5~7회 음주하는 사람은 5% 이상을 차지한다.

④ 주 1회 음주하는 40대 남성과 여성의 차는 128,235명이다.

⑤ 20대 남성 중 음주를 하는 사람은 354천 명 이상이다.

19 20대 대비 30대 남녀 수의 변화율을 살펴볼 때, 주 1회 음주하는 경우 그 비율을 각각 구하면? (단, 소수 첫째 자리에서 반올림한다.)

	남성	여성
①	102%	8%
②	100%	18%
③	98%	28%
④	96%	38%
⑤	94%	48%

20 다음은 성별·연령별 비만율을 조사한 자료이다. 표의 내용을 그래프로 옮길 때 적절하지 않은 것은?

〈성별·연령별 비만율〉
(단위 : %)

구분		2020년	2021년	2022년	2023년	2024년
성	남성	36.4	35.1	36.3	39.7	42.3
	여성	24.8	27.1	28	25.1	26.4
연령	20대	20.5	21.7	22.4	23.5	27.2
	30대	31	31.5	33.2	31.8	34.2
	40대	34.1	35.7	37.3	35.4	38.3
	50대	40.7	38.8	36.3	40.1	40.2
	60대 이상	30.6	29.7	31.1	33.8	37.5

① 2020~2024년 남녀 비만율

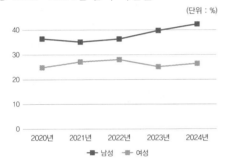

② 2020~2024년 20대 비만율

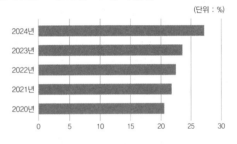

③ 2021~2024년 여성 비만율 증감폭

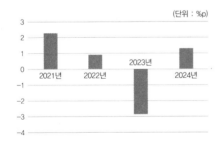

④ 2020~2024년 40대와 50대 비만율 차이

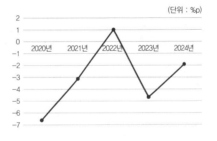

⑤ 2024년 연령별 비만율

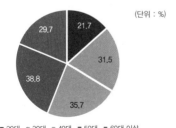

01 〈보기〉는 문제의 유형에 대한 설명이다. 다음 중 각 빈칸에 들어갈 용어로 바르게 짝지어진 것은?

〈보기〉
- (㉠) : 문제가 잠재되어 인식하지 못하다가 확대되어 결국은 해결이 어려운 문제
- (㉡) : 현재는 문제가 아니지만 미래에 문제 발생 가능성이 있는 문제
- (㉢) : 현재는 아무런 문제가 없으나 지금보다 좋은 제도나 기법, 기술을 발견하여 개선ㆍ향상할 수 있는 문제

	㉠	㉡	㉢
①	잠재 문제	예측 문제	발견 문제
②	잠재 문제	발견 문제	예측 문제
③	예측 문제	발견 문제	잠재 문제
④	예측 문제	잠재 문제	발견 문제
⑤	발견 문제	예측 문제	잠재 문제

02 다음 중 문제와 문제점에 대한 설명으로 옳지 않은 것은?

① 난폭 운전으로 전복 사고가 났을 경우 문제는 사고의 발생이다.
② 난폭 운전으로 전복 사고가 났을 경우 문제점은 난폭 운전이다.
③ 문제는 업무를 수행할 때 의논하여 해결해야 하는 사항이다.
④ 문제점은 문제해결을 위해서 조치가 필요한 대상이다.
⑤ 문제점은 목표와 현상의 차이이자 해결이 필요한 사항이다.

03 다음 중 문제를 해결하는 데 장애가 되는 경우로 옳지 않은 것은?

① 정해진 규정과 틀에 고정된 사고를 하는 경우
② 문제의 본질을 분석한 후 대책을 수립하는 경우
③ 쉽게 떠오르는 단순한 정보에 의지하는 경우
④ 양적인 부분에만 치중하여 자료를 수집하는 경우
⑤ 새로운 아이디어와 가능성을 무시해버리는 경우

04 다음 중 빈칸에 들어갈 용어에 대한 설명으로 옳지 않은 것은?

> ( )은/는 어떤 그룹이나 집단이 의사결정을 잘하도록 도와주는 일을 의미하는 말로 최근 많은 조직에서 보다 생산적인 결과를 가져올 수 있도록 그룹이 나아갈 방향을 알려 주고, 주제에 대한 공감을 이룰 수 있도록 능숙하게 도와주는 ( )을/를 활용하고 있다. ( )은/는 초기에 생각하지 못했던 창조적인 해결 방법을 도출한다.

① 준비해 놓은 합의점과 동일한 결론이 도출되어서는 안 된다.
② 우리말로 '촉진'을 의미하는 단어이다.
③ 지도와 설득을 통해 전원이 합의하는 일치점을 추구한다.
④ 구성원의 동기 및 팀워크가 강화된다.
⑤ 깊이 있는 커뮤니케이션을 통해 창조적인 문제해결 도모한다.

05 다음 중 〈보기〉에서 설명하고 있는 사고력에 대한 설명으로 옳지 않은 것은?

> **〈보기〉**
> 창의적 사고는 당면한 문제를 해결하기 위해 이미 알고 있는 경험과 지식을 바탕으로 새로운 아이디어를 도출하는 능력이다.

① 다른 사람을 공감시켜 움직일 수 있게 한다.
② 새롭고 유용한 아이디어를 생산해 내는 정신적 과정이다.
③ 통상적인 것이 아니라 기발하거나 독창적인 것이다.
④ 정보와 정보의 조합으로 이루어진다.
⑤ 기존의 정보를 특정한 요구조건에 맞도록 새롭게 조합시킨다.

06 다음 중 논리적 사고의 개발 방법으로 옳은 것은?

① 주제와 본질적으로 닮은 것을 힌트로 하여 새로운 아이디어를 얻는다.
② 각종 힌트에서 강제적으로 연결지어 발상하는 방법이다.
③ 보조 메시지들을 통해 주요 메인 메시지를 얻고, 이를 종합하여 최종정보를 도출한다.
④ 문제의 대상이나 아이디어의 다양한 속성을 목록으로 작성한다.
⑤ 대상과 비슷한 것을 찾아내 그것을 힌트로 새로운 아이디어 등을 생각한다.

07 다음은 사고력에 대한 설명이다. 각 빈칸에 들어갈 용어로 바르게 짝지어진 것은?

> (㉠)은/는 어떤 주제나 주장 등에 대해서 적극적으로 분석하고 종합하며 평가하는 능동적인 사고로 어떤 논증, 추론, 증거, 가치를 표현한 사례를 타당한 것으로 수용할 것인가 아니면 불합리한 것으로 거절할 것인가에 대한 결정을 내릴 때 요구된다. (㉠)을 개발하기 위해선 결론에 이르기까지 논리적 일관성을 유지하는 (㉡)과 적절한 결론이 제시되기까지 거짓 가능성을 열어 두는 (㉢) 등 다양한 방법이 사용된다.

	㉠	㉡	㉢
①	논리적 사고	지속성	지적 회의성
②	비판적 사고	체계성	지적 정직성
③	논리적 사고	지속성	지적 호기심
④	비판적 사고	체계성	지적 회의성
⑤	창의적 사고	결단성	지적 정직성

08 다음 중 SWOT 분석에 대한 설명으로 옳지 않은 것은?

① 외부 환경 요인으로는 강점과 약점, 내부 환경 요인으로는 기회와 위협이 있다.
② SO 전략은 강점을 활용하여 기회를 살리는 전략이다.
③ ST 전략은 강점을 활용하여 위협을 최소화하는 전략이다.
④ WO 전략은 약점을 보완하여 기회를 살리는 전략이다.
⑤ WT 전략은 약점을 보완하고 위협을 최소화하는 전략이다.

09 다음 중 문제해결 절차에 대한 설명으로 옳지 않은 것은?

① 문제해결 절차 중 로직트리를 활용하여 문제 구조를 파악하는 단계는 문제 도출 단계이다.
② 문제해결 절차 중 인적, 물적, 예산, 시간을 고려하여 실행 계획을 수립하는 단계는 실행 및 평가 단계이다.
③ 문제해결 절차 중 가장 먼저 수행되는 후보 과제 도출인 과제 선정이 이루어지는 단계는 문제 도출 단계이다.
④ 문제해결 절차 중 파악된 핵심 문제에 대한 분석을 통해 근본 원인을 도출하는 단계는 원인 분석 단계이다.
⑤ 문제해결 절차 중 해결해야 할 전체 문제를 파악하여 우선순위를 정하는 단계는 문제 인식 단계이다.

10 다음 중 〈조건〉이 모두 참일 때 항상 참인 것은?

> **〈조건〉**
> • 국어를 좋아하지 않으면 미술을 좋아하지 않는다.
> • 국어를 좋아하면 수학을 좋아하지 않는다.
> • 과학을 좋아하면 수학을 좋아한다.

① 수학을 좋아하면 과학을 좋아한다.
② 국어를 좋아하면 미술을 좋아한다.
③ 미술을 좋아하면 과학을 좋아하지 않는다.
④ 수학을 좋아하지 않으면 국어를 좋아한다.
⑤ 과학을 좋아하지 않으면 미술을 좋아하지 않는다.

11 A~H 8명은 이번에 열린 ○○ 지자체 지역 축제 체험 부스에 참여하려고 한다. 주어진 〈조건〉이 모두 참일 때 지역 축제 체험 부스에 참여하지 않는 사람으로 옳은 것은?

> **〈조건〉**
> • B와 H는 항상 참가한다.
> • A, D, G 중에서 2명만이 참여한다.
> • C, E, F 중에서 2명만이 참여한다.
> • D, F, H 중에서 2명만이 참여한다.
> • A가 참가하면 H는 참가하지 않는다.

① A와 D   ② A와 F
③ B와 E   ④ C와 G
⑤ C와 H

12 영업부 A~E 5명 중 1명이 최근 회사 근처로 이사하였다. A~E의 진술이 다음과 같고, 이들 중 2명은 거짓말을 하고 있을 때, 이사를 한 사람과 거짓말을 한 사람이 올바르게 짝지어진 것은?

> - A : 이사를 한 사람은 B이다.
> - B : 이사를 한 사람은 C이다.
> - C : B는 거짓말을 하고 있다.
> - D : E는 거짓말을 하고 있다.
> - E : 나는 이사를 하지 않았다.

	이사를 한 사람	거짓말을 한 사람
①	B	A, C
②	B	B, D
③	C	C, D
④	C	D, E
⑤	E	A, B

13 K사 소속 직원 A~D 4명은 각기 다른 해외 지사에서 파견근무를 수행하고 있다. 각 진술들의 반은 참이고 반은 거짓일 때, 해외 지사와 근무 직원이 올바르게 짝지어진 것은? (단, 이들의 근무지는 뉴욕, 두바이, 홍콩, 도쿄 중 한 곳이다.)

> - A의 근무지는 뉴욕이다. D의 근무지는 두바이다.
> - B의 근무지는 뉴욕이다. C의 근무지는 홍콩이다.
> - C의 근무지는 뉴욕이다. D의 근무지는 도쿄다.

	A의 근무지	B의 근무지	C의 근무지	D의 근무지
①	뉴욕	두바이	홍콩	도쿄
②	도쿄	홍콩	뉴욕	두바이
③	두바이	뉴욕	도쿄	홍콩
④	뉴욕	홍콩	두바이	도쿄
⑤	홍콩	도쿄	두바이	뉴욕

14 주어진 〈조건〉이 모두 참일 때, A~G 7명을 헌혈 횟수가 많은 순서대로 나열한 것은? (단, 이들 중 헌혈 횟수가 동일한 사람은 없다.)

〈조건〉
- A의 헌혈 횟수는 C와 F의 헌혈 횟수를 합친 것보다 많다.
- A의 헌혈 횟수는 D와 F의 헌혈 횟수의 평균이다.
- D의 헌혈 횟수는 G의 헌혈 횟수보다 적다.
- 헌혈 횟수가 가장 많은 사람은 B이고, 가장 적은 사람은 E이다.

① B-A-G-D-F-C-E   ② B-D-G-A-F-C-E
③ B-D-A-F-G-C-E   ④ B-G-D-A-F-C-E
⑤ B-G-D-A-C-F-E

15 마케팅팀 팀원 갑~신 8명은 주어진 〈조건〉에 따라 자리를 바꾸려고 한다. 다음 중 항상 참인 것은?

〈조건〉
- 변경 전 갑, 을, 병, 정, 무, 기, 경, 신 8명의 자리 배치는 다음과 같다.

갑	을	병	정
무	기	경	신

- 변경된 8명의 자리 모두 이전과 다르다.
- 8명 모두 자리 변경 후 이전과 다른 가로줄에 있다.
- 변경 후 경과 병, 신과 을의 자리는 각각 가장 멀리 떨어져 있다.
- 기는 변경 전과 동일한 세로줄에 있으며, 양쪽에 신과 무가 있다.

① 무와 마주 보고 앉은 사람은 갑이다.
② 정과 마주 보고 앉은 사람은 기이다.
③ 경과 마주 보고 앉은 사람은 을이다.
④ 정의 옆자리에는 병이 있다.
⑤ 갑의 옆자리에는 을이 있다.

[16~17] 다음은 ○○공단의 영업부 직원 A~F의 여름휴가 일정표와 휴가 운영 규정에 대한 자료이다. 자료를 바탕으로 이어지는 물음에 답하시오.

〈8월 달력〉

일	월	화	수	목	금	토
			1	2	3	4
5	6	7	8	9	10	11
12	13	14	15 광복절	16	17	18
19	20	21	22	23	24	25
26	27	28	29	30	31	

〈직원 일정표〉

구분	업무 일정	휴가 희망일
A부장	8/1~2 출장	8/13~17
B차장	8/29 교육	8/21~24
C과장	8/9~10 세미나	8/23~29
D대리	8/21~22 출장	8/3~9
E주임	8/28~30 세미나	8/14~20
F사원	8/10~13 세미나	8/1~6

〈휴가 운영 규정〉

- 휴가는 최대 5일이며 반드시 붙여 써야 한다.
- 주말 및 공휴일은 휴가 일수에서 제외된다.
- 모든 직원은 반드시 8월 중에 휴가를 다녀와야 한다.
- 사무실에는 최소 4명이 근무하고 있어야 한다.
- 업무 일정은 조정이 불가능하다.

16 다음 중 주어진 휴가 운영 규정에 의해 휴가 일정을 조정해야 하는 직원은?

① A부장
② B차장
③ C과장
④ D대리
⑤ E주임

17 내부 사정으로 인해 일부 직원의 업무 일정이 다음과 같이 변경되었다. 이에 따라 휴가 일정을 다시 조정해야 할 때, 휴가 일정을 조정해야 하는 직원은?

구분	변경 전	변경 후
A부장	8/1~2 출장	8/7~8 출장
C과장	8/9~10 세미나	8/20~21 세미나
E주임	8/28~30 세미나	8/27~28 세미나

① A부장   ② B차장
③ C과장   ④ D대리
⑤ F사원

18 ○○ 기업은 해외 워크숍 진행 시 직원들이 묵을 숙소를 예약하려고 한다. 다음 자료를 바탕으로 가장 높은 점수를 얻은 호텔을 숙소로 선정하고자 할 때, 선정된 호텔로 옳은 것은?

〈호텔 평가 및 선정 조건〉

- 호텔의 등급에 따라 5성급은 5점, 4성급은 3점, 3성급 이하는 1점을 부여한다.
- 수영장, 피트니스 센터, 컨퍼런스 룸이 있는 경우 각각 가점 3점을 부여한다.
- 룸의 크기가 클수록 높은 점수를 부여한다(1~5점 내에서 1점씩 차등을 두고 평가).
- 1박당 가격이 저렴할수록 높은 점수를 부여한다(1~5점 내에서 1점씩 차등을 두고 평가).
- 평가 점수의 총점이 동일한 경우 룸의 크기가 큰 호텔을 선정한다.

〈호텔 정보〉

구분	룸 크기	1박당 가격	등급	부대시설
A호텔	60m²	45만 원	★★★	피트니스 센터, 레스토랑
B호텔	25m²	55만 원	★★★★★	수영장, 라운지카페, 피트니스 센터
C호텔	30m²	50만 원	★★★★	컨퍼런스 룸, 레스토랑, 키즈카페
D호텔	35m²	60만 원	★★★★★	수영장, 컨퍼런스 룸
E호텔	55m²	40만 원	★★★★	수영장, 레스토랑

① A호텔   ② B호텔
③ C호텔   ④ D호텔
⑤ E호텔

[19~20] 다음은 이번 달 갑의 항목별 지출 내역과 A~D카드의 혜택이다. 자료를 바탕으로 이어지는 물음에 답하시오.

〈갑의 지출 내역〉

- 대형마트 18만 원
- 휴대전화 요금 8만 원
- 대중교통 이용 8만 원
- 영화 1회 관람 3만 원
- 커피 6만 원(6천 원×10회)
- 도시가스 및 전기료 10만 원
- 온라인 쇼핑몰 10만 원

※ 위 금액은 전부 카드로 결제했다고 가정한다.

〈카드사별 혜택〉

구분	혜택	이용실적에 따른 할인 한도
A카드	−백화점 및 대형마트 10% 할인 −커피전문점 20% 할인(월 5회 한도) −극장 할인 10,000원(월 1회) −대중교통 이용요금 20% 할인	−50만 원 미만 1만 원 −50만 원 이상 70만 원 미만 2만 원 −70만 원 이상 3만 원
B카드	−통신요금 10% 할인 −도시가스, 전기료 10% 할인 −주유 할인(리터당 100원) −대형마트 10% 할인	−40만 원 이상 50만 원 미만 2만 원 −50만 원 이상 60만 원 미만 3만 원 −60만 원 이상 4만 원
C카드	−통신요금 월 10,000원 할인 −대중교통 할인 10%(월 8,000원 한도) −극장 할인 10,000원(월 1회)	50만 원 이상
D카드	−커피전문점 회당 30% 할인(월 15,000원 한도) −대중교통 15% 할인(월 10,000원 한도) −온라인 쇼핑몰 10% 할인(월 10,000원 한도) −극장 30% 할인(월 1회)	70만 원 이상

19 카드사별 할인을 고려할 때, 할인 혜택이 가장 높은 카드와 할인 혜택이 가장 낮은 카드로 짝지어진 것은?

	할인 혜택이 가장 높은 카드	할인 혜택이 가장 낮은 카드
①	A카드	D카드
②	B카드	D카드
③	B카드	C카드
④	C카드	B카드
⑤	C카드	A카드

20 갑은 이번 주말에 가족들과 함께 영화를 관람하여 영화 관람비용으로 7만 원을 추가 지출하였다. 이때 할인 혜택이 가장 높은 카드와 할인 혜택이 가장 낮은 카드로 짝지어진 것은?

	할인 혜택이 가장 높은 카드	할인 혜택이 가장 낮은 카드
①	D카드	C카드
②	D카드	A카드
③	C카드	B카드
④	B카드	A카드
⑤	A카드	C카드

의사소통능력

01 다음 중 외국인과의 비언어적인 의사소통에 대한 설명으로 옳지 않은 것은?

① 눈을 쳐다보며 말하는 것은 상대방에게 흥미와 관심이 있음을 나타낼 수 있다.

② 어조가 높으면 만족과 안심을 나타낼 수 있다.

③ 말씨가 매우 빠르거나 짧게 얘기하면 공포나 노여움을 나타내는 것이다고 느낄 수 있다.

④ 상대방의 말을 자주 중지하는 것은 결정적인 의견이 없음을 의미하거나 긴장 또는 저항을 의미한다.

⑤ 상대방에게 이름이나 호칭을 어떻게 할지 먼저 묻지 않고 마음대로 불러서는 안 된다.

02 다음 중 기획서의 올바른 작성법으로 옳지 않은 것은?

① 내용이 한눈에 파악되도록 체계적으로 목차를 구성한다.

② 핵심내용의 표현에 신경을 써야 한다.

③ 효과적인 내용 전달을 위해 적합한 표나 그래프를 활용하여 시각화하도록 한다.

④ 인용한 자료의 출처는 경우에 따라 생략한다.

⑤ 상대가 요구하는 것이 무엇인지 고려하여 작성해야 한다.

03 다음 밑줄 친 ⊙~⑩을 언어적인 의사소통과 문서적인 의사소통에 바르게 짝지은 것은?

무역회사에 근무하는 K과장은 아침부터 밀려드는 일에 정신이 없다. 오늘 ⊙독일의 고객사에서 보내온 주방용품 컨테이너 수취확인서를 확인하고, 운송장을 작성해야 하는 일이 꼬여버려 ⓒ국제전화로 걸려오는 수취 확인 문의 전화와 다른 고객사의 클레임을 받느라 전화도 불이 난다. 어제 오후 퇴근하기 전에 P대리에게 ⓒ운송장을 영문으로 작성해 K과장에게 줄 것을 지시한 메모를 책상 위에 올려놓고 갔는데, P대리가 아마도 못 본 모양이었다. 아침에 다시 한번 얘기했는데 P대리는 엉뚱한 ⓔ거래 주문서를 작성해 놓았다. 그래서 다시 P대리에게 클레임 관련 메일을 보내놓은 참이다. 게다가 오후에 있을 ⓜ회의 때 발표할 주간업무보고서를 작성해야 하는데 시간이 빠듯해 큰일이다.

	언어적인 의사소통	문서적인 의사소통
①	ⓒ	⊙, ⓒ, ⓔ, ⓜ
②	⊙, ⓒ	ⓒ, ⓔ, ⓜ
③	ⓒ, ⓒ, ⓔ	⊙, ⓜ
④	ⓒ, ⓔ	⊙, ⓒ, ⓜ
⑤	ⓒ, ⓔ	⊙, ⓒ, ⓜ

04 다음 〈보기〉 중 의사소통능력 개발에 관한 설명으로 옳은 것을 모두 고르시오.

〈보기〉
⊙ 피드백은 상대방이 원하는 경우 대인관계에 있어서 그의 행동을 개선할 기회를 제공해 줄 수 있다.
ⓒ 전문용어는 그 용어를 사용하는 집단 밖에서 사용할 때도 이해를 촉진시킨다.
ⓒ 상대방의 이야기를 들어주는 것과 경청의 의미는 같다.
ⓔ 피드백을 전달할 때는 부정적인 부분만 전달해서 개선할 수 있도록 해야 한다.

① ⊙
② ⊙, ⓒ
③ ⊙, ⓒ
④ ⓒ, ⓔ
⑤ ⊙, ⓒ, ⓒ, ⓔ

05 경청 훈련 방법으로 적절한 것은?

① 상대방이 하는 말의 어조와 억양, 소리의 크기까지도 귀를 기울인다.

② 상대방의 경험을 인정하고 더 많은 정보를 요청한다.

③ '왜'라는 질문을 통해 상대방에 대해 정보를 얻는다.

④ 상대방의 말을 요약하며 자신이 제대로 이해했는지 정보의 정확성을 확인한다.

⑤ 상대방의 표정, 몸의 움직임에도 주의를 기울인다.

06 다음 글에서 밑줄 친 부분을 바르게 고친 것으로 적절하지 않은 것은?

> 신축 아파트 입주 후 각종 하자 문제로 골머리를 앓는 이들이 늘어나고 있다. 유명 건설사의 신축 아파트에 입주한 A씨는 아파트에 ㉠<u>입주한지</u> 한 달여 만에 천장과 벽에서 누수가 발생해 하자보수를 요청했으나 ㉡<u>업체측</u>은 갖가지 핑계를 대며 보수 공사를 차일피일 미루고 있다. 비슷한 문제에 시달리던 B씨는 견디다 못해 자비를 들여 보수공사를 했는데, 장판을 ㉢<u>드러내고</u> 그 아래 바닥을 부수자 각종 쓰레기들이 한가득 나타나 ㉣<u>아연실색할수 밖에</u> 없었다. 이뿐만 아니라 광고에는 5분 거리라고 했던 지하철역이 실제로는 10분 가까이 걸리는 등 허위 광고 피해 사례도 급증하고 있다. 이러한 상황에서 일부 업체는 자신들은 브랜드 명칭만 ㉤<u>빌려줬을뿐이라며</u> 책임을 회피하고 있어, 해당 업체를 믿고 아파트에 입주한 주민들의 고통만 더욱 커지고 있다.

① ㉠ : '지'는 어떤 일이 있었던 때로부터 지금까지의 동안을 나타내는 의존명사이므로 '입주한 지'로 고쳐야 한다.

② ㉡ : '측'은 의존명사이므로 앞말과 띄어서 '업체 측'으로 수정해야 한다.

③ ㉢ : '물건을 들어 밖으로 옮기다'라는 의미이므로 '들어내고'로 수정한다.

④ ㉣ : 어떤 일이 일어날 가능성을 뜻하는 의존명사 '수'는 앞말과 띄어 쓰며, 조사 '밖에'는 앞말과 붙여 써야 하므로 '아연실색할 수밖에'로 수정한다.

⑤ ㉤ : 본동사 '빌리다'에 보조동사 '주다'가 붙은 형태이므로 '빌려 줬을뿐이라며'와 같이 띄어 써야 한다.

07 의사표현의 종류와 그 의미로 올바르게 짝지어진 것은?

① 연설 – 화자가 혼자 여러 사람을 대상으로 자기의 사상이나 감정에 관하여 일방적으로 말하는 것이다.

② 토의 – 어떤 논제에 관하여 찬성자와 반대자가 각자 논리적인 근거를 발표하고, 상대방의 논거가 부당하다는 것을 명백하게 하는 말하기이다.

③ 토론 – 여러 사람이 모여서 공통의 문제에 대하여 가장 좋은 해답을 얻기 위해 협의하는 말하기이다.

④ 주례 – 매우 친근한 사람들 사이의 가장 자연스러운 상태에서 떠오르는 대로 주고받는 말하기이다.

⑤ 친구와의 대화 – 정치적 · 문화적 행사에서와 같이 의례 절차에 따른 말하기이다.

08 효과적인 의사표현 방법으로 적절한 것은?

① 메시지를 전달하는 매체와 경로를 선택하는 것은 중요하지 않다.

② 확실한 의사표현을 위해서는 한 번만 전달하는 것이 좋다.

③ 화자는 자신이 전달하고 싶은 의도, 생각, 감정이 무엇인지 분명하게 인식해야 한다.

④ 효과적인 의사표현을 위해서는 언어적 방식만 활용하는 것이 좋다.

⑤ 자신의 메시지를 어떻게 받아들였는지 청자의 피드백을 받는 것은 중요하지 않다.

09 상황과 대상에 따른 의사표현 방법으로 바르게 짝지어진 것은?

	상황	의사표현 방법
①	상대방의 잘못을 지적할 때	은유적인 표현보다 직설적인 표현으로 확실하게 잘못을 알려줘야 한다.
②	상대방에게 요구해야 할 때	상대방의 사정을 듣고 상대가 들어줄 수 있는 상황인지 확인하고 응하기 쉽도록 포괄적으로 이야기한다.
③	상대방을 칭찬할 때	샌드위치 화법을 사용하여 칭찬한다.
④	상대방을 설득해야 할 때	상대방에게 일방적으로 강요해서는 안 된다.
⑤	상대방의 요구를 거절해야 할 때	먼저 요구를 거절하는 것에 대해 모호한 태도를 보이며 사과를 한다.

10 다음은 '청소년 비만 문제와 해결 방안'이라는 주제로 글을 쓰기 위한 〈개요〉이다. 이를 수정·보완하기 위한 방안으로 적절하지 않은 것은?

〈개요〉

Ⅰ. 서론 : 청소년 비만의 심각성

Ⅱ. 본론

   1. 청소년 비만의 문제점 ··· ㉠

      가. 당뇨, 고지혈증, 고혈압 등 각종 성인성 질환의 발병 확률 급증

      나. 교우관계에서의 문제로 인한 우울증, 분노조절 장애 등 심리 질환 발생

      다. 체력 저하 및 각종 질환으로 인한 학습 능력 저하

   2. 청소년 비만에 영향을 미치는 요인

      가. 고열량·고당도 식품에 대한 무분별한 노출

      나. 부적절한 식생활 교육 시행으로 잘못된 식습관 형성 ··················· ㉡

      다. 체육 교과의 비주류화 및 입시 과목의 과중한 학습으로 인한 신체활동 감소

      라. 부모의 유전적 인자 ··· ㉢

   3. 청소년 비만 문제 해결을 위한 방안 ·· ㉣

      가. 가정 및 교내에서의 식생활 교육 시행 및 학업 스트레스 완화 노력

      나. 교내 인스턴트 식품 및 고지방·고열량 식품 판매 자제

      다. 방과 후 프로그램 운영 등을 통한 청소년의 신체 활동 장려

      라. 지자체별 청소년의 체육 활동을 위한 인프라 구축 및 프로그램 운영

Ⅲ. 결론 : 청소년 비만 해결을 위한 개인의 노력 추구 ····················· ㉤

---

① ㉠의 하위 항목으로 '성조숙증 등의 발병으로 정상적 성장 방해'를 추가한다.

② ㉡의 경우 3의 해결 방안을 참고할 때 '부적절한 식생활 교육'이 이루어지는 것이 아니라 식생활 교육이 시행되지 않는 상황이라고 봐야 하므로 '올바른 식생활 교육의 부재로 인한 잘못된 식습관의 형성'으로 수정한다.

③ ㉢은 과학적으로는 타당하나 개선 및 해결이 가능한 요인이 아니므로 삭제한다.

④ ㉣의 하위 항목으로 '올바른 영양 지식 학습을 위한 관련 과목의 수능 필수과목 추가 선정'을 추가한다.

⑤ ㉤의 경우 적절하지 않은 결론이므로 '청소년 비만 해결을 위한 가정·학교·사회 각 방면에서의 노력 추구'로 수정한다.

11 다음 중 글의 내용을 읽고 추론한 내용으로 적절하지 않은 것은?

> 흔히 녹차와 홍차는 서로 다른 종류의 찻잎에서 비롯되었다고 생각하는 경우가 많다. 그러나 녹차와 홍차는 발효 방법의 차이로 구분되며, 동일한 찻잎으로 만들어진다. 녹차는 발효과정 없이 찻잎을 수확한 후 바로 증기에 쪄서 만든다. 반면 홍차는 찻잎을 80% 이상 발효시킨 것으로, 찻잎을 건조 후 발효시킨다. 같은 잎이지만 녹차가 본래의 녹색을 유지하는 반면 홍차는 붉은색을 띠는 것은 이 차이에서 비롯된다.
> 차에는 항산화 물질인 폴리페놀이 들어 있는데, 녹차는 특히 카테킨(catechin) 성분을 다량 함유하고 있다. 이 성분은 녹차의 떫은맛을 내며, 혈중 콜레스테롤 수치를 낮추고, 항균 · 해독 작용을 한다. 홍차에 들어 있는 테아플라빈(theaflavin)은 발효과정 중 카테킨 성분이 산화되어 생성된 폴리페놀이다. 홍차가 녹차보다 떫은맛이 덜하고, 색이 붉은 이유가 바로 이 때문이다. 차에는 카페인 성분도 포함되어 있다. 그러나 녹차에 포함된 L-테아닌(L-theanine)이라는 아미노산이 카페인을 중화시켜 체내 흡수율을 줄여주는 역할을 한다.

① 차는 발효과정에 따라 녹색을 띠는 녹차와 붉은색을 띠는 홍차로 나뉜다.

② 홍차는 테아플라빈 성분 때문에 붉은색을 띤다.

③ 홍차는 발효과정을 거치면서 기존의 성분 중 일부가 산화된다.

④ 홍차는 녹차보다 폴리페놀 성분이 적어 떫은맛이 덜하다.

⑤ L-테아닌은 녹차에 포함된 카페인의 체내 흡수율을 낮춘다.

[12~13] 다음 글을 읽고 이어지는 질문에 답하시오.

이집트인들은 심장이 몸의 중심에 있고 정맥을 통해 신체의 모든 부분과 연결돼 있다고 여겼다.

㉠ 르네상스 시대에는 해부학자 안드레아스 베살리우스와 박학다식한 레오나르도 다빈치가 뇌 안쪽의 빈틈과 구멍을 보여주는 복잡한 뇌실 그림을 이용해 뇌 구조에 대한 새로운 통찰력을 제시했다. 철학자 데카르트는 뇌실이 교회에서 쓰는 오르간의 파이프 같은 역할을 한다고 생각했다. 영혼은 파이프를 통해서 부는 바람이고 생각은 그 바람이 연주하는 음악인 셈이다.

㉡ 하지만 데카르트의 관점에서 보면 '정신'과 '뇌'는 근본적으로 다르다. 그는 세상에는 과학자가 측정하고 계량할 수 있는 '물질적이고 물리적이며 공간적인 것'과 정신, 생각, 영혼처럼 '비물질적이고 비물리적인 것'이 존재한다고 주장했다. 또한 비물질적인 영혼이 뇌의 중심에 있는 '송과선'이라는 작은 구조물을 통해 신체와 상호작용한다고 생각했다. 정신적인 것과 물질적인 것은 다르다는 그의 기본적인 이원론 개념은 오늘날까지도 영향을 미친다.

㉢ 그들이 뇌보다 심장이 더 중요하다고 판단한 이유가 있었다. 심장은 아주 작은 상처만 생겨도 목숨을 잃을 수 있지만, 머리는 타격을 받아 뇌가 상당 부분 훼손되더라도 계속 살아 있을 수 있을 뿐더러 신체 기능도 대부분 그대로 유지되기 때문이다. 그들은 뇌를 '머릿속 골수'라고 불렀으며, 피를 식히는 데 사용되리라 추측했다.

㉣ 데카르트 이후 과학자들은 영혼의 영역보다 뇌를 구성하는 물질 안에서 정신적 기능을 찾으려고 노력했다. 토머스 윌리스와 니콜라우스 스테노 같은 1600년대의 해부학자들은 신호(예컨대 손을 움직이겠다는 결정)가 신경을 통해 전달된다는 데 동의했다.

㉤ 고대 그리스의 철학자이자 과학자인 아리스토텔레스는 이집트인들의 관점에 동의한 반면, 2세기 철학자 겸 의사로 활동한 클라우디우스 갈레누스는 혈관이 아닌 신경 경로를 추적하다가 신경이 전부 뇌로 연결돼 있음을 발견했다. 갈레누스는 신경이 신체 제어와 관련이 있다고 주장했고, 사자의 신경을 절단해서 포효하는 능력을 없애는 실험을 통해 자신의 주장을 입증했다.

---

12 다음 중 문단 ㉠~㉤의 순서를 바르게 나열한 것은?

① ㉠-㉢-㉣-㉡-㉤
② ㉡-㉢-㉤-㉠-㉣
③ ㉢-㉤-㉠-㉡-㉣
④ ㉢-㉠-㉡-㉤-㉣
⑤ ㉤-㉣-㉠-㉢-㉣

13 다음 중 글의 내용과 일치하지 않은 것은?

① 데카르트는 비물질적인 영혼이 뇌의 중심에 있는 '송과선'이라는 작은 구조물을 통해 신체와 상호작용한다고 생각했다.

② 이집트인들은 머리는 타격을 받아 뇌가 상당 부분 훼손되더라도 계속 살아 있을 수 있을 뿐더러 신체 기능도 대부분 그대로 유지되기 때문에 심장이 더 중요하다고 판단했다.

③ 데카르트의 정신적인 것과 물질적인 것은 다르지 않다는 기본적인 일원론 개념은 오늘날까지도 영향을 미치고 있다.

④ 클라우디우스 갈레누스는 사자의 실험을 통해 신경이 신체 제어와 관련이 있다는 주장을 입증했다.

⑤ 토머스 윌리스와 니콜라우스 스테노는 영혼의 영역보다 뇌를 구성하는 물질 안에서 정신적 기능을 찾으려고 노력했다.

14 다음 중 ㉠과 ㉡에 해당하는 것으로 보기 어려운 것은?

발명의 이론으로 알려진 트리즈(TRIZ)는 구소련의 겐리히 알츠슐러에 의해 탄생한 창의적 문제 해결을 위한 이론이다. 그는 4만여 건의 특허를 분석하여 우수한 특허는 모두 모순을 극복했다는 공통점을 발견한 후, 모순의 극복이라는 관점에서 연구를 계속해 모순을 기술적 모순과 물리적 모순으로 유형화하여 그 구체적인 해결책을 제시하였다.

이 중 ㉠기술적 모순은 두 개의 기술적 변수의 값이 서로 충돌하는 것이다. 예컨대 비행기의 속도를 증가시키기 위해서는 출력이 높은 엔진을 장착해야 한다. 그런데 출력이 높은 엔진일수록 엔진은 커지게 되고, 결과적으로 비행기의 무게가 증가하여 속도가 떨어지는 것이다. 거꾸로 가벼운 엔진을 사용하면 출력의 한계로 인해 속도를 증가시키기가 어렵다.

㉡물리적 모순은 하나의 변수가 서로 다른 값을 동시에 가지는 것이다. 비행기의 바퀴는 이착륙 시에 반드시 필요하지만 비행 중에는 크게 필요하지 않다. 오히려 오늘날의 초음속 비행기의 경우 동체의 바퀴가 엄청난 공기 저항을 유발하여 큰 사고를 불러일으킬 수 있으므로 비행 중에는 반드시 사라져야 한다.

알츠슐러는 이러한 모순을 해결하기 위한 발명의 원리를 제시하여 현장에서 맞닥뜨리는 문제에 도움이 되도록 하였다. 특히 기술적 모순을 면밀히 분석하다 보면 물리적 모순이 그 핵심에 있는 경우가 많으므로 이러한 물리적 모순을 해결함으로써 근본적인 문제 해결이 이루어지도록 하였다.

① ㉠ : 동영상 파일의 경우 화질을 좋게 하면 파일의 용량이 커지고, 용량을 줄이면 화질이 떨어진다.

② ㉠ : 평판 스피커에서 저음의 재생이 잘 되려면 진동판이 커야 하는데, 진동판이 크면 고음의 재생이 잘되지 않는다.

③ ㉠ : 노트북의 두께를 얇게 하면 내부 발열이 심해지는데, 내부 발열을 줄이기 위해 부속품 간 공간을 넓히면 노트북의 두께가 두꺼워진다.

④ ㉡ : 자전거의 체인은 동력을 바퀴에 전달하기 위해 유연해야 하고, 물리적인 힘을 전달해야 하므로 단단해야 한다.

⑤ ㉡ : 말뚝의 끝은 땅에 잘 박히도록 뾰족해야 하지만, 뾰족한 말뚝은 쓰러지기 쉬우므로 끝이 뭉뚝해야 한다.

15 다음 글의 내용과 일치하지 않는 것은?

1888년 프랑스의 미용사 알렉상드르 페르디낭 고드프루아는 세계 최초로 머리카락 건조기, 즉 인위적으로 머리를 말리는 헤어드라이어를 발명하였다. 이 드라이어는 가스난로와 연결된 후드를 좌석과 연결시킨 형태로, 머리 위에 덮어 쓴 후드로 난로의 따뜻한 공기가 연결되는 방식이었다. 그러나 이 기계는 공기 순환이 잘 되지 않아 시간이 오래 걸린다는 단점과 설치가 복잡한 탓에 널리 이용되지 못했다. 그럼에도 가스 드라이어는 개량 과정을 거치며, 1930년대까지도 사용되었다.

전기를 이용한 드라이어는 1899년 독일의 전기 장비 제조회사 AEG의 수석기술자였던 미하일 돌리보 도브로블스키의 손에서 탄생하였다. 그러나 제1차 세계대전으로 생산이 미뤄지면서 종전 후에야 보급될 수 있었다. 게다가 무게가 3kg에 이르렀고, 소비전력이 매우 낮아 바람이 미지근한 탓에 건조 시간도 오래 걸렸다. 더구나 감전 위험도 높아 별다른 인기를 얻지 못했다.

오늘날 사용하는 것과 비슷한 형태의 가정용 헤어드라이어는 1920년에 등장하였다. 이 드라이어는 금속 재질로 되어있어, 쉽게 과열되는 문제점이 있었다. 이런 문제점을 개선한 플라스틱 재질로 된 모델은 1940년대에 이르러서야 만들어졌다. 1960년대에는 당시의 유행과 맞물려 헤어드라이어가 남성들에게도 큰 인기를 끌었고, 드라이어는 점차 필수 가전으로 자리 잡게 되었다.

① 헤어드라이어는 19세기 말 프랑스에서 처음으로 만들어졌다.
② 초기의 헤어드라이어는 바람이 나오는 후드와 연결된 의자에 앉아 사용하는 방식이었다.
③ 전기 드라이어가 발명된 후 가스 드라이어는 더 이상 사용되지 않았다.
④ 최초의 전기 드라이어는 여러 단점들로 인해 큰 호응을 얻지 못했다.
⑤ 1960년대에 이르러서는 여성뿐 아니라 남성 사이에서도 드라이어가 크게 유행하였다.

[16~17] 다음 글을 읽고 이어지는 질문에 답하시오.

(가) 온실효과는 지구온난화 현상의 주원인이라는 점에서 문제가 되지만, 사실 온실효과는 인류가 살기 적당한 기온을 유지해준다는 점에서 순기능적인 면도 지닌다. 그러나 지난 130년간 지구온난화 현상이 빠르게 진행되었고, 이것이 온실효과에서 ⓐ비롯되었다는 점에서 문제가 된다.

(나) 이러한 상황에서 산업화 이전과 비교해 지구의 평균기온은 1.5℃ 상승하였다. 더불어 해수면의 상승마저도 피할 수 없는 상황이다. 지금이라도 지구온난화 현상을 늦추기 위해 온실가스 배출을 줄이는 노력이 필요하다.

(다) 특히 1950년대 이후, 화석연료의 사용이 급증함에 따라 지구의 평균기온 상승 속도가 더욱 빨라졌다는 분석이다. 석유, 석탄, 가스 등 화석연료를 ⓑ연소하면서 생성된 이산화탄소, 메탄 등 온실가스의 대기 중 농도가 꾸준히 증가하고 있다는 것이다.

(라) 그중에서도 온실효과의 ⓒ주범으로 알려진 이산화탄소는 대기 중 머무르는 기간이 100~300년으로 매우 긴 편이다. 배출량의 60% 정도는 식물의 광합성 작용과 해양 흡수로 제거되지만, 나머지 40%가 ⓓ축적되고 있어 심각한 상황이다.

(마) 지구온난화 현상은 온실가스의 대기 중 농도가 증가하면서 지구 표층부의 에너지 균형이 무너짐에 따라 발생하는 현상이다. 온실가스란 대기 중에 머물면서 대부분의 태양복사를 ⓔ투과시키고, 지표면에서 방출하는 지구복사를 흡수하거나 재방출하여 온실효과를 유발하는 물질로, 이산화탄소, 메탄, 아산화질소 등이 대표적이다.

---

16 문단 (가)~(마)를 순서대로 바르게 배열한 것은?

① (가) – (마) – (나) – (라) – (다) 　　② (가) – (나) – (다) – (라) – (마)

③ (다) – (마) – (다) – (가) – (나) 　　④ (마) – (가) – (다) – (라) – (나)

⑤ (마) – (라) – (가) – (다) – (나)

17 밑줄 친 ⓐ~ⓔ와 바꿔쓸 수 없는 것은?

① ⓐ 기인하였다는 　　② ⓑ 가열하면서

③ ⓒ 주원인 　　④ ⓓ 쌓이고

⑤ ⓔ 통과

18 다음 글의 내용과 일치하는 것은?

> 임플란트는 자연치아를 대체할 수 있는 가장 효과적인 방법으로 손꼽힌다. 씹는 힘을 잘 낼 수 있는 데다 외관상으로도 이질감이 없기 때문이다. 만 65세 이상에 대한 임플란트 건강보험 본인부담률은 30%로 치료에 대한 부담이 덜하다. 단, 상악, 하악 모두 적용되지만 한 사람당 평생 치아 2개까지만 혜택을 받을 수 있음을 유념해야 한다. 치아가 하나도 없는 무치악 상태는 대상에서 제외된다.
>
> 남아 있는 치아 상태 혹은 심한 당뇨나 고혈압에 의해 임플란트 시술이 어렵다고 진단되면 틀니로 대체하는 방법도 있다. 우리나라 65세 이상 노인 약 50%가 사용할 만큼 틀니는 대중화된 보철치료다. 고정되어 있지 않아 씹는 힘이 임플란트에 비해 약하고 관리도 번거롭지만 치료가 빠르기 때문이다. 틀니의 건강보험 본인부담률은 차상위 희귀난치질환자는 5%이며, 차상위 만성질환자 등은 15%로 본인부담률이 더욱 낮다. 틀니는 주기적으로 교체가 필요한 만큼 7년에 한 번씩 건강보험 적용을 받을 수 있는데, 만약 구강상태가 심각하게 변화해 새로운 틀니가 필요하다고 진단받게 되면 7년 이내라도 1회에 한해 다시 제작하는 게 가능하다. 또한 임플란트와 달리 무치악 상태도 적용이 되므로 혜택의 범위가 더욱 넓다.
>
> 치아는 한 번 손상되면 회복이 어렵고 치료를 늦출수록 비용도 많이 들기 때문에 평소 관리를 잘하는 것이 중요하다. 가장 기본적이고도 손쉬운 방법이 스케일링인데, 만 19세 이상은 일 년에 한 번 건강보험 혜택을 받을 수 있어 정기적인 구강관리에 도움이 된다. 스케일링이란 치아 구석구석에 쌓인 치석을 긁어내는 시술로, 잇몸병 예방은 물론 구취 제거에도 효과적이다. 건강보험 적용 시 스케일링 비용은 회당 1~2만 원 정도이다. 보통은 1년에 한두 번이면 충분하지만 흡연자이거나 평소 구강관리에 소홀하다면 시기를 좀 더 앞당기는 것이 좋다.

① 기본적이고 손쉬운 구강관리로 스케일링, 자연치아를 대체할 대중적인 치료법으로 임플란트, 자연치아를 대체할 가장 효과적인 치료법으로 틀니가 권장된다.

② 임플란트 건강보험 혜택은 한 사람당 치아 2개까지 적용되고 무치악 상태는 대상에서 제외된다.

③ 틀니는 65세 이상 노인의 절반가량이 사용할 만큼 대중적인 보철기구로 임플란트에 비해 치료 속도가 빠르며 차상위 희귀난치질환자의 경우 본인부담률이 15%로 경제적 부담 또한 적다.

④ 스케일링은 치석을 긁어내는 시술로 잇몸병 예방 및 구취 제거 효과가 있으며, 만 20세 이상은 일 년에 한 번 건강보험 혜택을 받을 수 있어 정기적인 구강관리에 도움이 된다.

⑤ 스케일링은 흡연자이거나 평소 구강관리에 소홀해도 1년에 한두 번 받으면 충분하다.

우리가 쓰는 전류는 교류지만 에디슨이 처음 발명한 전기는 직류였다. 직류는 전압을 마음대로 변경할 수 없기 때문에 수용가가 그대로 사용할 수 있는 저압으로 송전해야 했다. 수용가가 멀리 떨어져 있을 경우 전압이 떨어져 전등이 잘 켜지지 않는 문제가 있었다. 초창기 발전소는 시내 중심에서 화력발전으로 생산해서 송전 거리가 길지 않지만, 값싼 수력을 사용하기 위해 도시와 멀리 떨어진 곳에 수력발전소가 건설되면서 상황이 달라졌다. 송전 손실이 적은 장거리 고압 송전 방식으로 전기를 이동시킨 후 변압기로 고압을 저압으로 바꾸는 방식을 취하게 되면서 직류가 아닌 교류 전기의 적합성이 알려지기 시작했다. 에디슨은 직류 전기가 교류 전기보다 안전하다고 홍보했지만 결국 경쟁자였던 테슬라가 만든 교류전기에 밀렸다. 직류를 쓸지, 교류를 쓸지의 문제가 사회적으로 구성된 것이다.

이렇듯 기술이 사회에 영향을 주는 것과 사회가 기술에 영향을 주는 것은 양자 모두 가능하다. 토머스 휴즈(Thomas Hughes)는 양자를 연결하는 개념으로 사회 기술 체계(STS, Socio-Technological System)를 내세웠다. 기술에는 테크닉의 ⓐ측면뿐만아니라 사회적인 면까지 있다고 주장한 것이다.

자동차도 그 예로 들 수 있다. 자동차는 일종의 기술 체계다. 하지만 자동차가 우리 사회에서 기능하려면 자동차만 있어선 ⓑ안 된다. 도로와 신호체계, 연료, 원유 정유 시설, 주유소, 정비소 등이 필요하다. 나아가 보험과 자동차 관련 법제도 필요하다. 즉 기술 체계 자체에는 이미 사회적 측면이 있다. 그래서 자동차 관련 기술 체계와 사회적 체계들은 한 번 ⓒ구축돼고 나면 이후 변경이 상당히 어렵다. 통계에 의하면 우리나라 국민의 20% 이상이 자동차 산업과 연결돼 있다고 한다. 이렇게 자동차 위주 교통망을 구축한 나라는 철도나 타 교통수단 중심으로 바뀌기가 굉장히 어렵다.

이는 시스템 자체가 바꾸기 어려운 물리적 구조물로 구성된 측면 때문이기도 하지만, 이 시스템에 이해관계로 ⓓ얽켜 있는 사람들, 이 시스템을 중심으로 먹고 사는 사람들이 너무 많기 때문이기도 하다. 그래서 특정 시스템은 만들어지고 나면 ⓔ이른 바 '관성'이라는, 시스템의 속성을 유지·강화하려는 성질을 갖게 된다.

19 다음 글에 대한 반응으로 가장 적절한 것은?

① A : 우리가 현재 쓰고 있는 전류는 에디슨이 처음 발명한 직류구나.

② B : 직류 전기는 송전 손실이 적은 장거리 고압 송전 방식으로 전기를 이동시킨 후 변압기로 고압을 저압으로 바꾸는 방식이다.

③ C : 기술 체계와 사회적 체계들은 사회의 변화에 따라 변경할 수 있구나.

④ D : 우리나라 국민의 20% 이상이 도로, 신호체계, 연료, 원유 정유 시설, 주유소, 정비소, 보험, 자동차 관련 법제 등 자동차 관련 산업에 연결돼 있었구나.

⑤ E : 휴즈는 사회 기술 체계 개념으로 기술에는 테크닉이 가장 중요하며 사회적인 면은 부수적인 것이라고 주장했다.

20 밑줄 친 ⓐ~ⓔ 중 맞춤법이 옳은 것은?

① ⓐ
② ⓑ
③ ⓒ
④ ⓓ
⑤ ⓔ

01 다음 식을 계산한 값으로 적절한 것은?

$$1{,}014 + 1{,}260 - 1{,}221 - 1{,}372 + 1{,}019$$

① 900
② 850
③ 800
④ 750
⑤ 700

02 다음은 한부모가정의 혼인 상태에 대한 자료이다. 40대 한부모가정의 이혼과 사별 가구 수의 차이는? (단, 소수 첫째 자리에서 반올림한다.)

〈한부모가정의 혼인 상태〉

구분	총 가구 수(가구)	30대 이하(%)	40대(%)	50대 이상(%)
이혼	2,692	23.1	61.6	15.3
사별	608	13.1	70	16.9

① 약 1,272가구
② 약 1,262가구
③ 약 1,252가구
④ 약 1,242가구
⑤ 약 1,232가구

03 다음은 연도별 의료보장, 건강보험, 의료급여 적용인구 현황에 대한 자료이다. 적용인구의 증감 추이를 설명한 것으로 옳은 것은?

〈연도별 의료보장, 건강보험, 의료급여 적용인구 현황〉

(단위 : 명)

구분	2020년	2021년	2022년	2023년	2024년
의료보장	51,4448,491	52,034,424	52,870,698	52,928,662	52,932,270
건강보험	49,904,855	50,063,280	50,940,885	50,712,910	51,409,624
의료급여	1,458,871	1,440,762	1,544,267	1,488,846	1,522,292

① 건강보험 적용인구 수는 2023년까지 꾸준히 증가하였다.
② 2024년 의료보장, 의료급여 적용인구 수는 2년 전 대비 증가하였다.
③ 2021년에는 의료보장, 건강보험, 의료급여 적용인구 수 모두 전년 대비 증가하였다.
④ 건강보험 적용인구 수는 2022~2024년까지 의료급여 적용인구 수와 같은 증감 추이를 보인다.
⑤ 의료보장 적용인구 수의 증감 추이는 매년 다른 양상을 보인다.

04 다음은 계절별 산불발생 현황에 대한 자료이다. 2024년을 포함한 계절별 10년 평균을 구하면? (단, 소수 첫째 자리에서 반올림한다.)

〈계절별 산불발생 현황〉

(단위 : 건)

구분		발생건수
봄 (3~5월)	금년	370
	2015~2023년 평균	319
여름 (6~8월)	금년	12
	2015~2023년 평균	49
가을 (9~11월)	금년	40
	2015~2023년 평균	48
겨울 (12~2월)	금년	174
	2015~2023년 평균	150

	봄	여름	가을	겨울
①	334건	35건	37건	162건
②	324건	45건	47건	152건
③	314건	55건	57건	142건
④	304건	65건	67건	132건
⑤	294건	75건	77건	122건

05 다음은 육아휴직제도에 대한 자료이다. 이에 대한 설명으로 옳지 않은 것은?

〈국가행정기관 및 지방자치단체 육아휴직제도 시행 업체 및 이용률〉

구분	2023년		2024년	
	시행 업체(곳)	이용률(%)	시행 업체(곳)	이용률(%)
국가행정기관	45	77.6	51	79.1
시/도 광역자치단체	17	63.2	20	60.6
시/군/구 기초자치단체	226	64.7	288	70.0

① 조사기간 중 국가행정기관 및 지방자치단체의 육아휴직제도 시행 업체는 모두 증가했다.

② 2023년 대비 2024년 국가행정기관의 육아휴직제도를 시행하는 업체는 15% 이상 증가했다.

③ 2024년 시/군/구 기초자치단체의 육아휴직제도는 시행하지만 이용하지 않은 업체는 85곳 이상 이다.

④ 시/도 광역자치단체의 육아휴직제도 이용 업체는 2023년보다 2024년에 더 늘었다.

⑤ 2024년 시행 업체 중 국가행정기관의 비중이 15% 미만을 차지한다.

06 연속하는 세 홀수의 합이 65 초과 70 미만이라고 할 때, 세 홀수 중 가장 큰 수는?

① 19   ② 21

③ 23   ④ 25

⑤ 27

07 1개에 500원인 초콜릿과 300원인 사탕을 총 12개 구매하였다. 5,000원을 모두 사용하여 최대로 구매할 수 있는 초콜릿은 몇 개인가?

① 6개   ② 7개

③ 8개   ④ 9개

⑤ 10개

08 다음은 A팀원들의 전공을 조사한 자료이다. A팀 남직원 중 한 명을 고를 때, 이과 출신일 확률은?

구분	남자	여자	합계
이과	14	7	21
문과	8	11	19
합계	22	18	40

① $\dfrac{7}{20}$

② $\dfrac{4}{11}$

③ $\dfrac{21}{40}$

④ $\dfrac{7}{11}$

⑤ $\dfrac{2}{3}$

09 다음은 학생 성적별 사교육 참여율에 대한 자료이다. 이에 대한 설명으로 옳은 것을 고르면?

〈학생 성적별 사교육 참여율〉

(단위 : %)

구분	상위 10% 이내	상위 11~30%	상위 31~60%	상위 61~100%
개인과외	14.1	15.0	12.7	19.5
그룹과외	7.4	6.9	5.8	7.9
학원수강	60.8	55.4	49.7	58.8
온라인 강의	16.4	13.8	11.2	14.9

※ 과외는 개인과외와 그룹과외로만 구분한다.

① 성적이 낮을수록 학생들은 학원수강의 비중이 높다.

② 과외를 받는 학생들은 상위 61~100% 비중이 가장 많다.

③ 상위 30% 이내인 학생은 그 외 학생들보다 온라인 강의 참여율이 5% 더 높다.

④ 상위 31~60% 학생들 중 사교육에 참여하지 않는 학생의 비중은 20%를 넘지 않는다.

⑤ 성적이 높을수록 그룹과외에 참여하는 비중이 올라간다.

[10~11] 다음은 우리나라 에너지 수출입액을 나타낸 자료이다. 다음 물음에 답하시오.

〈우리나라 에너지 수출입액〉

(단위 : 백만 USD)

구분		2022년	2023년	2024년
수입	석탄	1,285	1,538	1,909
	가스	2,395	3,821	2,549
	석유	10,465	9,554	10,209
수출	석유	4,440	4,351	4,210

10 자료에 대한 설명으로 옳지 않은 것은?

① 조사기간 동안 수입 가스 에너지와 수입 석유 에너지의 증감 추이는 서로 반대이다.

② 2022년 대비 2024년 수입 석탄 에너지는 45% 이상 증가했다.

③ 조사기간 동안 석유 에너지는 수출액보다 수입액이 매년 더 크다.

④ 2023년 수입액 중 가스 에너지는 30%를 차지한다.

⑤ 2023~2024년 동안 석유 에너지 수출액은 작년 대비 감소폭이 점점 커진다.

11 조사기간 동안 석유 에너지의 수입액과 수출액의 차이는 얼마인가?

	2022년	2023년	2024년
①	6,225백만 USD	5,403백만 USD	5,779백만 USD
②	6,125백만 USD	5,303백만 USD	5,889백만 USD
③	6,025백만 USD	5,203백만 USD	5,999백만 USD
④	5,925백만 USD	5,103백만 USD	6,009백만 USD
⑤	5,825백만 USD	5,003백만 USD	6,119백만 USD

12 한 수목원은 35명 이상의 단체가 관람할 경우 35%를 할인해 준다. 한 명의 입장료가 12,000원일 때, 최소 몇 명이면 35명의 단체 관람을 신청하는 것이 유리한가?

① 21명   ② 22명
③ 23명   ④ 24명
⑤ 25명

13 A씨가 혼자 일하면 7시간, B씨가 혼자 일하면 8시간 걸리는 일이 있다. A씨가 혼자 2시간을 일한 후, 나머지 일을 A씨, B씨가 함께 마무리한다고 할 때, 함께 일하는 시간은 얼마인가?

① 2시간 40분   ② 2시간 30분
③ 2시간 20분   ④ 2시간 10분
⑤ 2시간

14 다음은 5개 지역별 수도공급설비에 대한 자료이다. 시설당 평균 면적이 큰 순으로 올바르게 나열한 것은?

〈5개 지역별 수도공급설비 현황〉

구분	시설 수(개)	면적(m²)
서울	122	2,241,288
부산	100	895,062
대구	71	3,578,090
인천	69	2,048,914
경기	559	10,162,515

① 인천, 대구, 경기, 서울, 부산   ② 인천, 대구, 서울, 경기, 부산
③ 대구, 부산, 서울, 경기, 인천   ④ 대구, 인천, 경기, 서울, 부산
⑤ 대구, 인천, 서울, 경기, 부산

15 다음은 기간별 정기예금에 대한 자료이다. 이에 대한 설명으로 옳은 것은?

〈기간별 정기예금 금액〉

(단위 : 십억 원)

구분	2022년	2023년	2024년
6개월 미만	186,394	199,062	209,766
6개월 이상 1년 미만	178,803	183,391	189,875
1년 이상 2년 미만	575,160	573,599	579,807
2년 이상 3년 미만	31,213	30,622	32,004
3년 이상	29,757	29,218	29,891

① 조사기간 중 정기예금 금액은 2년 이상 3년 미만이 가장 많다.

② 조사기간 중 3년 이상 정기예금 금액의 증감 추이와 동일한 기간은 3곳이 있다.

③ 2024년 정기예금 금액 중 1년 미만인 금액은 2년 이상인 금액보다 6배 이상 더 많다.

④ 조사기간 중 정기예금 금액이 200,000십억 원이 넘는 경우는 총 3건이다.

⑤ 6개월 미만 정기예금 금액은 2023년보다 2024년이 10,804십억 원 더 많다.

16 다음은 연령별 봉사활동 현황에 대한 자료이다. 이에 대한 설명으로 옳은 것은?

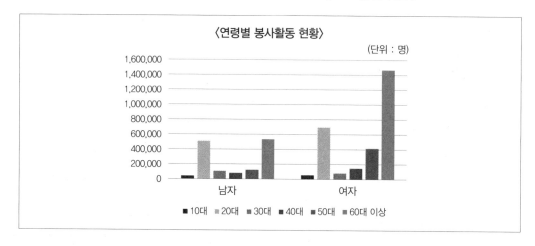

① 봉사활동에 참가하는 연령층 중에 10대의 수가 두 번째로 적다.

② 봉사활동에 참가하는 20대 남자는 30대 여자보다 4배 이상 많다.

③ 모든 연령층에서 남자보다 여자의 봉사활동 참가인원이 많다.

④ 연령별로 봉사활동 참가인원이 많은 순서대로 나열하면 남자와 여자가 동일하다.

⑤ 60대 이상 봉사활동에 참가하는 여자의 수는 남자의 수의 4배 이상이다.

17 다음은 의료폐기물 처리방법 및 처리량에 대한 자료이다. 이에 대한 설명으로 옳은 것은?

〈의료폐기물 처리방법 및 처리량〉

(단위 : 톤)

구분	위탁	자가 처리	
	소각	멸균분쇄	기타
격리의료폐기물	223,846	1,740	3,889
병리계폐기물	30,521	180	116
생물화학폐기물	15,502	82	502
손상성폐기물	7,387	4.8	2.6
일반의료폐기물	6,339	125	3.8
조직물류폐기물	139,606	1,475	41
태반	7,396	7.2	2,181

① 의료폐기물의 처리방법은 위탁보다 자가 처리인 경우가 더 많다.

② 의료폐기물 자가 처리 방법에서 멸균분쇄보다 기타 처리량이 항상 더 많다.

③ 격리의료폐기물의 처리량 중 멸균분쇄 방법은 1% 이상 차지한다.

④ 일반의료폐기물의 처리량 중 위탁은 자가 처리보다 50배 이상 더 많다.

⑤ 멸균분쇄 방법으로 처리한 의료폐기물의 처리량 중 조직물류폐기물은 40% 이상 차지한다.

[18~19] 다음은 상품 가격별 개인 간 중고거래에 대한 자료이다. 물음에 답하시오.

<상품 가격별 개인 간 중고거래 현황>

구분	2023년		2024년	
	응답자 수(명)	A앱에서 구매(%)	응답자 수(명)	A앱에서 구매(%)
10,000원 미만	5,646	80.4	6,237	78.2
10,000원 이상 50,000원 미만	6,549	82.7	7,008	88.3
50,000원 이상 100,000원 미만	6,487	78.6	5,730	80.4
100,000원 이상 500,000원 미만	3,326	62.5	2,406	58.9
500,000원 이상	141	42.5	205	38.5

18 자료에 대한 내용으로 옳은 것은? (단, 소수 첫째 자리에서 반올림한다.)

① 상품 가격에 상관없이 A앱에서 구매하는 비율이 절반 이상이다.

② A앱으로 5만 원 미만 상품을 중고거래한 사람은 2023년보다 2024년 1,200명 이상 증가했다.

③ A앱으로 50만 원 이상 상품을 중고거래한 사람은 2023년보다 2024년에 더 적다.

④ A앱으로 2023년에 5만 원 이상 10만 원 미만 상품을 중고거래한 사람은 만 원 미만 상품을 중고거래한 사람보다 500명 이상 더 많다.

⑤ 2024년 10만 원 이상 50만 원 미만 상품을 A앱에서 거래하지 않은 사람은 1,000명 이상이다.

19 2023년 대비 2024년 상품 가격별 A앱으로 거래한 구매 비율의 증감을 바르게 나타낸 것은?

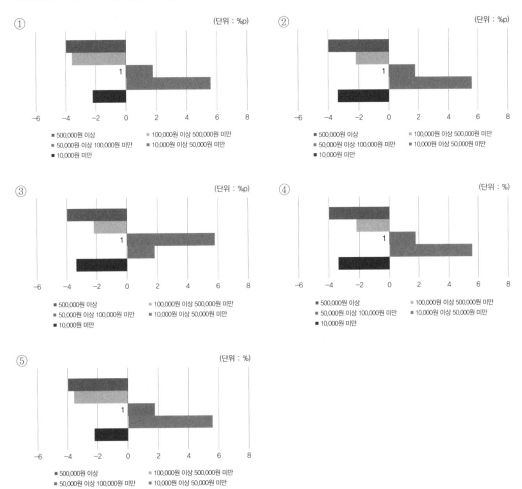

20 다음은 우리나라 사회안전에 대한 자료이다. A사원은 연령별 사회안전에 대한 인식도를 파악하기 쉽게 그래프로 변경하여 보고하려고 한다. A사원이 작성한 그래프 중 옳지 않은 것은?

〈우리나라 사회안전에 대한 인식도〉

(단위 : %)

구분		안전함	보통	안전하지 않음
10대	남성	37.9	42.2	19.9
	여성	26.2	45.6	28.2
20대	남성	29.4	41.4	29.2
	여성	23.4	43	33.6
30대	남성	28.5	44.1	27.4
	여성	22.4	44.3	33.3
40대	남성	28.3	44.8	26.9
	여성	26	43.7	30.3

① 사회안전에 대한 연령별 여성의 인식도

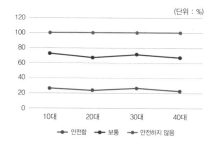

② 사회안전에 대한 10대 남녀 인식도

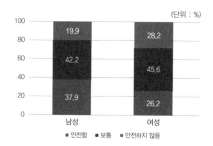

③ 사회안전에 대해 '보통'이라고 인식하는 20~40대 남녀 인식도

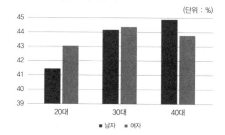

④ 사회안전에 대한 '안전하지 않음'으로 인식 하는 여성의 연령별 인식도

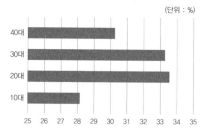

⑤ 사회안전에 대한 '안전함'으로 인식하는 남성과 여성의 연령별 인식도 차이

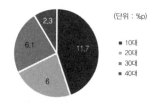

01 다음 중 업무수행과정에 따른 문제 유형에 대한 설명으로 옳은 것은?

① 발생형 문제는 일탈 문제와 미달 문제로 이루어져 있다.

② 발생형 문제는 현재 상황을 개선하거나 효율을 높이기 위한 문제이다.

③ 탐색형 문제는 창조적인 노력이 요구되기 때문에 창조적 문제라고도 한다.

④ 설정형 문제는 우리 눈앞에 발생되어 당장 해결하기 위해 고민하는 문제이다.

⑤ 설정형 문제는 잠재 문제, 예측 문제, 발견 문제로 구분된다.

02 다음 중 〈보기〉에서 소프트 어프로치에 대한 설명을 모두 고른 것은?

〈보기〉
㉠ 같은 문화적 토양을 가진 구성원끼리 이심전심으로 서로를 이해하는 상황이다.
㉡ 결론이 애매하게 산출되는 경우가 적지 않다.
㉢ 상이한 문화적 토양을 가지고 있는 구성원으로 의견 조율이 필요한 상황이다.
㉣ 결론을 미리 그려 가면서 권위나 공감에 의지해 타협과 조정을 통해 해결을 도모한다.
㉤ 합의점이나 줄거리를 준비해 놓고 예정대로 결론이 도출되어서는 안 된다.

① ㉠, ㉡　　　　② ㉢, ㉤
③ ㉠, ㉡, ㉣　　④ ㉠, ㉢, ㉤
⑤ ㉡, ㉣, ㉤

03 다음 중 문제해결능력에 대한 설명으로 옳지 않은 것은?

① 문제란 해결하기를 원하지만 실제로 해결해야 하는 방법을 모르는 상태이다.

② 탐색형 문제란 현재의 상황을 개선하거나 효율을 높이기 위한 문제를 말한다.

③ '앞으로 어떻게 할 것인가'에 대한 문제는 설정형 문제이다.

④ 현상 및 원인 분석 전에 일의 과정이나 결론을 가정하는 것은 가설 지향의 문제이다.

⑤ 객관적 사실로부터 사고와 행동을 실행하는 것은 성과 지향의 문제이다.

04 다음 중 비판적 사고의 개발 방법으로 옳지 않은 것은?

① 지적 정직성 : 적절한 결론이 제시되기까지 거짓 가능성을 열어 둠
② 객관성 : 타당한 논증을 근거로 결론에 도달
③ 개방성 : 다양한 신념이 진실일 수 있음을 받아들임
④ 융통성 : 독단적 태도나 경직성을 배격하고, 개인의 신념 및 탐구방법 변경 가능
⑤ 다른 관점 존중 : 타인의 관점을 경청하고 들은 것에 대하여 정확히 반응함

05 다음 중 논리적 사고를 개발하기 위한 방법에 대한 설명으로 옳지 않은 것은?

① 피라미드 구조화 방법은 보조 메시지를 통해 얻은 메인 메시지를 종합하여 최종 정보를 도출해 내는 방법이다.
② 피라미드 구조화 방법은 하위 사실과 상위 주장 간의 교차가 가능하다.
③ so what 방법은 눈앞에 있는 정보로부터 의미를 찾아내어 가치 있는 정보를 이끌어 낸다.
④ so what 방법은 "그래서 무엇이지?"하고 자문자답하는 의미이다.
⑤ so what 방법은 "어떻게 될 것인가?", "어떻게 해야 한다."라는 내용을 포함해야 한다.

06 다음 중 사고력에 대한 설명으로 옳지 않은 것은?

① 창의적 사고란 어떤 주제나 주장에 대해 분석ㆍ종합ㆍ평가하는 능동적인 사고이다.
② 자유연상법은 어떤 주제에서 생각나는 것을 계속해서 열거해 나가는 발산적 사고이다.
③ 비교발상법은 주제의 본질과 닮은 것을 힌트로 아이디어를 얻는 방법이다.
④ 강제연상법은 각종 힌트에서 강제적으로 연결지어 발상하는 방법이다.
⑤ 고정관념은 비판적 사고를 방해하는 요소로 사물을 바라보는 편협적인 시각이다.

07 다음 중 문제해결 절차의 문제 인식 단계에서 과제 선정 시 고려해야 할 사항으로 옳지 않은 것은?

① 과제안 중 효과 및 실행 가능성 측면을 평가하여 가장 우선순위가 높은 안을 선정한다.

② 우선순위 평가 시 과제의 목적, 목표, 지원현황 등을 종합적으로 고려한다.

③ 실시상의 난이도는 고려하지 않기 때문에 과제 해결의 용이성은 고려하지 않는다.

④ 달성의 긴급도 및 달성에 필요한 시간 등 과제 착수의 긴급성을 고려한다.

⑤ 경쟁사와의 차별화, 고객만족도 향상 등 과제 해결의 중요성을 고려해야 한다.

PART 01
PART 02
PART 03
PART 04
부록
최종점검 모의고사

08 다음 중 3C 분석에 대한 설명으로 옳지 않은 것은?

① 내부 환경 요인과 외부 환경 요인으로 나누어 분석한다.

② 시장 환경을 구성하는 자사, 경쟁사, 고객 3요소를 분석한다.

③ 자사 분석 시 자사 내부의 강점과 약점에 대한 분석이 이루어져야 한다.

④ 고객 분석 시 고객이 자사의 상품 및 서비스에 만족하는지 분석한다.

⑤ 경쟁사 분석 시 경쟁기업의 우수한 점과 자사와의 차이점을 분석한다.

09 다음 중 로직트리(Logic Tree)에 대한 설명으로 옳지 않은 것은?

① 문제해결 절차의 문제 도출 단계에서 문제 구조 파악 시 활용된다.

② 개선점을 구하기 위하여 설정한 모든 질문을 점검한다.

③ 전체 과제를 명확히 하고 분해해 가는 가지의 수준을 맞춰야 한다.

④ 주요 과제를 나무 모양으로 분해 · 정리하는 기술이다.

⑤ 원인이 중복되거나 누락되지 않고 각각의 합이 전체를 포함해야 한다.

10 다음 중 〈조건〉이 모두 참일 때 항상 참인 것은?

〈조건〉
- 아침 운동을 하는 사람은 택시를 타지 않는다.
- 자전거를 타는 사람은 버스를 탄다.
- 자전거를 타지 않는 사람은 택시를 탄다.

① 자전거를 타는 사람은 아침 운동을 한다.
② 버스를 타는 사람은 자전거를 탄다.
③ 택시를 타는 사람은 버스를 탄다.
④ 버스를 타지 않는 사람은 자전거를 타지 않는다.
⑤ 아침 운동을 하지 않는 사람은 택시를 탄다.

11 ○○ 지자체는 여름 휴가 시즌을 맞이하여 지역 거주민을 대상으로 수업 A~D 4개를 운영한다. 주어진 〈조건〉이 참일 때 반드시 거짓인 것은? (단, 각 수업의 최대 수강 인원은 3명이다.)

〈조건〉
- 수업 신청자는 갑, 을, 병, 정, 무 총 5명이며, 수업 D는 2명만 수강할 수 있다.
- 수업 A~D를 모두 듣는 사람은 1명, 수업을 2개 수강하는 사람은 3명, 수업을 1개 수강하는 사람은 1명이다.
- 갑과 병은 수업 A를 수강하고, 갑은 다른 수업은 수강하지 않는다.
- 무는 병과 함께 수업 C와 수업 D를 수강하며, 을과 같이 수강하는 수업은 없다.

① 갑과 을은 같은 수업을 수강한다.
② 정과 갑은 같은 수업을 수강하지 않는다.
③ 갑과 같은 수업을 수강하는 사람은 3명이다.
④ 무와 같은 수업을 수강하는 사람은 2명이다.
⑤ 병과 같은 수업을 수강하지 않는 사람은 없다.

12 기숙사 룸메이트인 갑~무 5명 중 1명이 외출 전 에어컨을 끄지 않았다. 3명만 진실을 말했을 때, 에어컨을 끄지 않은 사람과 거짓말을 한 사람이 올바르게 짝지어진 것은?

- 갑 : 나는 에어컨을 끄고 나갔어.
- 을 : 갑의 말은 진실이야.
- 병 : 정이 에어컨을 끄지 않았어.
- 정 : 병은 거짓말을 하고 있어.
- 무 : 을은 에어컨을 껐어.

	에어컨을 끄지 않은 사람	거짓말을 한 사람
①	갑	병, 정
②	을	정, 무
③	을	병, 무
④	정	갑, 병
⑤	정	갑, 무

13 A~E 5명 중 2명은 거짓을 말할 때, 출장을 가지 않은 사람과 거짓말을 한 사람이 올바르게 짝지어진 것은?

- A : E와 C와 저는 출장을 갔습니다.
- B : 저와 E와 D는 출장을 갔습니다.
- C : A를 제외하고 모두 출장을 갔습니다.
- D : E는 출장을 가지 않았습니다.
- E : 저는 출장을 갔습니다.

	출장을 가지 않은 사람	거짓말을 한 사람
①	A	A, E
②	A	C, E
③	E	C, D
④	E	A, D
⑤	A	A, D

14 프로젝트 완료 후 A공사 기획팀 팀원 5명은 월~금요일에 하루씩 연차를 사용하였다. 다음 조건을 따를 때 참이 될 수 없는 것은? (단, 연차일이 같은 팀원은 없다.)

<조건>
- 박 사원은 월, 화요일에 쉬지 않았다.
- 최 과장과 장 사원은 연달아 연차를 냈고, 그중 하루는 수요일이다.
- 이 주임은 화요일과 목요일 중 하루를 쉬었다.
- 김 대리가 연차를 쓴 날은 화요일이 아니다.

① 장 사원이 목요일에 쉬면 이 주임은 화요일에 쉰다.
② 최 과장이 화요일에 쉬면 이 주임은 목요일에 쉰다.
③ 이 주임이 화요일에 쉬면 최 과장은 수요일에 쉰다.
④ 김 대리는 월요일에 쉰다.
⑤ 박 사원은 목요일에 쉰다.

15 주어진 〈조건〉에 따라 3칸으로 된 정리함에 7개의 사무용품을 정리하려고 할 때, 항상 서로 다른 칸에 놓이는 물건으로 짝지어진 것은? (단, 칸의 순서는 무관하다.)

<조건>
- 사무용품을 하나만 넣은 칸은 없다.
- 샤프와 볼펜은 같은 칸에 정리한다.
- 가위가 들어 있는 칸은 물건이 두 개뿐이며, 그 칸에 칼은 없다.
- 자와 지우개는 다른 칸에 정리하며, 볼펜과도 같이 두지 않는다.
- 형광펜은 가위와 같은 칸에 두지 않는다.

① 샤프, 자, 칼   ② 볼펜, 자, 지우개
③ 지우개, 자, 형광펜   ④ 볼펜, 가위, 지우개
⑤ 가위, 샤프, 형광펜

16 다음은 갑과 을이 만든 숫자 카드와 다트판을 이용한 게임 규칙이다. 자료를 바탕으로 추론할 수 있는 내용으로 옳지 않은 것은?

〈게임 규칙〉

• 1부터 5까지 숫자가 하나씩 적힌 5장의 카드와 3개의 구역이 있는 다트판이 있다.

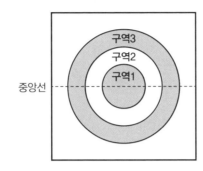

• 우선 5장의 카드 중 1장을 임의로 뽑고, 그 후 다트를 1차 시기와 2차 시기에 각 1번씩 총 2번 던진다.
• 뽑힌 카드에 적혀 있는 숫자가 '카드점수'가 된다.

〈점수 산정 방법〉

1차 시기 점수 산정 방법	• 다트가 구역1에 꽂힐 경우 : 카드점수×3 • 다트가 구역2에 꽂힐 경우 : 카드점수×2 • 다트가 구역3에 꽂힐 경우 : 카드점수×1 • 다트가 그 외 영역에 꽂힐 경우: 카드점수×0
2차 시기 점수 산정 방법	• 다트가 다트판의 중앙선 위쪽에 꽂힐 경우 : 2점 • 다트가 다트판의 중앙선 아래쪽에 꽂힐 경우 : 0점
최종점수 산정 방법	• 최종점수 : 1차 시기 점수+2차 시기 점수

※ 다트판의 선에 꽂히는 경우 등 그 외 조건은 고려하지 않는다.

① 갑이 짝수가 적힌 카드를 뽑았다면, 최종점수는 홀수가 될 수 없다.
② 갑이 홀수가 적힌 카드를 뽑았다면, 최종점수는 홀수 혹은 짝수가 될 수 있다.
③ 갑이 숫자 2가 적힌 카드를 뽑았다면, 가능한 최종점수는 8가지이다.
④ 갑이 숫자 4가 적힌 카드를, 을이 숫자 2가 적힌 카드를 뽑았다면, 가능한 갑의 최종점수 최댓값과 을의 최종점수 최댓값의 합은 22점이다.
⑤ 갑이 숫자 5가 적힌 카드를, 을이 숫자 3이 적힌 카드를 뽑았다면, 가능한 갑의 최종점수 최댓값과 을의 최종점수 최솟값의 차이는 17점이다.

[17~18] ○○시는 A~E구 중 한 곳에 어린이 도서관을 신규 설립하려 한다. 자료를 바탕으로 이어지는 물음에 답하시오.

〈A~E구 정보〉

구분	아동인구(명)	아동인구비율(%)	면적(km²)	도서관 수(개관)
A구	48,603	10.8	24.58	10
B구	36,430	9.9	24.57	6
C구	12,518	8.1	23.91	9
D구	61,955	11	39.54	14
E구	21,044	8.9	13.1	4

※ 아동 인구는 연령 1~13세에 해당하는 인구이다.

〈전국 도서관 주제별 도서 평균 보유율〉

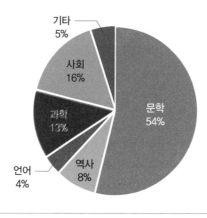

17 다음 두 가지 기준으로 합산 점수가 가장 높은 곳을 선정할 때, 어린이 도서관이 세워질 곳은 어디인가? (단, 계산 시 소수점 둘째 자리에서 반올림한다.)

〈아동인구비율〉

비율	10% 이상	9.5% 이상 10% 미만	9% 이상 9.5% 미만	8.5% 이상 9% 미만	8.5% 미만
점수	5	4	3	2	1

〈10km²당 도서관 수〉

비율	2.5개관 이하	2.5개관 이상 3개관 미만	3개관 이상 3.5개관 미만	3.5개관 이상 4개관 미만	4개관 이상
점수	10	8	6	4	2

① A구   ② B구
③ C구   ④ D구
⑤ E구

18 17번 문제에서 선정된 지역에 도서관을 설립하고 주어진 도서 구입 조건에 따라 장서를 구매하려 한다. 다음 중 가장 많은 예산을 필요로 하는 도서 분야로 옳은 것은? (단, 총 장서 수는 해당 지역 아동 인구와 같고, 주제별 비율은 그래프를 따른다.)

〈도서 구입 조건〉

분야	1권당 가격	비고
과학	11,000원	
문학	5,000원	도서 절반 기증 예정
사회	8,000원	
언어	9,000원	25%는 사전류이며, 1권당 35,000원
역사	10,000원	

① 과학   ② 문학
③ 사회   ④ 언어
⑤ 역사

[19~20] ○○공사는 워크숍 장소를 결정하기 위해 팀별로 희망지역을 조사하였다. 팀별 정보와 희망지역별 숙소 현황을 참고하여, 이어지는 물음에 답하시오.

〈팀별 참가인원 및 희망지역〉

구분	연구개발팀	인사팀	영업팀	사업지원팀	설비팀
참가인원	25명	30명	15명	35명	25명
희망지역	경주, 인천	강릉, 제주	강릉, 부산	인천, 전주	경주, 부산

〈지역별 숙소 현황〉

장소	A	B	C	D	E	F
소재지	경주	인천	강릉	전주	부산	제주
객실 구성	4인 25실 3인 12실	6인 25실	4인 16실 3인 20실	5인 15실 4인 10실	6인 15실 3인 10실	5인 20실 4인 10실
투숙 가능 인원	136명	150명	124명	115명	120명	140명

19 팀별 희망지역과 투숙 가능 여부를 고려할 때 후보지로 적절한 2곳은?

① A, B
② A, E
③ B, C
④ C, E
⑤ D, F

20 19번에서 선택한 두 곳 중 숙박비가 저렴한 곳을 최종 선택할 계획이다. 참여 인원 중 남직원과 여직원의 비율이 3:2일 때, 지불하게 될 숙박비는? (단, 워크숍은 1박 2일로 진행되며, 3인실은 55,000원, 4인실은 70,000원, 5인실은 90,000원, 6인실은 100,000원으로 지역별 객실료가 동일하다.)

① 2,155,000원
② 2,200,000원
③ 2,250,000원
④ 2,300,000원
⑤ 2,355,000원

03 최종점검 모의고사 3회

의사소통능력

01 다음 중 문서 표현의 시각화에 대해 적절하지 않은 설명을 한 사람은?

① A : 문서를 읽은 대상이 문서의 전반적인 내용을 쉽게 파악할 수 있어.
② B : 적절한 이미지 사용을 통해 해당 문서에 대한 기억력을 높일 수 있어.
③ C : 데이터 정보를 쉽게 이해할 수 있도록 차트를 사용하기도 해.
④ D : 관련 그림이나 사진 등으로 나타내는 것을 이미지 시각화라고 해.
⑤ E : 문서의 정보는 모두 도표나 그래프로 시각화하면 돼.

02 다음 중 밑줄 친 부분과 같은 의미로 사용된 것은?

> 선거 운동이 본격적으로 시작되기도 전에 양측은 혼탁 양상을 <u>띠었다</u>.

① 어제 개최되었던 모임은 다분히 정치적 성격을 <u>띠고</u> 있었다.
② 대화가 열기를 <u>띠면서</u> 사회자의 목소리도 점점 커졌다.
③ 익어가는 사과가 홍조를 <u>띠고</u> 있었다.
④ 경영진이 미소를 <u>띤</u> 채 입장했다.
⑤ 그녀는 붉은빛을 <u>띠는</u> 장미를 선물 받았다.

03 다음 대화문을 통해 알 수 없는 것은?

> A : 기안서를 작성하려고 하는데 정해진 양식이 있는데도 어디서부터 작성해야 할지 모르겠네요.
>
> B : 그렇다면 문제 해결 목적과 기대 효과부터 작성하는 것이 어떨까요? 그 후에 왜 이러한 방법으로 문제를 해결하려고 하는지 추가하는 것도 좋겠네요.
>
> A : 말씀하신 것을 참고해서 작성해보았는데 읽어보시고 의견 부탁드립니다.
>
> B : 문장이 너무 길기 때문에 되도록 문장은 간결하게 하고 항목별로 작성하는 것이 좋을 것 같아요. 또한 기안문은 반드시 완결문으로 작성하지 않아도 괜찮아요.
>
> A : 그렇다면 문장 앞에 번호를 붙여 한눈에 알아볼 수 있도록 정리하는 것이 좋겠네요.
>
> B : 네 맞아요. 그리고 근거의 객관성을 보충하기 위한 자료조사 역시 필요할 것 같아요.
>
> A : 그렇군요.
>
> B : 또한 서두에 목적을 먼저 제시하고 마지막을 기대 효과로 마무리하면 더욱 깔끔해 보일 수 있답니다.
>
> A : 알겠습니다. 조언 고맙습니다.

① 기안서는 정해진 양식이 있는 경우도 있다.

② 기안서에는 문제 해결 목적, 기대 효과, 해결 방안 등이 포함되어야 한다.

③ 기안서는 명료하고 간결하게 작성되어야 한다.

④ 기안문은 반드시 완결문으로 작성되어야 한다.

⑤ 해결 방안의 근거는 객관적으로 제시되는 것이 좋다.

04 일 경험에서의 의사소통에 대한 설명으로 적절한 것은?

> ㄱ. 원활한 의사소통을 통해 조직의 생산성을 향상시키기 위함이다.
>
> ㄴ. 조직 생활을 위해 필요한 정보를 전달하기 위함이다.
>
> ㄷ. 의사소통 시 구성원 간 의견이 다를 경우 상사의 말을 따라야 한다.
>
> ㄹ. 조직과 팀의 생산성 증진을 목적으로 구성원 간 정보와 지식을 전달하는 과정이다.
>
> ㅁ. 비공식적인 조직 내에서의 의사소통을 의미한다.

① ㄱ, ㄴ, ㄷ　　　　　　　　② ㄱ, ㄴ, ㄹ

③ ㄴ, ㄷ, ㄹ　　　　　　　　④ ㄴ, ㄹ, ㅁ

⑤ ㄷ, ㄹ, ㅁ

05 측면별 의사소통에 대한 설명으로 옳지 않은 것은?

① 언어를 통한 의사소통은 상대방에게 전달할 수 있는 정보의 정확성이 높다.

② 문서적인 측면의 의사소통은 전달성이 높고, 높은 보존성을 가진다.

③ 문서적인 측면의 의사소통은 언어적인 의사소통에 비해 권위감이 있다.

④ 언어적 측면의 의사소통은 상황에 맞게 상대방을 설득시킬 수 있으므로 유연성이 높다.

⑤ 언어적 측면의 의사소통은 대화를 통해 상대방의 반응이나 감정을 살필 수 있다.

06 의사소통을 저해하는 요소로 적절하지 않은 것은?

① 일방적으로 말하고 듣는 무책임한 마음

② 과도한 정보량

③ 명확하지 않은 메시지

④ 간접적인 의사소통

⑤ 정보의 빠른 전달

07 의사소통의 개발 방법으로 적절한 것은?

① 상대방에게 긍정적인 피드백만 전달해야 한다.

② 불특정 청자에게 전문적인 단어를 선택한다.

③ 상대방에게 자신의 감정을 있는 그대로 드러낸다.

④ 청자는 의사소통의 왜곡에서 오는 오해를 줄이기 위해 사후검토를 해야 한다.

⑤ 상대방의 행동이 타인에게 어떤 영향을 미치고 있는가에 대해 상대방에게 솔직하게 알려주는 것이 좋다.

08 문서 작성 시 고려해야 할 사항으로 적절하지 않은 것은?

① 문서를 작성하는 목표, 즉 문서를 작성하는 이유와 문서를 통해 전달하려는 것을 명확히 한 후 작성해야 한다.

② 문서를 작성할 때는 문서의 대상, 목적, 시기가 포함되어야 한다.

③ 기획서나 제안서 등 경우에 따라 기대효과를 포함하여 작성해야 한다.

④ 개인의 사고력과 표현력을 총동원하여 작성하도록 한다.

⑤ 문서를 작성할 때는 상대방이 이해하기 쉬운 단어를 사용해야 한다.

09 보고서 작성 시 유의사항으로 적절한 것은?

① 상대에게 어필하여 채택하게끔 설득력을 갖춰야 하므로, 상대가 요구하는 것이 무엇인지 고려하여 작성해야 한다.

② 상품이나 제품에 관해 설명하는 문서 목적에 맞춰 정확하게 기술해야 한다.

③ 업무 진행 과정에서 작성하는 경우, 진행 과정에 대한 핵심 내용을 구체적으로 제시하도록 작성해야 한다.

④ 명령문보다 평서형으로 작성해야 한다.

⑤ 한 장에 담아내는 것이 원칙이다.

10 다음 글에서 추론할 수 있는 것은?

고려시대에 지방에서 의료를 담당했던 사람으로는 의학박사, 의사, 약점사가 있었다. 의학박사는 지방에 파견된 최초의 의관으로서, 12목에 파견되어 지방의 인재들을 뽑아 의학을 가르쳤다. 반면 의사는 지방 군현에 주재하면서 약재 채취와 백성의 치료를 담당하였다. 의사들은 의학박사보다 관품이 낮았고, 실력이 처지거나 경력이 부족했다. 교육의 일부를 담당하기도 했지만 의학박사만큼 교육에 종사하기는 어려웠으며, 백성의 치료와 행정업무를 병행하였다.

한편 지방 관청은 환자들을 치료하는 공간이자 약재의 유통 공간인 약점을 설치하였고, 그곳에 약점사를 배정하였다. 약점사는 향리들 중에서 임명하였는데, 향리가 없는 개경과 서경을 제외한 전국의 모든 고을에 약점이 있었다. 큰 고을은 100여 칸, 중간 크기 고을은 10여 칸, 작은 고을은 4~5칸 정도의 규모였다. 지방 관청에는 향리들의 관청인 읍사가 있었는데, 약점사도 읍사 건물의 일부를 사용하였다. 약점사들이 담당한 여러 일 중 가장 중요한 것은 인삼, 생강, 백자인 등 백성들이 공물로 바치는 약재를 수취하고 관리하여 중앙정부에 전달하는 일이었다. 약점사는 국왕이 하사한 약재들을 관리하는 일과 환자들을 치료하는 일도 담당하였다. 지방마다 의사를 두지는 못하였으므로 의사가 없는 지방에서는 의사의 모든 업무를 약점사가 담당하기도 했다.

① 의사들 가운데 실력이 뛰어난 사람이 의학박사로 임명되었다.

② 의사는 지방군현에 주재하며 환자들을 치료하기 위해 약점을 설치하였다.

③ 의사가 없는 지방에서는 약점사가 교육의 일부를 담당하기도 했다.

④ 의사는 향리들 중에서 임명되었다.

⑤ 의사가 없는 지방에서는 약점사가 환자들을 치료하는 일을 담당하며 의사보다 신임을 높이 샀다.

[11~12] 다음 글을 읽고 이어지는 질문에 답하시오.

지진은 지반이 수평·수직 방향으로 건물을 흔드는 것이다. 하부에서 흔드는 진동추를 생각해 보면, 무게중심이 높이 있는 진동추일수록 진폭이 커질 것이며 진동으로 인한 힘이 커질 것을 ㉠짐작할 수 있다. 지진하중의 영향도 마찬가지이므로 지진 발생 시 높은 건물이 더 ㉡취약하다. 특히 반복되는 지반운동은 건물을 여러 모드로 휘어지게 하는 듯한 하중을 가한다.

지진하중의 크기에 영향을 미치는 근본적인 인자로는 먼저 지진대의 영향을 받는 지역과 받지 않는 지역의 차이를 들 수 있다. 과거 지진 ㉢양상을 고려했을 때 지반운동의 패턴도 다를 것이다. 또한 같은 지역 중에서도 단단한 지반이 있을 수 있고 연약한 지반이 있을 수 있다. 그리고 동일한 지진파를 받더라도 지반 위에 세워진 건물의 구조와 중량, 모양 등에 따라 받게 되는 하중의 영향에는 차이가 발생한다. 이러한 요소를 공학적 측면에서 ㉣면밀히 검토하여 지진하중을 예측하는 하중예측기준을 개발하고 그 기준을 따르는 건축물 설계가 필요한 이유이다.

바람, 눈, 지진과 같은 외력은 자연에서 발생하는 현상을 하중값으로 환산하여 설계에 적용해야 하는 만큼 예측이 간단하지 않다. 더욱이 얼마나 많은 눈이 내릴지, 폭풍이나 지진 발생 시 강도가 어떠할지 정확히 예측하기는 쉽지 않다. 과거 기록과 지구변화 패턴을 분석해 외력 작용 범위를 예측하고 방어를 위해 노력할 수 있을 뿐이다. 그러므로 설계자가 ㉤가정하는 하중은 그 건물이 서 있는 동안 내내 작용할 외력에 비해 늘 과할 수도 있고 매우 부족할 수도 있다. 즉 하중기준이란 건축물을 지켜나가기 위한 최소한의 근거인 것이다.

11 다음 글의 내용과 일치하지 않는 것은?

① 건축물을 안전하게 설계하기 위해서 과거 기록과 지구변화 패턴을 분석해 외력 작용 범위를 예측한다.

② 건물에 작용할 바람, 눈, 지진 등을 하중값으로 환산하여 설계에 적용해야 한다.

③ 구조물 설계 시 외력의 발생 범위와 대응 범위에 대한 정확한 계산은 사실상 불가능하다.

④ 건축물 설계 시 해당 부지의 과거 지진 양상을 검토한다.

⑤ 하중기준이란 건축물을 지켜나가기 위한 최소한의 근거로 작용할 외력에 비해 늘 과할 수 밖에 없다.

12 밑줄 친 ㉠~㉤과 바꿔쓸 수 있는 단어로 적절하지 않은 것은?

① ㉠ 가늠할

② ㉡ 미약하다

③ ㉢ 상태

④ ㉣ 꼼꼼히

⑤ ㉤ 추정하는

13 다음 중 회의록의 내용을 잘못 이해한 사람은?

회의록

일시	20××년 9월 30일(목) 13:40~14:50	장소	지하 1층 대강당
참석자	2층 근무자 전체(총무팀, 영업팀, 인사팀)		

〈회의 내용〉

1. 흡연구역 지정
   ① 현재 출입문 양옆 및 옥상 구역이 암묵적인 흡연구역으로 설정, 흡연이 이루어지고 있음
      - 2층 사무실 근무자 및 그 외에 건물을 출입하는 이들로부터 담배 연기로 인한 불만 접수
      - 1~2층 사무실 중 출입구 방향 3개 사무실로부터 8월 한 달간 약 30건의 불만 사항 접수
   ② 주차장 옆 일부 공간을 흡연구역으로 설정
      - 옥상의 경우 일부 구역을 제한하여 흡연구역으로 설정하자는 의견이 있었으나 아래층으로 들어오는 담배연기의 물리적 차단이 불가능하다고 판단됨
   ③ 흡연구역 지정 안내
      - 9월 30일 자로 지정 구역에서의 흡연이 시행되며 흡연구역 외에서 흡연 중 적발 시 경고 조치, 경고누적 시 인사고과 반영
      - 출입구 옆 공지 게시판에 흡연구역 지정에 관한 안내문 부착
      - 안내문은 총무팀 김○○ 사원이 제작한 후 박○○ 대리가 검토, 별도 부장 확인 없이 10월 1일 오전까지 안내문 부착

2. 사무실 보안
   ① 최근 퇴근 시 사무실의 불을 끄지 않거나 창문을 열어 둔 채 사무실을 비우는 등의 사례가 다수 발견
      - 특히 냉방기기의 전원을 끄지 않고 퇴근하는 경우도 있어 화재의 위험이 높음
   ② 각 팀별 관련 교육 시행
      - 10월 31일까지 교육 시행한 후 교육 확인서를 작성하여 11월 30일까지 총무부장에게 전달

3. 워크숍 장소 및 시간 변경
   ① 11월 5일 오후 3시 ×× 펜션으로 지정되었던 워크숍 장소 변경 및 일정 변경
   ② 장소는 11월 7일까지 총무팀 박○○ 주임이 공지

① A : 8월에는 일평균 1건 이상의 흡연 관련 불만 사항이 접수되었다고 볼 수 있다.
② B : 흡연구역을 사무실과 멀리 떨어진 불편한 장소로 지정해서 금연을 유도하려고 한다.
③ C : 김○○ 사원이 가장 먼저 해야 할 일은 흡연 구역 지정에 관한 안내문을 작성하는 것이다.
④ D : 사무실 보안 교육 확인서는 11월 30일까지 총무부장에게 전달되어야 한다.
⑤ E : 9월 30일부터는 옥상에서 흡연을 할 수 없다.

[14~15] 다음 글을 읽고 이어지는 질문에 답하시오.

사진술은 다양한 물질의 감광성에 대한 길고도 지루한 실험의 토대 위에서 출현하였다. 다게르는 1837년에 동판 위에 요오드화은을 점착시키고 암상자 속에서 빛에 노출시킨 다음 수은 증기를 쐬어 세부 묘사가 정밀한 상을 얻어 내었다. 한편 톨벗은 1835년에 최초의 '감광 소묘'에 성공했는데 이것은 염화은으로 감광성을 띠게 한 종이 위에 물건이나 식물을 놓고 산출한 것이었다. 그러나 거친 종이 면에 정착된 톨벗의 영상은 다게르 동판의 선명도에 크게 미치지 못했다.

1839년에 두 기술의 운명을 갈라놓는 사건이 일어났다. 다게르는 '다게레오타입'이라고 명명한 자신의 기술을 프랑스 정부에 인도하는 대가로 거액의 종신 연금을 약속받았다. 이로써 저작권이 없어진 이 기법은, 다게르가 특허를 낸 영국을 제외하고 세계 어디서나 누구라도 사용할 수 있게 되었다. 특히 프랑스와 미국에서 급속하게 퍼져 나갔다.

한편 톨벗의 기법은 거의 관심을 ⑦끌지 못했으나 그는 계속된 연구를 통해 1840년에 음화를 현상하여 여러 장의 양화를 인화하는 음화—양화 기법을 개발했다. 다게레오타입은 한 번의 촬영으로 단 한 장의 사진만을 얻을 수 있었으나 톨벗의 새 기술은 사진을 다량으로 복제할 수 있게 했다. 톨벗은 자신의 새로운 기법을 '칼로타입'이라고 명명하였다.

사진이 산업으로서의 가능성을 최초로 보여 준 분야는 초상 사진이었다. 정밀한 세부 묘사를 장점으로 하는 다게레오타입은 초상 사진 분야에서 큰 인기를 누렸다. 반면에 명암의 차이가 심하고 중간색이 거의 없었던 칼로타입은 풍경·정물 사진에 제한적으로 이용되었다. 프랑스의 화가와 판화가들은 칼로타입이 흑백의 대조가 두드러진다는 점에서 판화와 유사함을 발견하고 이 기법을 활용하여 작품을 만들었다.

14 다음 글의 내용과 일치하지 않는 것은?

① 다게레오타입의 사진판 재질은 동판, 칼로타입은 종이였다.
② 다게레오타입은 복제가 불가능했으며, 칼로타입은 다량 복제가 가능했다.
③ 다게레오타입의 용도는 인물 사진, 칼로타입의 용도는 풍경·정물 사진이었다.
④ 다게레오타입은 주로 프랑스와 미국에서 유행하였고, 칼로타입은 프랑스에서 관심을 끌었다.
⑤ 다게레오타입은 정밀한 세부 묘사가 가능했고, 칼로타입은 다양한 중간색을 낼 수 있었다.

15 밑줄 친 ⑦과 같은 의미로 사용된 것은?

① 공용 수돗물을 끌어다 개인적인 용도로 썼다.
② 유모차를 끌고 다니며 아이와 행복한 시간을 보냈다.
③ 그는 부전승으로 올라가기 위해 시간을 끌었다.
④ 손수레를 끌어 짐을 날랐다.
⑤ 그녀의 미술 작품은 사람들의 이목을 끌었다.

16 다음 (가)~(다)를 문맥에 맞게 순서대로 배열한 것을 고르면?

> 대다수의 경제학자들은 제도의 발달이 경제 성장의 중요한 원인이라고 생각해 왔다. 예컨대 재산권 제도
> 가 발달하면 부자에 대한 보상이 잘 이루어져 경제 성장에 도움이 된다는 것이다. 그러나 이를 입증하기
> 란 쉽지 않다. 제도는 경제 성장에 영향을 줄 수도 있지만 경제 성장으로부터 영향을 받을 수도 있으므로
> 그 인과관계를 판단하기 어렵기 때문이다.
>
> (가) 제도를 중시하는 경제학자들은, 지리적 조건이 직접적인 원인이라면 경제 성장에 더 유리한 지리적
> 　　조건을 가진 나라가 예나 지금이나 소득 수준이 더 높아야 하지만 그렇지 않은 경우가 많다는 것에
> 　　주목하였다. 이들은 이러한 '소득 수준의 역전 현상'을 설명하려면, 제도가 경제 성장의 직접적인 원
> 　　인이고 지리적 조건은 간접적인 경로를 통해 경제 성장과 관계를 맺는 것으로 보아야 한다고 주장한
> 　　다. 오히려 지리적 조건은 과거에 더 잘 살던 지역에는 경제 성장에 불리하게, 더 못 살던 지역에는
> 　　유리하게 제도가 발달하게 된 '제도의 역전'이라는 역사적 과정에 영향을 끼쳤다는 것이다.
>
> (나) 그런데 최근에 각국의 소득 수준이 위도나 기후 등의 지리적 조건과 밀접한 상관관계를 가진다는 증
> 　　거들이 제시되었다. 제도와 달리 지리적 조건은 소득 수준의 영향을 받지 않기 때문에 지리적 조건
> 　　이 직접적인 경로를 통해 경제 성장에 영향을 끼친다는 해석이 설득력을 얻게 되었다.
>
> (다) 이제 지리적 조건의 직접적인 영향을 강조하는 학자들도 간접적인 경로의 존재를 인정하게 되었다.
> 　　그러나 직접적인 경로가 경제 성장에서 더욱 중요하고 지속적인 영향을 미친다는 입장은 여전하다.

① (가) – (다) – (나)　　　　　　　　② (가) – (나) – (다)

③ (나) – (가) – (다)　　　　　　　　④ (나) – (다) – (가)

⑤ (다) – (가) – (나)

17 다음 글을 통해 확인할 수 있는 것은?

언론 보도로 명예가 훼손되는 경우 피해를 구제 받기 위해 민법에서는 손해 배상과 같은 금전적인 구제와 함께 비금전적인 구제를 청구할 수 있다고 규정하고 있다. 이러한 비금전적인 구제 방식의 하나가 '반론권'이다. 반론권은 언론 보도로 피해를 입었다고 주장하는 당사자가 보도 내용 중 사실적 주장에 대해 해당 언론사를 상대로 반박할 수 있는 권리이다. 반론권은 일반적으로 반론 보도를 통해 실현되는데, 이는 정정 보도나 추후 보도와는 다르다.

반론권 제도는 전 세계 약 30개 국가에서 시행되고 있는데, 우리나라의 반론권 제도는 의견에도 반론권을 적용하는 프랑스식 모델이 아닌 사실적 주장에 대해서만 반론권을 부여하는 독일식 모델을 따르고 있다. 우리나라에서는 언론중재위원회를 통해 반론권을 행사하도록 하고 있는데 도입 당시 정부는 언론중재위원회를 통한 반론권 행사가 언론에는 부담을 주지 않고 개인에게는 신속히 구제 받을 기회를 주기 때문에 효율적이라고 주장했다. 이에 대해 언론사는 언론중재위원회를 거치는 것이 언론의 권리를 침해하여 궁극적으로 언론 자유의 본질을 훼손할 수 있다는 우려를 나타냈다.

그러나 헌법재판소는 반론권은 잘못된 사실을 수정하는 권리가 아니라 피해자가 문제 기사에 대해 자신의 주장을 게재하는 권리로서 합헌적이라고 보았다. 또한 대법원은 반론권 제도가 사회적 강자인 언론을 대상으로 일반인에게 균형 유지 수단을 제공하는 무기대등원칙에 부합한다고 판단했다.

반론권 청구는 언론중재위원회 또는 법원에 할 수 있으며, 두 기관에 모두 신청할 수도 있다. 이때 반론권은 기사 내용의 진실성 여부에 상관없이 청구할 수 있다. 언론 전문가들은 일부 학자들의 비판에도 불구하고 언론중재위원회를 통한 반론권 제도의 중요성을 인정한다.

① 반론권은 문제가 된 보도와 같은 분량의 지면이나 방송으로 행사되어야 한다.
② 반론권은 개인은 물론이고 법인이나 단체, 조직도 행사할 수 있다.
③ 피해자는 반론 보도와 정정 보도를 동시에 청구할 수 있다.
④ 보도 내용이 진실한 경우에도 반론권을 청구할 수 있다.
⑤ 반론권 제도는 프랑스에서 가장 먼저 도입하였다.

18 다음 글의 내용과 일치하지 않는 것은?

> 조선 전기 조선군의 전술에서는 기병을 동원한 활쏘기와 돌격, 보병의 다양한 화약 병기 및 활의 사격 지원을 중시했다. 이는 여진족이나 왜구와의 전투에 효과적이었는데, 상대가 아직 화약 병기를 갖추지 못한데다 전투 규모도 작았기 때문이다. 하지만 이런 우위는 일본군의 조총 공격에 의해 상쇄되었다.
> 16세기 중반 일본에 도입된 조총은 다루는 데 특별한 기술이 필요하지 않았기에 신분이 낮은 계층이 주요한 전투원으로 등장할 수 있었다. 한편 중국의 절강병법은 이에 대응하기 위해 고안된 전술로, 조총과 함께 다양한 근접전 병기를 편성한 전술이었다. 이 전술은 주력이 일반 농민층이었는데, 개인의 기량은 떨어지더라도 각각의 병사를 특성에 따라 운용하여 전체의 전투력을 높일 수 있었다. 조선군의 전술은 절강병법을 일부 수용하면서 기병 중심에서 보병 중심으로 급속히 전환되었다.
> 17세기 중반 이후 조총의 위력이 높아지면서 기술을 익히고 재료를 구하기가 어려웠던 활 대신 조총이 차지하는 비중이 증가했다.
> 조선에서의 전술 변화는 군사적 변화에 그치지 않고 정치적, 경제적 변화를 수반했다. 군의 규모는 천민 계층까지 충원되면서 급격히 커졌고, 군사력을 유지하기 위해 백성에 대한 통제도 엄격해졌다. 성인 남성에게 호패를 차게 하였으며, 거주지의 변동이 있을 때마다 관가에 보고하게 했다. 국가 단위의 재정 수요도 증대했는데, 선혜청에서 대동법의 운영을 전담하면서 재정권의 중앙 집중화가 시도되었으며 공물을 농지 면적에 따라 쌀이나 무명 등으로 납부하게 하여, 논밭이 없거나 적은 농민들의 부담은 줄어들었다.

① 일본이 중국이나 조선보다 먼저 조총을 실전에 사용했다.
② 조선과 중국에서는 조총을 받아들이면서 전술이 변화되었다.
③ 조선은 절강병법을 일부 수용하며 군사적 변화와 함께 정치적, 경제적으로도 변화했다.
④ 조선에 조총이 보급된 뒤에도 원거리 무기인 활의 사용 비중은 여전했다.
⑤ 조선 · 중국 · 일본에서는 조총의 도입으로 하위 신분의 군사적 비중이 높아졌다.

[19~20] 다음 글을 읽고 이어지는 질문에 답하시오.

매년 약 10만 명 중의 한 명꼴로 목에 걸린 음식물로 인한 질식사 사망자가 발생하고 있다. 이는 기도와 식도가 목구멍에서 교차하는 구조로 되어 있기 때문에 일어나는 일인데, 인간과 달리 무척추동물은 기도와 식도가 교차 구조로 되어있지 않아 음식물로 인한 질식의 위험이 없다. 인간의 호흡 기관이 이렇게 불합리한 구조인 이유는 무엇일까?

바닷속에 서식했던 척추동물의 조상 동물들은 체와 같은 구조물을 이용해 물속의 미생물을 걸러 먹었다. 이들은 크기가 매우 작아 물속에 녹아 있는 산소를 직접 이용할 수 있었으므로 별도의 호흡계가 필요 없었다. 그런데 몸집이 점점 커지면서 먹이를 거르던 체와 같은 구조가 아가미 형태로 변형되었다. 즉, 소화계 일부가 호흡 기능 까지 담당하게 된 것이다. 그 후 호흡계 일부는 허파로 변형되고 이 허파는 식도 아래에 자리 잡게 되었다.

이후 진화가 거듭되면서 호흡계와 소화계가 접하는 지점이 콧구멍 바로 아래쪽부터 목 깊숙한 곳으로 이동하였 고, 머리와 목구멍의 구조가 변형되지 않는 범위 내에서 호흡계와 소화계가 점차 분리되었다. 즉, 처음에는 길게 이어져 있던 호흡계와 소화계의 겹침 부위가 점차 짧아지고, 마침내 하나의 교차점으로만 남게 된 것이다. 이것 이 척추동물에서 볼 수 있는 호흡계의 기본 구조이다.

이를 고려할 때 음식물로 인한 인간의 질식사고는 진화의 과정에서 선택된, 당시로서는 최선의 선택이었을 허 파의 위치 선택에 따른 결과라고 할 수 있다. 진화는 새로운 환경에 적응하기 위한 최선의 선택으로 이루어지지 만, 이는 기존의 구조를 허물고 새롭게 만들어지는 것이 아니며 때에 따라 불가피한 타협이 있을 수 있다. 진화 의 산물이 간혹 우리가 납득할 수 없는 불합리한 구조를 지니게 되는 이유가 바로 이것이다.

19 글의 제목으로 가장 적절한 것은?

① 진화의 모순, 최선의 선택이 모여 만들어진 불합리한 결과

② 식도와 기도의 교차 구조가 주는 이점

③ 진화 과정에서 나타난 척추동물과 무척추동물의 호흡계 분화

④ 진화, 무작위 선택의 결과로 나타난 불합리성

⑤ 척추동물의 호흡계 진화 과정으로 알아보는 적자생존의 원칙

20 글의 내용과 일치하지 않는 것은?

① 기도와 식도가 목구멍에서 교차하는 구조로 되어 있기 때문에 매년 약 10만 명 중의 한 명꼴로 목에 걸린 음식물로 인한 질식사 사망자가 발생하고 있다.

② 척추동물의 조상 동물들은 크기가 매우 작아 물속에 녹아 있는 산소를 직접 이용할 수 있었으므 로 별도의 호흡계가 필요 없었다.

③ 진화는 새로운 환경에 적응하기 위한 최선의 선택이며 기존의 구조를 허물고 새롭게 만들어지 는 것이 대부분이다.

④ 처음에는 길게 이어져 있던 호흡계와 소화계의 겹침 부위가 점차 짧아지고, 마침내 하나의 교 차점으로만 남게 된 것이다.

⑤ 음식물로 인한 인간의 질식사고는 진화의 과정에서 선택된 허파의 위치 선택에 따른 결과라고 할 수 있다.

01 다음은 성별 취업자 수를 나타낸 자료이다. 남성 취업자가 가장 많았던 연도의 전년 대비 여성 취업자 수의 증감률은? (단, 소수 둘째 자리에서 반올림한다.)

〈성별 취업자 수〉

(단위 : 명)

구분	2020년	2021년	2022년	2023년	2024년
남성	13,651	14,754	14,092	15,728	15,416
여성	12,092	11,903	12,743	12,828	12,302

① −0.8%
② −0.7%
③ 0.7%
④ 0.8%
⑤ 0.9%

02 다음은 시도별 버스 환승 비율을 나타낸 자료이다. 이에 대한 설명으로 옳은 것은?

〈시도별 버스 환승 비율〉

(단위 : %)

구분	2022년	2023년	2024년
서울	21.5	26.7	18.6
경기	23.7	30.4	31.3
인천	20.1	21.7	20.6
부산	32.0	30.9	33.4
대구	34.6	31.8	35.5
광주	56.8	54.3	52.1
울산	78.2	80.3	84.2

① 조사기간 동안 서울의 증감 추이와 동일한 곳은 2곳이다.
② 2023년 각 시도별 버스 환승 비율은 전년 대비 모두 증가했다.
③ 2024년 서울의 버스 환승 비율은 2022년에 비해 약 14% 감소했다.
④ 2022년 버스 환승 비율이 가장 큰 곳과 가장 작은 곳의 비율 차이는 60%p 이상이다.
⑤ 2024년 광주의 버스 환승 횟수는 2022년 대구의 버스 환승 횟수보다 많다.

03 다음 식을 계산한 값으로 적절한 것은?

11,000 + 22,000 + 33,000 + 44,000 + 55,000

① 121,000
② 132,000
③ 143,000
④ 154,000
⑤ 165,000

PART 01

PART 02

PART 03

PART 04

부록

최종점검 모의고사

04 농도 7% 설탕물 300g에 xg의 설탕을 넣었더니 농도 10% 설탕물이 되었다. 이때 추가한 설탕의 양은 얼마인가?

① 16g
② 14g
③ 12g
④ 10g
⑤ 8g

05 A씨는 후배에게 쿠키를 5개씩 나누어주면 쿠키 10개가 남고, 7개씩 나눠주면 2개 이상 4개 미만의 쿠키가 남는다고 한다. 이때 후배는 몇 명인가?

① 8명
② 7명
③ 6명
④ 5명
⑤ 4명

06 다음은 A상품과 B상품의 제작에 대한 조건과 산술식을 나타낸 자료이다. 이에 대한 설명으로 옳지 않은 것은?

〈A상품과 B상품의 제작에 대한 조건〉

상품	판매단가(원/개)	고정비(원)	변동비(원/개)
A	120	120,000	40
B	180	300,000	30

〈산술식〉
- 매출액 = 판매단가 × 매출량
- 매출원가 = 고정비 + (변동비 × 매출량)
- 매출이익 = 매출액 − 매출원가

① A상품을 2,000개 판매했을 때의 매출액은 B상품을 1,500개 판매했을 때의 매출액보다 적다.

② A상품을 1,000개 판매했을 때의 매출원가는 160,000원이다.

③ 매출이익이 0이 될 때의 A상품의 매출량은 1,500개이다.

④ 매출이익이 0이 될 때의 B상품의 매출량은 1,800개이다.

⑤ A상품과 B상품의 매출원가가 같을 때 A상품의 매출량이 6,000개라면 B상품의 매출량은 2,000개이다.

07 다음은 2019~2024년까지 공무원 임용 현황에 대한 자료이다. 빈칸에 들어갈 수를 순서대로 짝지은 것은? (단, 소수 둘째 자리에서 반올림한다.)

〈공무원 임용 현황〉

(단위 : 천 명)

구분	2019년	2020년	2021년	2022년	2023년	2024년
충원 수	194	235	ⓛ	288	300	341
대졸채용	㉠	147	145	193	172	138
고졸채용	86	88	82	95	128	203
고졸채용률(%)	44.3	37.4	36.1	33.0	㉢	59.5

※ 고졸채용률 = $\dfrac{고졸채용}{충원 수} \times 100$

① 108, 227, 42.7   ② 107, 237, 41.7

③ 106, 247, 40.7   ④ 105, 257, 39.7

⑤ 104, 267, 38.7

08 다음은 어느 방송국의 시청률 자료이다. 이에 대한 설명으로 옳은 것은?

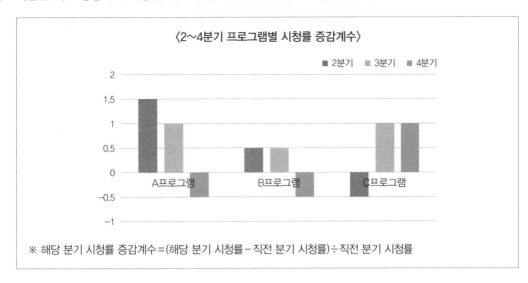

〈2~4분기 프로그램별 시청률 증감계수〉

※ 해당 분기 시청률 증감계수＝(해당 분기 시청률－직전 분기 시청률)÷직전 분기 시청률

① 조사기간 중 A프로그램 2분기 시청률이 가장 높다.
② B프로그램의 2, 3분기 시청률은 동일하다.
③ 3분기 대비 4분기 시청률은 C프로그램을 제외하고 모두 하락했다.
④ A프로그램은 2분기보다 3분기 시청률이 좀 더 낮다.
⑤ 3분기 시청률은 A, C프로그램이 가장 높고, B프로그램이 가장 낮다.

[09~10] 다음은 택배사별 배송 투자 시간과 건수에 대한 자료이다. 다음 물음에 답하시오.

〈택배사별 배송투자 시간과 배송 건수〉

택배사	배달 직원 수	출근시간	퇴근시간	점심시간	한 달 총 배송 건수
A	80명	9시	18시	1시간	120천 건
B	100명	8시	17시	1.5시간	140천 건
C	120명	10시	18시	1시간	180천 건
D	60명	8시	19시	2시간	135천 건

〈산술식〉

• 배송 효율 $= \dfrac{\text{한 달 총 배송 건수}}{\text{한 달 총 배송 시간}}$ (숫자가 높을수록 효율이 높음)

• 한 달 총 배송 시간 = 25일 × 배달 직원 수 × 배달 직원 개인별 하루 배송 시간

• 개인별 하루 배송 시간 = 개인별 하루 근무시간 − 점심시간

09 택배사별 배송 효율이 높은 순서대로 바르게 나열한 것은? (단, 소수 셋째 자리에서 반올림한다.)

① C택배사>D택배사>A택배사>B택배사

② C택배사>A택배사>D택배사>B택배사

③ D택배사>A택배사>C택배사>B택배사

④ D택배사>A택배사>C택배사>B택배사

⑤ D택배사>C택배사>A택배사>B택배사

10 A택배사의 배달 직원이 20명 늘고, 퇴근시간이 한 시간 앞당겨질 때 배송 효율이 현재의 두 배가 되려면 한 달 총 배송 건수는 몇 건이 되어야 하는가? (단, 출근시간과 점심시간은 일정하다.)

① 252,500건   ② 262,500건

③ 272,500건   ④ 282,500건

⑤ 292,500건

11 A씨는 25km 거리에 있는 친구 집을 가는데, 30km/h의 속력으로 자전거를 타고 가다가, 자전거가 고장나서 5km/h의 속력으로 자전거를 끌고 친구네 집에 도착했다. 총 1시간이 걸렸다고 하면, 자전거를 타고 이동한 시간은 얼마인가?

① 42분   ② 44분
③ 46분   ④ 48분
⑤ 50분

12 다음은 2019~2024년의 특허 심사청구 건수 및 심사처리 건수를 나타낸 자료이다. 이에 대한 설명으로 〈보기〉 중 옳지 않은 것은?

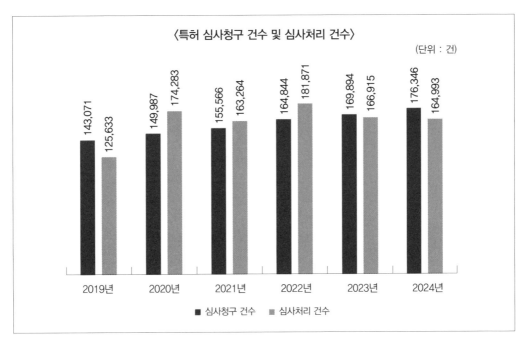

〈보기〉
ㄱ. 특허 심사청구 건수의 전년 대비 증가율은 2023년보다 2024년이 낮다.
ㄴ. 특허 심사처리 건수와 달리 특허 심사청구 건수는 매년 증가하는 추세를 보인다.
ㄷ. 특허 심사처리 건수의 전년 대비 증가율은 2020~2024년 중 2020년이 가장 높다.
ㄹ. 특허 심사청구 건수와 특허 심사처리 건수의 합은 2024년이 가장 크다.

① ㄱ, ㄷ   ② ㄱ, ㄹ
③ ㄴ, ㄷ   ④ ㄴ, ㄹ
⑤ ㄷ, ㄹ

13 A씨가 혼자 일하면 8일, B씨가 혼자 일하면 16일 걸리는 일이 있다. A씨와 B씨가 함께 4일을 하고, B씨가 일이 생겨 A씨 혼자 일을 마무리해야 한다면 얼마나 걸리는가?

① 2일

② 3일

③ 4일

④ 5일

⑤ 6일

14 다음은 회사 규모별 출퇴근 소요시간에 대한 자료이다. 이에 대한 설명으로 옳은 것은?

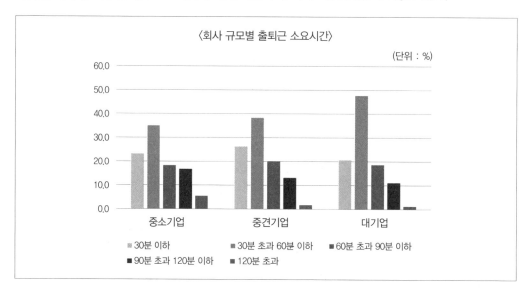

① 모든 기업에서 출퇴근 소요시간 60분 이하인 근로자의 비중은 60분 초과인 근로자의 비중보다 적다.

② 출퇴근 소요시간이 90분을 초과하는 근로자의 비중은 중소기업이 가장 낮다.

③ 중견기업 직원 수를 300명이라 할 때, 출퇴근 시간이 1시간 이하인 직원은 약 190명이다.

④ 출퇴근 소요시간이 30분 이하인 근로자 수는 대기업이 가장 많다.

⑤ 중소기업 직원 수를 50명이라 할 때, 출퇴근 시간이 30분 이하인 직원은 15명 이상이다.

15 다음은 전자제품 품목별 판매량에 대한 자료이다. 이에 대한 설명 중 옳지 않은 것은?

〈전자제품 품목별 판매량〉

순위	품목	이번 달 판매량(대)	전월 판매량(대)
1	노트북	504	324
2	건조기	354	402
3	에어컨	240	201
4	세탁기	210	( )
5	TV	159	503
6	냉장고	130	640
합계	–	( )	2,271

※ 순위권 외의 제품에 대해서는 집계하지 않으며, 비율의 계산은 소수 첫째 자리에서 반올림하는 것으로 한다.

① 이번 달 최소 1,500대 이상의 전자제품을 판매했다.
② 이번 달 순위권에 들어간 제품 중 노트북은 판매량의 30% 이상을 차지한다.
③ 지난달 세탁기와 에어컨의 판매대수는 같다.
④ 냉장고의 판매량은 지난달 대비 약 80% 감소하였다.
⑤ 이번 달 전체 판매량은 지난달보다 40% 이상 감소했다.

16 다음은 집단 식중독 신고 건수 및 환자 수에 대한 통계자료이다. 집단 식중독 한 건당 평균 환자의 수가 가장 많은 연도와 가장 적은 연도를 구하면? (단, 평균 환자 수는 소수 둘째 자리에서 반올림한다.)

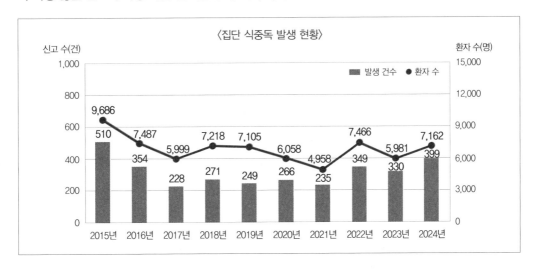

① 2015년, 2020년
② 2016년, 2021년
③ 2017년, 2022년
④ 2018년, 2023년
⑤ 2019년, 2024년

[17~19] 다음은 군별 현역병 모집 및 입영 현황에 대한 자료이다. 물음에 답하시오.

〈군별 현역병 모집 및 입영 현황〉

(단위 : 명, %)

구분		계	육군	해군	해병대	공군
2022년	입영 예정	134,393	94,123	9,650	12,820	17,800
	입영 신청	136,649	95,846	9,758	13,127	17,918
	입영률	101.7	101.8	ⓒ	102.4	100.7
2023년	입영 예정	136,077	96,553	8,617	12,900	18,007
	입영 신청	137,506	97,858	8,694	12,932	18,022
	입영률	101.1	101.4	100.9	100.2	100.1
2024년	입영 예정	ⓐ	104,435	9,158	11,550	?
	입영 신청	140,808	102,220	8,789	11,491	18,308
	입영률	98.4	97.9	96.0	99.5	ⓒ

$$※ \ 입영률(\%) = \frac{입영\ 신청자}{입영\ 예정자} \times 100$$

17 위 자료에 대한 해석으로 옳지 않은 것은?

① 조사기간 동안 입영 신청한 사람 중 육군을 지원한 사람이 가장 많다.

② 2022년 입영 예정자 중 해병대를 선택한 사람의 비중은 10% 미만이다.

③ 2024년 입영 신청자 중 육군을 제외하면 40천 명 이상이다.

④ 조사기간 동안 해병대의 입영률은 매년 감소하는 추세이다.

⑤ 해군의 입영 신청자의 증감 추이가 동일한 곳은 없다.

18 위 자료에 ⓐ~ⓒ에 들어갈 숫자로 적절한 것은? (단, 소수 첫째 자리에서 반올림한다.)

	ⓐ	ⓑ	ⓒ
①	143,088	100	103
②	143,098	101	102
③	143,108	102	101
④	143,118	103	100
⑤	143,128	104	99

19 위 자료에 대한 자료를 그래프로 표현하려고 할 때, 옳지 않은 것은?

① 2024년 군별 입영 예정자 수

(단위 : 명)

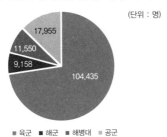

■육군 ■해군 ■해병대 ■공군

② 2023, 2024년 육군 입영률 증감 추이

(단위 : %p)

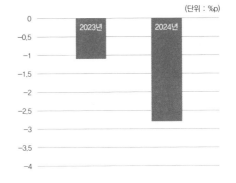

③ 조사기간 중 입영 예정자 수

(단위 : 명)

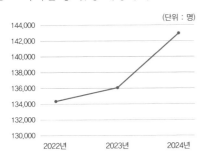

④ 2023, 2024년 해병대 입영 신청자 증감 수

(단위 : 명)

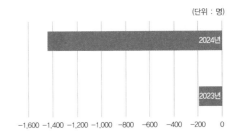

⑤ 2023, 2024년 공군 입영 예정자 전년 대비
증감률

(단위 : %)

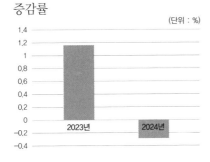

20 다음은 A팀 프로젝트를 선정하는 과정에서 가안과 나안에 대한 A팀 팀원들의 견해를 설문조사한 결과이다. 이에 대한 해석으로 〈보기〉 중 옳은 것은?

		〈가, 나안에 대한 견해〉			(단위 : %)
구분		가안에 대한 견해			
		무조건 찬성	조건부 찬성	반대	계
나안에 대한 견해	무조건 찬성	21.8	13.0	6.0	40.8
	조건부 찬성	8.3	25.6	0.5	34.4
	반대	13.0	4.6	7.2	24.8
	계	43.1	43.2	13.7	100

※ '찬성한다'는 '무조건 찬성'과 '조건부 찬성'을 합한 것이다.

〈보기〉

ㄱ. 가안과 나안 모두 반대하는 팀원의 비율은 7.2%이다.

ㄴ. 가안으로 프로젝트를 선정하는 것에 찬성하는 팀원의 비율은 34.8%이다.

ㄷ. 가안으로 프로젝트를 선정하는 것에 조건부 찬성하는 팀원의 비율은 나안으로 프로젝트를 선정하는 것에 조건부 찬성하는 팀원의 비율보다 높다.

ㄹ. 두 프로젝트 모두 무조건 찬성하는 팀원의 비율은 두 프로젝트를 모두 반대하는 팀원의 비율보다 3배 이상 높다.

① ㄱ, ㄹ

② ㄴ, ㄷ

③ ㄱ, ㄴ, ㄷ

④ ㄷ, ㄹ

⑤ ㄱ, ㄷ, ㄹ

01 다음 중 업무수행과정에 따른 문제 유형에 해당하는 문제를 〈보기〉에서 모두 고른 것은?

〈보기〉

㉠ 제조 문제	㉡ 발생형 문제	㉢ 자금 문제
㉣ 논리적 문제	㉤ 탐색형 문제	㉥ 경리 문제
㉦ 기술상 문제	㉧ 설정형 문제	㉨ 창의적 문제

① ㉣, ㉨

② ㉡, ㉤, ㉧

③ ㉠, ㉢, ㉥, ㉦

④ ㉡, ㉣, ㉧, ㉨

⑤ ㉠, ㉡, ㉤, ㉥

02 다음은 문제해결을 위한 기본적 사고에 대한 설명이다. 각 빈칸에 들어갈 용어로 바르게 짝지어진 것은?

- (㉠) : 현재 당면하고 있는 문제와 그 해결방법에만 집착하지 않고, 그 문제와 해결방안이 상위 시스템 또는 다음 문제와 어떻게 연결되어 있는지를 생각하는 것이 필요함
- (㉡) : 전체를 각각의 요소로 나누어 그 요소의 의미를 도출한 다음 우선순위를 부여하고 구체적인 문제해결 방법을 실행하는 것이 요구됨
- (㉢) : 사물과 세상을 바라보는 인식의 틀을 전환하여 새로운 관점에서 바라보는 사고를 지향
- (㉣) : 문제해결 시 기술, 재료, 방법, 사람 등 필요한 자원 확보 계획을 수립하고 내·외부자원을 활용

	㉠	㉡	㉢	㉣
①	전략적 사고	분석적 사고	내·외부자원의 효과적 활용	발상의 전환
②	분석적 사고	발상의 전환	전략적 사고	내·외부자원의 효과적 활용
③	전략적 사고	분석적 사고	발상의 전환	내·외부자원의 효과적 활용
④	분석적 사고	전략적 사고	발상의 전환	내·외부자원의 효과적 활용
⑤	전략적 사고	발상의 전환	내·외부자원의 효과적 활용	분석적 사고

03 다음 중 문제해결에 대한 설명으로 옳지 않은 것은?

① 개인은 전문영역에 대한 지식이 아닌 문제해결을 위한 기본 지식을 습득해야 한다.

② 경쟁사와 대비하여 탁월하게 우위를 확보하기 위해서 끊임없는 문제해결이 요구된다.

③ 새로운 아이디어를 효과적으로 낼 수 있는 창조적 기술 등의 습득이 필요하다.

④ 조직과 실무자는 교육훈련을 통해 일정 수준 이상의 문제해결능력을 발휘할 수 있도록 노력해야 한다.

⑤ 불필요한 업무를 제거하거나 단순화하여 업무를 효율적으로 처리하게 된다.

04 다음 중 〈보기〉에서 설명하고 있는 창의적 사고 개발 방법의 대표 예시로 옳은 것은?

> **〈보기〉**
> • 가능한 많은 아이디어 도출한다.
> • 다양한 아이디어 도출을 위해 평가 유보한다.
> • 어떤 의견도 수용하고 환영하는 자세를 가진다.
> • 아이디어의 결합 및 개선을 통한 발전된 아이디어 도출한다.

① NM법   ② 브레인스토밍

③ Synectics법   ④ 속성열거법

⑤ 자유연상법

05 다음 중 사고력의 종류와 개발 방법이 올바르게 짝지어진 것은?

① 창의적 사고 - 피라미드 구조화 방법

② 창의적 사고 - 지적 정직성

③ 논리적 사고 - So What 방법

④ 논리적 사고 - 비교발상법

⑤ 비판적 사고 - Synectics법

06 다음 중 사고력에 대한 설명으로 옳지 않은 것은?

① 창의적 사고는 교육훈련을 통해 개발될 수 없다.

② 논리적 사고는 생각하는 습관, 설득, 상대 논리의 구조화, 타인에 대한 이해, 구체적인 생각으로 구성된다.

③ 논리적 사고 개발 방법으로는 피라미드 구조화 방법과 So What 방법이 있다.

④ 비판적 사고를 위한 태도로는 문제의식 함양과 고정관념 타파가 있다.

⑤ 비판적 사고는 타인의 관점을 경청하고 들은 것에 대하여 정확히 반응한다.

PART 01

PART 02

PART 03

PART 04

부록

최종점검 모의고사

07 다음 중 ㉠, ㉡에 해당하는 환경 분석 방법에 대한 설명으로 옳지 않은 것은?

• (㉠) : 기업 내부의 강점(Strengths), 약점(Weaknesses)과 외부 환경의 기회(Opportunities), 위협(Threats) 요인을 분석하고 전략과 문제해결 방안을 개발하는 환경 분석 방법이다.

• (㉡) : 시장 환경을 구성하고 있는 요소를 자사(Company), 경쟁사(Competitor), 고객(Customer)의 관점에서 분석하는 환경 분석 방법이다.

---

① ㉠은 외부 환경 요인 분석 시 동일한 자료라도 자신에게 미치는 영향력에 따라 기회와 위협으로 구분한다.

② ㉠은 내부 환경 요인 분석 시 SCEPTIC 체크리스트를 활용할 수 있다.

③ ㉡은 고객 분석 시 고객의 자사 상품 및 서비스에 대한 만족 여부를 분석한다.

④ ㉡은 자사 분석 시 자사의 달성 목표와의 차이 유무를 분석한다.

⑤ ㉡은 경쟁사 분석 시 경쟁기업의 우수한 점과 자사와의 차이점을 분석한다.

08 다음 중 K공사가 실행하려고 하는 문제해결 절차 단계로 옳은 것은?

> K공사는 지난 8월 '교통안전의 날' 캠페인을 진행하였다. 휴가철을 맞이하여 늘어난 고속도로 통행량에 대비하여 준비한 졸음운전 방지 키트를 배부했고, 2차 사고 예방 요령 학습을 위한 영상 자료를 캠페인 현장에서 상영하였다. 또한 차량 무상점검 서비스 실시하여, 엔진룸 점검 및 워셔액 보충 등을 통해 휴가지로 향하는 이용객의 안전 운전에 도움을 주었다. 캠페인이 끝난 후 관련 자료를 정리하여 바람직한 상태가 달성되었는지, 문제가 재발하지 않을 것을 확신할 수 있는지, 사전에 목표한 기간 및 비용은 계획대로 지켜졌지, 혹시 또 다른 문제를 발생시키지 않았지, 해결책이 주는 영향은 무엇인지 등을 고려하여 보고서를 작성하려고 한다.

① 문제 인식   ② 문제 도출
③ 원인 분석   ④ 해결안 개발
⑤ 실행 및 평가

09 다음 중 문제해결 절차의 원인 분석 단계에서 원인 파악에 대한 내용으로 옳지 않은 것은?

① 이슈와 데이터 분석을 통해 얻은 결과를 바탕으로 최종 원인을 확인하는 단계이다.
② 닭과 계란의 인과관계는 원인과 결과를 구분하기 어려운 경우이다.
③ 단순한 인과관계는 원인과 결과를 분명하게 구분할 수 있는 경우이다.
④ 현재 수행하고 있는 업무에 가장 크게 영향을 미치는 문제로 선정한다.
⑤ 복잡한 인과관계는 단순한 인과관계와 닭과 계란의 인과관계 두 가지 유형이 복잡하게 서로 얽혀 있는 경우이다.

10 다음 중 〈조건〉이 모두 참일 때 항상 참이 아닌 것은?

〈조건〉
- 배려심이 깊은 사람은 여유가 있다.
- 친구가 많은 사람은 배려심이 깊다.
- 여유가 있는 사람은 소통을 잘한다.
- 소통을 잘하는 사람은 업무능력이 뛰어나다.

① 친구가 많은 사람은 여유가 있다.
② 친구가 많은 사람은 소통을 잘한다.
③ 소통을 잘하지 못하면 친구가 많지 않다.
④ 업무능력이 뛰어난 사람은 소통을 잘한다.
⑤ 배려심이 깊은 사람은 업무능력이 뛰어나다.

11 사내 동아리에 가입한 A~E는 올해도 계속해서 가입을 유지할지 고민하는 중이다. 주어진 〈조건〉이 모두 참일 때, 올해도 사내 동아리에 가입한 사람을 모두 고른 것은?

〈조건〉
- 사내 동아리 가입을 유지하지 않은 사람은 탈퇴한다.
- A나 C 중 한 사람만 가입한다.
- D는 C가 가입하면 가입한다.
- E는 B가 탈퇴하지 않으면 가입한다.
- A와 E는 함께 가입하거나 함께 탈퇴하지 않는다.
- B는 가입한다.

① A, B, C, D   ② A, B, C, E
③ A, B, D, E   ④ A, C, D, E
⑤ B, C, D, E

12 영업팀 A~D 4명은 동료평가에서 1~4등을 차지하였다. 이에 대한 진술이 다음과 같고 4명 중 2명이 거짓말을 하였을 때, 1등부터 순서대로 올바르게 나열한 것은? (단, 2등은 거짓을 말한다.)

> - A : 내가 1등이야.
> - B : 'D'의 말은 사실이야.
> - C : 나는 2등이야.
> - D : 나는 'C'보다 등수가 높지만 'A'보다는 낮아.

① C−D−B−A
② C−A−B−D
③ B−A−D−C
④ B−D−A−C
⑤ A−B−C−D

13 ○○ 업체에서 진행한 경품 이벤트에 참여한 A~D 4명 중 1명이 경품에 당첨되었다. 이들 중 1명만이 진실을 말할 때 경품에 당첨된 사람과 진실을 말한 사람이 올바르게 짝지어진 것은?

> - A : D가 경품에 당첨되었다.
> - B : A가 경품에 당첨되었다.
> - C : 나는 경품에 당첨되지 않았다.
> - D : A는 거짓말을 한다.

	경품에 당첨된 사람	진실을 말한 사람
①	A	C
②	A	B
③	C	D
④	C	B
⑤	D	B

14 A~G 7명은 테이블에 일렬로 앉아 있다. 주어진 〈조건〉을 만족할 때, 앉아 있는 순서대로 나열한 것은?

> **〈조건〉**
> • A는 왼쪽에서 세 번째에 앉아 있다.
> • F는 A와 붙어 있지 않다.
> • E는 가장 오른쪽에 앉아 있으며, 한 명을 사이에 두고 C가 앉아 있다.
> • G는 D를 제외하고 옆에 앉은 사람이 없다.

① G−D−A−B−C−F−E   ② G−A−D−B−C−F−E

③ D−A−B−F−G−C−E   ④ D−G−A−B−C−F−E

⑤ G−D−A−C−F−B−E

15 8층짜리 건물에 은행, 커피숍, pc방, 꽃집, 병원, 우체국, 헬스장, 건설사무소의 8개의 상점을 배치하려고 한다. 각 층에는 하나의 상점만 들어가며, 주어진 〈조건〉이 모두 참일 때 항상 참인 것은?

> **〈조건〉**
> • 은행은 3층, 꽃집은 4층에 위치한다.
> • 건설사무소는 병원보다는 위층, 커피숍보다는 아래층에 위치한다.
> • 우체국과 pc방은 서로 인접한 층에 위치한다.
> • 헬스장은 병원보다 2층 위에 위치한다.

① 건설사무소는 은행보다 아래층에 위치한다.

② 병원은 꽃집보다 아래층에 위치한다.

③ 헬스장은 커피숍보다 위층에 위치한다.

④ pc방은 건물 가장 아래층에 위치한다.

⑤ 커피숍은 건물 가장 위층에 위치한다.

[16~17] 다음은 K시 공공기관 강당 이용에 대한 자료이다. 자료를 바탕으로 이어지는 물음에 답하시오.

〈강당 사용료〉

강당명	사용 인원(명)	사용 면적(m²)	기본 2시간 요금(원)	추가 1시간 요금(원)	비고
102호	최대 100	120	360,000	180,000	–
103호	최대 56	117	400,000	200,000	–
104호	최대 56	117	136,000	68,000	–
105호	최대 20	54	74,000	37,000	조찬 강당

※ 일반 강당의 사용 가능 시간은 09:00~22:00이며, 조찬 강당의 사용 가능 시간은 07:00~22:00이고 조찬 세미나 등으로 이용 가능하다.

〈강당 이용 안내〉

임대 시간	기본 2시간, 1시간 단위로 연장
요금 결제	이용일 7일 전까지(7일 이내 예약 시에는 당일 중) 결제
취소 수수료	• 이용일 기준 7일 이전 : 전액 환불 • 이용일 기준 6~3일 이전 : 납부금액의 10% • 이용일 기준 2~1일 이전 : 납부금액의 50% • 이용일 당일 : 환불 없음
강당 변경	사용 가능한 강당이 있는 경우, 사용일 바로 전날까지 가능

※ 결제 완료 후 계약 취소 시 취소 수수료가 발생함
※ 취소 수수료는 강당 사용료에 한해서 적용하며, 부대장비 대여료는 전액 환불함
※ 강당 사용 시간 단축은 취소 수수료 기준 동일하게 적용함

〈부대장비 대여료〉

구분	사용료				
	1시간	2시간	3시간	4시간	4시간 초과
빔프로젝터	10,000원	10,000원	20,000원	20,000원	30,000원
노트북	30,000원	30,000원	50,000원	50,000원	70,000원

16 다음 중 자료의 내용과 일치하지 않는 것은?

① 일반 강당과 조찬 강당의 사용 가능 시간은 동일하지 않다.

② 부대장비 대여료는 4시간 이상 사용할 때부터 사용료가 동일하게 적용된다.

③ 강당 사용료를 보았을 때 사용 면적과 기본 요금이 반드시 비례하진 않다.

④ 부대장비 대여료를 제외한 강당 사용료에 한해서만 취소 수수료가 발생한다.

⑤ 취소 수수료가 전혀 발생하지 않으려면 이용일 기준 최소 일주일 전에 취소해야 한다.

17 ○○공사의 J사원은 세미나 진행을 위하여 다음 자료와 같이 K시 공공기관 강당을 예약하였다. 세미나 일정에 변동이 있어 102호 예약을 취소하고, 104호의 예약 시간을 한 시간 줄이려고 한다. J사원이 6월 5일에 예매 취소 및 변경을 했을 때, 환불받을 수 있는 금액은? (단, 104호의 장비는 환불이 불가능하다.)

〈J사원의 예약 내역〉

구분	강당	참석 인원	예약 시간	부대장비 대여
예약1	102호	88명	6월 10일 오후 1~6시	빔프로젝터 1대, 노트북 1대
예약2	104호	40명	6월 13일 오후 1~6시	빔프로젝터 2대, 노트북 2대

① 912,000원   ② 931,000원

③ 956,000원   ④ 978,000원

⑤ 996,000원

18 다음은 A대학 학칙 중 일부이다. 자료를 바탕으로 〈보기〉의 ㉠~㉢에 들어갈 숫자의 합으로 옳은 것은?

제○조 수업연한 : 수업연한은 정규 교육과정에서 필요로 하는 이수학년을 의미한다. 즉, 졸업을 위해 최소한으로 등록해야 하는 정규학기를 의미한다. 4년제 종합대학인 본 대학교의 기본 수업연한은 4년(8학기)이다.

제○조 재학연한 : 재학연한은 학생이 재학할 수 있는 최대한도를 의미하며, 본 대학교에서 규정하고 있는 재학연한은 수업연한의 2배이다. 재학연한이 만료될 때까지 졸업을 못할 시에는 재적기간 만료로 인해 제적 처리된다.

제○조 휴학 : 휴학기간은 재학연한에 산입하지 아니한다. 재학 중 일반 휴학은 일반 입학생의 경우 최장 6학기, 편입생의 경우 최장 3학기까지 가능하다. 단, 다음의 경우 특별 휴학으로 간주되어, 일반 휴학 기간에 산입하지 않는다.
1. 군복무 휴학 : 4학기
2. 임신·출산·육아 휴학 : 4학기
3. 중대한 질병으로 인한 휴학 : 2학기(단, 일반 휴학 연한을 사용한 자만 가능)
4. 창업 휴학 : 2학기(단, 기술창업 및 전공 관련 분야 창업에 한하며, 관련 서류 필수 제출)

〈보기〉
- A대학에 일반 입학한 남학생의 군복무 휴학 4학기 포함 최대 재학연한 : (㉠)년
- A대학에 3학년으로 편입 입학한 여학생의 질병 휴학 포함 최대 재학연한 : (㉡)년
- A대학에 일반 입학한 여학생의 전공 관련 분야 창업 휴학 포함 최대 재학연한 : (㉢)년

① 26.5
② 28
③ 28.5
④ 31
⑤ 31.5

[19~20] 다음은 A시립도서관의 운영 원칙과 갑의 도서 대출목록이다. 자료를 바탕으로 이어지는 물음에 답하시오.

〈A시립도서관 운영 원칙〉

- A시립도서관은 휴관일 없이 도서 대출 서비스를 운영하고 있다.
- 시민 1인당 총 10권까지 대출 가능하며, 대출 기간은 대출일을 포함하여 14일이다.
- 대출 기간은 권당 1회에 한하여 7일 연장할 수 있으며, 이때 총대출 기간은 21일이 된다. 연장 신청은 기존 대출 기간 내에 해야 한다.
- 만화와 시로 분류되는 도서의 경우에는 대출 기간은 7일이며 연장 신청도 불가능하다.
- 대출한 도서를 대출 기간 내에 반납하지 못한 경우에는 기간 종료일의 다음 날부터 해당 도서 반납을 연체한 것으로 본다.
- 연체료는 각 서적별로 '연체 일수×100원'만큼 부과되며, 최종 반납일도 연체 일수에 포함된다. 또한 대출일 기준으로 출간일이 6개월 이내인 신간의 연체료는 2배로 부과된다.

〈갑의 도서 대출 목록〉

도서명	분류	출간일	대출일
원○○	만화	2024.01.10.	2024.10.10.
입 속의 검은 △	시	2024.09.10.	2024.10.20.
진달□□	소설	2023.10.01.	2024.10.05.
☆☆ 날의 초상	수필	2023.04.15.	2024.10.10.
◇◇◇의 상인	희곡	2024.04.20.	2024.10.05.

19 A시에 거주하는 갑은 2024년 10월 30일 대출한 도서를 연장 신청 없이 전부 반납하였다. 반납한 날에 연체료를 전부 지불하였을 때, 갑이 지불한 연체료 값으로 옳은 것은?

① 3,000원
② 3,700원
③ 4,400원
④ 6,500원
⑤ 7,200원

20 A시에 거주하는 갑은 2024년 10월 30일 대출한 도서를 전부 반납하였다. 대출한 도서 5권 중 2권은 대출 기간을 연장하였으며 반납한 날에 연체료를 전부 지불하였을 때, 갑이 지불한 연체료의 최솟값은?

① 3,000원
② 3,700원
③ 4,400원
④ 6,500원
⑤ 7,200원

최종점검 모의고사 4회

01 문서의 종류와 의미로 바르게 연결된 것은?

① 공문서 – 흔히 사내 공문서로 불리며 회사의 업무에 대한 협조를 구하거나 의견을 전달할 때 작성하는 문서이다.

② 기획서 – 상대방에게 그 내용을 전달하여 기획을 시행하도록 설득하는 문서이다.

③ 기안서 – 특정한 일에 관한 현황이나 그 진행 상황, 연구ㆍ검토 결과 등을 보고하고자 할 때 작성하는 문서이다.

④ 비즈니스 레터(e-mail) – 업무상 필요한 중요한 일이나 앞으로 체크해야 할 일이 있을 때 필요한 내용을 메모 형식으로 작성하여 전달하는 글이다.

⑤ 제품설명서 – 재무제표와 달리 영업상황을 문장형식으로 기재하는 문서이다.

02 명령이나 지시가 필요한 경우 문서 작성법으로 옳은 것은?

> ㄱ. 관련 부서나 외부기관, 단체 등에 명령이나 지시를 내려야 하는 경우가 있으므로, 상황에 적합하고 명확한 내용을 작성할 수 있어야 한다.
>
> ㄴ. 업무를 어떻게 혁신적으로 개선할지, 어떤 방향으로 추진할지에 대한 의견을 제시하며, 내용을 깊이 있게 담을 수 있는 작성자의 종합적인 판단과 예견적인 지식이 요구된다.
>
> ㄷ. 단순한 요청이나 자발적인 협조를 구하는 차원의 사안이 아니므로 즉각적인 업무 추진이 실행될 수 있도록 해야 한다.
>
> ㄹ. 시각적인 자료를 활용하는 것이 효과적이며, 모든 상황에서 문서를 통한 정보 제공은 무엇보다 신속하고 정확하게 이루어져야 한다.
>
> ㅁ. 명령이나 지시가 필요한 경우 업무 지시서를 사용한다.

① ㄱ, ㄷ

② ㄴ, ㄹ

③ ㄷ, ㅁ

④ ㄱ, ㄷ, ㅁ

⑤ ㄱ, ㄴ, ㄷ, ㄹ

03 다음은 A사원과 C사원의 대화 내용이다. 의사표현 방법에 대한 조언으로 적절하지 않은 것은?

> A사원 : 어제 ○○거래처와 미팅을 다녀왔다고 들었는데, 계약 건은 잘 진행되었나요?
> C사원 : 네, 진행하기로 해서 금요일에 다시 방문하기로 했습니다. 근데 어제 ○○거래처에서 누락된 주문이 있다고 하셨어요.
> A사원 : 거래 영수증을 보내드린다는 걸 깜빡했네요. 급한 일인데 오늘 대신 보내줄 수 있나요?
> C사원 : 아…곤란하네요…뒤에 회의 일정이 잡혀있긴 하는데…
> A사원 : 그럼 안 된다는 거예요? 그냥 해주시면 안 될까요?
> C사원 : 음…

① A사원의 경우 상대가 거절을 당해도 싫은 내색을 해서는 안 된다.
② A사원의 경우 부탁하는 것은 상대방의 태도와 의견을 바꾸도록 하는 과정이기 때문에 일방적인 강요를 해서는 안 된다는 점을 주의해야 한다.
③ A사원의 경우 상대가 들어줄 수 있는 상황인지 확인하는 태도를 보여야 한다.
④ C사원의 경우 요구를 들어주는 것이 불가능하다고 여겨질 때는 모호한 태도를 보이는 것보다 단호하게 거절하는 것이 좋다.
⑤ C사원의 경우 먼저 요구를 거절하는 것에 대한 사과를 한 다음, 요구에 응해줄 수 없는 이유를 설명해야 한다.

04 경청능력에 대한 설명으로 옳지 않은 것은?

① 상대방이 보내는 메시지 내용에 주의를 기울이고 이해를 위해 노력하는 행동을 의미한다.
② 경청을 통해 얼마나 대화에 집중하고 있는지 알 수 있다.
③ 경청의 종류로는 적극적 경청, 소극적 경청이 있다.
④ 소극적 경청이란 상대방이 하는 말을 중간에 자르거나 다른 화제로 돌리지 않고 상대의 이야기를 적극적으로 따라가는 것을 의미한다.
⑤ 상대방의 이야기를 들으며 손뼉을 치는 행위는 적극적 경청에 해당한다.

05 기획서 작성 시 유의사항으로 적절하지 않은 것은?

① 한눈에 내용을 파악할 수 있도록 체계적으로 목차를 구성해야 한다.

② 인용한 자료의 출처가 정확한지 확인해야 한다.

③ 효과적인 내용전달을 위해 내용과 적합한 표나 그래프, 그림을 활용하여 시각화하도록 한다.

④ 상대에게 어필하여 채택하게끔 설득력을 갖춰야 하므로, 상대가 요구하는 것이 무엇인지 고려하여 작성한다.

⑤ 소비자들이 이해하기 어려운 전문용어는 가급적 사용을 하지 않는다.

06 문서 작성 시 주의 사항으로 적절한 것은?

① 문서 작성 시기를 정확하게 기입한다.

② 문서 작성 후 반드시 다시 한번 내용을 검토한다.

③ 문서의 첨부자료는 반드시 필요한 자료 외에는 첨부하지 않는다.

④ 문서 내용 중 금액, 수량, 일자 등은 정확하게 기재하여야 한다.

⑤ 문서는 최대한 요약해서 작성해야 한다.

07 의사표현에 대한 설명으로 적절하지 않은 것은?

① 의사표현은 화자가 자신의 감정, 사고, 욕구, 바람 등을 상대방에게 효과적으로 전달하는 중요한 기술이다.

② 음성언어는 입말로 표현하는 구어를 의미한다.

③ 신체언어는 신체의 한 부분인 표정, 손짓, 발짓, 몸짓 따위로 표현하는 몸말을 의미한다.

④ 사전에 준비된 내용을 대중 상대로 말하는 것은 의례적 말하기이다.

⑤ 의사표현을 통해 우리의 이미지가 형상화되므로 말하는 표현을 바꿈으로써 자기 자신의 이미지도 바꿀 수 있다.

08 문서 이해 절차를 참고하여 다음 중 5단계에 해당하는 내용을 고르면?

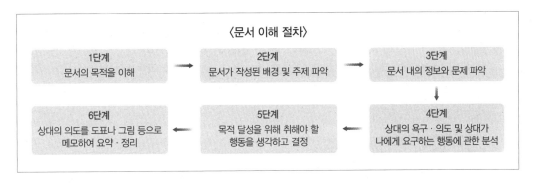

〈문서 이해 절차〉

1단계 문서의 목적을 이해	→	2단계 문서가 작성된 배경 및 주제 파악	→	3단계 문서 내의 정보와 문제 파악

| 6단계
상대의 의도를 도표나 그림 등으로
메모하여 요약·정리 | ← | 5단계
목적 달성을 위해 취해야 할
행동을 생각하고 결정 | ← | 4단계
상대의 욕구·의도 및 상대가
나에게 요구하는 행동에 관한 분석 |

출판사 미팅 보고서

보고 일자 : 20××년 ○월 ○일

보고자 : 우○○ 대리

1. 요약

　가. 20××.○.○.(15:00~17:00) △△ 교재 출간 관련해 A 출판사와 미팅 진행

　나. 출간 일정 및 도서 구성과 관련한 사항에 대해 논의

2. 세부 사항

　가. 작업 일정

　　① 도서 분량은 약 900p로 예상, 편집 등의 작업 기간을 약 3개월로 설정

　　② 20××년 1월 출간 목표로 작업 진행

　나. 출간 일정

1월	2월	3월	4월	5월	6월	7월	8월	9월	10월	11월	12월	1월
			원고 작성					편집				출간 예정

　※ 일정은 변경될 수 있음

　다. 비고

　　① 분량은 경쟁사보다 많이 진행할 예정, 단원별 핵심정리 문제로 차별점을 두고자 함

　　② 기출문제 구성을 기초로 문제 풀이에 중점을 두고자 함

　　③ 경쟁사 도서의 구성을 참고하여 2차 미팅 때 구성 회의를 하기로 함

---

① 문서의 목적은 출판사 미팅과 관련된 보고서임을 알 수 있다.

② 문서의 배경은 미팅의 진행 상황 및 일정을 보고하기 위함이다.

③ 해당 도서의 분량은 경쟁사보다 많을 예정임을 알 수 있다.

④ 경쟁사 도서의 구성을 참고하기 위해서 경쟁사 도서를 구매하여 분석해야 한다.

⑤ 기출문제 구성을 기초로 문제 풀이에 중점을 둔 교재를 만들고자 한다.

09 다음 중 경청 훈련 방법과 그에 해당하는 사례가 적절하게 연결된 것은?

① 주의 기울이기 - A는 B의 말을 자신의 말로 반복하여 표현하고 정보를 정확하게 이해했는지 확인했다.

② 상대방의 경험을 인정하고 더 많은 정보 요청하기 - A는 B의 이야기에 적절히 반응하며 공감하였고, 이야기가 끝나자 추가적인 정보를 물어보았다.

③ 정확성을 위해 요약하기 - A는 B의 이야기를 자신의 관점이 아닌 B의 관점에서 이해하기 위해 노력하였다.

④ 개방적인 질문하기 - A는 B가 하는 말의 어조와 억양, 소리의 크기에 귀를 기울이며 적절하게 반응하였다.

⑤ 공감적 반응 - A는 B의 이야기에 '누가, 무엇을 어디에서, 언제 또는 어떻게' 물어보며 공감하였다.

10 의사표현에 영향을 미치는 비언어적 요소로 옳지 않은 것은?

① 연단공포증   ② 외모
③ 표정   ④ 제스처
⑤ 외국어 능력

11 다음 중 밑줄 친 단어와 같은 의미로 사용된 것은?

그녀에게 호감을 <u>사기</u> 위해 그녀는 별의별 노력을 다했다.

---

① 남한테서 의심을 <u>살</u> 만한 행동은 하지 않아야 한다.
② 약방에서 붕대를 <u>사다가</u> 상처 난 곳에 감았다.
③ 새로운 시도라는 점에서 그의 작품을 높이 <u>사고</u> 싶다.
④ 일꾼이라도 <u>사서</u> 오늘 안으로 일을 마쳐야 한다.
⑤ 오랜만에 만난 친구에게 저녁을 <u>사기로</u> 약속했다.

12 다음 글을 통해 알 수 없는 내용은?

> 커피에 대한 가장 오래된 기록은 선사시대에 에티오피아 카파 지방의 오로모(Oromo)인들이 커피를 식자재로 이용했다는 내용이다. 이후 6세기가 되어 예멘의 모카항과 그리스로 전파되었고, 13세기 에티오피아의 서남부 농민들은 커피콩을 볶아 사발에 찧어 약용 향신료로 사용했다. 12~13세기부터 커피가 널리 전파되었는데 이는 당시 예멘의 금주령 영향이 컸다. 15세기 무슬림들이 메카를 성지순례하며 페르시아 커피를 가져왔고, 장기를 두거나 주사위 놀이를 할 때 시를 읊으며 마시곤 했다. 당시 커피는 강장제로 여겨졌다.
>
> 1600년경 베네치아 상인들에 의해 커피는 유럽에 전해졌다. 1650년경에는 영국 런던에 카페가 생겼다. 당시 카페는 철학자, 지식인들이 자주 만나 자유사상을 교환하는 장소였는데, 이를 못마땅하게 여겼던 찰스 2세가 카페 폐쇄령을 내리기도 했다. 프랑스에는 17세기 중반 마르세유의 도매상인 피에르 들 라 로크(Pierre de La Roque)가 커피를 들여왔고, 1672년 한 아르메니아인이 파리 퐁네프 근처에 파스칼(Pascal)이라는 카페를 열었다.
>
> 유럽역학저널(European Journal of Epidemiology)은 카페인이 들어 있는 커피를 하루 두 잔 마신 사람의 수명이 그렇지 않은 경우보다 2년 더 길다고 발표했다. 해당 연구의 연구진은 생활방식을 기준으로 분류된 다양한 그룹을 통해 커피와 사망률의 상관관계를 검증했는데, 상관관계는 미국보다 유럽과 아시아에서 더 밀접한 결과를 보였다.

① 에티오피아의 경우 선사시대 카파 지방과 13세기 서남부 지방에서 커피를 이용했다는 기록이 전해진다.

② 예멘의 경우 12~13세기에 발효된 금주령에 따라 그 대체재로 커피가 확산되었다.

③ 영국의 경우 1650년경 페르시아 커피가 들어온 후 런던을 시작으로 카페들이 문을 열었다.

④ 프랑스의 경우 17세기 중반에 커피가 전해졌고, 1672년 파리 퐁네프 근처에 카페가 생겼다.

⑤ 유사한 조건의 미국인과 유럽인을 대상으로 연구한 결과 커피를 마시는 습관과 수명의 관계는 미국인보다 유럽인에게서 더 뚜렷한 상관관계를 보였다.

[13~14] 다음 글을 읽고 이어지는 질문에 답하시오.

예술은 인간의 감정을 구현하는 수단으로서 오랜 시간 향유되어왔고, 예술이 표현해내는 감정 또한 이성적인 범주를 넘어서는 다양한 모습을 보여 왔다.

(㉠) 이에 따라 감정과 예술의 관계를 해석하려는 입장도 여러 가지가 나타났는데, 그중 톨스토이와 콜링우드를 대표적인 예로 들 수 있다.

(㉡) 톨스토이의 견해에 따르면, 좋은 생각이 타인에게 전달될 필요가 있듯이 좋은 감정 역시 타인에게 전달되어야 한다. 그리고 이때 감정을 타인에게 전달하는 수단이 바로 예술이다. 예술가는 자신이 표현하고자 하는 감정을 떠올리고 이를 작품을 통해 타인이 공감할 수 있는 형태로 전달한다.

(㉢) 단, 이때 전달되는 감정은 좋은 감정으로서 사회를 더 나은 방향으로 이끌 수 있어야 한다. 연대감이나 형제애 등이 대표적인 예이다. 따라서 그는 노동요나 민담 등을 높이 평가하였고, 교태 어린 리스트의 음악이나 허무주의적인 보들레르의 시 등은 부정적으로 평가하였다.

(㉣) 반면 콜링우드는 예술적 효과를 통한 연대감의 전달이 때로는 비합리적 선동을 강화하는 결과를 낳듯 예술을 통한 감정의 전달은 사회에 부작용을 일으킬 수 있다고 지적하며, 예술은 감정을 타인에게 전달하는 수단이 아니라 개인의 감정을 정리하는 수단이라고 주장하였다. 그리고 이렇게 예술을 통해 우리의 감정이 정리되었다면 굳이 이를 타인에게 전달하지 않더라도 예술은 그 소임을 충분히 완성한 것이라고 주장한다.

(㉤) 이처럼 톨스토이와 콜링우드가 바라보는 예술과 감정 간의 관계는 서로 차이가 있지만, 양자 모두 예술과 감정의 긍정적 연관성에 주목하면서 예술의 가치를 옹호하였다. 그리고 이들의 이론은 낭만주의 예술의 이해와 발전에 크게 기여하였다.

13 ㉠~㉤ 중 〈보기〉의 내용이 삽입되기에 적절한 곳은?

> **〈보기〉**
>
> 일상사에서 마구 화를 내거나 하염없이 눈물을 흘리다 보면, 어느 순간 감정을 지나치게 드러냈다는 생각과 함께 쑥스러운 기분이 들 때가 종종 있다. 바로 이러한 감정의 폭발을 막기 위해 예술이 필요하다. 즉, 논리적으로 글을 써 내려감으로써 생각을 정리하고 명확하게 하듯, 인간의 감정 역시 그와 근원이 유사한 예술을 통해 정리함으로써 자신의 제어하에 두고 다스릴 수 있다는 것이다.

① ㉠

② ㉡

③ ㉢

④ ㉣

⑤ ㉤

14 다음 중 톨스토이와 콜링우드의 견해로 잘못 연결된 것은?

① 톨스토이 – 예술가는 자신이 표현하고자 하는 감정을 떠올리고 이를 작품을 통해 타인이 공감할 수 있는 형태로 전달한다.

② 톨스토이 – 타인에게 전달되는 감정은 인간이 느낄 수 있는 모든 감정으로, 사회를 더 나은 방향으로 이끌 수 있어야 한다.

③ 콜링우드 – 예술은 감정을 타인에게 전달하는 수단이 아니라 개인의 감정을 정리하는 수단이다.

④ 콜링우드 – 예술적 효과를 통한 연대감의 전달이 때로는 비합리적 선동을 강화하는 결과를 낳을 수 있다.

⑤ 톨스토이, 콜링우드 – 예술과 감정의 긍정적 연관성에 주목하면서 예술의 가치를 옹호하였다.

PART 01

PART 02

PART 03

PART 04

부록

최종점검 모의고사

15 다음 중 ⊙에 들어갈 내용으로 가장 적절한 것은?

> "과학적 지식은 어떻게 생성되는가?" 이에 대한 답변은 과학을 바라보는 철학적인 관점에 따라 달라진다. 그중 하나인 논리 실증주의적 관점에 따르면 과학적 지식은 (⠀⠀⠀⠀⠀⠀⠀⠀⠀⠀⊙⠀⠀⠀⠀⠀⠀⠀⠀⠀⠀)
> 한 가지 예를 들어볼 수 있다. 연어의 회귀와 관련하여 과학자들은 시각 가설, 지구 자기장 가설, 후각 가설 등 여러 가지 가설을 세웠다. 우선 시각 가설을 검증하기 위해 과학자들은 미국 북서부 지역의 이사콰와 포크에 도착한 연어들을 잡아 표시한 후 두 집단으로 나누었다. 그리고 한쪽은 눈을 가리고 다른 집단은 눈을 가리지 않은 채 두 하천이 만나는 지점보다 하류인 담수에 방류하였고, 되돌아오는 연어들의 비율을 확인하였다. 그 결과 두 집단 간 포획된 곳으로 돌아오는 연어의 수는 큰 차이가 없었다.
> 그 뒤 과학자들은 지구 자기장을 이용한다는 가설을 검증하기 위해 유사한 실험을 진행하였고, 이 역시 의미 있는 차이를 보이지 않자 후각 가설을 검증하기 위한 실험을 다시 진행하였다. 그리고 과학자들은 후각 기능을 마비시킨 연어 집단과 그렇지 않은 집단 사이에 유의미한 차이가 있음을 확인할 수 있었다. 이러한 과정을 통해 연어가 산란기에 회귀하기 위해 후각을 이용한다는 '과학적 사실'이 생성된 것이다.

① 수학적 계산을 통해 오차가 발생하지 않는 공식을 성립시킴으로써 생성된다.

② 여러 집단의 가설을 비교하여 가장 논리적 오류가 적은, 혹은 존재하지 않는 가설을 채택함으로써 생성된다.

③ 기존의 과학적 지식을 서로 조합하여 새로운 사실을 도출함으로써 생성된다.

④ 실험을 통한 검증으로 가설의 진위를 판가름함으로써 생성된다.

⑤ 논리적·윤리적·경험적 가치를 종합적으로 고려하여 생성된다.

[16~17] 다음 글을 읽고 이어지는 질문에 답하시오.

수지(收支)란 수입과 지출을 아울러 이르는 말이다. 한 나라가 대외거래를 통해 얻은 수입과 지출은 그 나라의 국제거래수지, 즉 국제수지를 일컫는다. 가계에서 수입과 지출을 기록하기 위해 가계부를 작성하듯 국가도 외국과 여러 형태의 거래에서 발생하는 수입과 지출을 기록하고 정리해둔다. 이것을 국제수지표라고 한다. 국제수지표는 중앙은행인 한국은행이 월별로 작성해 1년 단위로 종합한다. 국제수지가 흑자라는 것은 대상 기간 중 나라 안으로 들어온 외화가 나라 밖으로 나간 외화보다 많았음을 뜻한다. 적자는 반대의 경우를 의미한다. (㉠)

국제수지는 크게 경상수지와 자본수지로 나뉜다. 경상수지란 상품이나 서비스를 외국과 매매하는 거래, 곧 경상거래로 벌어들인 수지다. 경상수지는 상품수지, 서비스수지, 소득수지, 경상이전수지로 구성된다. 상품수지는 상품을 수출해 번 돈에서 상품을 수입하면서 외국에 준 돈의 차액을 나타낸다. 상품수지는 상품의 소유권이 이전되어야 수출입으로 간주한다. (㉡)

다음으로 서비스수지는 운수 · 여행 · 통신 · 보험 · 특허권 등 각종 서비스 거래를 통해 벌어들인 외화와 지급한 외화 간의 차이를 말한다. 소득수지는 거주자와 비거주자 사이에 오고 간 노동과 투자의 대가를 기록한 것이다. (㉢) 경상이전수지는 기부금, 무상원조 등 국내 거주자와 비거주자 사이에 아무런 반대급부 없이 주고받은 외화의 유출입 차이다. (㉣)

자본수지는 경상수지와 함께 국제수지를 구성하는 한 축으로, 자본거래의 결과로 유입된 외화와 유출된 외화의 차이를 뜻한다. 자본수지는 투자수지와 기타자본수지로 나뉜다. 투자수지는 외국인이 국내에 투자한 돈과 내국인이 외국에 투자한 돈의 차이, 기타자본수지는 해외이주비와 같은 자본 이전과 특허권 · 상표권과 같은 비생산 · 비금융 자산의 대외거래를 기록한 것을 말한다. (㉤)

일반적으로 국제수지라고 할 때는 자본수지를 제외한 경상수지만을 의미하기도 한다. 경상수지에 포함된 재화와 서비스의 수출입이 국민소득, 고용 등에 큰 영향을 미치기 때문이다. 경상수지 흑자는 국내 생산의 증가를 뜻하고, 투자가 늘어나고 일자리도 확대되는 선순환을 가져온다.

16 윗글의 ㉠~㉤ 중 〈보기〉의 내용이 들어가기에 가장 적절한 것은?

〈보기〉
우리 기업이 해외투자에서 얻은 이자와 외국에 진 빚에서 생기는 이자의 차액, 해외에서 일하는 우리 근로자가 국내로 송금한 금액과 우리나라에서 일하는 외국인 근로자가 자기 나라로 보낸 금액의 차이 등이 여기에 포함된다.

① ㉠

② ㉡

③ ㉢

④ ㉣

⑤ ㉤

17 윗글의 내용과 일치하지 않는 것은?

① 여행 · 통신 · 보험 등 서비스를 거래한 결과로 유입된 외화와 유출된 외화의 차이를 서비스수지라고 한다.

② 투자수지는 자본수지라고도 불리며 비생산 · 비금융 자산의 대외거래 기록과 해외이주비와 같은 자본 이전을 뜻한다.

③ 한국은행은 매월 대외거래를 통한 수입과 지출을 정리해 1년 단위로 종합하는데 이를 국제수지표라고 한다.

④ 경상이전수지는 기부금, 무상원조 등 국내 거주자와 비거주자 사이에 반대급부 없이 주고받은 외화의 유출입 차이다.

⑤ 국제수지는 자본수지와 경상수지로 구성되며, 이 중 자본수지는 자본거래로 인한 유입 외화와 유출 외화의 차이를 뜻한다.

18 지문의 내용과 일치하는 것은?

> 사람이 잠자는 동안에 실제처럼 여러 가지 사물을 보고 듣는 체험을 하는 정신현상을 꿈이라고 한다. 꿈이란 잠에 들었을 때 꾸는 일련의 정신현상으로 볼 수 있다. 이는 대체로 깊은 수면이 아닌 얕은 수면 단계에서 발생한다. 잠이 들면 중추신경 내부의 흥분성이 저하되기 때문에 뇌 속의 여러 영역에서 생기는 흥분이 넓게 전달되지 않는다. 따라서 전면적으로 통일된 뇌의 활동이 해리되는 상태가 된다.
> 3단계 수면을 지나 꿈 수면이 나오는 것이 정상 수면이며 이를 렘수면이라고도 한다. 렘수면을 통해 수면의 리듬이 맞춰지고, 신체의 정신적인 안정과 몸의 안정이 이루어지기 때문에 꿈을 많이 꾼다고 해서 반드시 나쁜 것은 아니다.
> 또한 인간은 렘수면 상태의 꿈을 기억할 수 있다. 그 이유는 잠을 잘 때 뇌에서 감각을 느끼거나 몸을 움직이게 하는 '신피질'과 기억을 저장하는 '해마' 사이의 연결이 약해지기 때문이다. 대부분 좋은 꿈일수록 희미하고, 나쁜 꿈일수록 생생하게 기억에 남는다. 이처럼 꿈을 꿀 때는 두 기관이 각자 활성화되면서 둘 사이의 연결이 약해지는데, 이러한 상태에서도 매우 강한 자극이 주어지거나 감정과 관련된 기억이 활성화될 경우 기억이 생생하게 남게 되며, 이를 악몽이라고 한다.

① 수면 단계 중 주로 깊은 잠에 들었을 때 꿈을 많이 꾼다.

② 렘수면 이전의 단계를 꿈 수면이라고 하며 정상 수면에 해당한다.

③ 수면 중 꿈을 많이 꿀수록 심신이 안정되고 수면의 리듬이 규칙적으로 변한다.

④ 꿈을 기억하는 것은 감각기관인 해마와 신피질의 연결이 약해지기 때문이다.

⑤ 악몽보다 편안한 꿈일 때 자극이나 감정에 관한 활성화 작용의 정도가 약하다.

[19~20] 다음 글을 읽고 이어지는 질문에 답하시오.

18세기는 산업혁명과 함께 유럽경제가 급격하게 물적인 외연확장을 이루던 때였다. 이 시기에 경제학의 아버지라 불리우는 애덤 스미스(Adam Smith, 1723~1790)는 자본주의, 시장주의라는 게임규칙을 처음으로 질서 정연하게 제시하면서 이기적인 개인의 경제활동이 어떻게 공공의 선으로 총합되는지를 논리적으로 설명한 최초의 인물이다. (㉠) 그는 중세에 이르기까지 죄악시되었던 인간의 탐욕, 이기심에 기초한 경제적인 욕망의 분출이 일방적인 해악이 아니라, 오히려 국가의 부를 증대시키는 사회적 선(善)임을 주장했다. (㉡) 이러한 시대적 변화와 맞물려 그의 주장은 경제학계를 지배했으며, 200여 년이 지난 지금에 와서도 변함없는 경제학의 기본원칙으로 자리매김하고 있다. 스미스는 10여 년을 걸쳐 완성한 '국부론'에서 경제학을 최초로 이론·역사·정책에 걸친 체계적 과학임을 분명하게 드러내어 제시했다. 그의 중상주의 비판은 당시 영국의 자유통상정책으로 구체화되기도 했다. (㉢) 그는 부를 금·은만이 아니고 모든 생산물이라 규정했고, 나아가 노동생산성 향상이 국민의 부를 증대시키는 지름길이며 이를 위해서는 생산에서의 분업이 매우 중요하다고 보았다. 또한 근대인의 이기심을 경제행위의 동기로 보고 이에 따른 경제행위는 '보이지 않는 손(invisible hand)'에 의해 최종적으로는 공공의 복지에 기여한다고 생각했다. (㉣) 그리하여 그는 생산과 분배에는 자연적 질서가 작용하여 저절로 조화되어 간다고 하는 자연법에 의한 예정 조화의 사상을 제시했다. (㉤) 한편 그는 보이지 않는 손을 신봉하였지만 자본가와 상인들의 탐욕에 대해서는 절제가 필요하다는 지적도 잊지 않았다. 이렇듯 그는 경제학자이지만 한편으로는 '도덕감정론'을 저술한 윤리학자이자 철학자이기도 했다.

19 ㉠~㉤ 중 〈보기〉의 내용을 삽입하기에 적절한 곳은?

> **〈보기〉**
> 이후 억눌렸던 부에 대한 욕망이 사회 전 분야에 끓어 넘치면서 자본주의가 개화하기에 이르렀다.

① ㉠
② ㉡
③ ㉢
④ ㉣
⑤ ㉤

20 다음 중 윗글을 참고하였을 때 애덤 스미스의 주장으로 옳지 않은 것은?

① 인간의 탐욕이 국가의 부를 증대시키는 사회적 선(善)임을 주장했다.
② 생산에서의 분업이 매우 중요하다고 보았다.
③ '보이지 않는 손(invisible hand)'을 통해 경제학이 이론·역사·정책에 걸친 체계적 과학임을 분명하게 드러내어 제시하였다.
④ 자본가와 상인들의 탐욕에 대해서는 절제가 필요하다고 주장하였다.
⑤ 경제학자이면서 윤리학자이자 철학자이기도 했다.

01 다음 식을 계산한 값으로 적절한 것은?

$$\frac{1}{10} + \frac{1}{10^2} - \frac{1}{10^3} + 0.001$$

① 0.001   ② 0.009

③ 0.011   ④ 0.019

⑤ 0.11

02 다음 숫자가 규칙에 따라 나열되어 있을 때, 빈칸에 들어갈 알맞은 것을 고르면?

10	( )	23	39	64	100

① 14   ② 15

③ 16   ④ 17

⑤ 18

03 A, B 두 톱니의 수는 36개, 45개라고 한다. 두 톱니바퀴가 같은 톱니에서 처음으로 다시 맞물리기 위해서는 A가 최소 몇 번 회전해야 하는가?

① 4번   ② 5번

③ 6번   ④ 7번

⑤ 8번

04 다음은 A시와 B시의 행정 처리 현황에 대한 자료이다. 이에 대한 설명으로 옳지 않은 것은?

〈행정 처리 현황〉

(단위 : 건)

구분	민원 접수	처리 상황		완료 민원 결과	
		완료	미완료	기각	수용
A시	20,430	12,045	( )	3,050	( )
B시	30,504	( )	15,204	1,240	( )

※ 수용 비율(%) = $\dfrac{수용건수}{완료건수} \times 100$

① B시는 완료된 민원 결과 기각 비율이 10% 미만이다.

② 민원 처리율은 A시가 B시보다 높다.

③ A시는 완료된 민원 결과 70% 이상의 수용 비율을 보인다.

④ B시는 A시보다 완료된 민원 결과 중 수용 비율이 높다.

⑤ B시의 완료된 민원 결과 중 수용 건수는 A시보다 6천 건 이상 더 많다.

05 A씨는 출근길은 2km/h로, 퇴근길에는 3km/h 속력으로 이동한다. 통근 왕복 시간은 총 1시간 40분이 소요된다면, A씨 집과 회사의 거리는 얼마인가?

① 2km

② 3km

③ 4km

④ 5km

⑤ 6km

06 A부서의 남직원들 평균 나이는 42살, 여직원들 평균 나이는 39살이고 A부서 전체 평균 나이는 40살이라고 한다. 남직원이 24명일 때, A부서는 총 몇 명인가?

① 70명

② 72명

③ 74명

④ 76명

⑤ 78명

07 다음은 취업 노인의 종사 직종에 대한 자료이다. 이에 대한 설명으로 옳은 것은?

〈취업 노인의 종사 직종〉

(단위 : %)

구분	2015년	2018년	2021년	2024년
계	100	100	100	100
농 · 어 · 축산업 종사자	56.6	60.4	53.9	36.4
단순노무 종사자	21.1	21.5	27.8	36.6
서비스 · 판매 종사자	12.3	8.8	8.8	11.8
기계 조작 및 조립 종사자	0.7	2.7	2.0	4.8
기능원, 관련 기능 종사자	2.7	2.0	1.8	2.6
고위 임원직, 관리자	2.9	1.1	2.0	2.7
사무 종사자	3.7	3.5	3.7	5.1

① 조사기간 동안 농 · 어 · 축산업 종사자 비중은 점점 축소되고 있다.

② 조사시간 동안 기계 조작 및 조립 종사자의 증감 추이와 동일한 직종은 1개다.

③ 고위 임원직, 관리자로 종사하는 노인의 수는 증가하고 있다.

④ 2024년 단순노무 종사자가 100명이라 하면, 전체 취업 노인의 수는 270명 이상이다.

⑤ 2024년 사무 종사자의 비중은 2018년보다 40% 이상 증가했다.

08 농도 12%인 소금물 200g에 다른 농도의 소금물을 추가하여 농도 15%인 소금물 500g을 만들려고 한다. 이때 추가한 소금물의 농도는 얼마인가?

① 15% ② 16%

③ 17% ④ 18%

⑤ 19%

09 다음은 기관별 정규직 및 비정규직 고용 현황에 대한 자료이다. 〈보기〉 중 이에 대한 설명으로 옳은 것은? (단, 소수 둘째 자리에서 반올림한다.)

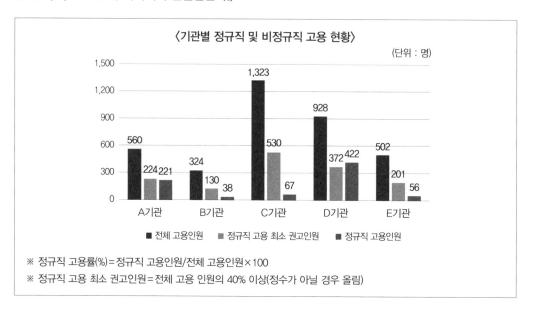

※ 정규직 고용률(%)=정규직 고용인원/전체 고용인원×100
※ 정규직 고용 최소 권고인원=전체 고용 인원의 40% 이상(정수가 아닐 경우 올림)

〈보기〉
ㄱ. D기관의 정규직 고용인원은 나머지 4개 기관의 정규직 고용인원을 합친 것보다 많다.
ㄴ. 정규직 고용 최소 권고인원을 준수하고 있는 기관은 한 곳뿐이다.
ㄷ. C기관은 정규직 고용 최소 권고인원이 가장 많은 반면, 정규직 고용률은 가장 낮다.
ㄹ. A기관은 D기관보다 정규직 고용률이 높다.

① ㄱ, ㄴ
② ㄱ, ㄷ
③ ㄱ, ㄴ, ㄷ
④ ㄱ, ㄴ, ㄹ
⑤ ㄴ, ㄷ, ㄹ

10 A씨는 원가 2,000원인 물품을 판매하고 있다. 이 물품을 600개 판매하였더니, 240,000원의 이익을 얻었다고 할 때, A씨는 원가에 몇 %의 이윤을 붙여서 팔았는가?

① 20%

② 25%

③ 30%

④ 35%

⑤ 40%

11 작년 A부서 팀원은 80명이었다. 올해 남자 직원은 30% 증가하고, 여자 직원은 10% 감소하여 총 4명이 증가하였다. 올해 남자 직원은 몇 명인가?

① 37명

② 38명

③ 39명

④ 40명

⑤ 41명

12 A, B, C씨 세 사람이 필기시험에 합격할 확률은 $\frac{1}{2}$, $\frac{2}{3}$, $\frac{3}{4}$일 때, 한 사람만 합격할 확률은?

① $\frac{1}{4}$

② $\frac{1}{5}$

③ $\frac{1}{6}$

④ $\frac{1}{7}$

⑤ $\frac{1}{8}$

13 다음은 회사 A, B사의 2024년 3월 기준 판매 실적을 나타낸 것이다. 이에 대한 해석으로 옳지 않은 것은?

<회사 A, B사의 판매 실적>

(단위 : 대)

구분	2024년 3월 판매량	동년도 전월 판매량 (2024년 2월)	전년도 동월 판매량 (2023년 3월)
A사	57,965	46,859	55,108
B사	42,305	35,405	38,844

① 2024년 3월 기준 A사의 판매량은 B사의 판매량보다 약 15,000대 더 많다.

② 2024년 3월 A사의 판매량은 전월 대비 약 24% 증가하였다.

③ 2024년 3월 B사의 판매량은 전월 대비 약 7,000대 더 많다.

④ 2024년 3월 A사의 판매량은 전년도 동월 대비 약 3,000대 더 많다.

⑤ 2024년 3월 A사와 B사 중 전년도 동월 대비 판매량 증가율이 더 큰 회사는 A사이다.

14 다음은 어느 공과대학의 최근 2년간 각 학과 지원자의 비율을 나타낸 것이다. 이에 대한 〈보기〉 중 옳은 것을 고르면?

<2023~2024년 학과별 지원자 비율>

(단위 : %)

구분	화학공학과	생명공학과	기계공학과	전자공학과	건축공학과	도시공학과
2023년	13.3	11.6	12.4	24.2	12.1	26.4
2024년	12.5	9.5	14.9	27.0	12.4	23.7

※ 공과대학의 전체 지원자 수는 2023년과 2024년 1,000명으로 동일했다고 가정한다.

※ 학과별 경쟁률은 학과 지원 인원수 : 학과별 모집 인원의 비율로 나타내며, 소수 셋째 자리에서 반올림한다.

〈보기〉

ㄱ. 학과별 지원자 비율이 가장 높은 학과는 2023년과 2024년에서 모두 동일하다.

ㄴ. 2024년에 전년도와 비교하여 전체 공과대학 지원자 중 해당 학과 지원자 비율이 감소한 학과는 총 3곳이다.

ㄷ. 생명공학과의 정원이 80명인 경우 2024년 경쟁률은 전년 대비 약 18%가량 감소하였다.

ㄹ. 화학공학과와 생명공학과의 지원자가 감소한 수만큼 기계공학과의 지원자가 증가하였다.

① ㄱ, ㄴ

② ㄱ, ㄷ

③ ㄱ, ㄴ, ㄷ

④ ㄴ, ㄷ

⑤ ㄴ, ㄷ, ㄹ

15 다음은 매출액 상위 10개 라면 매출액 및 시장점유율에 관한 자료이다. 이에 대한 설명으로 옳지 않은 것은?

〈매출액 상위 10개 라면 매출액 및 시장점유율〉

(단위 : 억 원, %)

순위	라면 이름	매출액	시장점유율
1	A	736	36.8
2	B	624	31.2
3	C	146	7.3
4	D	122	6.1
5	E	86	4.3
6	F	76	3.8
7	G	64	3.2
8	H	40	2
9	I	22	1.1
10	J	14	0.7

※ 시장점유율 $= \dfrac{\text{해당 라면 매출액}}{\text{전체 라면 매출액}} \times 100$

※ 전체 라면 매출액＝상위 10개 라면 매출액＋그 외 라면 매출액

① 전체 라면 매출액은 2,000억 원이다.
② A라면 매출액은 J라면 매출액의 50배 이상이다.
③ 상위 3개 라면 시장점유율은 하위 3개 라면 시장점유율의 25배 이상이다.
④ 매출액이 100억 원 이상인 라면은 총 4개다.
⑤ 매출액 상위 5개 라면의 매출액 합계는 상위 5개 라면을 제외한 나머지 라면 매출액 합계의 5배 이상이다.

16 다음은 연령별 종교활동 인구에 대한 자료이다. 이에 대한 해석으로 옳은 것은?

〈연령별 종교활동 인구〉

(단위 : 명)

구분	2022년	2023년	2024년
0~16세	811	809	794
17~29세	13,408	14,554	19,107
30~39세	15,422	14,968	16,078
40~64세	66,812	69,205	72,214
65세 이상	2,648	2,711	2,945

① 조사시간 동안 종교활동 인구는 점차 감소하고 있다.

② 조사기간 동안 29세 이하 종교활동 인구는 점차 감소하고 있다.

③ 조사기간 동안 65세 이상 종교활동 인구는 증가했다가 감소하고 있다.

④ 2024년 40~64세 종교활동 인구 수는 2022년보다 8% 이상 증가했다.

⑤ 30~39세 종교활동 인구 구성비는 2022년보다 2024년이 더 높다.

17 다음은 택배 업체 이용 실적에 대한 분기별 자료이다. 이에 관한 설명으로 가장 적절하지 않은 것은?

〈택배 업체 이용 실적〉

(단위 : 만 건)

구분	2023년				2024년	
	1/4분기	2/4분기	3/4분기	4/4분기	1/4분기	2/4분기
국내 택배	1,215	1,278	1,314	1,356	1,371	1,386
국외 택배	37	42	28	27	29	33
합계	1,252	1,320	1,342	1,383	1,400	1,419

① 국내 택배 이용 실적은 분기마다 지속적으로 증가하였다.

② 국외 택배 이용 실적은 2023년 4/4분기에 가장 낮았다.

③ 조사기간 동안 국내 택배 이용 실적의 직전 분기 대비 증가율이 가장 높은 분기는 2023년 2/4분기이다.

④ 조사기간 동안 택배 업체 이용 실적의 직전 분기 대비 증가율이 가장 높은 분기는 2024년 2/4분기이다.

⑤ 2024년 1/4분기의 국외 택배 이용 실적은 직전 분기보다 2만 건 증가하였다.

18 다음은 국가별 생산직 노동자의 시간당 임금과 단위노동 비용지수를 조사한 자료이다. 이에 대한 설명으로 〈보기〉 중 옳은 것은?

〈국가별 생산직 노동자의 시간당 임금과 단위노동 비용지수〉

구분	시간당 임금(달러)			단위노동 비용지수(%)		
	2022년	2023년	2024년	2022년	2023년	2024년
A	17.52	16.49	16.04	89.86	82.14	77.22
B	15.88	17.49	16.94	86.20	99.33	98.67
C	22.03	21.63	17.11	66.6	56.2	49.6
D	6.32	7.78	7.82	69.5	71.2	68.0
E	16.49	20.35	18.22	104.3	99.2	94.7

※ 단위노동 비용지수 : 국가별로 해당 국가의 2025년 단위노동 비용을 100으로 하여 각 연도의 비교치를 제시한 것

〈보기〉
ㄱ. 각각의 국가에서 연도별 시간당 임금과 단위노동 비용지수의 증감은 같은 추세를 보인다.
ㄴ. 2023년에 비해 2024년에 시간당 임금이 가장 큰 비율로 증가한 국가는 D이며, 가장 큰 비율로 감소한 국가는 C이다.
ㄷ. 2023년에 비해 2024년에 단위노동 비용지수가 상승한 국가는 1곳이다.
ㄹ. 2022년 시간당 임금이 가장 높은 국가와 단위노동 비용지수가 가장 낮은 국가는 동일하다.

① ㄱ, ㄴ
② ㄱ, ㄷ
③ ㄴ, ㄷ
④ ㄴ, ㄹ
⑤ ㄷ, ㄹ

[19~20] 다음은 유형별 데이트 폭력 경험에 대한 자료이다. 물음에 답하시오.

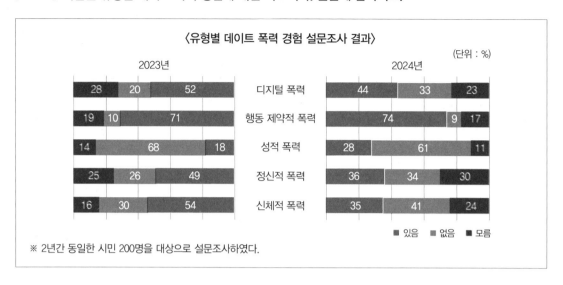

〈유형별 데이트 폭력 경험 설문조사 결과〉

(단위 : %)

2023년 / 2024년

유형	2023년 있음	없음	모름	2024년 있음	없음	모름
디지털 폭력	28	20	52	44	33	23
행동 제약적 폭력	19	10	71	74	9	17
성적 폭력	14	68	18	28	61	11
정신적 폭력	25	26	49	36	34	30
신체적 폭력	16	30	54	35	41	24

■ 있음   ■ 없음   ■ 모름

※ 2년간 동일한 시민 200명을 대상으로 설문조사하였다.

19 위 자료에 대한 설명으로 옳지 않은 것은?

① 2023년 디지털 폭력 유형에 '모름'으로 응답한 시민의 수와 2024년 성적 폭력 유형에 '있음'으로 응답한 시민의 수는 같다.

② 2023년에 비해 2024년의 경우 정신적 폭력과 신체적 폭력 유형에 대해 '있음'으로 응답한 시민의 수는 줄었다.

③ 2023년에 비해 2024년의 경우 행동 제약적 폭력 유형에 '없음'으로 응답한 시민의 수는 2명 줄었다.

④ 2024년 '있음'으로 응답한 비율이 세 번째로 많은 폭력 유형은 2023년 '없음'으로 응답한 비율이 세번째로 많은 폭력 유형과 동일하다.

⑤ '모름'으로 응답한 비율이 두 번째로 많은 폭력 유형은 2023년과 2024년이 동일하다.

20 위 자료에 대해 표나 그래프로 표현하려고 할 때, 옳지 않은 것은?

① 2024년 유형별 데이트 폭력 경험에 '있음' 으로 응답한 시민의 수

(단위 : 명)

디지털 폭력	행동 제약적 폭력	성적 폭력	정신적 폭력	신체적 폭력
88	148	56	72	70

② 2023년 정신적 · 신체적 폭력 경험 여부

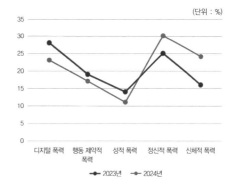

③ 2023년 대비 2024년 유형별 데이트 폭력 경험에 '없음'으로 응답한 시만의 수 증감 추이

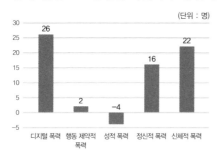

④ 유형별 데이트 폭력 경험에 '모름'으로 응답한 비율

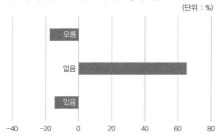

⑤ 2023년 대비 2024년 디지털 폭력 경험 여부에 응답한 시민의 수 증감율

01 다음 중 〈보기〉의 사례에 나타난 문제와 문제점이 올바르게 짝지어진 것은?

〈보기〉
본가에서 명절을 보낸 A씨는 고속도를 통해 집으로 가는 도중 계속 졸음이 쏟아졌으나 서둘러서 도착하기 위해 졸음쉼터를 이용하지 않고 운전을 계속하였다. 결국 운전을 하다 깜박 졸던 A씨는 도로 위에 있던 낙하물 주의 표지판을 뒤늦게 발견하고 급하게 핸들을 옆으로 틀었다. 결국 A씨의 자동차가 가드레일(guard-rail)을 들이받아 범퍼가 부서졌으며, A씨는 병원에 입원하였다.

	문제	문제점
①	가드레일	교통사고
②	졸음운전	가드레일
③	졸음운전	교통사고
④	교통사고	졸음운전
⑤	교통사고	가드레일

02 업무 수행 과정에 따른 문제로는 발생형 문제(보이는 문제), 탐색형 문제(찾는 문제), 설정형 문제(미래 문제)의 3가지가 있다. 다음 중 〈보기〉에서 설정형 문제에 대한 설명을 모두 고른 것은?

〈보기〉
㉠ 현재의 상황을 개선하거나 효율을 높이기 위한 문제이다.
㉡ 미래 상황에 대응하는 장래 경영전략의 문제이다.
㉢ '앞으로 어떻게 할 것인가'에 대한 문제이다.
㉣ 이미 일어난 문제로 원상 복귀가 필요한 문제이다.
㉤ 목표지향적 문제이자 창조적 문제이다.

① ㉠, ㉡, ㉢ 　　　　　　　② ㉠, ㉣, ㉤
③ ㉡, ㉢, ㉤ 　　　　　　　④ ㉡, ㉣, ㉤
⑤ ㉢, ㉣, ㉤

03 다음은 문제해결을 위한 대표적인 방법인 소프트 어프로치, 하드 어프로치, 퍼실리테이션(Facilitation) 중 하나에 대한 설명이다. 이에 대한 특징으로 옳은 것은?

> 이 해결방법은 상이한 문화적 토양을 가지고 있는 구성원을 가정하고, 서로의 생각을 직설적으로 주장하고 논쟁이나 협상을 통해 서로의 의견을 조정해 가는 방법이다.

① 문제해결을 위해서 직접적인 표현이 바람직하지 않다고 여긴다.
② 의견을 조정해 가는 과정에서 중심적 역할을 하는 것은 논리, 즉 사실과 원칙에 근거한 토론이다.
③ 커뮤니케이션을 통해 서로의 문제점을 이해하고 공감함으로써 창조적인 문제해결을 도모한다.
④ 구성원의 동기가 강화되고 팀워크도 한층 강화된다.
⑤ 결론을 미리 그려 가면서 권위나 공감에 의지해 타협과 조정을 통해 해결을 도모한다.

04 다음 중 각 사례에 사용된 사고 개발 방법이 바르게 짝지어진 것은?

> **〈보기〉**
> • 수민 : 이번 달에 새롭게 출시될 사회 초년생들을 위한 신용카드 고객 확보 전략 아이디어를 도출하기 위해서 지난달에 출시된 입출금 예금 상품의 고객 확보 전략을 검토했어.
> • 지애 : 새롭게 출시될 사회 초년생들을 위한 신용카드의 고객 확보라는 힌트를 통해 '사회초년생들을 대상으로 이벤트를 진행한다.', 'SNS를 이용한 마케팅을 진행한다.' 등의 아이디어를 도출했어.
> • 은나 : 새롭게 출시될 사회 초년생들을 위한 신용카드의 고객 확보 전략이라는 주제에 대해 '사회초년생들을 대상으로 이벤트를 진행한다.', 'SNS를 이용한 마케팅을 진행한다.', '경쟁사에서 출시한 신용카드와 비교한다.', '기존 자사 신용카드와 비교한다.' 등 자유롭게 아이디어를 도출했어.

	수민	지애	은나
①	NM법	브레인스토밍	체크리스트
②	브레인스토밍	NM법	체크리스트
③	체크리스트	NM법	브레인스토밍
④	NM법	체크리스트	브레인스토밍
⑤	체크리스트	브레인스토밍	NM법

05 다음 중 논리적 사고의 구성요소를 모두 고른 것은?

㉠ 생각하는 습관	㉡ 지적 회의성
㉢ 상대 논리의 구조화	㉣ 지적 정직성
㉤ 지적 호기심	㉥ 개괄적인 검토
㉦ 설득	㉧ 타인에 대한 이해

① ㉠, ㉢, ㉥, ㉦, ㉧   ② ㉠, ㉢, ㉣, ㉤, ㉦

③ ㉠, ㉡, ㉢, ㉥, ㉧   ④ ㉡, ㉤, ㉥, ㉦, ㉧

⑤ ㉢, ㉣, ㉤, ㉦, ㉧

06 다음 중 윌리엄 맥나이트(William L. McKnight)가 중요시한 사고력으로 옳은 것은?

> 1907년, 3M은 20살의 경영학 전공 학생이었던 윌리엄 맥나이트(William L. McKnight)를 사서로 채용했다. 그는 입사 후 고속 승진을 계속하여 1929년에 사장에 임명되었고 1949년에는 최고 경영자로 선임됐다. 맥나이트 회장은 재임 기간 혁신과 아이디어를 강조한 독특한 경영 규칙들을 만들었다. 이를 '맥나이트 원칙(McKnight Principles)'이라 부르며 아직도 준수하고 있다. 대표적인 것이 "Never again 3M say no to a new product idea"다. "새로운 아이디어를 죽이지 않는다"는 의미로, 맥나이트는 실수를 용인하고 책임을 묻지 않는 문화를 만들어야 다양하고 참신한 아이디어가 계속 나올 수 있다고 확신했다.

① 종합적 사고   ② 논리적 사고

③ 분석적 사고   ④ 비판적 사고

⑤ 창의적 사고

07 다음 중 문제해결 절차의 해결안 개발 단계에 대한 설명으로 옳지 않은 것은?

① 해결안 도출 후 해결안 평가 및 최적안 선정 순서로 이루어진다.

② 독창적이고 혁신적인 방안의 도출은 삼가고 모두에게 익숙한 해결안을 선정한다.

③ 문제, 원인, 방법을 고려해서 해결안을 종합적으로 평가한다.

④ 중요도와 실현 가능성을 고려해서 해결안을 평가하고 가장 효과적인 방법을 선택한다.

⑤ 문제로부터 도출된 근본 원인을 효과적으로 해결할 수 있는 최적의 해결 방안을 수립하는 단계이다.

08 〈보기〉는 ○○편의점에 대한 SWOT 분석 내용이다. 다음 중 강점(Strength), 약점(Weakness), 기회(Opportunity), 위협(Threat)과 〈보기〉의 분석 내용이 바르게 짝지어진 것은?

> **〈보기〉**
> ㉠ 지속적인 자체 PB 상품 개발 및 높은 판매량
> ㉡ 1인 가구 증가로 인한 편의점 이용 증가
> ㉢ 포화 상태인 국내 편의점 시장
> ㉣ 동일 상품 간 가격 경쟁 심화
> ㉤ 업체명 변경으로 인한 소비자 인지도 하락
> ㉥ 국내 브랜드에 대한 해외 소비자들의 관심 증가

	강점(Strength)	약점(Weakness)	기회(Opportunity)	위협(Threat)
①	㉠	㉤	㉡, ㉥	㉢, ㉣
②	㉡, ㉥	㉠	㉤	㉢, ㉣
③	㉢, ㉣	㉡, ㉥	㉠	㉤
④	㉤	㉢, ㉣	㉡, ㉥	㉠
⑤	㉠	㉤	㉢, ㉣	㉡, ㉥

09 〈보기〉는 문제해결 절차에 대한 설명이다. 다음 중 각 괄호에 들어갈 용어로 바르게 짝지어진 것은?

> **〈보기〉**
> (㉠) : 해결안 개발을 통해 만들어진 실행계획을 실제 상황에 적용하는 활동으로 당초 장애가 되는 문제의 원인들의 해결안을 사용하여 제거하는 단계
> (㉡) : 선정된 문제를 분석하여 해결해야 할 것이 무엇인지를 명확히 하는 단계
> (㉢) : 문제로부터 도출된 근본원인을 효과적으로 해결할 수 있는 최적의 해결방안을 수립하는 단계
> (㉣) : 해결해야 할 전체 문제를 파악하여 우선순위를 정하고, 선정문제에 대한 목표를 명확히 하는 단계

① ㉠ 해결안 개발, ㉡ 문제 인식, ㉢ 실행 및 평가, ㉣ 문제 도출
② ㉠ 실행 및 평가, ㉡ 문제 인식, ㉢ 해결안 개발, ㉣ 문제 도출
③ ㉠ 실행 및 평가, ㉡ 문제 도출, ㉢ 해결안 개발, ㉣ 문제 인식
④ ㉠ 문제 인식, ㉡ 문제 도출, ㉢ 해결안 개발, ㉣ 실행 및 평가
⑤ ㉠ 문제 인식, ㉡ 문제 도출, ㉢ 실행 및 평가, ㉣ 해결안 개발

10 다음 중 〈조건〉이 모두 참일 때 항상 거짓인 것은?

> **〈조건〉**
> • 연구실 A에 지원하면 연구실 B에 지원하지 않는다.
> • 연구실 B에 지원하지 않으면 연구실 C에 지원한다.
> • 연구실 E에 지원하면 연구실 D에 지원하지 않는다.
> • 연구실 D에 지원하지 않으면 연구실 C에 지원하지 않는다.

① 연구실 E에 지원하면 연구실 C에 지원한다.
② 연구실 C에 지원하면 연구실 D에 지원한다.
③ 연구실 A에 지원하면 연구실 E에 지원하지 않는다.
④ 연구실 B에 지원하지 않으면 연구실 E에 지원하지 않는다.
⑤ 연구실 D에 지원하지 않으면 연구실 B에 지원한다.

11 A~E 5명은 K공사 면접 컨설팅에 참여하려고 한다. 주어진 〈조건〉이 모두 참이고 B는 반드시 참석할 때, 컨설팅에 반드시 참석하는 인원을 모두 고른 것은?

> **〈조건〉**
> • B가 참석하면 E도 참석하고 D도 참석한다.
> • A가 참석하지 않으면 C와 E는 참석한다.
> • C가 참석하면 E는 참석하지 않는다.

① B, C, D
② B, D, E
③ A, B, C
④ A, B, C, D
⑤ A, B, D, E

12 기숙사에 살고 있는 A~E 5명이 공용으로 사용하고 있는 물품이 없어졌다. 도둑질을 한 사람은 거짓만을 말하고, 도둑질을 하지 않은 사람은 사실만을 말할 때, 반드시 참인 것은? (단, 도둑질을 한 사람은 2명이다.)

> • A : C나 E는 도둑질을 하지 않았다.
> • B : A는 도둑질을 하였다.
> • C : 나는 도둑질을 하지 않았다.
> • D : B는 도둑질을 하지 않았다.
> • E : C의 말은 사실이 아니다.

① E의 말은 사실이 아니다.
② D는 도둑질을 하지 않았다.
③ C는 도둑질을 하지 않았다.
④ B는 도둑질을 하였다.
⑤ A는 도둑질을 하지 않았다.

13 A~E 5명은 이번에 단체로 여행을 가려고 계획 중이다. 이들 중 1명이 정해진 기한 내에 여행 경비를 보내지 않았고 2명이 거짓말을 하고 있을 때, 경비를 보내지 않은 사람은?

> • A : 정해진 기한 내에 여행 경비를 보내지 않은 사람은 B야.
> • B : A의 말은 거짓이야.
> • C : D는 정해진 기한 내에 여행 경비를 보냈어.
> • D : E의 말은 사실이야.
> • E : 나는 정해진 기한 내에 여행 경비를 보냈어.

① A   ② B
③ C   ④ D
⑤ E

14 국내 여행 활성화를 위해, H공사에서 여행 경비를 지원받는 대신 개인 SNS에 국내 여행지를 홍보하는 체험단을 모집한다. 선정된 국내 여행지는 가평, 남해, 담양, 아산 4곳이며, 선호도가 높은 순서대로 체험단의 비율을 4:3:2:1로 조정할 계획이다. 주어진 〈조건〉이 참일 때, 체험단 구성비가 40%와 20%인 여행지로 바르게 짝지은 것은?

〈조건〉
- 가평을 선호하는 사람은 아산을 선호하는 사람보다 많다.
- 담양을 선호하는 사람은 남해를 선호하는 사람보다 적다.
- 남해를 선호하는 사람은 가평을 선호하는 사람보다 많다.
- 아산은 선호도가 가장 낮은 여행지가 아니다.

	40%	20%
①	가평	담양
②	가평	아산
③	남해	가평
④	남해	아산
⑤	아산	담양

15 마라톤에 참여한 A~F 6명은 동시에 들어오는 사람 없이 경기를 완주하였다. 주어진 〈조건〉이 참일 때, 항상 참인 것은?

〈조건〉
- B는 3등으로 들어왔다.
- C는 F 바로 다음으로 들어왔다.
- E보다 늦게 들어온 사람은 없다.
- D는 B보다 늦게 A보다 빨리 들어왔다.

---

① D는 E 바로 전에 들어왔다.

② C는 B보다 늦게 들어왔다.

③ A는 5등으로 들어왔다.

④ F는 4등으로 들어왔다.

⑤ A는 B 바로 다음으로 들어왔다.

[16~17] ○○기업은 이번에 특정 브랜드와 콜라보 한 제품을 선보이려 한다. 브랜드별 평가 결과가 다음과 같을 때, 자료를 바탕으로 이어지는 물음에 답하시오.

〈브랜드별 평가 결과〉

구분		브랜드 A	브랜드 B	브랜드 C	브랜드 D	브랜드 E
인지도	10대	★★★★★	★★☆☆☆	★★★☆☆	★☆☆☆☆	★★★☆☆
	20대	★★★☆☆	★★★★☆	★★★☆☆	★★★★☆	★★★★★
	30대	★★★☆☆	★★☆☆☆	★★★★☆	★★★★★	★★☆☆☆
실용성		★★☆☆☆	★★★☆☆	★★★☆☆	★★★★☆	★★☆☆☆
디자인		★★★★☆	★★★☆☆	★★☆☆☆	★★★☆☆	★★★★☆
품질		★★☆☆☆	★★★☆☆	★★★★☆	★★★★☆	★★☆☆☆
협업 비용		★★★☆☆	★★★☆☆	★★★★☆	★★★☆☆	★★★☆☆

※ 브랜드별 평가 결과를 점수로 환산할 때, ★=1점, ☆=0점으로 계산한다.

16 주력 매출 대상을 30대로 잡고 디자인과 품질만을 고려할 때, 가장 경쟁력 있는 콜라보 제품은 무엇인가?

① 브랜드 A
② 브랜드 B
③ 브랜드 C
④ 브랜드 D
⑤ 브랜드 E

17 위 제품이 모두 출시되었다고 가정할 때, 브랜드 인지도 및 특정 소비자의 선호도와 제품 선택에 연관성을 보이지 않는 경우는?

① 디자인을 중시하는 10대 − 브랜드 A
② 디자인을 중시하는 20대 − 브랜드 E
③ 품질을 중시하는 30대 − 브랜드 D
④ 품질과 실용성을 중시하는 20대 − 브랜드 D
⑤ 디자인과 실용성을 중시하는 30대 − 브랜드 B

18 다음은 캡슐커피머신의 문제 증상과 원인 및 그 해결방법이다. 자료를 바탕으로 고객 문의에 답변할 때 적절하지 않은 것은?

문제	원인	해결방법
기계의 전원이 작동하지 않습니다.	전원코드 연결이 제대로 되지 않았습니다.	정격전력표에 맞게 전원코드가 콘센트에 연결되어 있는지를 확인하십시오.
	머신의 전원이 켜져 있지 않았습니다.	전원 버튼을 다시 눌러 주십시오.
커피 추출이 안 됩니다.	물탱크에 물이 없습니다.	물탱크에 물을 채워 주십시오.
	캡슐칸에 캡슐이 없습니다.	캡슐칸에 캡슐을 넣어주십시오.
	캡슐 칸에 캡슐이 있는데 커피 추출이 안 됩니다.	• 캡슐이 들어있는 상태에서 커피 추출이 안 될 때, 레버를 들어 올리면 캡슐이 튕겨 나옵니다. • 레버를 잠김 위치까지 내린 뒤 소량의 물을 추출합니다. • 튕겨 나온 캡슐을 다시 넣어서 추출해 본 후, 안 될 경우 새로운 캡슐로 시도해 주십시오.
	레버가 잠김 위치까지 내려져 있지 않습니다.	레버를 들어 올려 캡슐이 잘 끼워져 있는지 확인 후 레버를 잠김 위치까지 꾹 눌러주십시오.
	물탱크가 올바르게 장착되지 않았습니다.	물탱크가 제대로 장착되어 있는지 다시 완전히 밀어 넣어주십시오.
	캡슐 보관소에 사용한 캡슐이 너무 많습니다.	캡슐보관소에 사용한 캡슐을 비워 주십시오.
기계에서부터 물이 떨어집니다.	잘못된 캡슐이 들어있습니다.	캡슐의 사용 가능 머신과 작동시키려는 머신이 동일한지 확인하십시오.
	머신이 절전모드로 되어 있습니다.	절전모드 해제 버튼을 다시 눌러 주십시오.

① Q : 기계의 전원이 작동하지 않아요.

A : 전원코드 연결이 제대로 되지 않을 경우 기계가 작동하지 않을 수 있습니다. 정격전력표에 맞게 전원코드가 콘센트에 연결되어 있는지를 확인하십시오.

② Q : 기계에서부터 물이 떨어져요.

A : 잘못된 캡슐이 들어있을 경우 기계에서 물이 떨어질 수 있습니다. 캡슐의 사용 가능 머신과 작동시키려는 머신이 동일한지 확인하십시오.

③ Q : 커피 추출이 되지 않아요.

A : 레버가 잠김 위치까지 내려져 있지 않을 경우 커피 추출이 되지 않을 수 있습니다. 레버를 들어 올려 캡슐이 잘 끼워져 있는지 확인 후 레버를 잠김 위치까지 꾹 눌러주십시오.

④ Q : 기계에서부터 물이 떨어져요.

A : 머신의 전원이 켜져 있지 않을 경우 기계에서 물이 떨어질 수 있습니다. 전원 버튼을 다시 눌러 주십시오.

⑤ Q : 커피 추출이 되지 않아요.

A : 캡슐 보관소에 사용한 캡슐이 너무 많을 경우 커피 추출이 되지 않을 수 있습니다. 캡슐보관소에 사용한 캡슐을 비워 주십시오.

[19~20] 다음은 일본에서 여름 휴가를 보낸 이대리의 영수증이다. 자료를 바탕으로 이어지는 물음에 답하시오. (단, 항공료는 왕복 시 요금에 해당한다.)

<table>
<tr><th colspan="4">〈3박 4일 일본 여행 영수증〉</th></tr>
<tr><th>날짜</th><th>결제 시간</th><th>지출 목록</th><th>금액</th></tr>
<tr><td rowspan="5">9월 7일</td><td>16:40</td><td>공항 버스비</td><td>8,000원</td></tr>
<tr><td>18:55</td><td>항공료</td><td>620,000원</td></tr>
<tr><td>20:10</td><td>저녁 식사</td><td>7,200엔</td></tr>
<tr><td>21:05</td><td>택시비</td><td>580엔</td></tr>
<tr><td>21:46</td><td>숙박비(3박 4일)</td><td>34,000엔</td></tr>
<tr><td rowspan="6">9월 8일</td><td>09:30</td><td>아침 식사</td><td>800엔</td></tr>
<tr><td>10:24</td><td>택시비</td><td>580엔</td></tr>
<tr><td>13:47</td><td>점심 식사</td><td>950엔</td></tr>
<tr><td>15:24</td><td>쇼핑</td><td>4,500엔</td></tr>
<tr><td>18:03</td><td>저녁 식사</td><td>700엔</td></tr>
<tr><td>18:45</td><td>버스비</td><td>230엔</td></tr>
<tr><td rowspan="6">9월 9일</td><td>08:40</td><td>아침 식사</td><td>650엔</td></tr>
<tr><td>09:23</td><td>버스비</td><td>250엔</td></tr>
<tr><td>12:45</td><td>점심 식사</td><td>760엔</td></tr>
<tr><td>13:05</td><td>쇼핑</td><td>3,300엔</td></tr>
<tr><td>18:51</td><td>택시비</td><td>830엔</td></tr>
<tr><td>19:38</td><td>저녁 식사</td><td>810엔</td></tr>
<tr><td rowspan="3">9월 10일</td><td>09:37</td><td>아침 식사</td><td>650엔</td></tr>
<tr><td>10:52</td><td>택시비</td><td>700엔</td></tr>
<tr><td>13:25</td><td>공항 버스비</td><td>9,000원</td></tr>
</table>

19 다음 중 이 대리의 여행비용 영수증의 내용과 일치하지 않는 것은?

① 3박 4일 동안의 저녁 식사는 총 8,710엔이다.
② 여행 중 쇼핑에 사용한 비용은 총 7,900엔이다.
③ 여행 중 택시비는 총 2,690엔이다.
④ 이 대리는 여행 시 왕복으로 항공권을 구매하였다.
⑤ 이 대리는 여행 첫날에 숙박비를 모두 지불하였다.

20 다음 중 이 대리가 9월 8일에 지출한 총비용을 한화 기준으로 바꾼 값으로 옳은 것은? (단, '100엔 = 980원'이라고 가정한다.)

① 64,680원
② 66,048원
③ 74,680원
④ 76,048원
⑤ 84,680원

의사소통능력

01 경청의 올바른 자세로 옳은 것을 모두 고른 것은?

> ㄱ. 상대를 정면으로 마주하는 자세
> ㄴ. 손이나 다리를 꼬는 자세
> ㄷ. 상대방을 향하여 상체를 기울여 다가앉은 자세
> ㄹ. 우호적인 눈의 접촉
> ㅁ. 비교적 편안한 자세

① ㄱ, ㄴ   ② ㄱ, ㄴ, ㄷ

③ ㄱ, ㄷ, ㄹ, ㅁ   ④ ㄱ, ㄴ, ㄷ, ㄹ

⑤ ㄱ, ㄴ, ㄷ, ㄹ, ㅁ

02 문서를 이해하기 위한 절차 중 두 번째로 해야 할 단계로 적절한 것은?

① 상대가 요구하는 행동에 관해 분석하기
② 문서의 목적 달성을 위해 취해야 할 행동을 생각하고 결정하기
③ 문서가 작성된 배경과 주제를 파악하기
④ 문서 내의 정보와 문제를 파악하기
⑤ 문서의 목적을 이해하기

[03~04] 다음은 A와 B의 대화 내용이다. 이어지는 질문에 답하시오.

> A : 요즘 수학 성적이 오르지 않아서 걱정이야.
> B : 수업 시간에 제대로 안 듣고 있는 거 아니야?
> A : 아니야. 열심히 집중하면서 듣고 있는데 수학 공식이…
> B : 저번에 수업 시간에 졸고 있는 거 봤는데? 보통 몇 시에 자니?
> A : 어…보통 12시에 자는 것 같아.
> B : 역시 내 생각이 맞구나. 수학 성적은 너의 수업 태도 문제야. 밤에 일찍 자고 수업을 들으면 성적이 오를 거야.

03 대화 내용에서 파악할 수 있는 경청의 방해 요인으로 옳지 않은 것은?

① 짐작하기   ② 비위 맞추기
③ 걸러내기   ④ 판단하기
⑤ 조언하기

04 다음 중 경청의 올바른 자세를 갖기 위해 B가 해야 할 행동으로 옳지 않은 것은?

① 상대방의 이야기를 자신의 관점이 아닌 그의 관점에서 이해하려는 태도를 보여야 한다.
② 상대방의 말 속에 담겨 있는 감정과 생각에 민감하게 반응해야 한다.
③ 상대방이 보내는 메시지 내용에 주의를 기울이고 이해를 위해 노력해야 한다.
④ 상대와 함께 의논할 준비가 되었음을 알리는 자세를 취해야 한다.
⑤ 대화가 너무 사적이거나 위협적이면 주제를 바꾸거나 농담으로 넘겨야 한다.

05 다음 중 글에 나타난 의사표현의 종류로 적절한 것은?

> 한국 가수 최초로 BTS(방탄소년단)이 유엔아동기금(유니세프)의 연설대에 올랐다. '나 자신을 사랑하라'를 주제로 한 연설은 약 8분간 이어졌다. 변화를 두려워하지 않고 미래를 향해 걸어 나가자는 그들의 진정성 있는 메시지는 전세계 청년들에게 희망을 주었다.

① 공식적 말하기   ② 의례적 말하기
③ 친교적 말하기   ④ 토론
⑤ 토의

06 다음 〈공문서 작성 원칙〉을 참고할 때, 밑줄 친 ㈀~㈁ 중 바르지 않게 쓰인 곳은?

〈공문서 작성 원칙〉

1. 본문은 왼쪽 처음부터 시작하여 작성한다.
2. 본문 내용을 둘 이상의 항목으로 구분할 때 번호 순서는 1., 가., 1), 가), (1), (가)를 따른다.
3. 하위 항목은 상위 항목의 위치로부터 1자(2타)씩 오른쪽에서 시작한다.
4. 쌍점(:)의 왼쪽은 붙이고 오른쪽은 한 칸을 띄운다.
5. 문서에 금액을 표시할 때는 '금' 표시 후 아라비아 숫자로 쓰되, 숫자 다음에 괄호를 하고 한글로 적는다.
6. 본문이 끝나면 1자를 띄우고 '끝.' 표시를 한다. 단, 첨부물(붙임)이 있는 경우, 첨부 표시문 끝에 1자를 띄우고 '끝.' 표시를 한다.
7. 붙임 다음에는 쌍점을 찍지 않고, 붙임 다음에 1자를 띄운다.

수신 : 수신자 참조
경유
제목 : 2025년도 "○○동 주민 안전의무교육" 대상자 교육명령

---

1. 행정관리국 국장 방침 제125(20××.○○.○○.)호에 관련 ······ ㈀
2. 업무현장에서 부족한 실무지식 등을 사내강사(숙련된 전문분야 공무원)을 통해 배우는 2025년도 ○○동 주민 안전의무교육 대상자를 아래와 같이 명령하오니 교육 참석에 철저를 기해주기 바람
   가. 개요 ······ ㈁
      1) 근로자들이 속한 작업장에서 발생할 수 있는 위험한 요인 및 사고 예방법, 안전 지식 등을 배울 수 있도록 하는 법정의무교육 ······ ㈂
      2) 산업안전보건법 제29조(근로자에 대한 안전보건교육)에 따라 근로자에게 정기적으로 안전보건교육(법정의무교육 등)을 진행
   나. 유의사항: 해당 교육일 교육시간 20분까지 입실
   다. 교육비: 교육이수에 소요되는 비용은 ○○동 주민센터에서 부담함 ······ ㈃
   붙임: 2025년도 ○○동 주민 안전의무교육 대상자 명단 1부 끝. ······ ㈁

○○구청 행정지원과장 유××   행정지원국장 김××
시행 ○○구 행정과 (2024. 11. 15.)
우 00001 ○○도 ○○시 ××로 58
전화 02-0000-0000 / 전송 02-0000-0000

---

① ㈀
② ㈁
③ ㈂
④ ㈃
⑤ ㈁

07 다음 중 공문서에 대한 설명으로 적절한 것을 모두 고르시오.

> ㄱ. 정부 혹은 행정기관에서 대내적, 대외적 공무를 집행하기 위해 작성하는 문서를 의미한다.
> ㄴ. 핵심 사항만을 간결하게 작성하며 내용 중복을 피해야 한다.
> ㄷ. 최종 결재권자의 결재가 있어야 문서로서의 기능이 성립한다.
> ㄹ. 장기간 보관되는 문서이므로 정확하게 기술해야 한다.
> ㅁ. 한눈에 내용을 파악할 수 있도록 체계적으로 목차를 구성한다.

① ㄱ, ㄴ, ㄷ   ② ㄱ, ㄷ, ㄹ

③ ㄴ, ㄷ, ㄹ   ④ ㄷ, ㄹ, ㅁ

⑤ ㄱ, ㄴ, ㄷ, ㄹ

08 다음은 문서의 종류를 설명한 글이다. (가)~(라)에 들어갈 내용으로 옳은 것은?

> (가) : 재무제표와 달리 영업상황을 문장 형식으로 기재하는 문서
> (나) : 회사의 업무에 대한 협조를 구하거나 의견을 전달할 때 작성하는 문서
> (다) : 개인의 성장 과정, 입사 동기와 근무 자세 등을 구체적으로 기술하여 자신을 소개하는 문서
> (라) : 소비자에게 상품의 특징을 전달하여 상품을 구매하도록 유도하는 것이 목적인 문서

	(가)	(나)	(다)	(라)
①	영업보고서	기안서	자기소개서	상품소개서
②	영업보고서	비즈니스 레터	자기소개서	제품설명서
③	기안서	자기소개서	공문서	제품설명서
④	기안서	비즈니스 레터	기획서	상품소개서
⑤	공문서	기안서	결산보고서	제품설명서

09 다음 글에서 나타난 의사표현 방법으로 적절한 것은?

> A : 어제 회의 때 많이 긴장했어요?
> B : 네, 평소보다 사람이 많아서 긴장했습니다.
> A : 그래도 발표 내용은 좋았어요. 전문적인 내용이 있었는데도 쉽게 설명해주었어요.
> B : 감사합니다.
> A : 하지만 참고한 글의 출처가 불분명했어요. 그런 실수는 하지 않도록 해야 해요.
> B : 다음부터는 주의하겠습니다.
> A : 업무 태도도 좋고, 발표도 좋았으니 이런 실수만 주의하면 좋을 것 같아요.

① 상대방을 칭찬할 때는 대화 서두에 분위기 전환 용도로 간단한 칭찬을 사용하는 것이 좋다.

② 상대방의 잘못을 지적할 때는 샌드위치 화법을 사용하는 것이 좋다.

③ 상대방의 요구를 거절해야 할 때는 먼저 요구를 거절하는 것에 대한 사과를 한 다음, 요구에 응해줄 수 없는 이유를 설명해야 한다.

④ 상대방의 잘못을 지적할 때는 최후의 수단으로 은유적인 표현을 사용하는 것이 좋다.

⑤ 상대방을 칭찬할 때는 중요한 내용을 칭찬하는 것이 좋다.

10 다음 글에서 제시된 문제점에 대한 해결 방안으로 가장 거리가 먼 것은?

> 우리 사회는 급격한 고령화를 경험하였고, 초저출산 현상이 지속될 것이라는 우려 때문에 사회의 지속가능성에 대한 사회적 관심이 높다. 때문에 노인들은 보호받아야 하는 의존적인 존재가 아니라 스스로 자신을 돌볼 수 있는 독립적인 존재가 되는 것이 노인의 기본적인 역할이라는 인식이 공유되고 있다. 그러나 압축적인 사회경제적 발전으로 인하여 현세대 노인들의 교육수준과 소득수준이 낮기 때문에 이러한 기대에 부응하기가 용이하지 않은 상황이다.
> 한편, 전통적으로 가족 내에서 노인에게 기대되었던 역할에는 변화가 발생하고 있고, 우리 사회가 가진 연령분리적 특성으로 인하여 연령차별적 인식이 강한 편이다. 또한 우리사회는 사회구성원의 시민 사회 참여의 경험이 많지 않았기 때문에 현재 노인들의 시민참여율도 낮을 뿐만 아니라 활동 내용도 제한적이다. 아직 한국사회에서 노인의 역할은 자신과 가족 및 이웃과 같이 협소한 영역에 한정되는 경우가 많기 때문에 자발성에 기초하여 예산을 확보하고 활동내용을 개발하지 못하고 있다.

① 출산율을 제고할 수 있는 방안 모색

② 이러닝 등의 평생교육을 사회적으로 확대

③ 다양한 일자리 창출로 경제활동 가능 연령 연장

④ 다양한 사회 계층의 참여를 유도할 수 있는 사회구조적 제도 개선

⑤ 노령층에 보다 적합한 특화된 일자리 마련

고대 이후 화폐의 사용, 은행 같은 금융서비스 산업의 발달, 기회주의적 행위를 방지하기 위한 회계제도의 발달 등은 거래비용을 줄이기 위해 ㉠고안된 것이다. 거래비용으로 ㉡창출되는 직업은 중개업, 법률 서비스업, 신용평가업, 광고업, 정보 제공업 등과 같은 공식적·합법적인 직업이 있다. 그 외에도 비공식적이고 불법적인 직업인 사채업, 대부업 등 무수히 많은 예를 들 수 있다.

교육업의 경우 거래비용 축소가 교육업의 본래 목적은 아니지만 거래비용의 축소에 크게 기여하는 직업이라 할 수 있다. 정보지식의 ㉢연마를 통해 인간의 정보 부재를 보완시킬 수 있고 인성교육이나 사회규범에 대한 교육은 인간행동의 불확실성을 감소시키는 역할을 한다는 점을 고려한다면 교육수준이 높아질수록 거래비용을 감소시켜 경제발전에도 유리하다는 교육의 새로운 의의도 발견할 수 있다.

국가의 존재도 거래비용으로 설명 가능하다. 사회계약설의 요점은, 각 개인은 자신의 생명과 재산을 지키기 위해 국가에 권력을 ㉣부탁하면서 국가가 존재하기 시작했다고 한다. 경제학적인 관점에서는 재산을 지키기 위해, 재산권 거래를 원활히 하기 위해 국가가 존재하여 불확실성을 감소시키고 경제의 효율을 높인다고 할 수 있다. 유사한 견해로, 일부 학자들 사이에서는 최고 통치자 외에 국가공무원도 거래비용을 감소시키기 위해 존재한다는 주장이 ㉤제기되기도 하였다.

11 윗글의 내용을 논거로 삼을 수 있는 주장으로 가장 적절한 것은?

① 거래비용은 매우 다양한 방식으로 정의될 수 있다.
② 거래비용은 용어 사용 전부터 암묵적으로 대부분의 경제 주체가 인지하던 개념이다.
③ 거래비용의 의미는 우리가 생각하는 것 이상으로 매우 오래전부터 존재하던 개념이다.
④ 거래비용이란 개념은 사회의 많은 분야에서 매우 유용한 개념으로 자리하고 있다.
⑤ 사회계약설에서도 알 수 있듯이 거래비용의 개념은 국가 근간을 유지하는 중요한 의미이다.

12 밑줄 친 ㉠~㉤ 중 문맥상 적절하지 않은 것은?

① ㉠   ② ㉡
③ ㉢   ④ ㉣
⑤ ㉤

[13~14] K공사 인사팀에서는 청렴한 직장문화를 조성하기 위하여 다음과 같은 업무처리지침을 적용하려고 한다. 이어지는 질문에 답하시오.

〈청렴한 직장문화 조성을 위한 추진방안〉

- 인사 청탁에는 반드시 불이익 조치하여 청렴한 직장문화 조성
- 사소한 청탁이나 금품 수수도 근절하여 신뢰할 수 있는 직장문화 조성

■ 추진개요
- 인사와 관련된 금품·향응 수수 등 부조리신고 활성화
- 금품(향응) 제공자는 이유 여하 불문 각종 인사 혜택 배제
- 본인 신상에 관한 사항은 본인이 직접 인사팀에 상담하여, 특정 라인 줄서기/혜택 등에 대한 의혹 해소
- 간접적인 방법이나 단순 연루 사실만으로도 일정 정도 불이익 조치

■ 부정청탁 및 금품 등 수수의 금지에 관한 법률관련 인사업무처리지침

구분	주요 내용
부정청탁 금지대상 인사업무의 종류	• 징계 등 각종 행정처분에 관하여 법령을 위반하여 감경·면제하도록 하는 행위 • 채용·승진·전보 등 공직자 등의 인사에 관하여 법령을 위반하여 개입하거나 영향을 미치도록 하는 행위 • 법령을 위반하여 각종 심의, 의결, 조정 위원회의 위원, 공공기관이 주관하는 시험·선발위원 등 공공기관의 의사결정에 관여하는 직위에 선정 또는 탈락되도록 하는 행위 • 공공기관이 주관하는 각종 수상, 포상, 우수기관 선정 또는 우수자 선발에 관하여 법령을 위반하여 특정 개인, 단체, 법인이 선정 또는 탈락되도록 하는 행위 • 공공기관이 실시하는 각종 평가, 판정 업무에 관하여 법령을 위반하여 평가 또는 판정하게 하거나 결과를 조작하도록 하는 행위
금품 등의 수수 금지	• 공직자 등은 직무 관련 여부 등에 관계없이 동일인으로부터 1회 100만 원 또는 매 회계 연도에 300만 원을 초과하는 금품 등을 받거나 요구 또는 약속 금지 • 공직자 등은 직무와 관련하여 대가성 여부를 불문하고 일정 금액 이상의 금품 등을 받거나 요구 또는 약속 금지 • 금품 등에 해당되지 않는 사항 명시
위법한 업무처리 시 조치	• 공직자 등에 대한 직무 중지 또는 취소 등 • 징계, 벌칙 및 과태료

13 다음 중 위와 같은 업무처리지침을 적용하기 위한 구체적인 실행 계획으로 가장 적절하지 않은 것은?

① 감사실 등 내부 해당 조직에서 운영하는 비위 관련 신고 센터를 적극 활용한다.

② 금품 제공 당사자는 물론 당사자의 상급관리자에게도 관리감독 소홀에 따른 문책을 병행한다.

③ 근무평가, 상여금, 표창 선정 등에 있어서 금품 제공자를 배제한다.

④ 금품 수수 허용 기준을 설정하여 기준을 넘지 않는 금품 수수와 행위는 허용할 수 있도록 한다.

⑤ 제3자를 통한 부정청탁에도 어느 정도의 불이익 조치를 적용한다.

14 다음은 위의 업무지침을 본 영업팀 L대리와 홍보팀 M대리의 대화 내용이다. 업무지침에 부합하지 않는 답변이 포함된 것은?

> L대리 : 채용 비리 근절을 위한 의지가 엿보이는 내용이군. 그래도 보직 이동에 관한 청탁 금지사항은 포함되어 있지 않은 것 같아.
>
> M대리 : ① 아니야. 전보에 있어서의 부정 개입도 언급되어 있잖아.
>
> L대리 : 신입사원 채용 시 면접 진행위원을 선정하는 것도 공정한 기준에 의해 진행되어야겠어.
>
> M대리 : ② 그렇지. 선발위원에 해당하는 자도 부정청탁 금지대상에 해당된다.
>
> L대리 : 유망한 인재에게 보상이 돌아갈 수 있도록 사내 아이디어 공모전 수상자를 가급적 A사 직원으로 유도하는 것도 정당한 행위에서 벗어나려나?
>
> M대리 : ③ A사 직원이라도 공정한 경쟁으로 실력을 입증해야 수상자가 될 수 있지.
>
> L대리 : 아무튼 금전이 오고 가는 경우에는 정말 조심해야겠어. 돈을 받은 대가로 그 어떤 부정행위도 이루어지지 않도록 말이야.
>
> M대리 : ④ 그렇지. 대가를 얼마나 제공했는지에 따라 부정행위의 판단 근거가 되겠는걸.
>
> L대리 : 이젠 지인으로부터 소액을 빌리는 일도 조심해야겠어.
>
> M대리 : ⑤ 맞아. 소액이라도 반드시 인사팀과 상의해서 불필요한 오해를 사는 일이 없도록 신경써야겠어.

[15~16] 다음 글을 읽고 이어지는 질문에 답하시오.

〈보기〉
'한계 비용'이란 재화의 생산량을 한 단위 증가시킬 때 추가되는 비용을 말한다. 한계 비용 곡선과 수요 곡선이 교차하는 점에서 가격이 정해지면 재화의 생산 과정에 ⓘ들어가는 자원이 효율적으로 배분되며, 이때 사회 전체의 만족도가 가장 커진다.

(가) 수도, 전기, 철도와 같은 공익 서비스도 일반 재화와 마찬가지로 자원 배분의 효율성을 생각하면 한계 비용 수준으로 공공요금을 결정하는 것이 바람직하다.

(나) 그러나 대부분의 공익 서비스는 초기 시설 투자비용은 막대한 반면 한계 비용은 매우 적기 때문에 한계 비용으로 공공요금을 결정하면 공익 서비스를 제공하는 기업은 손실을 볼 수 있다.

(다) 이를 해결하는 방법에는 크게 두 가지가 있다. 하나는 정부가 공익 서비스 제공 기업에 손실분만큼 보조금을 주는 것이고, 다른 하나는 공공요금을 평균 비용 수준으로 정하는 것이다.

(라) 이는 사회 전체의 관점에서 볼 때 자원이 효율적으로 배분되지 못하는 상황이므로 사회 전체의 만족도가 떨어지는 결과를 초래한다.

(마) 만약 가격이 한계 비용보다 높아지면 상대적으로 높은 가격으로 인해 수요량이 줄면서 거래량이 따라 줄고, 결과적으로 생산량도 감소한다.

15 〈보기〉의 뒤에 이어질 내용을 가장 적절하게 배열한 것을 고르시오.

① (라)-(마)-(가)-(나)-(다)　　② (라)-(마)-(나)-(가)-(다)
③ (마)-(라)-(가)-(나)-(다)　　④ (마)-(라)-(나)-(가)-(다)
⑤ (나)-(가)-(다)-(라)-(마)

16 밑줄 친 ⓘ과 다르게 쓰인 것을 고르시오.

① 구운몽은 고전 문학에 들어가는 작품이다.
② 곰은 겨울이 되면 동면기에 들어간다.
③ 수상기준에 단체 활동 점수도 들어간다고 쓰여 있다.
④ 그의 작품이 예술에 들어가는가를 두고 논쟁이 벌어졌다.
⑤ 확률과 통계는 이번 시험 범위에 들어간다.

칼륨(potassium, K)은 나트륨(Na)과 더불어 체액의 주요 전해질로 체내의 수분량과 산·알칼리 균형을 조절한다. 나트륨은 세포 밖에 주로 분포되어 있으나 칼륨의 95%는 세포 내에 존재한다. 두 원소의 균형은 정상 혈압의 유지, 근육의 수축과 이완 등에 영향을 미친다. 칼륨의 균형은 나트륨처럼 신장에서 배설 및 보유량 조절을 통해 유지한다.

칼륨의 주요 생리적 기능은 세포 내·외의 전위(electric potential)에 영향을 미치는 것과 세포 내 이온 강도를 조절하는 것이다. 또한 칼륨은 에너지 대사, 세포막의 운반 작용, 세포막 내·외의 전압 차 유지, 나트륨과 상호 작용을 통한 신경계의 자극 전도, 골격근의 수축과 이완, 혈압의 유지, 산·염기의 평형 유지 등의 생리적 기능을 담당하기도 한다. 또한, 뇌에 산소를 보내는 역할을 하여 뇌의 기능을 좋게 해주며, 몸속 노폐물의 처리를 도와 혈압을 떨어뜨리게 한다. 혈관벽의 긴장을 풀어 혈관을 확장하는 작용을 하기 때문에 심장의 박동을 정상으로 유지해주고 근육과 신경의 흥분성을 정상으로 유지하는 일을 돕는다. 칼륨은 나트륨과는 달리 혈압을 낮추는 기능이 있다. 따라서 칼륨 섭취는 고혈압의 예방과 치료에 효과적이다.

칼륨 결핍증은 설사제의 남용, 이뇨제의 과용으로 인해 소화관 또는 신장을 통한 칼륨 손실이 과다한 경우에 일어난다. 결핍 증상으로 무력감, 식욕부진, 메스꺼움, 불안, 불면증 등이 나타나며, 극도의 저칼륨혈증이 생기면 심장의 부정맥(不整脈, arrhythmia)으로 인하여 사망에 이르기도 한다. 과량 섭취하면 배탈이 나며, 특히 신장 기능이 약한 경우 칼륨이 혈액에 쌓여 심장 기능을 저해한다. 따라서 신장 기능이 저하된 사람은 칼륨 섭취량을 조절해야 한다. 장관 또는 혈관 영양을 통한 칼륨 과다 공급은 급성 중독을 일으킬 수 있으며, 칼륨의 급성 중독이 발생하면 심장마비로 인해 사망할 수도 있다.

17 위 지문의 내용과 일치하지 않는 것은?

① 칼륨의 과다 공급이 중독을 유발하는 경우도 있다.
② 칼륨은 에너지 대사, 세포막의 운반 작용, 세포막 내·외의 전압 차 유지 등을 담당한다.
③ 칼륨 결핍 증상으로는 무력감, 식욕부진, 메스꺼움, 불안, 불면증 등이 있다.
④ 신장 기능이 약한 경우 신장 기능의 개선을 위해 칼륨을 많이 섭취해야 한다.
⑤ 칼륨은 혈압을 낮추는 기능이 있어 이를 섭취하여 고혈압을 예방 및 치료하는 데 효과를 볼 수 있다.

18 다음 글의 주제로 적절한 것은?

① 나트륨(Na)과 칼륨(K)
② 균형의 중요성
③ 칼륨(K)의 기능과 역할
④ 칼륨(K)의 결핍과 과다의 예
⑤ 칼륨(K) 섭취의 권장

[19~20] 다음 지문을 읽고 질문에 알맞은 답을 고르시오.

> 퇴행성 관절염은 신체 각 부분 중 체중을 많이 받는 부위인 무릎과 척추, 발목 등에 주로 생기는데, 이는 류마티스 관절염과는 다른 질병이다. 류마티스는 주로 젊은 연령층에서 시작하고, 관절염 외에도 다른 증상을 동반하는 경우가 많다. 이 두 질환은 발병 부위나 증상 등이 서로 달라 어렵지 않게 구별될 수 있다. 대략 40세를 전후하여 시작하고 위에서 언급한 관절 부위에 주된 증세가 있는 것은 거의 퇴행성 관절염이라고 본다. (㉠)
>
> 흔히 퇴행성 관절염으로 오인되는 것이 골다공증이다. 골다공증은 관절이 아닌 뼈가 퇴화되어 조직이 약해지는 병이다. 통증이 없고, 쉽게 뼈가 부러지는 것이 골다공증의 주 증세이다. 폐경기 즈음하여 보통은 이 두 질환이 비슷한 시기에 나타나기도 하지만, 통증의 원인은 주로 퇴행성 관절염이다. (㉡)
>
> 퇴행성 관절염의 두 가지 주요 원인은 과체중과 부족한 운동량이다. 체중이 정상 수치보다 올라갈수록 당연히 관절이 받는 압력은 비례하여 심해진다. 또한 운동 없이 장시간 일을 위해 서 있거나 걷는 사람도 관절염에 쉽게 노출된다. 신발과 구두도 많은 영향을 미치는데 딱딱한 바닥이나 하이힐 등도 관절염을 악화시키는 요인으로 작용한다. (㉢) 관절 통증 때문에 약물이나 건강기능식품, 주사 등을 사용하는 경우가 많으나 이런 외적인 약물치료는 대개 통증과 염증만을 줄여주어 단기적으로는 아픈 것을 개선시켜 주지만, 관절의 마모를 지속시켜 관절염을 악화시킬 수 있어 장기적이고 근본적인 치료라고 볼 수 없다. (㉣)
>
> 이미 관절에 통증이 있거나 비만인 사람은 반드시 체중을 덜 싣는 운동을 전체 운동량의 상당부분 수준으로 할애해야 한다. 체중을 덜 싣게 되는 운동에는 대표적으로 수영, 자전거 타기, 고정식 헬스자전거 타기 등이 있고, 수영하지 못하는 경우 물속에서 걷거나 제자리 뛰기 등으로도 큰 효과를 볼 수 있다. (㉤)

19 다음 글을 읽고 난 후의 학생들의 반응으로 적절하지 않은 것은?

① A학생 : 40세를 전후로 시작하고 관절 부위에 주된 증세가 있는 것은 거의 류마티스 관절염이라고 본다.

② B학생 : 연령대별 적절 체중을 확인하고 이를 유지하는 것이 퇴행성 관절염 예방에 도움이 되는구나.

③ C학생 : 달리기나 구기 종목 등은 체중을 싣는 운동으로, 퇴행성 관절염 예방에 좋은 운동으로 볼 수는 없겠구나.

④ D학생 : 목욕탕이나 사우나 냉탕에서 헤엄을 쳐보는 것도 퇴행성 관절염 예방에 도움이 되는구나.

⑤ E학생 : 약물이나 건강식품 등은 일시적인 치료법일 뿐, 퇴행성 관절염 예방의 근본적인 대책이 될 수 없구나.

20 밑줄 친 ㉠~㉤ 중 〈보기〉가 들어갈 위치로 적절한 곳을 고르시오.

> **〈보기〉**
> 따라서 퇴행성 관절염의 가장 좋은 치료 방법은 적절한 체중 유지와 체중을 덜 싣는 운동이다. 앞으로 올 퇴행성 변화를 줄이기 위해서도 적절한 수준의 정상 체중까지 꾸준히 감량하는 것이 필요하다.

① ㉠   ② ㉡

③ ㉢   ④ ㉣

⑤ ㉤

01 다음은 특정 서비스의 이용 여부에 대한 설문조사 자료이다. 설문조사를 실시한 남성과 여성의 수는 각각 100명으로 동일하고 20대가 30대보다 1.5배 많다고 할 때, 30대 여성 중 이 서비스를 이용하는 사람은 몇 명인가?

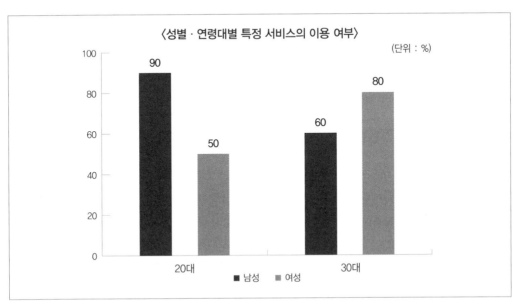

〈성별ㆍ연령대별 특정 서비스의 이용 여부〉 (단위 : %)

① 32명   ② 33명

③ 34명   ④ 35명

⑤ 36명

[02~03] 다음은 장애 종류별 취업 장애인 월평균 소득에 대한 자료이다. 물음에 답하시오.

〈장애 종류별 취업 장애인 월평균 소득〉

(단위 : 만 원)

구분	2020년	2021년	2022년	2023년	2024년
상용근로자	183.70	240.43	280.17	310.86	329.32
전체 장애인	79.20	114.88	115.57	141.89	152.53
지체장애	85.90	125.48	121.40	155.24	111.81
뇌병변장애	89.60	99.87	104.46	117.71	111.81
시각장애	79.10	115.51	136.81	135.81	156.27
청각장애	67.20	83.76	88.46	125.00	120.30
언어장애	51.90	81.40	92.66	140.64	129.80

02 위 자료에 대한 설명으로 옳지 않은 것은?

① 지체장애인과 뇌병변장애인의 2024년 월평균 소득은 동일하다.

② 상용근로자와 전체장애인의 월평균 소득차는 점차 증가하는 경향을 보인다.

③ 2021년과 2022년 사이 지체장애인의 월평균 소득감소율은 2023년과 2024년 사이 뇌병변장애인의 월평균 소득감소율보다 크다.

④ 2020년에 비해 2024년 월평균 소득이 가장 증가한 유형은 언어장애인이다.

⑤ 2023년 월평균 소득이 전체 장애인 월평균 소득에 미치지 못하는 장애 유형은 네 가지이다.

03 지체장애, 뇌병변장애, 시각장애, 청각장애, 언어장애 유형 중 2021년 대비 2023년의 월평균 소득증가율이 가장 큰 유형을 고르면? (단, 소수 둘째 자리에서 반올림한다.)

① 지체장애   ② 뇌병변장애

③ 시각장애   ④ 청각장애

⑤ 언어장애

04 8%의 농도를 가진 소금물 300g에 물을 추가하여 6% 농도의 소금물을 만들려고 할 때, 추가해야 하는 물의 양은 얼마인가?

① 50g

② 100g

③ 150g

④ 200g

⑤ 250g

PART 01
PART 02
PART 03
PART 04
부록
최종점검 모의고사

05 다음 식을 계산한 값으로 적절한 것은?

$$\frac{1}{2} \times \frac{2}{3} \times \frac{3}{4} \times \frac{4}{5} + \frac{5}{6}$$

① $\frac{27}{26}$

② $\frac{28}{27}$

③ $\frac{29}{28}$

④ $\frac{30}{29}$

⑤ $\frac{31}{30}$

06 A씨와 B씨는 둘레가 400m인 호수를 같은 방향으로 각각 4m/s, 6m/s의 속력으로 달리기를 한다. A씨와 B씨는 몇 초 후에 처음으로 만나는가? (단, 속력은 그대로 유지된다고 가정한다.)

① 100초

② 150초

③ 200초

④ 250초

⑤ 300초

07 다음은 가~라 4개 의약품에 대한 영양분석표이다. 이에 대한 설명으로 옳지 않은 것은?

〈약품별 영양분석표〉

(단위 : %)

구분	비타민 A	비타민 B	비타민 C	비타민 D	비타민 L	비타민 P	비타민 K
가	16	62	47	23	60	32	8
나	59	58	69	47	12	28	48
다	78	60	56	61	28	26	56
라	72	78	68	63	27	34	55

※ 기준 값은 하루 섭취 권장량 기준

〈하루 비타민 권장 섭취량〉

(단위 : mg)

구분	비타민 A	비타민 B	비타민 C	비타민 D	비타민 L	비타민 P	비타민 K
권장량	1,025	1,240	1,000	820	840	520	250

※ 약품별 비타민 함유량 계산식＝1일 권장 섭취량(mg)×약품별 함유량(%)

① 비타민 P를 1일 권장 섭취량 이상 섭취하려면 나 제품을 섭취할 경우 4알은 먹어야 한다.
② 가 제품의 경우 비타민 종류별 함유량의 편차가 심하다.
③ 비타민 C의 경우 모든 제품이 2알 이상 먹을 경우 하루 권장 섭취량을 초과한다.
④ 모든 약품에서 평균적으로 가장 많이 함유하고 있는 비타민은 비타민 B이다.
⑤ 다 제품의 비타민 L 함유량은 230mg을 넘는다.

08 A지점에서 B지점을 가는데 6km/h로 가면 8km/h로 가는 것보다 30분의 시간이 더 소요된다고 할 때, A지점과 B지점 사이의 거리는 얼마인가?

① 12km
② 14km
③ 16km
④ 18km
⑤ 20km

09 다음은 어느 연구소에 정부 지원 연구생의 수와 연구 지원금 현황에 대한 자료이다. 이에 대한 설명으로 옳지 않은 것은?

<계열별 정부 지원 연구생과 연구 지원금 현황>

구분		2020년	2021년	2022년	2023년	2024년
계열별 지원 연구생 수 (명)	IT	102	117	130	142	155
	생명공학	204	256	260	288	302
	우주항공	86	99	111	101	94
	총 연구생 수	392	472	501	531	551
연구 지원금 (만 원)	IT	2,856	2,925	3,900	4,970	5,735
	생명공학	7,344	10,240	11,700	12,960	14,798
	우주항공	5,160	7,128	8,214	8,080	7,520
	총 연구 지원금	15,360	20,293	23,814	26,010	28,053

※ 1인당 지원 연구비＝연구 지원금÷지원 계열별 연구생 수

① 2020년 1인당 지원 연구비가 가장 많은 계열은 우주항공 계열이다.
② 5년간 계열별 지원 연구생 수의 순위는 동일하다.
③ 2024년 우주항공 계열의 1인당 지원 연구비는 전년도와 비교하여 감소하였다.
④ 2022년 생명공학 계열의 1인당 지원 연구비는 IT 계열의 1인당 지원 연구비의 1.5배이다.
⑤ 5년간 IT 계열의 지원 연구생 수와 생명공학 계열의 지원 연구생 수의 연도별 증감 추세는 일치한다.

10 작년 수확한 감자와 고구마의 개수는 총 800천 개이다. 올해는 작년에 비해 감자가 5% 증가하고, 고구마는 3% 감소하여 총 16천 개 더 많이 수확하였다고 할 때, 작년 수확한 감자의 개수는?

① 400천 개
② 500천 개
③ 600천 개
④ 700천 개
⑤ 800천 개

11 다음은 A~D 국가의 항목별 웰빙지수에 대한 자료이다. 이에 대한 해석으로 옳지 않은 것은?

<A~D 국가의 항목별 웰빙지수>

(단위 : 점)

구분	A국가	B국가	C국가	D국가
소득	4.2	5.4	1.6	4
노동시장	6	7.8	4.2	6.6
주거	7	6.8	4	5.4
일 · 가정 양립	8	9	7	7
건강	7	8	5	6.8
교육	6	6.6	5.4	6.2
환경	7	8.8	4	7.2
안전	5	9	6.4	8
주관적 만족도	5.8	8.8	3	6.4

※ 웰빙지수는 항목별로 0~10 사이의 값을 가지며, 숫자가 클수록 만족감이 높다.

① A국가는 소득을 제외하고 나머지 항목에서 5점 이상을 차지한다.

② 주관적 만족도가 5점 이상이고, 웰빙지수의 평균이 가장 높은 국가는 B국가이다.

③ C국가의 웰빙지수는 안전 항목을 제외하고 다른 국가들보다 낮은 편이다.

④ D국가의 웰빙지수가 B국가의 웰빙지수보다 높은 항목은 없다.

⑤ 주관적 만족도를 제외하고 웰빙지수의 평균이 가장 높은 항목은 안전이다.

12 A씨는 정가에서 20% 할인해서 팔아도 원가의 8% 이익을 남기려고 한다. 이때 A씨는 원가의 몇 %를 이익으로 붙여서 정가를 책정해야 하는가?

① 40% ② 35%

③ 30% ④ 25%

⑤ 20%

13 한 제품을 완성하는 데 A씨가 혼자 일하면 10시간, B씨가 혼자 일하면 15시간 걸리는 일이 있다. A씨가 먼저 5시간 일하고, 남은 일을 B씨 혼자 마무리한다면, B씨가 혼자 일한 시간은?

① 7시간
② 7시간 30분
③ 8시간
④ 8시간 30분
⑤ 9시간

14 다음은 소득수준에 따른 문화시설 이용률을 나타낸 자료이다. 이에 대한 〈보기〉의 설명 중 옳은 것은?

〈소득수준에 따른 청소년들 문화시설 이용률〉

(단위 : %)

구분	2010년대				2020년대			
	고소득 가구	일반 가구	저소득 가구	평균	고소득 가구	일반 가구	저소득 가구	평균
미술관	14.6	13.2	17.8	15.2	17.8	16.1	20.8	18.2
음악회	11.4	10.9	11.3	11.2	15.9	14.3	8.7	13.0
전시회	17.2	14.2	9.7	13.7	22.5	17.5	10.1	16.7
콘서트	22.1	18.7	12.5	17.8	58.9	38.9	32.7	43.5
연극	14.3	8.8	7.6	10.2	34.2	19.8	8.9	21.0
극장	68.7	58.9	55.7	61.1	87.9	72.8	73.8	78.2

〈보기〉

ㄱ. 문화시설 이용률은 모든 형태의 가구와 모든 항목에서 2010년대 대비 2020년대에 증가했다.
ㄴ. 문화시설 항목 중 가장 높은 이용률을 보인 항목은 2010년대와 2020년대가 동일하다.
ㄷ. 고소득 가구에서 2010년대 대비 2020년대에 이용률이 가장 많이 증가한 문화시설은 콘서트이다.
ㄹ. 저소득 가구에서 2010년대 대비 2020년대에 이용률이 2배 이상 증가한 항목은 2개 이상이다.

① ㄱ, ㄴ
② ㄱ, ㄷ
③ ㄴ, ㄷ
④ ㄴ, ㄹ
⑤ ㄷ, ㄹ

15 다음은 수자원 현황에 대한 자료이다. 이에 대한 설명으로 적절하지 않은 것은?

<표>

〈주요 수자원 현황〉

수자원	구분	현황
A댐	총 저수용량(백만m²)	2,900.0
	현 저수량(백만m²)	1,689.7
	현 저수율(%)	58.3
	예년 대비 저수율(%)	106.2
B댐	총 저수용량(백만m²)	2,750.0
	현 저수량(백만m²)	1,196.7
	현 저수율(%)	43.5
	예년 대비 저수율(%)	83.5
C댐	총 저수용량(백만m²)	86.9
	현 저수량(백만m²)	51.7
	현 저수율(%)	59.5
	예년 대비 저수율(%)	111.0

① 현재 세 개의 댐 모두 현재 예년보다 많은 저수율을 보이고 있다.

② 예년 대비 저수율이 가장 높은 곳의 현 저수량은 51.7(백만m²)을 보유하고 있다.

③ 세 개의 댐 중 총 저수용량이 가장 큰 댐의 예년 저수량을 추정해보면 1,500백만m² 이상이다.

④ 각각 현 저수율을 10%씩을 늘린다면 A, C댐은 60% 이상의 현 저수율을 보유하게 된다.

⑤ B댐의 저수량이 현 저수량에서 100백만m²만큼 늘어난다면 그때 저수율은 3%p 이상 증가한다.

16 다음은 A회사의 연도별 영업이익률에 대한 자료이다. 영업비용이 적게 들어간 순서대로 나열한 것은?

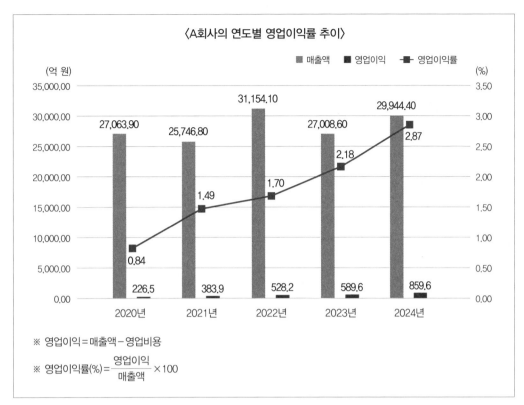

〈A회사의 연도별 영업이익률 추이〉

※ 영업이익＝매출액－영업비용

$$※\ 영업이익률(\%)=\frac{영업이익}{매출액}\times100$$

① 2021년, 2023년, 2020년, 2024년, 2022년
② 2021년, 2020년, 2023년, 2022년, 2024년
③ 2023년, 2021년, 2020년, 2024년, 2022년
④ 2022년, 2020년, 2023년, 2021년, 2024년
⑤ 2022년, 2024년, 2020년, 2023년, 2021년

[17~18] 다음은 정부의 의무지출 추이에 대한 자료이다. 물음에 답하시오.

〈2016~2024년 의무지출 추이〉

(단위 : 조 원, %)

구분	2016년	2017년	2018년	2019년	2020년	2021년	2022년	2023년	2024년
총지출(A)	262.8	301.8	292.8	309.1	325.4	342	355.8	375.4	386.7
의무지출(B)	114.9	123.3	129.5	141.1	152.3	158.4	167.3	172.6	183.2
의무지출비용 $\left(\dfrac{B}{A}\right) \times 100$	43.7	40.9	( )	( )	( )	46.3	47	46	47.4

※ 총지출 = 의무지출 + 재량지출
※ 의무지출비중 = 100 - 재량지출비중

〈2016~2024년 항목별 의무지출 추이〉

(단위 : 조 원)

구분	2016년	2017년	2018년	2019년	2020년	2021년	2022년	2023년	2024년
지방이전재원	59.6	61.4	59.7	65.5	71.5	76.6	76.6	74.3	77.4
복지	39.8	45.9	49.4	53.3	58.3	62.2	69.8	77.5	83.1
이자지출	11.6	12.6	16.2	17.9	17.3	15.5	16.8	16.5	18
기타의무지출	3.9	3.4	4.2	4.4	5.2	4.1	4.1	4.3	4.7

※ 의무지출 = 지방이전재원 + 복지 + 이자지출 + 기타의무지출

17 다음 〈보기〉 중 위 자료의 내용과 부합하는 것을 고르면?

〈보기〉

ㄱ. 전년 대비 총지출 증감률(%)

ㄴ. 전년 대비 지방이전재원 증감폭(조 원)

ㄷ. 2016~2020년 의무지출비중(%)

ㄹ. 2024년 의무지출 구성비(%)

- 지방이전재원
- 복지
- 이자지출
- 기타의무지출

① ㄱ, ㄴ

② ㄱ, ㄴ, ㄷ

③ ㄱ, ㄴ, ㄹ

④ ㄴ, ㄷ, ㄹ

⑤ ㄱ, ㄴ, ㄷ, ㄹ

18 조사기간 동안 재량지출이 가장 많은 연도와 가장 적은 연도는?

① 2024년, 2018년

② 2024년, 2016년

③ 2023년, 2018년

④ 2023년, 2016년

⑤ 2022년, 2016년

[19~20] 다음은 가정의 김치 조달 경로에 대한 자료이다. 물음에 답하시오.

〈가정의 김치 조달 경로〉

(단위 : 명)

구분	2005년	2010년	2015년	2020년	2024년
담가 먹음	1,588	1,408	1,370	1,084	948
얻어먹음	384	345	455	382	384
사 먹음	28	247	175	534	668

※ 김치 조달 경로는 담가 먹음, 얻어먹음, 사 먹음으로 분류되며, 각 가정은 3가지 조달 경로 중 1가지만을 선택하였다.
※ 2,000가구를 대상으로 가구당 1인을 조사 대상자로 선정하였다.

19 위 자료에 대해 〈보기〉의 설명 중 옳은 것은?

〈보기〉

ㄱ. 2020년 김치를 담가 먹는 가정은 10년 전보다 20% 미만 감소했다.
ㄴ. 2024년 조사가구 중 김치를 얻어먹는 가정은 20% 미만 차지한다.
ㄷ. 조사기간 동안 김치를 사 먹는 가정은 20배 이상 증가했다.
ㄹ. 조사기간 동안 가정의 김치 조달 경로별 증감 추이는 동일하다.

① ㄱ, ㄴ   ② ㄱ, ㄹ
③ ㄴ, ㄷ   ④ ㄴ, ㄹ
⑤ ㄷ, ㄹ

20 위 자료를 바탕으로 그래프를 나타낼 때, 옳지 않은 것은?

① 2020년 가정의 김치 조달 경로(%)

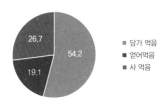

■ 담가 먹음
■ 얻어먹음
■ 사 먹음

② 2005년 대비 2010년 가정의 김치 조달 경로별 증감 추이(명)

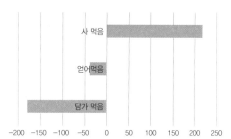

③ 2020년 대비 2024년 가정의 김치 조달 경로별 증감율(%, 소수 첫째 자리에서 반올림)

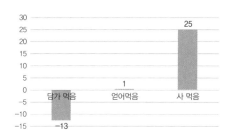

④ 조사기간 동안 얻어먹는 가정의 증감율(%, 소수 첫째 자리에서 반올림)

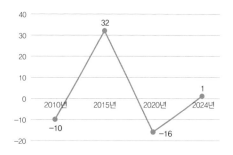

⑤ 조사기간 동안 담가 먹는 가정과 사 먹는 가정의 차이(명)

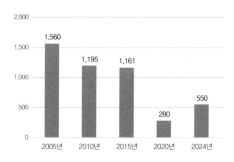

01 문제는 업무수행과정에 따라 발생형 문제, 탐색형 문제, 설정형 문제로 분류할 수 있다. 다음 중 각 유형에 해당하는 〈보기〉의 특성이 올바르게 짝지어진 것은?

〈보기〉

㉠ 예측 문제   ㉡ 발견 문제

㉢ 미래 문제   ㉣ 잠재 문제

㉤ 미달 문제   ㉥ 이탈 문제

㉦ 창조적 문제

	발생형 문제	탐색형 문제	설정형 문제
①	㉠, ㉡, ㉣	㉤, ㉥	㉢, ㉦
②	㉢, ㉦	㉤, ㉥	㉠, ㉡, ㉣
③	㉤, ㉥	㉢, ㉦	㉠, ㉡, ㉣
④	㉤, ㉥	㉠, ㉡, ㉣	㉢, ㉦
⑤	㉢, ㉦	㉠, ㉡, ㉣	㉤, ㉥

02 다음 중 문제해결을 위한 기본적 사고에 대한 설명으로 옳지 않은 것은?

① 현재 당면하고 있는 문제와 그 해결방법에만 집착하지 않는다.

② 전략적 사고가 요구되는 문제 유형은 성과 지향의 문제, 가설 지향의 문제, 사실 지향의 문제가 있다.

③ 문제를 바라보는 인식의 틀을 전환하고 새로운 관점에서 바라보는 사고를 지향한다.

④ 기대하는 결과를 명시하고 효과적으로 달성하는 방법을 사전에 구상하고 실행한다.

⑤ 문제해결 시 기술, 재료, 방법, 사람 등 필요한 자원 확보 계획을 수립하고 내 · 외부자원을 활용한다.

03 〈보기〉는 문제해결 방법 중 퍼실리테이션에 대한 설명이다. 다음 중 각 빈칸에 들어갈 용어로 바르게 짝지어진 것은?

> **〈보기〉**
> 퍼실리테이션(facilitation)이란 (㉠)을/를 의미하며, 어떤 그룹이나 집단이 의사결정을 잘 하도록 도와주는 일을 의미한다. 퍼실리테이션에 의한 문제해결 방법은 깊이 있는 (㉡)을/를 통해 서로의 문제점을 이해하고 공감함으로써 창조적인 문제해결을 도모한다.

① ㉠ : 촉진, ㉡ : 커뮤니케이션　　　② ㉠ : 소통, ㉡ : 커뮤니케이션
③ ㉠ : 소통, ㉡ : 창의적 사고　　　④ ㉠ : 소통, ㉡ : 촉진
⑤ ㉠ : 촉진, ㉡ : 창의적 사고

04 다음 중 〈보기〉와 같은 원칙을 사용하는 창의적 사고 개발 방법으로 옳은 것은?

> **〈보기〉**
> 주제와 본질적으로 닮은 것을 힌트로 하여 새로운 아이디어를 얻는 방법으로 대상과 비슷한 것을 찾아내 그것을 힌트로 새로운 아이디어 등을 생각하거나 서로 관련이 없어 보이는 것들을 조합하여 새로운 것을 도출해 낸다.

① 자유연상법　　　　　　② 브레인스토밍
③ Synectics법　　　　　④ 속성열거법
⑤ 체크리스트

05 다음 중 문제해결 절차의 원인 분석에 대한 설명으로 옳지 않은 것은?

① 원인 파악 시 발견되는 원인의 패턴으로는 단순한 인과관계, 닭과 계란의 인과관계, 복잡한 인과관계가 있다.
② 쟁점 분석 시 쟁점의 결론을 예측해보는 가설을 설정을 위해 자신의 직관 등에 의존하면 안 된다.
③ 쟁점(Issue) 분석, 자료(Data) 분석, 원인 파악 순으로 이루어진다.
④ 파악된 핵심 문제에 대한 분석을 통해 근본 원인을 도출하는 단계이다.
⑤ 데이터 분석은 데이터 수집 계획 수립, 데이터 수집, 데이터 분석의 절차를 거쳐 수행된다.

06 다음 중 〈보기〉에서 비판적 사고에 대한 설명을 모두 고른 것은?

<보기>
㉠ 어떤 주제나 주장 등에 대해서 적극적으로 분석하고 종합하며 평가하는, 능동적인 사고이다.
㉡ 논증, 추론, 증거, 가치를 표현한 사례를 타당한 것으로 수용할 것인지 불합리한 것으로 거절할 것인가에 대해 결정을 내릴 때 필요한 사고이다.
㉢ 결론에 이르기까지 논리적 일관성을 유지하는 체계성을 통해 개발할 수 있다.
㉣ 사회나 개인에게 새로운 가치를 창출하게 해준다.
㉤ 문제의식을 가지고 고정관념을 버리는 모습이 필요하다.

① ㉠, ㉡
② ㉣, ㉤
③ ㉠, ㉣, ㉤
④ ㉡, ㉢, ㉣
⑤ ㉠, ㉡, ㉢, ㉤

07 다음 중 문제해결 절차 중 문제 인식 단계에 대한 설명으로 옳은 것은?

① 환경 분석, 주요 과제 도출, 과제 선정이 이루어진다.
② 해결안 개발을 통해 실행 계획을 실제 상황에 적용하는 활동 단계이다.
③ 문제, 원인, 방법을 고려해서 해결안을 종합적으로 평가하고 가장 효과적인 해결안을 선정한다.
④ 선정된 문제를 분석하여 해결해야 할 것이 무엇인지를 명확히 하는 단계이다.
⑤ 쟁점 분석, 자료 분석, 원인 파악이 이루어진다.

08 다음은 국내 스마트폰 기업의 SWOT 분석이다. 이에 대응하는 전략으로 옳지 않은 것은?

<table>
<tr><td colspan="4" align="center">〈SWOT 분석 결과〉</td></tr>
<tr><td align="center">강점(Strength)</td><td align="center">약점(Weakness)</td><td align="center">기회(Opportunity)</td><td align="center">위협(Threat)</td></tr>
<tr>
<td>• 높은 국내 시장 점유율
• 자체 생산 부품 추진
• 자사 제품과의 높은 연동성</td>
<td>• 제품 내구성 미흡
• 과도한 제품 수리 비용
• 타제품 대비 부족한 차별성</td>
<td>• 미국 시장 관세 철폐
• 인도 시장의 성장
• 스마트워치 시장의 규모 확대</td>
<td>• 중국 기업의 가파른 성장
• 스마트폰 시장 성장의 둔화
• 산업 스파이에 의한 기술 유출</td>
</tr>
</table>

① SO 전략 : 자사 제품과의 높은 연동성을 기반으로 스마트워치 시장 진출
② SO 전략 : 높은 국내 시장 점유율을 기반으로 적극적인 미국 시장 진출
③ ST 전략 : 자체 생산한 부품으로 성장하고 있는 인도 시장 진출
④ WO 전략 : 과도한 제품 수리 비용 절감으로 가파르게 성장 중인 중국 기업 견제
⑤ WT 전략 : 제품 내구성에 대한 투자로 성장이 둔화된 스마트폰 시장 내 경쟁력 확보

09 다음 중 〈보기〉에 제시된 문제해결 절차를 바르게 나열한 것은?

<table>
<tr><td colspan="2">〈보기〉</td></tr>
<tr><td>㉠ 문제 인식</td><td>㉡ 문제 도출</td></tr>
<tr><td>㉢ 해결안 개발</td><td>㉣ 실행 및 평가</td></tr>
<tr><td>㉤ 원인 분석</td><td></td></tr>
</table>

① ㉠ → ㉤ → ㉡ → ㉣ → ㉢
② ㉠ → ㉡ → ㉤ → ㉢ → ㉣
③ ㉡ → ㉠ → ㉤ → ㉢ → ㉣
④ ㉡ → ㉤ → ㉠ → ㉢ → ㉣
⑤ ㉤ → ㉠ → ㉡ → ㉣ → ㉢

10 다음 중 〈조건〉이 모두 참일 때 알 수 없는 것은?

> **〈조건〉**
> - 경치를 좋아하는 사람은 여행을 좋아한다.
> - 바다를 좋아하는 사람은 사람과 어울리는 것을 좋아한다.
> - 바다를 좋아하지 않는 사람은 여행을 좋아하지 않는다.

① 사람과 어울리는 것을 좋아하지 않는 사람은 여행을 좋아하지 않는다.
② 경치를 좋아하는 사람은 바다를 좋아한다.
③ 경치를 좋아하는 사람은 사람과 어울리는 것을 좋아한다.
④ 여행을 좋아하지 않는 사람은 바다를 좋아하지 않는다.
⑤ 바다를 좋아하지 않는 사람은 경치를 좋아하지 않는다.

11 다음 중 〈조건〉이 모두 참일 때 옳은 것은? (단, 모든 과일은 1개 이상이다.)

> **〈조건〉**
> - 사과, 복숭아, 수박, 귤 4종류의 과일 총 12개를 사람들에게 나눠준다.
> - 수박을 받은 사람이 복숭아를 받은 사람보다 많다.
> - 복숭아를 받은 사람은 사과를 받은 사람보다 많다.
> - 사과보다 귤, 귤보다 수박을 받은 사람이 많다.

① 수박은 4명, 사과는 1명이 받는다.
② 수박은 5명, 사과는 2명이 받는다.
③ 수박은 5명, 복숭아는 4명, 귤은 2명이 받는다.
④ 수박은 6명, 사과는 2명이 받는다.
⑤ 수박은 6명, 귤은 4명, 사과는 1명이 받는다.

12 A~E 5명 중 1명이 사물함의 열쇠를 잃어버렸다. 이들 중 세 사람만 진실을 말할 때, 거짓말을 한 두 사람으로 짝지어진 것은?

> A : B가 열쇠를 잃어버렸어.
> B : A는 거짓말을 하고 있어.
> C : 나는 절대로 열쇠를 잃어버리지 않았어.
> D : C의 말은 사실이야.
> E : D는 열쇠를 잃어버린 사람이 아니야.

① A, C   ② A, E

③ B, D   ④ C, D

⑤ B, E

13 A국과 B국에서 온 갑~무 5명 중 A국 사람들은 진실만 말하고, B국 사람들은 거짓만 말할 때, 항상 참인 것은?

> • 갑 : 을은 B국 사람이다.
> • 을 : 정은 B국 사람이다.
> • 병 : 나는 A국 출신이다.
> • 정 : 병은 A국 사람이 분명하다.
> • 무 : 을은 A국 사람이다.

① 갑과 무는 같은 나라에서 왔다.

② 을과 정은 같은 나라에서 왔다.

③ 병은 A국 사람이다.

④ 무는 B국 사람이다.

⑤ 정은 병과 같은 나라에서 왔다.

14 ○○ 빌딩 3층에 복도를 사이에 두고 사무실 A~F 6개가 들어왔다. 주어진 〈조건〉이 모두 참일 때, 항상 참인 것은?

> **〈조건〉**
> • 사무실 A는 입구 바로 오른쪽에 위치한다.
> • 사무실 B와 사무실 C는 붙어 있지 않으나 같은 쪽에 있으며, 사무실 D와는 반대쪽에 있다.
> • 사무실 E는 사무실 D와 복도를 사이로 마주보고 있다.
> • 나머지 하나는 사무실 F이다.

① 사무실 B는 입구를 기준으로 우측에 위치한다.
② 사무실 C는 복도를 두고 사무실 F과 마주한다.
③ 사무실 A는 사무실 F과 붙어 있다.
④ 사무실 E는 사무실 B와 붙어 있다.
⑤ 사무실 C는 사무실 A과 같은 쪽에 위치한다.

15 A~D 4명은 원탁에 둘러앉아 있으며 크리스마스 파티를 맞아 선물을 교환하기로 하였다. 주어진 〈조건〉이 모두 참일 때, 항상 거짓인 것은?

> **〈조건〉**
> • A, B, C, D는 각자 빨간색, 주황색, 노란색, 초록색으로 포장된 선물을 준비했다.
> • A의 왼쪽에 앉은 사람은 초록색 선물을 준비했다.
> • 노란색 선물을 준비한 사람은 왼쪽엔 B, 오른쪽엔 D가 앉아 있다.
> • 주황색 선물을 준비한 사람과 노란색 선물을 준비한 사람은 서로 마주 보고 있다.
> • B는 빨간색 선물을 준비했다.

① D는 초록색 선물을 준비했다.
② A는 주황색 선물을 준비했다.
③ B의 왼쪽에 앉은 사람은 A이다.
④ B는 노란색 선물을 준비한 사람의 오른쪽에 앉았다.
⑤ D는 빨간색 선물을 준비한 사람과 마주 보고 있다.

[16~17] A공사는 업무처리 시 오류 발생을 줄이기 위해 202×년 1월부터 벌점을 부과하여 인사고과에 반영하려 한다. 다음은 A공사의 벌점 산정 방식과 기초자료이다. 자료를 바탕으로 이어지는 물음에 답하시오.

〈벌점 산정 방식〉

- 일반 오류는 1건당 10점, 중대 오류는 1건당 20점씩 오류 점수를 부과하여 이를 합산한다.
- 전월 우수사원으로 선정된 경우, 합산한 오류 점수에서 80점을 차감하여 월별 최종 오류 점수를 계산한다.
- 벌점 부과 대상은 월별 최종 오류 점수가 400점 이상인 동시에 월별 오류 발생 비율이 30% 이상인 직원이다.
- 월별 최종 오류 점수 10점당 벌점 1점을 부과한다.

※ 오류 발생 비율(%) = $\dfrac{\text{오류 건수}}{\text{업무처리 건수}} \times 100$

〈벌점 산정 기초자료〉

(202×.01.01.~202×.01.31.)

직원	오류 건수(건)		전월 우수사원 선정 여부
	일반 오류	중대 오류	
갑	5	20	미선정
을	10	20	미선정
병	15	15	선정
정	20	10	미선정
무	30	10	선정

※ 갑~무의 업무처리 건수는 100건으로 동일하다.

16 벌점 산정 방식과 기초자료를 바탕으로 갑~무 5명 중 최종 오류 점수가 가장 높은 사람과 오류 발생 비율이 가장 낮은 사람으로 짝지어진 것은?

	최종 오류 점수가 가장 높은 사람	오류 발생 비율이 가장 낮은 사람
①	갑	무
②	을	갑
③	병	을
④	정	병
⑤	무	정

17 벌점 산정 방식과 기초자료를 바탕으로 갑~무 5명 중 두 번째로 높은 벌점을 받게 될 사람으로 옳은 것은?

① 갑　　　　　　　　　　　② 을
③ 병　　　　　　　　　　　④ 정
⑤ 무

18 다음은 새롭게 시행된 대중교통비 환급 지원사업 관련 안내문과 A~C의 11월 대중교통 이용 내역이다. 자료를 바탕으로 추론할 수 있는 내용으로 옳지 않은 것은?

<대중교통비 환급 지원사업 안내문>

- 환급액＝대중교통비(이용 금액)×환급률
- 환급률
  - 일반 : 20%
  - 청년 : 30%
  - 저소득 : 53%
- 지급 기준
  - 월 15회 이상 대중교통 이용 시 최대 60회까지 환급
  - 월 60회 초과 이용자는 이용 금액이 높은 순으로 60회까지 환급
  - 월 대중교통 이용 금액 20만 원 초과 시 : 초과 이용 금액의 50%만 환급률 적용
  - 예 경우1 : 이용 금액 15만 원 → '15만 원'에 환급률 적용
    경우2 : 이용 금액 30만 원 → 20만 원+(10만원×50%)='25만 원'에 환급률 적용

※ 가입 첫 달은 15회 미만 이용 시에도 환급
※ 청년 : [청년기본법]에 따른 만19세~34세
※ 저소득 : [기초생활보장법]에 따른 기초생활수급자 및 차상위계층

<A, B, C의 11월 대중교통 이용 내역>

구분	나이	이용 횟수	이용 금액	가입일	비고
A	만30세	80회	30만 원	202×.08.09.	
B	만43세	60회	22만 원	202×.09.30.	
C	만38세	40회	8만 원	202×.10.16.	차상위계층
D	만23세	14회	4만 원	202×.11.10.	

① A는 월 60회 초과 이용자로 이용금액이 높은 순으로 60회까지 환급받는다.
② B는 2만 원에 대해서는 50%에 해당하는 금액만 환급률이 적용된다.
③ B의 환급액보다 C의 환급액이 더 크다.
④ C는 총 42,400원을 환급받을 수 있다.
⑤ D는 이용 횟수가 15회 미만으로 환급 대상이 아니다.

[19~20] 다음은 H공사의 성과급 관련 안내사항과 지급 대상자 갑, 을, 병, 정의 평가 자료이다. 자료를 바탕으로 이어지는 물음에 답하시오.

〈성과급 관련 안내사항〉

- 평가 방법
  - 성과 · 역량 · 근태 3가지 항목별 점수를 합산하여 평가 기준으로 삼는다(각 100점 만점).
  - 상반기와 하반기 1회씩 평가하여 지급한다.
- 지급 기준
  - 상반기에는 총점이 높은 순서대로 성과급 총액의 40%, 30%, 20%, 10%를 지급한다.
  - 하반기에는 총점 기준 상위 2명은 총액의 30%, 하위 2명은 총액의 20%씩 지급한다.

〈평가 결과〉

구분	상반기			하반기		
	성과	역량	근태	성과	역량	근태
갑	90	80	60	80	80	90
을	70	80	70	90	80	70
병	80	90	90	70	80	70
정	60	70	80	80	70	80

19 하반기 갑에게 지급된 성과급은 240만 원이었다. 이때 을, 병, 정에게 지급된 하반기 성과급은 총 얼마인가?

① 360만 원
② 560만 원
③ 600만 원
④ 800만 원
⑤ 960만 원

20 상반기에 지급된 성과급은 총 2,000만 원이었다. 상반기와 하반기 성과급이 가장 차이 나는 사람과 차액이 바르게 나열된 것은?

① 병, 440만 원
② 병, 640만 원
③ 정, 440만 원
④ 을, 560만 원
⑤ 을, 640만 원

부록

입사 지원 가이드

공 기 업 N C S 고 졸 채 용

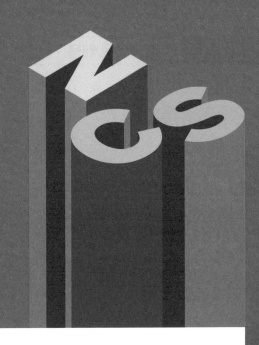

블라인드 채용 안내

블라인드 채용

1. 블라인드 채용 의의

① 채용에서 평등하게 기회가 보장되고, 공정한 과정을 통해 누구나 당당하게 실력으로 경쟁할 기회를 보장받아야 함
② 채용 과정(입사 지원서 · 면접) 등에서 편견이 개입되어 불합리한 차별을 야기할 수 있는 출신지, 가족관계, 학력, 외모 등 항목을 제거하고, 직무능력만을 평가하여 인재를 채용하는 방식
　㉠ 서류전형 : 서류전형이 없거나(공무원) 블라인드 지원서(편견을 야기하는 항목 삭제)를 제출
　㉡ 면접전형 : 블라인드 오디션, 블라인드 면접 등

(1) 블라인드 채용의 특징

① 편견을 유발하는 요인을 최대한 배제
② 직무능력을 중심으로 평가
③ 직무에 적합한 인재 채용 기대
④ 면접관의 주관이 배제된 공정한 형태

(2) 블라인드 채용의 평가 요소

기존의 채용 평가 요소	블라인드 채용 평가 요소
인적 속성이 개입됨 (출신 지역, 학교, 나이, 성별, 외모)	직무능력 중심평가

2. 입사 지원서 작성 시 주의사항

채용 과정에서 개인을 특정 · 유추할 수 있는 정보 기재 시 블라인드 기준 위배로 탈락할 수 있으니 주의하여 작성해야 함

(1) 입사 지원서에 기재하면 안 되는 사항

① 출신 지역
② 가족관계 및 결혼 여부

③ 재산

④ 취미 및 특기

⑤ 종교

⑥ 개인정보(성별, 사진, 신장, 체중)

⑦ 생년월일(나이)

⑧ 학교명, 추천인 등

> ※ 하지만 채용 직무를 수행할 때 필요하다고 인정되는 사항은 제외함
> • 특수경비직 채용 시 → 시력, 과거 질병 이력과 같은 건강 정보를 요구하는 경우
> • 연구직 채용 시 → 논문 및 학위와 같은 학력 정보를 요구하는 경우

(2) 입사 지원서에 기재 가능한 사항

① 기업명 포함 산업 분야

② 지원 부서 및 직무

③ 자신의 전공 및 어학, 자격 사항

3. 블라인드 면접 시 유의사항

① 면접관에게 출신 지역, 가족관계, 학교명 등 인적 사항 정보 제공 금지

② 면접관 또한 응시자의 인적 사항에 관한 질문 금지

③ 인적 사항 관련 정보를 제공하는 경우에는 채용 과정에서 불이익을 받을 수 있음

4. 블라인드 채용의 효과

(1) 구성원의 다양성과 창의성을 통한 기업경쟁력 강화

① 직무능력 중심으로 선발하기 때문에 구성원의 능력을 기대할 수 있음

② 구성원 간의 다양한 생각과 의견을 통해 기업의 창의성 또한 강화할 수 있음

(2) 직무에 적합한 인재 선발을 통한 기업과 구성원의 만족도 증가

① 직무에 적합한 인재가 선발되면 직무이해도가 높아지며 업무효율도 높아짐

② 능력 위주 선발을 통해 직무에 적합한 지원자를 모집할 수 있음

(3) 채용의 공정성을 통한 기업의 이미지 제고

① 사회적 편견을 최대한 배제하는 인재 선발 방법으로 기업에 대한 사회적 인식 제고

② 지원자들은 평등한 기회를 얻을 수 있고 공정한 선발 과정을 경험할 수 있음

서류 작성 시 주의사항

1. 능력 중심 채용에 적합한 입사 지원서 작성

인적 사항	성명, 연락처, 지원 분야 등 작성 ※ '2. 입사 지원서 작성 시 주의사항'을 참고하여 작성
교육 사항	직무 관련 지식과 관련된 학교 교육 및 직업교육 작성
자격 사항	직무와 관련된 국가공인자격증 또는 민간자격증 작성
경력 및 경험 사항	조직에 소속되어 일정한 임금을 받거나(경력사원인 경우), 직무와 관련된 활동(⑩ 인턴, 체험 활동 등) 내용 작성

(1) 인적 사항

① 기관의 특성에 따라 필기전형, 면접전형 혹은 입사 시 지원자를 구별하는 데 필요한 항목으로,
최소한의 정보만을 요구함

② 성명, 주소, 연락처, 지원 분야 등을 작성

(2) 교육 사항

① 지원 분야의 직무와 관련된 학교교육이나 직업교육 혹은 기타교육 등 직무에 대한 직무에 대한
지원자의 관심, 학습 여부 등을 평가하기 위한 항목

② 직무와 관련된 학교교육이나 직업교육, 기타교육 등을 작성

→ 기타교육 : 학교 이외의 기관에서 개인이 이수한 교육과정 중 지원 분야의 직무와 관련이
있다고 생각되는 교육 내용

(3) 자격 사항

① 채용공고에 제시한 자격 현황을 토대로 지원자가 직무수행능력을 갖추고 있는지 판단하기 위한
항목

② 직무와 관련하여 보유하고 있는 국가 공인 기술 · 전문 · 민간자격증을 작성

(4) 경력 및 경험 사항

① 자기소개서를 통해서 직무와 관련된 경력이나 경험 여부를 작성하도록 하여, 관련 능력을 갖추었
는지 확인하기 위한 항목

② 조직에 소속되어 일정한 임금을 받거나(경력), 임금 없이 직무와 관련된 활동(경험)을 했던 내용을
작성

㉠ 경력 : 금전적 보수를 받고 일정 기간 일했던 경우를 의미함

㉡ 경험 : 금전적 보수를 받지 않고 수행한 활동을 의미함

※ 단, 기업에 따라 경력 및 경험 관련 증빙자료를 요구할 수 있음

• 인적 사항 최소화하기 : 개인의 인적 사항, 학교명, 가족관계 등을 노출하지 않도록 유의

> 부적절한 입사 지원서 작성 예시
> - 학교 이메일을 기입하는 것 → 학교명 노출에 해당
> - 거주지 주소에 학교 기숙사 주소를 기입하는 것 → 학교명 노출에 해당
> - 자기소개서에 부모님이 재직 중인 기업명, 직위, 직업을 기입하는 것 → 가족관계 노출에 해당
> - 자기소개서에 석·박사 과정에 관한 이야기를 언급하는 것 → 학력 노출에 해당
> - 특정 학교의 동아리 활동에 관한 내용을 적는 것 → 학교명 노출에 해당

2. 자기소개서 작성 방법

(1) 좋은 자기소개서를 쓰는 방법

① 직무를 확실하게 정한 후 작성하기 : 직무를 애매하게 작성한 자기소개서는 지원자의 신뢰성을 떨어트림

② 자기소개서 문항에 내포된 평가 역량 추측하기

> 예 • 팀 활동을 하면서 구성원들과 갈등이 발생했을 때, 이를 극복했던 경험에 대해 작성하시오.
>   → 응시자의 대인 관계능력 및 문제해결능력을 파악하기 위함
> • 자신의 장점과 단점에 대하여 작성하시오.
>   → 응시자의 자기반성능력 및 문제해결능력, 성장 가능성을 파악하기 위함
> • 기타 학창 시절 및 개인 경험에 관련된 질문
>   → 응시자의 가치관 및 기업의 인재상과 부합하는지 파악하기 위함

③ 직무에 필요할 것 같은 역량을 세 가지 생각해 보기

예 기술 직무(정확성, 신속성, 분석능력), 인사 직무(커뮤니케이션능력, 정확성, 대인관계능력 등)

④ 세 가지 역량을 토대로 키워드 선정하기

예 인사 직무(대인관계능력의 키워드 '협동심', 정확성의 키워드 '계산능력')

⑤ 키워드를 바탕으로 한 경험 생각하기

⑥ 구체적인 경험을 제시하기

(2) 자기소개서의 성격 장·단점

① 장·단점 질문 의도

　㉠ 자기 객관화를 할 수 있는 이성적인 인재인지 파악하기 위함

　㉡ 해당 기업이 추구하는 인재상과 부합하는 인재인지 파악하기 위함

② 작성 방법

ㄱ 도식화를 통한 자기 객관화
- 도식화를 통해 자신의 장·단점을 파악할 수 있음
- 장·단점에 해당하는 구체적인 경험 제시하기

ㄴ 단점을 솔직하게 인정하기

ㄷ 구체적인 사례를 활용하여 작성하면 단점을 객관적으로 파악하고 극복하기 위해 노력할 수 있는 인재임을 어필할 수 있음

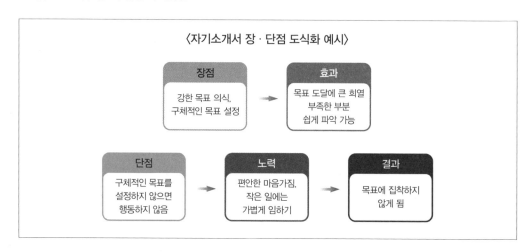

〈자기소개서 장·단점 도식화 예시〉

(3) 주의사항

① 급한 연락을 받을 수 있도록 연락 가능한 번호를 2개 이상 기재하기
② 거짓 정보는 채용 기회 박탈의 불이익이 주어질 수 있음

TIP 자기소개서 작성 체크 리스트

□ 회사 이름 및 지원 분야를 확인하였다.
□ 기업의 방향성 및 비전에 대해 파악하였다.
□ 두괄식으로 작성하였다.
□ 구체적인 사례를 활용하였다.
□ 해당 직무의 핵심역량을 강조하였다.
□ 인터넷 용어, 이모티콘 등을 사용하지 않았다.
　　예 알바 → 아르바이트, 야자 → 야간 자율학습, 과목명(과탐, 사탐 → 과학 탐구, 사회 탐구, 생윤 → 생활과 윤리) 등
□ 오탈자 및 맞춤법이 틀린 단어가 없는지 점검하였다.
□ 거짓 정보나 허위사실 및 과장된 정보를 적지 않았다.

1. 인성 면접

(1) 인성 면접의 목적

① 지원자의 성격 및 역량을 파악하기 위함

② 지원자의 대답을 통해 상황 대처 능력을 파악하기 위함

TIP 면접 시 모르는 질문을 받았을 경우

• 질문에 대해 알고 있는지도 평가하지만, 질문에 대처하는 태도를 더욱 중요하게 평가함

• 모르는 질문을 받더라도 당황하지 않고 자신감 있는 모습으로 대답하는 것이 중요함

(2) 면접 시 갖춰야 할 태도

① 질문을 들을 때에도 시선은 면접관을 향하기

   ㉠ 적극적인 자세를 통해 회사에 대한 열정을 보여줄 수 있음

   ㉡ 면접관과 눈을 마주치고 반응을 확인하면서 유연하게 대처할 수 있음

   ㉢ 산만한 행동(예 머리를 계속 만지는 행동, 손톱을 뜯는 행동 등)은 주의력을 떨어트릴 수 있으니
      조심해야 함

② 대답할 때에도 고개를 숙이거나 손가락을 만지는 소극적인 태도는 피하기

   ㉠ 밝고 자신감 있는 태도를 유지하며 적극적인 태도를 보여주어야 함

   ㉡ 목소리가 작고 발음이 부정확하면 부정적인 인상을 심어줄 수 있으므로 크고 정확한 목소리로
      자신 있게 말해야 함

③ 자기소개서 내용을 기본으로 암기하고 관련지어 대답하기

   ㉠ 자기소개서와 다른 내용은 지원자에 대한 신뢰감을 떨어트릴 수 있음

   ㉡ 지원자의 일관되고 바른 자세를 보여주어야 함

2. 인성 면접 시 준비사항

(1) 준비사항

① 면접장 위치, 교통편, 소요 시간 확인하기

② 옷, 구두 혹은 신발 상태 점검하기

③ 이력서와 기타 제출 서류 챙기기

   예 학교장 추천이라면 추천서, 혹은 그 외의 필수 서류 챙기기

(2) 차림새 점검하기

① 깨끗한 교복 혹은 깔끔한 정장을 입기

② 교복을 입는다면 명찰, 리본(혹은 넥타이)을 단정하게 착용

③ 과한 화장은 부정적 인식을 줄 수 있음

④ 최소한의 악세사리 착용

⑤ 헤어 스타일은 단정하게 하기

TIP 면접 전 하면 좋은 행동

- 지원 회사에 대한 사전지식 알아가기
  - 회사의 홈페이지나 기사를 통해 회사가 원하는 신입사원의 인재상, 회사의 경영이념 · 핵심가치 등 파악하기
- 충분한 수면 취하기
  - 충분한 휴식을 통해 긴장감을 풀 수 있도록 해야 함
- 면접 전 인터넷 기사 읽기
  - 뉴스, 기사, 이슈(특히 경제면, 정치면, 문화면)가 질문에 있을 가능성이 있으므로 유의해서 읽어볼 필요가 있음

02 인성검사 및 면접 대비

CHAPTER 02

TOPIC 01 　인성검사 시 유의사항

1. 인성검사의 의의

① 지원자가 기업의 인재상과 얼마나 유사한지 판단하고, 지원한 업무와의 적합성, 조직 생활에 적응할 수 있는지를 파악하기 위함

② 대다수 기업은 성격과 관련된 특성이 직무 성공과 관련이 높다는 통계를 고려하여, 인성검사의 비중 확대하는 추세

③ 업무를 수행하고 그에 따른 성과를 내기 위해서는 개인의 능력도 중요하지만, 바탕이 되는 개인의 기본적인 성향 또한 중요시되고 있음

2. 유의사항

(1) 모든 문항에 응답하기

① 시간 내 주어진 모든 문항에 답하지 못하면 부정적인 평가를 받을 수 있음

② 응답을 놓친 문항이 많을수록 신뢰도가 낮아지므로, 문항마다 직관적으로 지체 없이 답변하고 넘기는 것이 좋음

(2) 본인의 성향을 정확히 파악하기

① 지원자의 기질과 성격·성향을 묻는 검사 → 본인의 기질과 성격을 이해하며 응답해야 함

② 거짓되거나 과장된 응답은 과장 반응, 거짓 반응으로 측정될 가능성이 있음

③ 안정성을 위해 '보통이다' 중심으로 답변하는 것은 지원자의 성향을 드러내기 어려움

(3) 솔직하게 응답하기

① 기업은 원하는 인재상과 맞지 않는 지원자를 인성검사에서 탈락시킴

② 솔직하고 진실성 있게 응답하도록 해야 함

(4) 인성검사 측정 항목

측정 항목	내용
응답 신뢰도	• 응시자의 질문에 대한 응답이 일관성 있는지를 보며, 일관되지 않는 것으로 판단될 경우 신뢰도가 떨어져 측정 결과 자체를 무의미하게 여김 • 공기업에서는 적합/부적합 판단에서 부적합으로 판정됨 ※ 단, 일관성 있는 답변을 위해 거짓되거나 과장된 응답을 하였을 경우 과장 반응, 거짓 반응으로 측정될 수 있음에 주의해야 함
반생산성 직업활동	• 인성검사를 통해 기업의 생산활동을 저해하는 요소를 갖추고 있는지, 일반적이지 않은 응답을 하거나 특정인에게 지나치게 잘 보이려는 성향을 갖고 있는지를 측정함 • 무응답이 많을수록 부정적인 판정을 받을 가능성이 높음
직무성향 판단	• 인성검사 결과를 토대로 응시자의 성향을 파악함으로써 지원한 직무와 응시자의 성향이 적합한지를 측정 • 결과 자료는 향후 면접 시 참고자료로도 활용될 가능성이 높음

[1~100] 제시된 문항을 읽고 각 문항에 대해 '① 전혀 그렇지 않다, ② 그렇지 않다, ③ 보통이다, ④ 그렇다, ⑤ 매우 그렇다' 중 본인이 해당한다고 생각하는 것에 응답하시오.

번호	질문	응답
01	문제가 생기면 왜 그런 일이 일어났는지를 곰곰이 생각해 본다.	① ② ③ ④ ⑤
02	나는 문제를 해결하면 곧 새로운 과제에 도전한다.	① ② ③ ④ ⑤
03	나는 문제에 부딪치면 철저하게 파악하여 분석한다.	① ② ③ ④ ⑤
04	나는 예전으로 돌아가고 싶다는 생각을 자주 한다.	① ② ③ ④ ⑤
05	문제에 직면하면 나는 다양한 해결책을 모색해 보는 편이다.	① ② ③ ④ ⑤
06	일할 때 나의 판단보다는 다른 사람의 의견을 따르는 편이다.	① ② ③ ④ ⑤
07	나는 불가사의한 현상을 믿는다.	① ② ③ ④ ⑤
08	나는 사물이나 사건을 논리적으로 분석·검토하는 습관이 있다.	① ② ③ ④ ⑤
09	상대방의 주장이 '사실'인지 그 사람 개인의 '의견'인지 구분할 수 있다.	① ② ③ ④ ⑤
10	나는 문제해결을 위해 가장 먼저 해야 할 일에 대하여 곧 합리적인 결정을 한다.	① ② ③ ④ ⑤
11	나는 주변이 정돈되어 있지 않으면 불안하다.	① ② ③ ④ ⑤
12	나는 쉽지 않은 일을 스스로 해결해 나감으로써 보람을 느낀다.	① ② ③ ④ ⑤
13	나는 쉽게 상처받는 편이다.	① ② ③ ④ ⑤
14	나는 일할 때 타인의 충고를 경청하여 나의 단점을 개선하고 좋은 결과를 얻는다.	① ② ③ ④ ⑤
15	나는 스스로 새로운 계획을 세워 일을 추진한다.	① ② ③ ④ ⑤
16	나는 비유나 우화 속에 담긴 의미를 잘 파악한다.	① ② ③ ④ ⑤
17	나는 독특하고 새로운 아이디어를 잘 이끌어낸다.	① ② ③ ④ ⑤
18	나는 소설의 첫 부분만 봐도 다양한 결말을 상상할 수 있다.	① ② ③ ④ ⑤
19	나는 단편적인 정보를 가지고도 전체를 잘 파악한다.	① ② ③ ④ ⑤
20	나는 지시하고 명령하는 것을 좋아한다.	① ② ③ ④ ⑤
21	예전과 달리 대답하기 전에 침묵하는 시간이 길어지고 있다.	① ② ③ ④ ⑤
22	나는 여러 사람 앞에 서면 떨려서 할 말을 제대로 다 하지 못한다.	① ② ③ ④ ⑤
23	나는 나 자신의 감정에 지나치게 몰두하는 경향이 있다.	① ② ③ ④ ⑤
24	나는 일을 시작할 때마다 마음의 안정을 유지하기가 쉽지 않다.	① ② ③ ④ ⑤
25	나는 어떤 일을 할 때 어려워서 감당하지 못할 것 같은 느낌이 든다.	① ② ③ ④ ⑤
26	나는 내가 알고 있는 것을 남들에게 쉽게 설명한다.	① ② ③ ④ ⑤
27	나는 내 생각을 다른 사람들에게 설명하기가 쉽지 않다.	① ② ③ ④ ⑤
28	나는 사람들에게 조리 있게 말을 한다는 평을 듣는다.	① ② ③ ④ ⑤
29	나는 계획을 세우는 것이 즐겁다.	① ② ③ ④ ⑤
30	나는 사람들과 효율적이고 명료하게 대화한다.	① ② ③ ④ ⑤
31	나는 여러 사람들과 함께 있을 때 유쾌하고 의미 있는 화제를 이끌어 낸다.	① ② ③ ④ ⑤
32	나는 단체 생활에서 구성원들 간의 어려운 문제를 솔선하여 처리한다.	① ② ③ ④ ⑤

번호	질문	응답
33	나는 이웃의 문제를 적극적으로 도와서 해결해 준다.	① ② ③ ④ ⑤
34	나는 집단문제를 해결해야 할 때에는 구성원들의 의견을 듣고 최선의 방법을 찾는다.	① ② ③ ④ ⑤
35	나는 다른 사람을 설득하여 이해시키고 통솔하는 과정을 선호한다.	① ② ③ ④ ⑤
36	나는 질투심 혹은 독점욕이 강한 편이다.	① ② ③ ④ ⑤
37	주변 사람들의 신경이 날카로우면 나도 신경이 예민해진다.	① ② ③ ④ ⑤
38	나는 주변 사람들의 생활태도를 보면서 깊은 감명을 받는다.	① ② ③ ④ ⑤
39	나는 내 주위 사람들의 마음이 편하도록 분위기를 조성한다.	① ② ③ ④ ⑤
40	나는 특수한 것보다는 평범한 것이 좋다.	① ② ③ ④ ⑤
41	나는 아침잠이 없는 편이다.	① ② ③ ④ ⑤
42	나는 정보통신기기를 활용하여 친구나 후배, 친지와 소통한다.	① ② ③ ④ ⑤
43	나는 개인적인 일을 남에게 쉽게 말하지 않는다.	① ② ③ ④ ⑤
44	나는 수집된 정보를 비교 · 분석하여 필요한 정보를 찾아낸다.	① ② ③ ④ ⑤
45	나는 SNS를 활용하여 생활정보나 자료를 구입한다.	① ② ③ ④ ⑤
46	나는 다른 사람을 도와줌으로써 삶의 보람을 느낀다.	① ② ③ ④ ⑤
47	나는 일기예보를 반드시 챙겨본다.	① ② ③ ④ ⑤
48	공공사업을 추진할 때 나의 사적인 권리나 이익을 포기하기가 쉽지 않다.	① ② ③ ④ ⑤
49	나는 봉사활동을 하고 나면, 보람을 느끼고 흐뭇해진다.	① ② ③ ④ ⑤
50	나는 직감적으로 판단하는 편이다.	① ② ③ ④ ⑤
51	나는 비교적 계획적이고 규칙적으로 생활한다.	① ② ③ ④ ⑤
52	나는 상황에 맞게 계획을 세운다.	① ② ③ ④ ⑤
53	나는 장래를 예견하기 힘들더라도 계획성 있게 생활한다.	① ② ③ ④ ⑤
54	나는 삶의 과정에서 시기별 목표달성을 위해 준비해야 할 것을 생각한다.	① ② ③ ④ ⑤
55	나는 적성과 흥미, 장래성을 장기적으로 검토한 후에 진로를 결정한다.	① ② ③ ④ ⑤
56	내가 맡은 일은 싫더라도 끝까지 실행한다.	① ② ③ ④ ⑤
57	나는 행동할 때 항상 손익을 생각한다.	① ② ③ ④ ⑤
58	나는 문제 사태에 당면하면 가장 먼저 해야 할 일이 무엇인지 생각한다.	① ② ③ ④ ⑤
59	나는 계속 해 왔던 일을 하는 것을 지루하다고 생각한다.	① ② ③ ④ ⑤
60	나는 일을 마친 후에야 쉬어야 한다는 원칙을 생각한다.	① ② ③ ④ ⑤
61	나는 미래에 벌어질 일들에 대해 낙관적인 편이다.	① ② ③ ④ ⑤
62	나는 궁지에 몰리면 공격적으로 변하는 경우가 많다.	① ② ③ ④ ⑤
63	나는 바람직하지 않은 것은 빨리 잊어버린다.	① ② ③ ④ ⑤
64	나는 쓰지 않는 물건도 잘 버리지 못한다.	① ② ③ ④ ⑤
65	나는 소셜 네트워크 등을 통해 친구들과 정보나 자료를 교환한다.	① ② ③ ④ ⑤
66	나는 내 개인적인 일이 남에게 알려져도 크게 신경 쓰지 않는다.	① ② ③ ④ ⑤
67	나는 다른 사람의 부탁을 받으면 거절하지 못한다.	① ② ③ ④ ⑤
68	나는 시간이나 상황에 개의치 않고 일에 몰두하는 경우가 있다.	① ② ③ ④ ⑤
69	나는 몸이 아프거나 피로해도 해야 할 일을 미루지 않고 수행한다.	① ② ③ ④ ⑤
70	나는 직설적인 표현을 자주 사용한다.	① ② ③ ④ ⑤

번호	질문	응답
71	나는 단체의 권익을 위해서 개인적인 권익을 포기한다.	① ② ③ ④ ⑤
72	나는 발생하지 않은 일에 대해서도 부정적인 생각을 하는 경우가 많다.	① ② ③ ④ ⑤
73	나는 처음 본 문제라 하더라도 문제 해결을 시도한다.	① ② ③ ④ ⑤
74	내가 해결하지 못한 문제를 다른 사람이 해결하면 당황스럽다.	① ② ③ ④ ⑤
75	나는 상대방의 장점을 잘 깨닫는 편이다.	① ② ③ ④ ⑤
76	나는 이야기할 때 논리력이나 설득력이 높은 편이다.	① ② ③ ④ ⑤
77	나는 겸손한 사람이다.	① ② ③ ④ ⑤
78	나는 회의 중에 내가 발표한 내용이나 의견을 나중에 다시 검토해 본다.	① ② ③ ④ ⑤
79	나는 한번 결정을 내리면 번복하지 않는다.	① ② ③ ④ ⑤
80	나는 사건이나 현상에 대하여 의사결정을 하기 전에 깊이 생각한다.	① ② ③ ④ ⑤
81	나는 공격보다는 수비를 하는 편이다.	① ② ③ ④ ⑤
82	나는 어려운 일을 노력하여 해결함으로써 만족감을 느낀다.	① ② ③ ④ ⑤
83	나는 일반적으로 쉽게 할 수 있는 일에서도 능력의 한계를 느낀다.	① ② ③ ④ ⑤
84	나는 해결하기 어려운 문제라고 판단되면 포기하고 새 일거리를 찾는다.	① ② ③ ④ ⑤
85	일반적으로 다른 사람들의 의견을 참고하되, 나의 생각대로 일을 처리한다.	① ② ③ ④ ⑤
86	나는 궁지에 몰리면 공격적으로 변하는 경우가 많다.	① ② ③ ④ ⑤
87	나는 한 가지의 문제에 대해서 다양한 답을 할 수 있다.	① ② ③ ④ ⑤
88	나는 장면이나 상황에 따라서 미묘하고 복잡한 특성을 찾는다.	① ② ③ ④ ⑤
89	나는 문제의 상황에 따라서 그 원인에 대한 문제를 제기한다.	① ② ③ ④ ⑤
90	나는 평범한 현상에 대하여 유별난 생각을 한다.	① ② ③ ④ ⑤
91	나는 여러 사람이 지켜보면 긴장되고 불안하여 말을 다 할 수 없다.	① ② ③ ④ ⑤
92	나는 과거의 잘못을 떠올리고 그로 인해 괴로울 때가 있다.	① ② ③ ④ ⑤
93	나는 부모님께 대든 적이 있다.	① ② ③ ④ ⑤
94	사람들이 나에게 잘해 주는 데에는 다른 뜻이 담겨 있다.	① ② ③ ④ ⑤
95	내가 사람들에게 허점을 보이더라도 큰 문제가 되지 않는다.	① ② ③ ④ ⑤
96	나는 상황에 적절한 어법을 구사한다.	① ② ③ ④ ⑤
97	나는 대화할 때 상대방의 주장이나 의견을 경청하고 존중한다.	① ② ③ ④ ⑤
98	나는 다른 사람과 이야기할 주제를 협의하면서 대화를 이끌어간다.	① ② ③ ④ ⑤
99	나는 옷차림에 신경을 많이 쓰는 편이다.	① ② ③ ④ ⑤
100	나는 다른 사람에게 빈틈을 보이는 것을 싫어한다.	① ② ③ ④ ⑤

[1~130] 다음 문항을 읽고 '해당한다'라고 생각되면 '예', '해당하지 않는다'라고 생각되면 '아니오'에 응답하시오.

번호	질문	응답	
01	나는 스스로 세운 계획에 따라 생활함으로써 삶의 보람을 느낀다.	예	아니오
02	나는 친구와 시간 약속을 지키는 것이 어렵다.	예	아니오
03	나는 해결해야 할 문제를 분석하여 단계별 해결방안을 찾는다.	예	아니오
04	나는 무엇보다 업무에 우선순위를 두는 편이다.	예	아니오
05	나는 스트레스를 자주 받는다.	예	아니오
06	나는 즉흥적으로 여행을 떠나는 것을 좋아한다.	예	아니오
07	나는 친구와 시간 약속을 지키는 것이 어렵다.	예	아니오
08	나에게 중요한 일이라도 해결 가능성이 보이지 않을 때는 포기하고 다른 일을 시작한다.	예	아니오
09	나는 누군가 명확한 지침을 내리는 업무가 편하다.	예	아니오
10	나는 감정을 솔직하게 표현한다.	예	아니오
11	나는 과시하는 것을 좋아한다.	예	아니오
12	나는 주어진 일을 혼자 해결해야 한다고 생각하면 어렵게 느껴진다.	예	아니오
13	나는 과감한 성격이라는 평을 듣는다.	예	아니오
14	나는 지나간 일에 대해 후회하는 일이 잦다.	예	아니오
15	주위에 다른 사람이 있으면 일을 하는 데에 집중하기가 쉽지 않다.	예	아니오
16	일은 정성껏 주의를 기울여 진행한다.	예	아니오
17	나는 가족에게도 약한 모습을 보이지 않으려 한다.	예	아니오
18	나는 내 감정이나 생각을 숨기지 않고 표현한다.	예	아니오
19	나는 남의 실수에 관대한 편이다.	예	아니오
20	나는 다른 사람들에게 칭찬을 들으면 당황한다.	예	아니오
21	나는 해결해야 할 문제 사태를 객관적이고 명료하게 분석·판단하여 처리한다.	예	아니오
22	다른 사람이 나를 시기하는 것처럼 느낀다.	예	아니오
23	나는 과정보다는 결과가 중요하다고 생각한다.	예	아니오
24	나는 모임에서 어떻게 하면 사람들의 눈에 띨지 고민한다.	예	아니오
25	나는 어떤 낱말을 들으면 그에 관련된 다양한 의미를 연상한다.	예	아니오
26	나는 물건이나 생필품을 필요한 사람들에게 나누어주는 것을 좋아한다.	예	아니오
27	나는 일에 열중하다가 밤을 꼬박 새우기도 한다.	예	아니오
28	나는 자기주장이 거의 없다.	예	아니오
29	나는 양심의 가책을 쉽게 느낀다.	예	아니오
30	나는 세세한 것까지 신경을 쓰는 편이다.	예	아니오
31	나는 누군가를 옆에서 지원하는 것을 좋아한다.	예	아니오
32	스포츠를 하는 것보다 보는 것이 더 좋다.	예	아니오
33	나는 이타적인 생각을 함으로써 기꺼이 봉사하는 생활태도를 갖춘다.	예	아니오
34	나는 여러 사람의 무리에 섞여 있는 것을 좋아한다.	예	아니오
35	나는 나를 좋아하는 사람들과만 관계를 맺는다.	예	아니오
36	나는 상대방의 장점을 잘 깨닫는다.	예	아니오

번호	질문	응답	
37	당면한 문제에 대하여 나는 여러 방법들의 결과를 고려하고 대안을 검토한 후 결정한다.	예	아니오
38	나는 민감하다는 평을 종종 듣는다.	예	아니오
39	나는 타인이 나에게 조언을 구할 때 신중히 생각한 후에 조언을 한다.	예	아니오
40	나는 책임과 의무에서 벗어나고 싶다.	예	아니오
41	나는 상대가 나를 인정하는 것을 무엇보다 좋아한다.	예	아니오
42	나는 내 감정을 과장되게 표현한다.	예	아니오
43	나는 내게 명확하고 엄격한 원칙을 정해 행동한다.	예	아니오
44	나는 타인과의 정보교환 · 의사소통에 정보통신기기를 활용한다.	예	아니오
45	나는 다른 사람들의 말이나 표정을 매우 신경 쓴다.	예	아니오
46	사소한 일도 혼자서는 잘 결정하지 못한다.	예	아니오
47	나는 돈 관리에 철저하다.	예	아니오
48	나는 기다리는 일에 지루함을 느낀다.	예	아니오
49	물건을 보면 내부를 살펴보고 뜯어 연구해 보고 싶다.	예	아니오
50	학교에서는 형식적인 것만 배운다고 생각한다.	예	아니오
51	낯선 사람을 보면 부담스럽고 친해지는 것이 어렵다.	예	아니오
52	규칙에 얽매이는 것보다 융통성 있게 행동하는 것이 더 좋다.	예	아니오
53	여러 명이 의견을 나눌 때 내 의견을 먼저 말하는 편이다	예	아니오
54	잘 모르는 문제가 있으면 타인에게 물어서 금방 해결한다.	예	아니오
55	다른 사람들에게 거짓말을 한 적이 한 번도 없다.	예	아니오
56	주변 사람들로부터 빈틈이 없다는 말을 자주 듣는다.	예	아니오
57	혼자 있고 싶다고 생각하는 일이 많다.	예	아니오
58	타인을 돕기 위해서라면 규칙을 어길 수도 있다.	예	아니오
59	지나치게 생각이 많아서 기회를 놓치는 편이다.	예	아니오
60	남의 기분이나 감정 상태에 큰 관심이 없다.	예	아니오
61	물건을 살 때 디자인보다는 실용성을 중시한다.	예	아니오
62	생각보다 말이나 행동이 앞설 때가 많다.	예	아니오
63	타인의 부탁을 잘 거절하지 못한다.	예	아니오
64	상황에 따라 기분이 쉽게 변하는 편이다.	예	아니오
65	예사롭게 넘어갈 작은 일에도 예민하게 반응하는 편이다.	예	아니오
66	정보는 남과 공유하지 않는 것이 내게 이롭다.	예	아니오
67	문화생활에 시간과 자금을 많이 투자한다.	예	아니오
68	돈이 많다고 행복한 삶이 되지는 않는다고 생각한다.	예	아니오
69	휴식 시간에는 누구의 방해도 없이 혼자 있고 싶다.	예	아니오
70	하지 않아도 되는 고생을 만들어서 하는 편이다.	예	아니오
71	신문의 사회면 기사를 보는 것을 좋아하지 않는다.	예	아니오
72	개인의 능력보다는 사회적인 제도가 갖춰지는 것이 중요하다.	예	아니오
73	혼자 일하는 것보다는 하나의 팀으로 일하는 것을 선호한다.	예	아니오
74	어떤 일이 실패하면 나에게 모든 책임이 있는 것 같다.	예	아니오
75	타인에게 상처가 될 만한 말이나 행동은 한 적이 없다.	예	아니오

번호	질문	응답	
76	조직의 원활한 운영을 위해서는 개개인의 희생이 필요하다.	예	아니오
77	어떤 일이든 열심히 하려고 한다.	예	아니오
78	남들이 하지 않는 일에 도전하는 것을 좋아한다.	예	아니오
79	여러 사람 앞에서 사회를 보는 일을 잘한다.	예	아니오
80	범죄나 사회의 좋지 않은 일에 관심을 많이 둔다.	예	아니오
81	다른 사람들로부터 존경받는 사람이 되고 싶다.	예	아니오
82	사람들과 대화하는 것을 좋아한다.	예	아니오
83	과학이 발달할수록 사람은 행복해질 것이다.	예	아니오
84	주변 환경을 쉽게 받아들이고 적응하는 편이다.	예	아니오
85	남의 시선을 많이 의식하는 편이다.	예	아니오
86	추진하고자 하는 일은 반대가 있더라도 밀어붙인다.	예	아니오
87	내가 성공하기 위한 과정에서 다른 사람의 불이익은 필연적이다.	예	아니오
88	음악을 들으면서 공부나 일을 하면 집중이 잘 된다	예	아니오
89	음악은 슬픈 것보다 즐거운 것이 더 좋다.	예	아니오
90	마감 기한이 있어야 일이 잘 된다.	예	아니오
91	새로운 사람보다는 오래 알고 지낸 사람을 만나는 것이 좋다.	예	아니오
92	환경과 시기에 따라 목표와 방향은 변화할 수 있다.	예	아니오
93	사람을 만나는 것은 다소 번거로운 일이다.	예	아니오
94	무슨 일을 하든 도전적으로 한다.	예	아니오
95	나는 개성이 강한 사람이다.	예	아니오
96	상황을 충분히 살펴본 뒤에 결정을 내리는 편이다.	예	아니오
97	물건을 살 때 디자인보다는 실용성을 중시한다.	예	아니오
98	생각보다 말이나 행동이 앞설 때가 많다.	예	아니오
99	타인의 부탁을 잘 거절하지 못한다.	예	아니오
100	상황에 따라 기분이 쉽게 변하는 편이다.	예	아니오
101	기분이 안 좋아도 겉으로 드러내지 않는다.	예	아니오
102	과제가 생기면 그때그때 해결하는 편이다.	예	아니오
103	나는 줏대 없다는 말을 자주 듣는다.	예	아니오
104	내 주변은 항상 깔끔하게 정리한다.	예	아니오
105	남들이 놓치는 사소한 부분들도 신경을 쓴다.	예	아니오
106	목표는 높으면 높을수록 좋다.	예	아니오
107	그때그때 기분에 따라 행동할 때가 많다.	예	아니오
108	토론의 목적은 나의 논리로 상대를 이기는 것이다.	예	아니오
109	나와 반대의 생각을 가진 사람이라도 설득할 수 있다.	예	아니오
110	남이 나를 어떻게 생각하는지 항상 궁금하다.	예	아니오
111	나는 주변이 조용한 상태인 것이 좋다.	예	아니오
112	한 가지 일에 오래 집중하지 못하고 한눈을 파는 경우가 많다.	예	아니오
113	사회적인 이슈에 민감하게 반응하는 편이다.	예	아니오
114	새로운 사람을 만나는 것은 흥분되는 일이다.	예	아니오

번호	질문	응답	
115	직장에서의 일보다는 나의 사생활이 우선이다.	예	아니오
116	남을 이끄는 것보다는 따르며 보좌하는 것이 좋다.	예	아니오
117	한번 정해진 것은 불가피한 상황이 아니라면 바꿔선 안 된다.	예	아니오
118	한 분야에서 1인자가 되는 것이 인생의 목표이다.	예	아니오
119	목표를 달성하기 위해서는 싫어하는 사람과도 함께할 수 있다.	예	아니오
120	위기에 직면했을 때도 당황하지 않고 이성적으로 생각한다.	예	아니오
121	과거의 경험은 중요한 기준이 아니다.	예	아니오
122	책이나 영화를 볼 때 감정 이입을 잘하는 편이다.	예	아니오
123	개인의 능력보다는 배경이 성공에 더 중요하다.	예	아니오
124	다양한 모임에서 활동했던 경험이 있다	예	아니오
125	계획을 세우는 데 공을 많이 들이는 편이다.	예	아니오
126	불쾌한 일을 겪으면 꽤 오랫동안 기억한다.	예	아니오
127	아무리 화가 나도 욕설은 하고 싶지 않다.	예	아니오
128	일을 해 놓고도 불안함이 사라지지 않는 편이다.	예	아니오
129	다른 사람이 잘못했을 때는 그때그때 지적한다.	예	아니오
130	나는 다른 사람을 쉽게 믿는다.	예	아니오

1. 인성검사 결과와 면접의 관련성

① 인성면접 시 지원자의 인성검사 결과를 토대로 질문
② 인성검사를 통해 자신의 성격 · 성향을 제대로 파악하고 면접에 대비해야 함

2. 인성검사 결과로 면접 대비하기

인성검사는 수검자의 성향을 파악하기 위한 심리검사이므로 한 문항 속에 여러 가지 측정 요인이 존재함. 득점이 매우 높거나 매우 낮은 측정 요인에 대해서는 면접에서 물어볼 가능성이 크기 때문에 그에 대한 답변을 준비할 필요가 있음

(1) 외향성 · 내향성 문항

① 외향성 문항에 많은 득점이 나온 경우
  • 사람들과 대화하는 것을 좋아한다.
  • 나는 여러 사람과 함께 있을 때 유쾌하고 의미 있는 화제를 이끌어 낸다.

> | 응답 전에 머릿속에서 내용을 정리하고 발언할 때는 간결하게 표현하되, 핵심을 명확하게 전달하도록 노력해야 함
> | 팀원들과 활발하게 커뮤니케이션할 수 있으므로 조직 내에서 빠르게 적응할 수 있다는 것을 강조해야 함
> | 의욕만 앞서는 것이 아닌 업무에 대한 신중함 또한 갖고 있음을 강조해야 함
> | 팀원들의 사기를 증진할 수 있는 에너지를 가지고 있다는 것을 어필해야 함

② 내향성 문항에 많은 득점이 나온 경우
  • 혼자 있고 싶다고 생각하는 일이 많다.
  • 휴식 시간에는 누구의 방해도 없이 혼자 있고 싶다.

> | 내향성 문항의 높은 득점은 마이너스 요인이 될 수 있음
> | 충분한 휴식을 취하고 면접에 임하여 긴장감을 줄일 수 있도록 해야 함
> | 굳은 표정과 냉소적인 어투로 대답하기보다는 차분한 표정과 함께 긍정적으로 응답할 수 있도록 해야 함
> | 활동적인 취미를 꾸며내기보다는 실내에서 할 수 있는 자기계발 활동을 예시로 답변해야 함(⑩ 영어 전화 회화, 컴퓨터 관련 자격증 획득, IT 도서 읽기 등)

(2) 적극적·소극적인 성격 문항

① 적극적인 성격 문항에 많은 득점이 나온 경우

- 나는 문제를 해결하면 곧 새로운 과제에 도전한다.
- 나는 다른 사람과 이야기할 주제를 협의하면서 대화를 이끌어간다.

> │ 두서없이 발언하지 않도록 머릿속에서 내용을 정리하고 이야기할 수 있도록 유의해야 함
> │ 면접관의 말을 끝까지 듣고 나서 응답할 수 있도록 함
> │ 조직 내에서 적극적이면서 타인과도 협력하는 자세로 임할 수 있음을 강조해야 함

② 소극적인 성격 문항에 많은 득점이 나온 경우

- 나는 주어진 일을 혼자 해결해야 한다고 생각하면 어렵게 느껴진다.
- 나는 자기주장이 거의 없다.

> │ 질문에 당황하지 않고 자신감 있게 답변하도록 노력해야 함
> │ 큰 목소리와 정확한 발음으로 문장을 끝까지 마칠 수 있도록 연습해야 함
> │ 말끝을 흐리지 않고 큰소리로 대답을 마치도록 노력해야 함

(3) 업무 지속성 및 계획성 문항

① 업무 지속성이 짧다는 문항에 많은 득점이 나온 경우

- 나는 줏대 없다는 말을 자주 듣는다.
- 한 가지 일에 오래 집중하지 못하고 한눈을 파는 경우가 많다.

> │ 한 가지 일을 꾸준히 지속하지 못하는 것은 부정적으로 받아들여질 수 있음
> │ 새로움을 추구하며 변화를 가져올 수 있는 인재임을 강조해야 함
> │ 짧은 지속성을 극복하려고 노력했던 구체적인 사례가 있다면 어필할 수 있도록 함

② 업무 계획성이 부족하다는 문항에 많은 득점이 나온 경우

- 나는 행동으로 실천하기까지 시간이 걸린다.
- 나는 친구와 시간 약속을 지키는 것이 어렵다.

> │ 일관성 있는 대답을 통해 면접관에게 신뢰감을 주어야 함
> │ 실제 상황에 맞춰서 의사를 결정하고 행동하는 유연함을 갖고 있음을 어필해야 함

(4) 목표 달성 의욕 관련 문항

① 의욕이 낮다는 문항에 많은 득점이 나온 경우

- 나는 일할 때 나의 판단보다는 다른 사람의 의견을 따르는 편이다.
- 사소한 일도 혼자서는 잘 결정하지 못한다.

> | 수동적이라는 평가를 받을 수 있으므로 목표를 설정하고 노력했던 경험을 언급해야 함
> | 주변 상황에 쉽게 흔들렸던 경험 등에 관해 물었을 때 목표를 위해 노력했던 자세를 언급해야 함
> | 주어진 일만 하는 것이 아닌 능동적인 자세 또한 취할 수 있음을 어필해야 함

② 의욕이 높다는 문항에 많은 득점이 나온 경우

- 나는 해결해야 할 문제 사태를 객관적이고 명료하게 분석·판단하여 처리한다.
- 해결해야 할 문제를 분석하여 단계별 해결 방안을 찾는다.

> | 답변에 일관성이 없다면 면접자에 대한 신뢰도가 떨어질 수 있음
> | 정확한 목표를 설정하고 달성하기 위해 노력했던 경험을 언급해야 함
> | 의욕만 앞서는 것이 아니라는 것을 성공 경험 및 노력과 함께 제시해야 함

(5) 자기주장이 강한 성격이거나 감정적인 성격 관련 문항

① 자기주장이 강한 성격 문항에 많은 득점이 나온 경우

- 다수가 반대하는 일이라도 옳다고 생각하면 진행한다.
- 나는 추진하고자 하는 일은 반대가 있더라도 밀어붙인다.

> | 옳다고 생각하는 일에 옳음을 주장하는 것과 옳지 않은 일에 고집을 부리는 것은 다르다는 것을 강조해야 함
> | 타인에게 생각을 강요하지 않는다는 점을 언급해야 함
> | 타인과 어울리는 일에도 거부감이 없다는 것을 강조해야 함

② 감정적인 성격 문항에 많은 득점이 나온 경우

- 나는 궁지에 몰리면 공격적으로 변하는 경우가 많다.
- 나는 상황에 따라 기분이 쉽게 변하는 편이다.

> | 타인과 관계를 맺는데 어려움을 느낄 수 있다는 인상을 줄 수 있으므로 긍정적인 면을 어필해야 함
> | 타인의 감정에 쉽게 반응하므로 사전에 충돌 발생을 줄일 수 있다는 점을 어필해야 함
> | 감정에 치우치지 않도록 조심해야 하고 감정조절을 하며 침착하게 임해야 함

(6) 회복 탄력성에 대한 처리 문항

① 회복 탄력성이 느리다는 문항에 많은 득점이 나온 경우

- 나는 지나간 일에 대해 후회하는 일이 잦다.
- 어떤 일이 실패하면 나에게 모든 책임이 있는 것 같다.

> | 발전을 위해 노력했던 경험을 언급하며 긍정적인 사고를 갖고 있다는 것을 강조해야 함
> | 업무에 대해 책임감을 느끼고 항상 진지하게 임한다는 것을 어필해야 함

(7) 비관적 · 낙천적인 성격 문항

① 비관적인 성격 문항에 많은 득점이 나온 경우

- 정보는 남과 공유하지 않는 것이 내게 이롭다.
- 세상에는 좋은 일보다는 나쁜 일이 더 많다.

> | 무리하게 밝은 태도를 유지하는 것보다 진지하고 차분한 태도로 임해야 함
> | 차분하게 답변을 마치고 면접관의 말에 경청하는 태도를 보여주어야 함

② 낙천적인 성격 문항에 많은 득점이 나온 경우

- 나는 주변 사람들의 생활 태도를 보면서 깊은 감명을 받는다.
- 나는 미래에 벌어질 일들에 대해 낙관적인 편이다.

> | 낙천적이지만 진지함 또한 갖추고 있음을 강조해야 함
> | 꾸준히 진행 중인 일이나 일에 관련해서 몰입하여 성과를 이룬 경험이 있다면 언급해야 함
> | 조직 생활에 밝은 분위기로 환기 · 전환할 수 있다는 점을 어필해야 함

T I P 함정 문항에 유의하기

함정 문항은 지원자의 거짓말 정도를 구분하기 위한 문제로, 허위 응답을 판독하기 위함임. 일관성이 떨어지는 결과를 야기시킬 뿐만 아니라 지원자의 신뢰도에도 영향을 끼치기 때문에 신중하게 응답해야 함

🔘 '태어나서 거짓말을 한 번도 해본 적이 없다.', '타인과 약속을 한 번도 지키지 않은 적이 없다.', '타인에게 상처가 될 만한 말이나 행동은 한 적이 없다.' 등의 문항

→ 일반적으로 거짓말을 한 적이 없거나, 잘못된 일을 한 번도 한 적이 없는 사람은 없으므로 '예'에 응답할 경우 허위 응답이라고 인식할 수 있음. 따라서, '한 번도, 언제나, 항상 등'이 있는 문항은 꼼꼼하게 읽어볼 필요가 있음

03 주요 공기업 기출 질문

대부분의 공기업은 NCS기반 능력중심채용제도 도입에 따라 지원자의 학력 등에 관한 정보 없이 직업기초능력을 평가하고, 평가항목 중 인성이 차지하는 비중이 민간 기업에 비해 높다. 따라서 여러 방식의 면접을 통하여 다면적·종합적인 평가를 하므로 기존에 진행된 면접 형식 및 내용을 기반으로 충분히 대비하여야 한다.

1. 한국철도공사

구분	질문
기본 질문	• 주변 사람들이 느끼는 본인의 성격은? • 함께 일하기에 가장 꺼려지는 유형의 직원은? 그런 유형이 되지 않기 위해 어떤 노력을 했나? • 실수를 저질렀을 때 어떻게 대처할 것인가? • 경부선의 출발지와 도착지는? • 최근 뉴스에서 가장 관심이 있는 화제는 무엇인가? • 다른 지원자보다 뛰어나다고 생각하는 부분은? • 좌우명이나 생활신조를 말해보시오. • 노조에 대하여 어떻게 생각하는가? • 한국철도공사의 직급체계는 어떻게 구성되어 있는지 아는가? 정년 때 어느 위치에 서 있을 것 같은가? • 고연령 무임승차에 대해 어떻게 생각하는가?
경향 질문	• 동료가 부적절한 일을 했을 때 어떻게 할 것인가? • 본인이 속한 조직에서 적응하지 못하고 있는 사람을 도와준 적이 있는가? • 여러 단체에 있으면서 가장 소속감을 느꼈던 순간은? • 돌발상황에 대처했던 경험이 있는가? • 타인과 함께 문제를 해결한 경험은?
상황 면접 질문	• 혼자 출장을 갔는데 여권을 잃어버렸다. 어떻게 할 것인가? • 어떤 직원이 5m 높이에서 일하다가 위험사고가 발생하는 일이 있었다. 따라서 직원들에게 안전의식을 부여해주려고 한다. 선배나 동료들이 안전의식에 호기심을 가질 만한 자신만의 창의적인 방안을 제시하라. • 객실 내 비상 버저가 계속 울릴 경우 어떻게 조치하겠나? • 열차 지연으로 인한 승객의 불만이 발생한다면 어떻게 처리하겠는가?
직무 관련 질문	• 건축직무에서 하는 일이 무엇인지 아는가? • 전기통신에서 일하다가 일어날만한 사고와 예방책은? 그 예방책을 선임들이 싫어한다면? • 철도 토목과 일반 토목은 다른데 무엇을 하는지 아는가? • 자신이 수행할 직무를 KSA(지식, 스킬, 태도)로 나누어서 설명해 보시오.

구분	질문
	• 본인이 지원한 업무에 4차산업을 접목시킨다면 어떻게 적용할 수 있겠는가?
	• 우리 회사의 직무를 수행하기 위해 어떠한 준비를 하였나?
	• 같은 직렬에서 타 회사의 직무와 한국철도공사의 직무가 어떻게 다른지 아는가?
	• 해당 직무에 대해 얼마나 알고 있는가?

2. 한국전력공사

구분	질문
기본 질문	• 왜 한국전력공사에 입사하고 싶은가?
	• 본인의 장단점은?
	• 친구들이 자신을 어떻게 생각하는가?
	• 10년 후 자신의 모습을 어떻게 상상하는가?
	• 결정 시 과감한 편인가, 신중한 편인가?
	• 공기업의 특성이 무엇이라고 생각하는가?
	• 정부의 에너지세제정책과 관련된 한국전력공사의 정책 방향에 대해 어떻게 생각하는가?
	• 사람과의 관계에 있어서 중요한 점은 무엇이라고 생각하는가?
	• 공익성과 수익성 중 무엇이 더 중요하다고 생각하는가?
	• 태양광 발전이 한국전력공사에 어떠한 영향을 미친다고 생각하는가?
	• 최근에 접한 한국전력공사 관련 뉴스는 무엇인가?
	• 현재 한국전력공사의 위기 요인은 무엇이라고 생각하는가? 극복방법을 제안한다면?
	• 정부 예산액에 대해 아는 바를 말해보시오.
	• 본인의 친구들은 어떤 성향인가?
	• 외국어로 자기소개를 해보시오.
경향 질문	• 살면서 가장 힘들었던 적은?
	• 자신의 단점과 이를 극복하기 위해 기울였던 노력에 대해 말해보시오.
	• 조직에서 갈등을 해결했던 경험이 있는가?
	• 동아리 활동 경험이 있는가?
상황 면접 질문	• 입사 후 업무 분담이 불평등하다면 어떻게 대응할 것인가?
	• 상사와의 갈등이 생겼을 경우 어떻게 대처할 것인가?
	• 상사가 불법적인 지시를 내린다면 어떻게 대응할 것인가?
	• 배치된 부서가 본인의 역량과 맞지 않는다면 어떻게 대응할 것인가?
직무 관련 질문	• 저압배전방식에 대해 설명하시오.
	• 전자계와 전자파에 대해 설명하시오.
	• 보호 계전기와 변압기의 구성요소에 대해 설명하시오.
	• 지원한 직무에 대해 얼마만큼 알고 있는가?
	• 자신의 전공과 한국전력공사 실무와의 연관성은?

3. 국민건강보험공단

구분	질문
기본 질문	• 단점을 포함하여 자기소개를 해보시오. • 상사의 입장이 되어 본인의 강점과 약점을 설명해보시오. • 고객의 만족을 위한 자신만의 방법이 있는가? • 국민건강보험공단에 지원한 이유가 무엇인가? • 입사한다면 실무 수행 시 걱정되는 부분이 있는가? • 단체생활에서 가장 중요한 점은 무엇이라고 생각하는가? • 국민건강보험공단의 인재상에 맞도록 어떠한 노력을 기울여왔는가? • 관계를 형성하기에 가장 어려운 사람은 어떤 성향이라고 생각하는가? • 고령화 · 저출산 추세가 국민건강보험공단에 미치는 영향을 말해보시오. • 믿음의 필수요소는 무엇이라고 생각하는가? • 본인의 어떠한 문제점을 해결하기 위해 날마다 하고 있는 행동이 있는가? • 봉사활동에서 무엇을 배웠는가? 그것을 실무에 어떻게 적용할 수 있는가? • 조직에 처음으로 소속될 때 어떠한 접근법으로 어떻게 적응하는가? • 공기업 근무 시 가장 중요한 요소가 무엇이라고 생각하는가? • 성공한 삶이란 무엇이라고 생각하는가? • 5월은 가정의 달인데 가족들과 무엇을 했나? • 인생에서 가장 기뻤던 순간은? • 우리 회사에 입사하지 못한다면 어느 회사에 입사 지원을 하겠는가? • 가장 좋아하는 연예인이 누구인가? 이유는 무엇인가?
경향 질문	• 도전했지만 실패했던 경험이 있었는가? • 자신이 원하는 것을 이룬 경험이 있었는가? • 성향이 다른 사람과 협업했던 경험이 있는가? • 계획을 세우고 꾸준히 노력했던 경험이 있는가? • 업무를 수행하던 중 본인을 희생했던 경험이 있는가? • 소극적인 팀원을 리드하여 팀의 성과를 끌어냈던 적이 있는가? • 조직에 적응하기 위해 노력했던 적이 있는가? 어떤 노력이었는가? • 살면서 부끄러움을 느꼈던 적이 있는가? • 신속한 의사소통으로 갈등을 해결했던 적이 있는가? • 리더십을 발휘했던 적이 있는가? • 본인이 생각하기에 조직에 가장 피해를 끼치는 유형은 무엇인가? 그런 사람을 만나본 경험이 있는가? • 타인에게 오해를 받은 적이 있는가? 어떤 오해였으며 어떻게 대응했는가? • 리더가 아닌 팀원으로서 무언가를 했던 경험이 있는가? • 규칙, 원칙을 지켰던 경험이 있는가? • 본인의 지식과 전문성을 발휘했던 경험이 있는가? • 업무 수행 중 부정적인 피드백을 받았던 적이 있는가?
상황 면접 질문	• 무리한 요구를 반복하는 고객에게 어떻게 대응할 것인가? • 생소한 분야의 업무를 수행하게 된다면 어떻게 행동할 것인가? • 업무와 관련하여 상사와 갈등이 생긴다면 어떻게 대처할 것인가? • 특정 문제를 해결하기 위하여 자료를 수집해야 하는데, 자료 수집이 쉽지 않은 경우 어떻게 할 것인가?

구분	질문
	• 기물을 파손하는 고객이 내 눈앞에 있다면 어떻게 처리할 것인가? 가장 먼저 할 행동이 무엇이라고 생각하는가?
	• 무임승차하는 직원이 있다면 어떻게 할 것인가?
	• 악성 민원은 어떻게 해결할 것인가?
직무 관련 질문	• 노인성 질환에 대해 설명해보시오.
	• 노인장기요양보험에 대해 설명해보시오.
	• 요양직 업무를 수행하기 위하여 어떠한 노력을 했는가?

4. 한국수력원자력

구분	질문
기본 질문	• 자신의 장단점은?
	• 지방생활에 대해 어떻게 생각하는가?
	• 한국수력원자력에서 수행하는 주요 사업과 관련된 최근 이슈를 알고 있는가?
	• 일근과 교대근무 중 어느 근무 방식을 더 선호하는가?
	• 주변에서 어떤 평가를 받고 있는가?
경향 질문	• 고등학교 생활 중 가장 힘들었던 경험은?
	• 협동 활동 중 책임감을 발휘하여 문제를 해결했던 경험이 있다면?
	• 무엇인가를 해내고 성취감을 느꼈던 경험과 그때 느꼈던 감정을 말해보시오.
상황 면접 질문	• 부당한 지시를 받을 경우 어떻게 대응하겠는가?
	• 팀 내에서 의견이 충돌하는 상황이 생기면 어떻게 대처하겠는가?
	• 본인의 지식과 상사의 지식이 다른 상황에서 어떻게 대처하겠는가?
직무 관련 질문	• 일본 원자로형과 한국식 원자로형의 차이는 무엇인가?
	• 수력 발전의 원리와 효율성에 대해 설명할 수 있는가?
	• 발전소의 효율성을 높이기 위한 기술적 개선 방안은?

5. 한국토지주택공사(LH)

구분	질문
기본 질문	• 한국토지주택공사의 사업 중 어느 사업에 관심을 두고 있는가?
	• 다른 구성원과 갈등이 발생했던 경험이 있는가? 그 갈등을 어떻게 해결했는가?
	• 자신을 가장 잘 표현하는 단어가 있다면 무엇인가?
	• 본인의 강점과 약점에 대해 설명하시오.
	• 한국토지주택공사가 추진하는 추진하는 주거복지 정책에 대해 어떻게 하는가?
	• 회사에서 가장 필요한 역량은 무엇이라고 생각하는가?
경향 질문	• 공정함을 위해 자신의 이익보다 타인을 우선시한 적이 있는가?
	• 커뮤니케이션이 어려웠던 적이 있는가? 본인만의 커뮤니케이션 노하우가 있다면?
	• 리더십을 발휘했던 적이 있는가? 어느 상황에서 발휘하였는지 구체적으로 말해보시오.

구분	질문
상황 면접 질문	• 당신은 예산이 부족한 상황에서 자원 배분을 어떻게 최적화할 것인가? • 당신은 프로젝트 관리 중 발생한 예상치 못한 어려움에 어떻게 대응할 것인가? • 당신의 근무지에서 지역 주민과 갈등이 발생했다. 어떤 점을 고려하여 어떻게 대응할 것인가?
직무 관련 질문	• 도시 재생 사업에서 가장 중요한 요소는 무엇인가? • 정부의 부동산 정책 변화가 LH의 업무에 어떤 영향을 끼칠 것이라고 생각하는가? • 미래 주거트렌드에 대해 본인만의 생각은? • 전세사기의 발생이유와 그 방지 방안에 대해서 말해보시오.

6. 한국가스공사

구분	질문
기본 질문	• 가스공사의 해외 사업에 대해 아는 바를 말해보시오. • 자신의 장단점은? • 가스공사의 순환 근무에 대해 알고 있는가? • 지방생활에 대해 어떻게 생각하는가? • 일근과 교대근무 중 어느 근무 방식을 더 선호하는가? • 주변에서 어떤 평가를 받고 있는가?
경향 질문	• 가장 힘들었던 경험은? • 책임감을 발휘하여 문제를 해결했던 경험이 있다면? • 성취감을 느꼈던 경험은? • 어려웠던 과거가 있다면 그 일을 설명하고 극복 과정을 말해보시오.
상황 면접 질문	• 부당한 지시를 받을 경우 어떻게 대응하겠는가? • 팀 내에서 의견이 충돌하는 상황이 생기면 어떻게 대처하겠는가? • 본인의 지식과 상사의 지식이 다른 상황에서 어떻게 대처하겠는가?
직무 관련 질문	• 플랜트 설계에 대해 설명하시오. • 천연가스 사업에 대해 아는 바를 설명해보시오.

7. 한국농어촌공사

구분	질문
기본 질문	• 농업의 미래를 어떻게 전망하는가? • 쌀을 식용이 아닌 용도로는 어떻게 사용할 수 있는가? • 자신을 가장 잘 표현하는 단어가 있다면 무엇인가? • 한국농어촌공사의 조직에 대해서 아는 바를 설명하시오. • 오지에서 혼자 근무하는 일에 대해 어떻게 생각하는가? • 본인의 강점과 약점에 대해 설명하시오. • 한국농어촌공사의 신재생에너지 사업에 대해 아는 바를 말해보시오. • 회사에서 가장 필요한 역량은 무엇이라고 생각하는가?

구분	질문
경향 질문	• 여러 사람을 위해 자신을 희생했던 적이 있는가? • 민원인을 상대해본 적이 있는가? • 살면서 힘들었던 일은? 그 일에 대처했던 방식은? • 리더십을 발휘했던 적이 있는가?
상황 면접 질문	• 당신이 업무를 수행하는 중 갈등이 발생했다. 어떻게 대처할 것인가? • 당신은 상사의 비리를 목격했다. 어떻게 대응할 것인가? • 당신은 원하는 지역에 배치받지 못했다. 어떻게 대응할 것인가? • 당신의 근무지에서 주민 간 갈등이 발생했다. 어떻게 대응할 것인가?
직무 관련 질문	• 스마트워크에 대해 설명하시오. • 신재생에너지에 대해 설명하시오. • 농촌계획과 도시계획은 어떻게 다른가? • 한국농어촌공사와 관련된 법령에 대해 설명하시오. • 입사한다면 어떠한 업무를 수행하고 싶은가? • 한국농어촌공사의 기술 업무에 대해 아는 바를 말해보시오.

8. 서울교통공사

구분	질문
기본 질문	• 지원한 직렬에 필요한 역량에 대해 어떻게 생각하는가? • 대화가 통하지 않는 사람에게는 어떤 특징이 있다고 생각하는가? • 조직에서 가장 중요한 것은 무엇인가? • 친구들과의 모임에서 주로 어떤 역할을 하는가? • 새로운 조직에서 먼저 다가가는 편인가, 남이 다가오길 기다리는 편인가? • 최근에 읽은 책은? • 만약 면접에서 탈락한다면 어떤 행동을 할 것인가? • 취미가 무엇인가? • 서울 지하철 이용 시 불편했던 점은 무엇인가? 개선하고 싶은 것은 무엇인가? • 자신의 강점은? • 서울교통공사에서 근무하는 데 필요한 태도는 무엇이라고 생각하는가? • 서울교통공사의 핵심가치는? • 어르신을 대하는 방법에 있어 본인만의 노하우가 있는가? • 자기소개서 제출 후 서울교통공사 입사를 위해 어떠한 노력을 하였는가? • 인생에서 가장 존경하는 인물 혹은 나의 인생에 영향을 끼친 사건은? • 4차 산업혁명이란 무엇이며, 이를 지하철 시설에 적용할 방안은? • 서비스를 한 단어로 표현하자면? • 정년이란 언제까지를 뜻하나? • 서울교통공사가 관리하는 지하철의 노선 길이는?
경향 질문	• 모두가 하기 꺼리는 일을 나서서 한 경험이 있는가? • 여러 사람이 팀을 이루어 일했던 경험이 있는가? • 살면서 타인을 위해 희생했던 경험이 있는가?

구분	질문
상황 면접 질문	• 모두가 하기 꺼리는 일을 나서서 한 경험이 있는가? • 여러 사람이 팀을 이루어 일했던 경험이 있는가? • 살면서 타인을 위해 희생했던 경험이 있는가?
직무 관련 질문	• 입사한다면 어떤 업무가 주어질 것 같은가? • 입사한다면 가장 근무하고 싶은 역, 가장 수행하고 싶은 업무는? • 직무기술서에 적혀 있는 필요 기술들에 대해 말해보시오.

9. 근로복지공단

구분	질문
기본 질문	• 컴퓨터활용능력 1급 자격증이 있는데, 이를 어떻게 활용할 것인가? • 취미나 좋아하는 운동이 있다면? • 근로복지공단에서 중요하게 생각하는 사업은 무엇이라고 생각하는가? • 우리 공단의 사업인 출퇴근재해보상 홍보에 마케팅 지식을 활용한다면? • 코칭이 무엇인지 아는가? • 김영란법 시행 후 본인 주변에서 어떠한 변화가 있었는가? • 공단인으로서 가장 중요한 덕목은 무엇이라고 생각하는가? • 근로복지공단의 사업에 대하여 아는 바를 말해보시오. • 세대 간 갈등이 만연한데 이를 해결할 방법이 있다면? • 과거 인턴 활동 시 어떤 업무를 담당하였나? • 존경하는 인물은 누구인가? • 윤리적 딜레마를 해결하는 본인의 기준은 무엇인가? • 보편적 복지에 대하여 어떻게 생각하는가? • 근로복지공단은 세계적 경제 위기 상황에서 어떠한 역할을 해야 하는가?
경향 질문	• 법과 규율을 지켜서 성공한 사례가 있는가? • 창의성을 발휘해서 성공한 사례가 있는가? • 갈등상황을 관리했던 경험이 있는가? • 팀워크를 발휘했던 경험이 있는가? • 학업 외에 관심을 기울여 열심히 진행했던 일이 있는가? • 대학생활이나 사회 경험에서 힘들었던 일과 극복 방법은? • 자기소개서를 보니 대민 업무를 많이 했는데 기억나는 손님은?
상황 면접 질문	• 근로자들을 위한 복지를 향상시키는 과정에서 사업주들의 비용부담이 커지는 문제를 어떻게 해결할 것인가? • 산모 산재 발생 시 태아도 적용해야 한다는 논의에 대해 어떻게 생각하는가? • 민원 고객에게 어떻게 대처할 것인가? • 회사 서버가 다운된다면 어떻게 대처하겠는가? • 데이터센터 장애가 발생했을 때 대처하기 위한 역량은 무엇인가? • 자신의 업무보다 동료의 업무를 더 잘할 수 있는 경우 어떻게 행동할 것인가? • 오프라인 매장에서 물건을 구입하는 중 직원으로 인해 불쾌해졌다면? • 업무를 마무리하지 못 했는데 동료들이 퇴근을 권한다면 어떻게 하겠는가? • 직장에서 상사와 갈등이 생긴다면 어떻게 해결할 것인가?

구분	질문
직무 관련 질문	• 산재에 업무상 질병과 업무상 재해의 차이를 아는가? • 보험과 공제의 차이는? • 산재보험 적용사업장 수와 고용자 수는 어느 정도인가? • 산재병원 등 공공기관이 적자인 상황을 어떻게 생각하는가? • 만약 입사한다면 본인이 제일 잘 할 수 있을 것 같은 직무는? • 개발, 운영, 보안 등의 영역에서 본인이 가장 맡고 싶은 업무는? • 우리나라 예산 중 복지 관련 예산의 규모는?

PART 01

PART 02

PART 03

PART 04

부록

입사 지원 가이드

National **C**ompetency **S**tandards

National Competency Standards

National Competency Standards

최종점검 모의고사 1회

1	① ② ③ ④ ⑤	11	① ② ③ ④ ⑤
2	① ② ③ ④ ⑤	12	① ② ③ ④ ⑤
3	① ② ③ ④ ⑤	13	① ② ③ ④ ⑤
4	① ② ③ ④ ⑤	14	① ② ③ ④ ⑤
5	① ② ③ ④ ⑤	15	① ② ③ ④ ⑤
6	① ② ③ ④ ⑤	16	① ② ③ ④ ⑤
7	① ② ③ ④ ⑤	17	① ② ③ ④ ⑤
8	① ② ③ ④ ⑤	18	① ② ③ ④ ⑤
9	① ② ③ ④ ⑤	19	① ② ③ ④ ⑤
10	① ② ③ ④ ⑤	20	① ② ③ ④ ⑤

1	① ② ③ ④ ⑤	11	① ② ③ ④ ⑤
2	① ② ③ ④ ⑤	12	① ② ③ ④ ⑤
3	① ② ③ ④ ⑤	13	① ② ③ ④ ⑤
4	① ② ③ ④ ⑤	14	① ② ③ ④ ⑤
5	① ② ③ ④ ⑤	15	① ② ③ ④ ⑤
6	① ② ③ ④ ⑤	16	① ② ③ ④ ⑤
7	① ② ③ ④ ⑤	17	① ② ③ ④ ⑤
8	① ② ③ ④ ⑤	18	① ② ③ ④ ⑤
9	① ② ③ ④ ⑤	19	① ② ③ ④ ⑤
10	① ② ③ ④ ⑤	20	① ② ③ ④ ⑤

1	① ② ③ ④ ⑤	11	① ② ③ ④ ⑤
2	① ② ③ ④ ⑤	12	① ② ③ ④ ⑤
3	① ② ③ ④ ⑤	13	① ② ③ ④ ⑤
4	① ② ③ ④ ⑤	14	① ② ③ ④ ⑤
5	① ② ③ ④ ⑤	15	① ② ③ ④ ⑤
6	① ② ③ ④ ⑤	16	① ② ③ ④ ⑤
7	① ② ③ ④ ⑤	17	① ② ③ ④ ⑤
8	① ② ③ ④ ⑤	18	① ② ③ ④ ⑤
9	① ② ③ ④ ⑤	19	① ② ③ ④ ⑤
10	① ② ③ ④ ⑤	20	① ② ③ ④ ⑤

성명

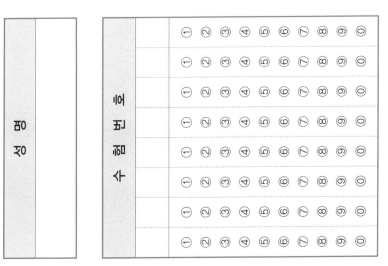

수험번호

①	①	①	①	①	①	①	①
②	②	②	②	②	②	②	②
③	③	③	③	③	③	③	③
④	④	④	④	④	④	④	④
⑤	⑤	⑤	⑤	⑤	⑤	⑤	⑤
⑥	⑥	⑥	⑥	⑥	⑥	⑥	⑥
⑦	⑦	⑦	⑦	⑦	⑦	⑦	⑦
⑧	⑧	⑧	⑧	⑧	⑧	⑧	⑧
⑨	⑨	⑨	⑨	⑨	⑨	⑨	⑨
⓪	⓪	⓪	⓪	⓪	⓪	⓪	⓪

감독위원 확인

(인)

(인)

최종점검 모의고사 2회

문번	1	2	3	4	5
1	①	②	③	④	⑤
2	①	②	③	④	⑤
3	①	②	③	④	⑤
4	①	②	③	④	⑤
5	①	②	③	④	⑤
6	①	②	③	④	⑤
7	①	②	③	④	⑤
8	①	②	③	④	⑤
9	①	②	③	④	⑤
10	①	②	③	④	⑤
11	①	②	③	④	⑤
12	①	②	③	④	⑤
13	①	②	③	④	⑤
14	①	②	③	④	⑤
15	①	②	③	④	⑤
16	①	②	③	④	⑤
17	①	②	③	④	⑤
18	①	②	③	④	⑤
19	①	②	③	④	⑤
20	①	②	③	④	⑤

문번	1	2	3	4	5
1	①	②	③	④	⑤
2	①	②	③	④	⑤
3	①	②	③	④	⑤
4	①	②	③	④	⑤
5	①	②	③	④	⑤
6	①	②	③	④	⑤
7	①	②	③	④	⑤
8	①	②	③	④	⑤
9	①	②	③	④	⑤
10	①	②	③	④	⑤
11	①	②	③	④	⑤
12	①	②	③	④	⑤
13	①	②	③	④	⑤
14	①	②	③	④	⑤
15	①	②	③	④	⑤
16	①	②	③	④	⑤
17	①	②	③	④	⑤
18	①	②	③	④	⑤
19	①	②	③	④	⑤
20	①	②	③	④	⑤

문번	1	2	3	4	5
1	①	②	③	④	⑤
2	①	②	③	④	⑤
3	①	②	③	④	⑤
4	①	②	③	④	⑤
5	①	②	③	④	⑤
6	①	②	③	④	⑤
7	①	②	③	④	⑤
8	①	②	③	④	⑤
9	①	②	③	④	⑤
10	①	②	③	④	⑤
11	①	②	③	④	⑤
12	①	②	③	④	⑤
13	①	②	③	④	⑤
14	①	②	③	④	⑤
15	①	②	③	④	⑤
16	①	②	③	④	⑤
17	①	②	③	④	⑤
18	①	②	③	④	⑤
19	①	②	③	④	⑤
20	①	②	③	④	⑤

성명

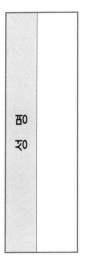

수험번호

①	①	①	①	①	①	①	①
②	②	②	②	②	②	②	②
③	③	③	③	③	③	③	③
④	④	④	④	④	④	④	④
⑤	⑤	⑤	⑤	⑤	⑤	⑤	⑤
⑥	⑥	⑥	⑥	⑥	⑥	⑥	⑥
⑦	⑦	⑦	⑦	⑦	⑦	⑦	⑦
⑧	⑧	⑧	⑧	⑧	⑧	⑧	⑧
⑨	⑨	⑨	⑨	⑨	⑨	⑨	⑨
⑩	⑩	⑩	⑩	⑩	⑩	⑩	⑩

감독위원 확인

(인)   (인)

최종점검 모의고사 3회

1	① ② ③ ④ ⑤	11	① ② ③ ④ ⑤
2	① ② ③ ④ ⑤	12	① ② ③ ④ ⑤
3	① ② ③ ④ ⑤	13	① ② ③ ④ ⑤
4	① ② ③ ④ ⑤	14	① ② ③ ④ ⑤
5	① ② ③ ④ ⑤	15	① ② ③ ④ ⑤
6	① ② ③ ④ ⑤	16	① ② ③ ④ ⑤
7	① ② ③ ④ ⑤	17	① ② ③ ④ ⑤
8	① ② ③ ④ ⑤	18	① ② ③ ④ ⑤
9	① ② ③ ④ ⑤	19	① ② ③ ④ ⑤
10	① ② ③ ④ ⑤	20	① ② ③ ④ ⑤

1	① ② ③ ④ ⑤	11	① ② ③ ④ ⑤
2	① ② ③ ④ ⑤	12	① ② ③ ④ ⑤
3	① ② ③ ④ ⑤	13	① ② ③ ④ ⑤
4	① ② ③ ④ ⑤	14	① ② ③ ④ ⑤
5	① ② ③ ④ ⑤	15	① ② ③ ④ ⑤
6	① ② ③ ④ ⑤	16	① ② ③ ④ ⑤
7	① ② ③ ④ ⑤	17	① ② ③ ④ ⑤
8	① ② ③ ④ ⑤	18	① ② ③ ④ ⑤
9	① ② ③ ④ ⑤	19	① ② ③ ④ ⑤
10	① ② ③ ④ ⑤	20	① ② ③ ④ ⑤

1	① ② ③ ④ ⑤	11	① ② ③ ④ ⑤
2	① ② ③ ④ ⑤	12	① ② ③ ④ ⑤
3	① ② ③ ④ ⑤	13	① ② ③ ④ ⑤
4	① ② ③ ④ ⑤	14	① ② ③ ④ ⑤
5	① ② ③ ④ ⑤	15	① ② ③ ④ ⑤
6	① ② ③ ④ ⑤	16	① ② ③ ④ ⑤
7	① ② ③ ④ ⑤	17	① ② ③ ④ ⑤
8	① ② ③ ④ ⑤	18	① ② ③ ④ ⑤
9	① ② ③ ④ ⑤	19	① ② ③ ④ ⑤
10	① ② ③ ④ ⑤	20	① ② ③ ④ ⑤

성 명

수 험 번 호

| ① ② ③ ④ ⑤ ⑥ ⑦ ⑧ ⑨ ⓪ | ① ② ③ ④ ⑤ ⑥ ⑦ ⑧ ⑨ ⓪ | ① ② ③ ④ ⑤ ⑥ ⑦ ⑧ ⑨ ⓪ | ① ② ③ ④ ⑤ ⑥ ⑦ ⑧ ⑨ ⓪ | ① ② ③ ④ ⑤ ⑥ ⑦ ⑧ ⑨ ⓪ | ① ② ③ ④ ⑤ ⑥ ⑦ ⑧ ⑨ ⓪ | ① ② ③ ④ ⑤ ⑥ ⑦ ⑧ ⑨ ⓪ | ① ② ③ ④ ⑤ ⑥ ⑦ ⑧ ⑨ ⓪ |

감독위원 확인

(인) (인)

최종점검 모의고사 4회

번호	①	②	③	④	⑤
1	①	②	③	④	⑤
2	①	②	③	④	⑤
3	①	②	③	④	⑤
4	①	②	③	④	⑤
5	①	②	③	④	⑤
6	①	②	③	④	⑤
7	①	②	③	④	⑤
8	①	②	③	④	⑤
9	①	②	③	④	⑤
10	①	②	③	④	⑤
11	①	②	③	④	⑤
12	①	②	③	④	⑤
13	①	②	③	④	⑤
14	①	②	③	④	⑤
15	①	②	③	④	⑤
16	①	②	③	④	⑤
17	①	②	③	④	⑤
18	①	②	③	④	⑤
19	①	②	③	④	⑤
20	①	②	③	④	⑤

번호	①	②	③	④	⑤
1	①	②	③	④	⑤
2	①	②	③	④	⑤
3	①	②	③	④	⑤
4	①	②	③	④	⑤
5	①	②	③	④	⑤
6	①	②	③	④	⑤
7	①	②	③	④	⑤
8	①	②	③	④	⑤
9	①	②	③	④	⑤
10	①	②	③	④	⑤
11	①	②	③	④	⑤
12	①	②	③	④	⑤
13	①	②	③	④	⑤
14	①	②	③	④	⑤
15	①	②	③	④	⑤
16	①	②	③	④	⑤
17	①	②	③	④	⑤
18	①	②	③	④	⑤
19	①	②	③	④	⑤
20	①	②	③	④	⑤

번호	①	②	③	④	⑤
1	①	②	③	④	⑤
2	①	②	③	④	⑤
3	①	②	③	④	⑤
4	①	②	③	④	⑤
5	①	②	③	④	⑤
6	①	②	③	④	⑤
7	①	②	③	④	⑤
8	①	②	③	④	⑤
9	①	②	③	④	⑤
10	①	②	③	④	⑤
11	①	②	③	④	⑤
12	①	②	③	④	⑤
13	①	②	③	④	⑤
14	①	②	③	④	⑤
15	①	②	③	④	⑤
16	①	②	③	④	⑤
17	①	②	③	④	⑤
18	①	②	③	④	⑤
19	①	②	③	④	⑤
20	①	②	③	④	⑤

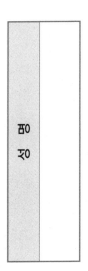

성 명

수 험 번 호

①	②	③	④	⑤	⑥	⑦	⑧	⑨	⓪

감독위원 확인

(인)

(인)

최종점검 모의고사 5회

번호	①	②	③	④	⑤		번호	①	②	③	④	⑤
1	①	②	③	④	⑤		11	①	②	③	④	⑤
2	①	②	③	④	⑤		12	①	②	③	④	⑤
3	①	②	③	④	⑤		13	①	②	③	④	⑤
4	①	②	③	④	⑤		14	①	②	③	④	⑤
5	①	②	③	④	⑤		15	①	②	③	④	⑤
6	①	②	③	④	⑤		16	①	②	③	④	⑤
7	①	②	③	④	⑤		17	①	②	③	④	⑤
8	①	②	③	④	⑤		18	①	②	③	④	⑤
9	①	②	③	④	⑤		19	①	②	③	④	⑤
10	①	②	③	④	⑤		20	①	②	③	④	⑤

번호	①	②	③	④	⑤		번호	①	②	③	④	⑤
1	①	②	③	④	⑤		11	①	②	③	④	⑤
2	①	②	③	④	⑤		12	①	②	③	④	⑤
3	①	②	③	④	⑤		13	①	②	③	④	⑤
4	①	②	③	④	⑤		14	①	②	③	④	⑤
5	①	②	③	④	⑤		15	①	②	③	④	⑤
6	①	②	③	④	⑤		16	①	②	③	④	⑤
7	①	②	③	④	⑤		17	①	②	③	④	⑤
8	①	②	③	④	⑤		18	①	②	③	④	⑤
9	①	②	③	④	⑤		19	①	②	③	④	⑤
10	①	②	③	④	⑤		20	①	②	③	④	⑤

성명

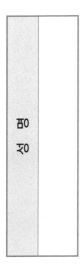

시험번호

감독위원 확인

공기업 NCS

직업기초능력평가+인성면접

의사소통/수리/문제해결

고졸채용

정답 및 해설

고졸채용 공기업 연구소 지음

예문에듀
EDU

공기업 NCS

직업기초능력평가+인성 면접

의사소통 / 수리 / 문제해결

고졸채용

정답 및 해설

고졸채용 공기업연구소 지음

예들에듀
EDU

PART

01

출제예상문제
정답 및 해설

공 기 업 N C S 고 졸 채 용

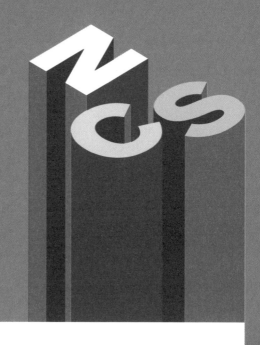

01	02	03	04	05	06	07	08	09	10
⑤	④	①	②	②	②	③	③	⑤	③
11	12	13	14	15	16	17	18	19	20
④	③	③	②	⑤	③	①	③	⑤	④
21	22	23	24	25	26	27	28	29	30
①	⑤	④	④	①	④	②	⑤	④	②
31	32	33	34	35	36	37	38	39	40
④	③	④	④	④	②	①	④	④	③
41	42	43	44	45	46	47	48	49	50
①	①	④	①	④	③	③	③	④	②

01
답 ⑤

'정확하지 않은 이해'는 의사소통을 저해하는 요소 중 하나이다. 화자의 메시지가 '정확하게 전달'되었는지, 그리고 청자가 그 메시지를 '정확하게 이해'했는지 확인하지 않으면 서로 엇갈린 정보를 갖게 된다.

02
답 ④

문서 이해 절차 중 4단계는 상대의 욕구ㆍ의도를 파악하고 상대가 나에게 요구하는 행동에 관해 분석하는 것이다.
① 해당 문서가 된 배경과 주제를 파악하는 것은 2단계이다.
② 상대방의 의도를 도표나 그림 등으로 메모하여 요약ㆍ정리해보는 것은 마지막 6단계이다.
③ 문서에서 이해한 목적 달성을 위해 취해야 할 행동을 생각하고 결정하는 것은 5단계이다.
⑤ 문서에 쓰인 정보를 밝혀내고 문서가 제시하고 있는 문제를 파악하는 것은 3단계이다.

03
답 ①

관련 부서나 외부기관, 단체 등에 명령이나 지시를 내려야 하는 경우가 있는 상황은 명령이나 지시가 필요한 상황이다. 명령이나 지시가 필요한 경우 작성하는 문서의 대표적인 예는 업무 지시서이다. 따라서 ㉠에는 명령이나 지시가 필요한 상황, ㉡에는 업무 지시서가 적절하다.

②, ③ 요청이나 확인을 부탁하는 상황에서는 주로 공문서를 작성하며, 업무 관련된 요청사항이나 확인 절차를 요구한다.
④ 정보 제공을 위한 상황에서는 주로 홍보물, 보도자료 혹은 설명서, 안내서 등을 작성하며, 시각적인 자료를 통해 정보제공을 한다.
⑤ 제안이나 기획을 하는 상황에서는 주로 제안서를 작성하며, 업무를 어떻게 혁신적으로 개선할지, 어떤 방향으로 추진할지에 대한 의견을 제시한다.

04
답 ②

〈보기〉에서 설명하고 있는 문서는 상품소개서이다.
① 제품설명서 : 제품의 특징과 활용도에 대해 세부적으로 언급하는 문서로 제품의 사용법에 대해 자세히 알려주는 것을 목적으로 함
③ 비즈니스 메모 : 업무상 필요한 중요한 일이나 앞으로 체크해야 할 일이 있을 때 필요한 내용을 메모 형식으로 작성하여 전달하는 글
④ 영업보고서 : 재무제표와 달리 영업상황을 문장형식으로 기재한 문서
⑤ 기안서 : 회사의 업무에 대한 협조를 구하거나 의견을 전달할 때 작성하는 문서

05
답 ②

㉠ 제8조의 내용을 보면 안정적인 서비스의 운영과 데이터 저장 서버 확보를 위하여 1년 동안 서비스를 사용하지 않으면 휴면계정으로 전환되며, 해당 계정의 단어장 데이터는 초기화되어 모두 삭제된다고 나와 있으므로 옳은 내용이다.
㉢ 변경 전 제7조의 내용을 보면 단어장 서비스의 일부 또는 전부가 변경, 종료될 경우 그 사유를 변경 또는 종료 전 30일 이상 서비스 메인 페이지에 게시해야 한다고 나와 있으므로 옳은 내용이다.
㉡ 서비스 이용자가 저장한 콘텐츠의 일부 또는 전부가 변경, 종료될 경우 회사는 변경 사유, 변경될 서비스의 내용 및 제공 일자를 변경 전에 해당 서비스 초기화면에 게시해야 하며, 이용자의 동의는 얻지 않아도 된다.
㉣ 1년 동안 서비스를 사용하지 않는 경우 회사의 휴면정책에 따라 해당 이용자의 계정은 휴면상태로 전환된다. 이때, 이용자에게 사전 공지한다는 내용은 확인할 수 없다.

06

답 ②

확실한 의사표현을 위해서는 청자에게 반복적으로 전달해야 한다.

① 효과적인 의사표현을 위해서는 언어적 방식으로만 소통하는 것이 아닌 비언어적 방식도 활용하는 것이 좋다.

③ 화자는 청자의 의도, 생각, 감정에 따라 말하는 것이 아닌 자신이 전달하고 싶은 의도, 생각, 감정이 무엇인지 분명하게 인식한 후에 말해야 한다.

④ 전달하고자 하는 내용을 적절한 메시지로 바꾼 후에 전달해야 한다.

⑤ 메시지를 전달하는 매체와 경로는 신중하게 선택해야 한다.

07

답 ③

설득은 상대방에게 나의 태도와 의견을 받아들이고 그의 태도와 의견을 바꾸도록 하는 과정으로, 상대방을 설득해야 할 때 일방적인 강요를 해서는 안 된다.

① 상대방의 잘못을 지적하는 상황에서는 칭찬의 말, 질책의 말, 격려의 말 순서로 표현하는 것이 좋다. 대화 서두에 분위기 전환 용도로 간단한 칭찬을 사용하는 것은 상대방을 칭찬하는 상황에 적절한 의사표현 방법이다.

② 상대방에게 요구해야 하는 상황에서는 상대방의 사정을 듣고 상대가 들어줄 수 있는 상황인지 확인하는 태도를 보여준 후, 응하기 쉽게 구체적으로 부탁해야 한다. 업무상 지시를 해야할 때는 '○○을 이렇게 해라'라는 식의 강압적 표현보다는 '○○을 이렇게 해주는 것이 어떻겠습니까?'와 같은 청유식 표현하는 것이 좋다.

④ 상대방의 요구를 거절해야 하는 상황에서는 먼저 요구를 거절하는 것에 대한 사과를 한 다음, 요구에 응해줄 수 없는 이유를 설명해야 한다.

⑤ 상대방을 칭찬하는 상황에서는 상대에게 정말 칭찬해 주고 싶은 중요한 내용을 칭찬하거나, 대화 서두에 분위기 전환 용도로 간단한 칭찬을 사용하는 것이 좋다. 먼저 요구를 거절하는 것에 대한 사과를 한 다음, 요구에 응해줄 수 없는 이유를 설명하는 것은 상대방의 요구를 거절해야 할 때 적절한 의사표현 방법이다.

08

답 ③

제시된 내용에서 파악할 수 있는 경청의 방해요인은 '대답할 말 준비하기'이다.

09

답 ⑤

기초외국어능력은 외국인과 업무제휴가 잦은 특정 직군의 사람에게만 필요한 능력이 아닌, 모든 직업인들에게 중요한 능력이다.

공장의 기계를 사용하는 경우, 외국산 제품의 사용법을 확인해야 하는 경우, 외국어로 된 자료의 이해가 필요한 경우 기초외국어를 모르면 업무에 있어서 어려움을 겪을 수 있다. 따라서 기초외국어 능력이 필요한 경우는 외국인들과의 업무가 잦은 특정 직군에 국한되지 않음을 유의해야 한다.

10

답 ③

해당 내용을 해석하면 다음과 같다.

> A : 친구를 사귀는 게 너무 어려워. 내년에 새로운 반에서 새로운 친구들을 만나는 게 걱정이야.
> B : 음, 네가 먼저 새로운 친구에게 말을 거는 것도 좋은 생각일 것 같아.
> A : 어색해서 이상한 말을 하게 될까 봐 먼저 말 걸기가 두려워.
> B : 말 걸기 두렵다는 생각은 그만해. 친구에게 처음 말을 걸 때 취미를 물어보는 건 어때?

따라서 B가 A에게 조언한 내용은 새로운 친구에게 취미를 물어보는 것이다.

11

답 ④

효과적인 의사표현을 위해 말, 음성, 몸짓, 유머 등을 고려해야 하며, 현란한 언어구사력은 오히려 상대방에게 반감을 일으킬 수 있다. 현란한 언어구사력보다 상대방에게 신뢰감을 줄 수 있는 솔직하고 차분한 의사표현이 효과적이다.

12

답 ③

회사의 업무에 대한 협조를 구하거나 의견을 전달할 때 작성하는 문서는 기안서이다.

① 진행되었던 사안의 수입, 지출 결과를 보고하는 문서는 결산보고서이다.

② 소비자에게 상품의 특징을 전달하여 상품을 구매하도록 유도하는 것이 목적인 문서는 상품소개서이다.

④ 엄격한 규격과 양식에 따라 정당한 권리를 가진 사람이 작성하는 문서는 공문서이다.

⑤ 업무상 필요한 중요한 일이나 앞으로 체크해야 할 일이 있을 때 필요한 내용을 메모 형식으로 작성하여 전달하는 글은 비즈니스 메모이다.

13 답 ③

상대방에게 부탁해야 하는 경우 상대방의 사정을 듣고 상대가 들어줄 수 있는 상황인지 확인하는 태도를 보여준 후, 응하기 쉽게 구체적으로 부탁해야 한다. 이때 거절을 당해도 싫은 내색을 해서는 안 된다.

14 답 ②

보고서는 특정 일에 관한 현황이나 그 진행 상황 또는 연구 · 검토 결과 등을 보고할 때 쓰는 문서로 직장 내에서 주고받는 문서이다. 전문용어는 조직 내에서 사용할 때 서로 이해하는 데 문제가 없으므로 사용해도 무방하다.

15 답 ⑤

ⓒ 작성 날짜에 대한 언급은 없으므로 복귀 다음 날 작성했는지 알 수 없다.
ⓔ 첨부자료에서 공동작업한 설문항목은 확인할 수 없다.

16 답 ③

설명문의 경우 명령문이 아닌 평서형으로 작성하도록 한다.

17 답 ①

(가) 작성 시 회사 외부로 전달되는 문서이므로 '누가, 언제, 어디서, 무엇을, 어떻게, 왜'의 육하원칙이 정확하게 드러나도록 작성하는 문서는 공문서이다.
(나) 개인의 능력을 평가하는 기본요인이므로, 제출 전 반드시 최종검토를 진행해야 하는 문서는 보고서이다.
(다) 작성 전 상대에게 어필하여 채택하게끔 설득력을 갖춰야 하므로, 상대가 요구하는 것이 무엇인지 고려하여 작성하는 문서는 기획서이다.
(라) 내용 작성 시 문서 목적에 맞춰 정확한 내용전달을 위해 간결하게 작성해야 하는 문서는 설명서이다.

18 답 ⑤

문서 표현 시각화의 종류 중 하나인 차트 시각화는 데이터 정보를 쉽게 이해할 수 있도록 시각적으로 표현하는 것을 의미한다. 주로 통계 수치 등을 도표(Graph)나 차트(Chart)를 통해 명확하고 효과적으로 전달한다.

19 답 ⑤

연설은 화자가 혼자 여러 사람을 대상으로 자기의 사상이나 감정에 관하여 상호적이 아닌 일방적으로 말하는 것이다.

20 답 ④

상대방의 요구를 거절해야 할 때는 먼저 요구를 거절하는 것에 대한 사과를 한 다음, 응해줄 수 없는 이유를 설명해야 한다.
① 샌드위치 화법은 '칭찬의 말', '질책의 말', '격려의 말'의 순서로, 질책을 가운데 두고 칭찬을 먼저 한 다음 마지막에 격려의 말을 하는 것으로, 상대방의 잘못을 지적할 때 사용하는 화법이다.
②, ③ 상대방의 요구를 거절해야 할 때의 의사표현 방법으로 적절하지 않다.
⑤ 요구를 들어주는 것이 불가능하다고 여겨질 때는 단호하게 거절하는 것이 좋다.

21 답 ①

'방념하다'는 모든 걱정을 떨쳐 버리고 마음을 편히 가진다는 뜻의 '안심하다'와 동의어이다.
② 부각하다 : 어떤 사물을 특징지어 두드러지게 하다.
③ 확립하다 : 체계나 견해, 조직 따위를 굳게 서게 하다.
④ 소비하다 : 돈이나 물자, 시간, 노력 따위를 들이거나 써서 없애다.
⑤ 감응하다 : 어떤 느낌을 받아 마음이 따라 움직이다.

22 답 ⑤

1문단을 통해 자연적인 온실효과가 없다면, 지구 표면에서 반사된 열들이 모두 우주로 빠져나가게 되고, 지구의 온도는 현재보다 약 30℃ 정도 낮아져서 대부분의 생물들이 살기에는 너무 추운 환경이 되리라는 것을 알 수 있다. 따라서 현재는 태양으로부터 지구로 유입되는 모든 에너지가 우주로 방출되어 대기권을 빠져나가지 않는다는 것을 알 수 있다.
① 1문단에 의하면 지표면에 도달된 복사선은 적외선 또는 열복사의 형태로 다시 우주로 방출된다.
②, ③ 1문단에 의하면 대기 중의 수증기나 이산화탄소와 같은 온실가스는 이 열을 흡수하여 대기를 따뜻하게 유지시켜 준다.
④ 2문단에 의하면 이산화탄소는 석유나 석탄과 같은 화석연료가 연소될 때 가장 많이 발생한다. 화력발전소, 제철 공장, 시멘트 공장뿐만 아니라 가정용 난방과 자동차 운행 과정에서도 석유가 많이 사용되어 다량의 이산화탄소를 발생시킨다.

23
답 ④

1문단을 보면 F1은 매년 3월부터 10월까지 세계 곳곳에서 국제자동차연맹(FIA)의 주최로 개최된다고 나와 있다. 따라서 호주, 모로코, 싱가포르에서만 열린다는 것은 옳지 않다.

24
답 ④

제시문 안에서는 루푸스 증상이 호르몬 변화에 영향을 받는다는 내용을 찾을 수 없으며, 환자의 특성에 따라 개별화된 치료를 시행해야 한다고 언급된 질환은 루푸스가 아닌 아토피 피부염이다.

25
답 ①

글의 첫 문장은 상업적 농업의 의미를 나타내고 있다. 상업적 농업이 근대 사회의 상업화를 촉진시켰다는 문장 이후로 상업적 농업이 도입되면서 일어난 몇 가지 변화를 소개한다. 농장주와 농장 노동자 간의 친밀한 관계는 사라지고, 기계가 인간을 대체하기 시작하며 농장 노동자의 처지는 열악해졌다는 것을 언급하며 농업의 상업화와 함께 근대 상업화가 촉진되었음을 나타내고 있다.

26
답 ④

글의 첫 문단부터 기업의 윤리 문제는 비즈니스 성과와 무관한 것이 아닌 기업 생존의 필수요소라고 언급하고 있다. 그리고 2문단부터는 윤리경영의 정착을 위한 노력을 넘어 실천의 수준을 높여야 한다고 말한다. 마지막 문단에서는 윤리경영 정착을 위한 노력이 기업의 참 경쟁력이 될 것이라고 주장한다. 따라서 모든 문단을 아우르는 주제로는 ④가 적절하다.

27
답 ②

㉠의 앞뒤 문장은 '엑소 글러브 폴리'에 폴리머 소재가 사용된 이유를 설명하고 있고 ㉠의 뒤 문장은 접속사 '그래서'로 이어지고 있으므로 인과관계를 맺고 있다. 폴리머는 저렴하고 손 모양 그대로 밀착되는 형태로 사용자의 심리적 부담감을 해소할 수 있다. 따라서 ㉠에는 폴리머를 사용하여 만든 장갑과는 달리 일반 의족이나 의수는 값이 비싸고 미관상 어색하다는 한계가 있다는 점을 언급한 ②가 가장 적절하다.

28
답 ⑤

1문단에서 집값 안정을 위한 근본적인 답은 공급과 수요의 법칙에 있다고 보았다. 또한, ㉠의 바로 뒤에 이어지는 문장에서 규제 완화와 함께 주택 공급을 늘려야 한다고 강하게 주장하였다. 따라서 ㉠에 들어갈 가장 적절한 내용은 ⑤이다.
①, ②는 필자의 주장과 상반된 내용이다.
③, ④는 지문에서 그 근거를 찾기 어렵다.

29
답 ④

일장춘몽(一場春夢)은 인생의 모든 부귀영화가 꿈처럼 덧없이 사라지는 것을 비유하는 말로 인생이 덧없음을 뜻하는 인생무상(人生無常)과 의미가 유사하다.
① 상전벽해(桑田碧海) : '뽕나무밭이 푸른 바다가 되었다'라는 뜻으로, '세상이 몰라 볼 정도로 바뀐 것, 세상의 모든 일이 엄청나게 변해버린 것'을 의미한다.
② 무위도식(無爲徒食) : '하는 일 없이 헛되이 먹기만 함', '게으르거나 능력이 없는 사람'을 의미한다.
③ 견강부회(牽强附會) : '이치에 맞지 않는 말을 억지로 끌어 붙여 자기주장의 조건에 맞도록 함'을 의미한다.
⑤ 사가망처(徙家忘妻) : '이사하면서 아내를 잊어버린다'라는 뜻으로, 건망증이 심한 사람이나 의리를 분별하지 못하는 어리석은 사람을 비유해 이르는 말이다.

30
답 ②

'콩알만 해졌다'와 같이 띄어 적는 것이 맞다. 이때 '-만'은 '하다', '못하다'와 함께 쓰여 앞말이 나타내는 대상이나 내용 정도에 달함을 나타내는 보조사 '-만'이다. 또한 '하다'는 형용사이므로 단어별로 띄어 쓴다는 원칙에 따라 띄어 쓴다.
① 몇년 사이에 → 몇 년 사이에 : 관형사 '몇'과 의존 명사 '년', 명사 '사이'는 각각의 단어이므로, '몇 년 사이에'와 같이 띄어 적는다. 이때 '몇'은 관형사로 뒤에 오는 의존 명사인 '년'을 구체적으로 꾸며주는 역할을 한다.
③ 수 밖에 → 수밖에 : 의존명사 '수'에 '그것 말고는', '그것 이외에는'의 뜻을 나타내는 조사 '밖에'가 이어진 구조이므로 '수밖에'로 붙여 표기한다.
④ 할 때 마다 → 할 때마다 : '때'는 의존 명사이므로 관형사형 '할'과 띄어 쓰고, '마다'는 조사이므로 앞의 말에 붙여 쓴다.
⑤ 관계 없이 → 관계없이 : 문장의 각 단어는 띄어 쓰는 것을 원칙으로 하여 '필요 없이', '예고 없이', '구분 없이' 등은 띄어 쓴다. 하지만 '관계없이', '상관없이', '소용없이'는 하나의 단어로 보아 붙여 써야 한다.

31

3문단에서 이석습성화 훈련을 통해 이석증을 극복하는 방법을 권한다고 나와 있다. 따라서 이석습성화 훈련을 통해 이석증을 예방할 수 있다는 D의 반응은 적절하지 않다.

32

쇼크 버튼을 누르기 전에는 반드시 다른 사람이 환자에게서 떨어져 있는지 확인하여야 하므로, 환자 주변에 다른 사람이 있는지 확인해야 한다.

① 4번에 의하면 자동심장충격을 시행한 뒤에는 즉시 가슴압박과 인공호흡 비율을 30 : 2로 심폐소생술을 다시 시행한다. 가슴 압박과 인공호흡 비율이 반대이다.
② 주의사항에 의하면 흔들림이 많은 장소에서 제세동기를 작동할 경우 기계가 흔들림을 제세동이 필요한 리듬으로 판단하여 잘못된 제세동 충격을 시행할 수 있으므로 움직임이 없는 곳에서 작동해야 한다.
④ 2번에 의하면 패드는 각각 오른쪽 빗장뼈 바로 아래와 왼쪽 젖꼭지 옆 겨드랑이에 부착해야 한다.
⑤ 주의사항에 의하면 제세동 시행 시 감전의 우려가 있으므로 시행자와 환자 간의 접촉이 없어야 한다.

33

(라)의 '만약 그렇다면'은 '달이 바닷물을 직접 끌어들인다면'으로 읽었을 때 의미가 통하므로 (라)를 〈보기〉 바로 뒤에 놓는다. (가)와 (나)는 달의 위치를 기준으로 신체와 지구의 달을 향하는 면과 반대쪽 면 사이의 길이를 비교하므로 연결되는 문단이며, 맥락을 고려할 때 (나)가 (가)의 앞에 놓임을 알 수 있다. 달과 지구의 거리에서 조수 차이가 발생한다는 내용의 (다)를 마지막에 놓아 조수의 차이가 발생하는 원인은 달을 향하는 면과 반대쪽 면의 인력 차이로 발생하는 회전력 때문이며, 달이 태양보다 가깝기 때문에 달의 인력이 태양의 인력보다 영향력이 크다는 사실을 설명하는 글로 완성할 수 있다.

34

3문단에 경상수지 흑자는 경제에 긍정적인 영향이 훨씬 크지만, 통화 관리의 어려움과 수입규제 유발의 가능성도 가지고 있으므로 유의해야 한다고 나와 있다. 따라서 경상수지 흑자가 반드시 긍정적인 면만 가지고 있다는 E의 발언은 적절하지 않다.

35

(라)와 (가)는 베버리지 보고서가 도입된 배경을 설명하고 있다. (나)에서는 베버리지 보고서에 관해 제시하고 (다)에서는 베버리지 보고서의 내용이 현재 영국에 미친 영향을 설명하고 있다.

36

2문단을 보면 직장 내 괴롭힘 금지법의 가장 큰 특징은 형사 고소가 아니라 사내 신고라는 점이며, 모욕죄나 명예훼손죄와는 달리 가해자에 대한 직접적인 처벌 조항을 명시하고 있지 않다. 또한, 직장 내 괴롭힘 사례가 신고되면 회사의 내부 절차를 통해 사안을 판단한 뒤 가해자를 징계하라는 권고 매뉴얼에 가까우며, 형사 처벌을 원할 시 법원의 유권해석을 통한 법리적 검토가 필요하다고 나와 있다.

37

이 글의 핵심 키워드는 '매체 언어'이다. 따라서 매체 언어의 정의를 제시하고 있는 (가)가 첫 번째 문단으로 와야 한다. 내용상 (가)의 마지막 문장과 (다)의 첫 번째 문장은 '이 때문에'를 통해 인과 관계로 이어지고 있으므로 (가) 다음에는 (다)가 이어져야 한다. 이어서 매체 언어의 특성에 관하여 질문을 던지며 논지를 전개하고 있는 (라)가 이어지는 것이 자연스럽다. (마)에서는 '매체 언어의 또 다른 특성'이라는 표현이 쓰였고, (나)에서는 '마지막으로'라는 표현이 쓰였으므로 (라)에 이어서는 (마), (나)가 이어져야 한다.

38

글의 전체적인 내용은 학생들의 문해력에 심각한 결함에 대해 말하고 있다. 빈칸 바로 앞 문장은 이러한 문해력을 늘릴 수 있는 방법에 대해 이야기하고 있다. '또한'으로 앞 문장과 연결되므로 비슷한 맥락으로 문해력을 늘릴 수 있는 방법인 ①이 가장 적절하다.

39

2문단 중반부에서 일본 대기업의 최고 중역들 중 60%가 넘는 사람들이 명문대 출신이고, 미국 100대 기업의 최고 중역들 중 명문대 출신은 10%가 안 된다고 나와 있다. 하지만 이는 비율일 뿐 실제 중역들의 수는 알 수 없으며, 따라서 일본 100대 기업의 명문대 출신 중역이 미국의 100대 기업의 명문대 출신 중역의 6배임을 뜻하지는 않는다.

① 1문단에 의하면 중국의 수나라(581~618)는 과거제도 급제자에게 특권을 주는 방식으로 국가의 권력과 수직적 조직을 유지했는데, 이 시험은 세계에서 최초로 표준화된, 즉 시험의 조건과 기회가 모든 사람에게 다 똑같이 주어지는 시험이었다.

② 1문단 중반부에 의하면 대부분은 오랜 세월 동안 시험을 볼 여유가 있었던 중·고소득층 출신자가 과거에 급제했다.

③ 2문단 전반부에 의하면 중국이 1905년에 과거제도를 공식적으로 폐지한 뒤에도 중국을 포함한 여러 동양 국가들에서 대학 입시로 이어졌다.

⑤ 과거제도는 중국의 수나라가 기원으로 한국, 일본, 싱가포르, 대만 등 다른 동양 국가로 전파되었다.

40 · 답 ③

5문단에서 우리나라는 모든 국민이 강제적으로 공적건강보험에 가입하는 방식을 채택하고 있다고 하였다.

① 제시된 글을 통해 알 수 없는 내용이다.

② 2문단에서 최초의 건강보험제도는 노동자들의 신체적·정신적인 손상뿐만 아니라 그로 인한 경제적 손실까지도 보상해주는 제도였다고 하였다.

④ 4문단에서 건강보험을 운영주체에 따라 분류하면, 국가나 지방자치단체 등의 공영보험관리기관이 운영하는 공적건강보험과 민간보험회사나 공제조합 등의 민간보험관리기관이 운영하는 민영건강보험으로 두 가지로 분류할 수 있다.

⑤ 6문단에서 조세 방식하에서는 전 국민이 모두 동등한 의료서비스 혜택을 받을 수 있다고 하였다.

41 · 답 ①

최초의 건강보험제도가 마련된 목적을 설명하고 있으므로 문맥상 '기술, 방법, 물자 따위를 끌어들임'을 의미하는 '도입'이 들어가는 것이 적절하다. 도출은 '판단이나 결론을 이끌어 냄'을 의미한다.

② 대응 : '어떤 일이나 사태에 맞추어 태도나 행동을 취함', '어떤 두 대상이 주어진 어떤 관계에 의하여 서로 짝이 되는 일' 등을 뜻하는 말이다.

③ 채택 : '작품, 의견, 제도 따위를 골라서 다루거나 뽑아 씀'을 뜻하는 말이다.

④ 조달 : '자금이나 물자 따위를 대어 줌'을 뜻하는 말이다.

⑤ 동등 : '등급이나 정도가 같다'를 뜻하는 말이다.

42 · 답 ①

한국 사회에 존재하는 유리천장을 언급하며, 여성의 고위직 진출의 현황과 고위직 진출이 낮은 이유를 분석하고 정부의 여성 관리자 비율 확대 정책에 대한 기대감을 드러내고 있다.

43 · 답 ④

〈보기〉에서 해외의 사례를 언급하고 있으므로 뒷문장에는 여성 임원할당제를 도입한 결과가 와야 한다. 도입한 결과 더 많은 매출을 창출했으며 지배구조를 개선하는데 기여했다는 문장인 ②의 앞에 위치하는 것이 적절하다.

44 · 답 ①

㉠ 고시는 법령이 정하는 바에 따라 일정한 사항을 일반에게 알리기 위한 문서이다.

㉡ 예규는 법규문서 이외의 문서로서 행정사무의 통일을 기하기 위하여 반복적 행정사무의 처리기준을 제시하기 위하여 발하는 명령을 말한다. 각급행정기관의 임무와 권능은 각종 법규에 규정되어 있으나, 실무처리상의 구체적인 원리지침은 예규에 의해 제시되어야 한다.

㉢ 훈령은 상급기관이 하급기관에 대하여 장기간에 걸쳐 그 권한의 행사를 일반적으로 지시하기 위하여 발하는 명령을 말한다.

45 · 답 ①

두 번째 문단을 보면 타자들로 가득한 현실을 경험함으로써 인간은 스스로 변화하는 동시에 현실을 변화시킬 동력을 얻는다고 나와 있다.

② 두 번째 문단에 체험을 제공하는 가상현실은 실제와 가상의 경계를 모호하게 할 뿐만 아니라 우리를 현실에 순응하도록 이끈다고 나와 있다.

③ 첫 번째 문단에 장기간 반복되는 일상은 체험행사에서는 제공될 수 없다고 나와 있다.

④ 두 번째 문단에 디지털 가상현실 기술은 경험을 체험으로 대체하려는 오랜 시도의 결정판이라고 나와 있다.

⑤ 두 번째 문단에 경험은 타자와의 만남이라고 나와 있다.

46 · 답 ③

㉢ 완결하다는 '완전히 결정되다'라는 뜻으로 해당 문맥에서는 어울리지 않는 단어이다. 해당 내용의 문장은 경험을 통해 현실을 변화시킬 동력을 얻고, 체험 속에서는 자신만을 볼 뿐이라는 사실을 가상현실에서 재확인할 수 있는 결과에 이르는 것을 의미한다. 따라서 문제를 완전히 결정하는 '완결'대신 재확인할 수 있다는 결과에 이르는 '귀결'이 와야 한다.

• 귀결하다 : 어떤 결말이나 결과에 이르다.

① 실상 : 실제 모양이나 상태

② 동력 : 어떤 일을 발전시키고 밀고 나가는 힘

④ 각광받다 : 많은 사람들의 관심이나 흥미, 인기 등을 얻거나 끌게 되다.

⑤ 구현하다 : 어떤 내용을 구체적인 사실로 나타나게 하다.

47
답 ③

3문단에 의하면 질병 초기에는 '인지행동치료'나 최근 신의료기술로 인정된 '가상현실 노출 치료' 등 비약물치료를 받으며 초기에 치료해야 한다고 나와 있다.

48
답 ③

앞 내용은 40대 이상 환자의 증가 폭이 큰 이유를 설명하고 있다. 40대 이상 환자의 경우 뒤늦게 치료를 하는 이유에 대해 고혈압, 당뇨 등 다양한 건강 문제로 병원에 방문하는 횟수가 증가한다는 내용이 와야 하므로 '뜸해진다'가 아닌 '잦아진다'가 적절하다.
- 잦아지다 : 자주 일어나다.
- 뜸하다 : 자주 오가거나 많이 있던 것이 한동안 드물거나 별로 없다.

49
답 ④

2문단을 보면 사용자 입장에서는 자신이 사용하는 디스크 스토리지 서비스나 컴퓨팅 서비스, 응용 프로그램 서비스 등이 어떻게 구현되는지 몰라도 되고, 관리하지 않아도 되므로 쉽게 원하는 일을 할 수 있게 되어 비용을 아끼고 효율을 높일 수 있다고 나와 있다. 따라서 사용자가 각종 서비스를 직접 관리할 수 있어야 한다는 설명은 옳지 않다.
① 3문단을 보면 자주 사용되지 않는 희귀한 프로그램도 사용할 때만 돈을 내면 되므로 비용 절감에 효과적이라고 나와 있다.
② 1문단을 보면 컴퓨터를 활용하기 위해 컴퓨터를 구성하는 요소 자체가 필요하며, 소프트웨어(응용 프로그램), 데이터 파일, 운영체제, CPU, 메모리 디스크 스토리지, 네트워크 등이 이에 해당한다고 나와 있다.
③ 3문단의 마지막 문장을 보면 서비스 제공자는 가치 있는 데이터나 희귀 정보, 혹은 데이터 가공/접근/열람 수단과 같은 각종 응용 프로그램을 만들어 인터넷을 통해 배포, 공급함으로써 큰 수익을 낼 가능성을 얻게 된다고 나와 있다.
⑤ 2문단을 보면 클라우드 컴퓨팅에서는 사용자가 원하는 요소를 인터넷을 통해 유료 혹은 무료로 제공하는데, 이때 사용자가 몇 만 명이 되건 사용자의 필요에 따라 원하는 크기와 성능을 제공할 수 있어야 한다고 나와 있다.

50
답 ②

'-든'과 '-던'을 구분해야 한다. '-던'은 지난 일을 돌이켜보거나 과거를 이야기할 때 주로 사용된다(예 부모님께서 결혼하신 지 20주년이 되던 해였다). 하지만 '-든'은 선택이나 조건을 나타낼 때 사용된다(예 숙제하든지 말든지 어쨌든 네 책임이다). 따라서 몇 대의나 장치로 구성하든지의 조건을 나타내는 '구성되든'이 적절하다.

01	02	03	04	05	06	07	08	09	10
②	②	①	⑤	④	④	③	①	①	③
11	12	13	14	15	16	17	18	19	20
②	②	④	④	③	③	①	①	②	④
21	22	23	24	25	26	27	28	29	30
⑤	④	③	③	②	④	②	②	③	④
31	32	33	34	35	36	37	38	39	40
②	③	⑤	①	③	⑤	④	③	①	②
41	42	43	44	45	46	47	48	49	50
⑤	②	③	④	③	②	⑤	③	①	②

01   답 ②

$45 + 17 - 15 \times 2 \div 3 = 45 + 17 - 10 = 52$

02   답 ②

$(0.25 + 0.25 + 0.25 + 0.25) \times \dfrac{1}{5} = 4 \times 0.25 \times \dfrac{1}{5} = 0.2$

03   답 ①

$0.19 - 0.256 + 0.297 + 0.202 = -0.066 + 0.297 + 0.202 =$
$0.231 + 0.202 = 0.433$

04   답 ⑤

나열된 수들의 규칙을 찾으면 다음과 같다.

1	→	4	→	3	→	6	→
	+3		-1		+3		-1
5	→	8	→	7	→	(10)	
	+3		-1		+3		

따라서 빈칸에 들어갈 수는 10이 적절하다.

05   답 ④

나열된 수들의 규칙을 찾으면 다음과 같다.

6	→	10	→	19	→	35	→
	$+2^2$		$+3^2$		$+4^2$		$+5^2$
60	→	(96)	→	145			
	$+6^2$		$+7^2$				

따라서 빈칸에 들어갈 수는 96가 적절하다.

06   답 ④

나열된 수들의 규칙을 찾으면 다음과 같다.

1	→	3	→	8	→	19	→
	×2+1		×2+2		×2+3		×2+4
42	→	89	→	184	→	(375)	
	×2+5		×2+6		×2+7		

따라서 빈칸에 들어갈 수는 375가 적절하다.

07   답 ③

처음 직사각형의 넓이는 $10 \times 20 = 200\text{cm}^2$이다. 시간에 따라 늘어나는 직사각형의 가로, 세로 길이와 넓이를 정리하면 다음과 같다.

직사각형	처음	1분	2분	3분	4분	5분
가로(cm)	10	13	16	19	22	25
세로(cm)	20	24	28	32	36	40
넓이(cm²)	200	312	448	608	792	1,000

따라서 5분 후 처음 직사각형 넓이의 5배 $200 \times 5 = 1,000\text{cm}^2$가 된다. 이때 가로의 길이는 25cm이다.

08 답 ①

농도 15% 소금물 300g에 들어 있는 소금의 양은 0.15×300 $= 45$g이다.

이때 물을 xg 넣어 농도 10% 소금물을 만들었으므로

$\dfrac{45}{300+x} \times 100 = 10$, $300 + x = 450$, $x = 150$

따라서 150g의 물을 더 넣어야 한다.

09 답 ①

경품에 당첨될 수 있는 경우는 다음과 같다.

(ⅰ) 첫 시행에서 당첨인 상자를 선택할 확률 : 3가지 상자 중
    당첨될 수 있는 상자 1개를 선택하는 확률이므로 $\dfrac{1}{3}$이다.

(ⅱ) 첫 시행에서 당첨이 아닌 상자를 선택하고, 두 번째 시행에
    서 당첨인 상자를 선택할 확률 : 3가지 상자 중 당첨이 아
    닌 상자를 선택하였고, 선택한 상자를 제외하고 남은 상자
    중 당첨될 상자를 선택하는 확률이므로 $\dfrac{2}{3} \times \dfrac{1}{2} = \dfrac{1}{3}$이다.

따라서 (ⅰ), (ⅱ) 확률을 모두 더하면 $\dfrac{1}{3} + \dfrac{1}{3} = \dfrac{2}{3}$이다.

10 답 ③

작년 신입사원 총 165명 중 남자 신입사원 수를 x, 여자 신입사
원 수를 y라 한다.

$x + y = 165$ ···················· ㉠
$1.5x + 0.6y = 180$ ···················· ㉡

㉠, ㉡을 연립하면 $x = 90$, $y = 75$이다.

올해 여자 신입사원 수는 작년보다 40% 감소했으므로 75×0.6 $= 45$명이다.

11 답 ②

전체 프로젝트 양을 1이라 하면 하루에 A씨 혼자서는 $\dfrac{1}{12}$, A씨

와 B씨 둘이서는 $\dfrac{1}{8}$의 일을 한다. 하루에 B씨 혼자서 하면 $\dfrac{1}{8}$

$- \dfrac{1}{12} = \dfrac{1}{24}$의 일을 한다. 4일 동안 A씨와 B씨가 함께 진행하였

으므로 $1 - \left(\dfrac{1}{8} \times 4\right) = \dfrac{1}{2}$이 남는다. 이를 B씨 혼자서 진행해야

하므로 $\dfrac{1}{2} \div \dfrac{1}{24} = 12$일이 걸린다.

12 답 ②

A대리와 B사원이 만난 시간을 x분이라고 둔다. B사원이 회사
를 나선지 x분 후에 A대리를 만났다면 B사원이 간 거리는 300
$\times x$이고, A대리가 간 거리는 $150 \times (15+x)$이다. 두 거리가 같
아야 B사원과 A대리가 만나므로 $300 \times x = 150 \times (15+x)$,
$150x = 2,250$, $x = 15$이다. 따라서 B사원이 회사를 나서고 15
분 후에 A대리를 만났다. B사원이 회사를 나서고 15분 후에 A
대리를 만났으므로 회사로부터 $15 \times 300 = 4,500$m 떨어진 지
점에서 만났다. 4,500m 떨어진 지점으로부터 매분 150m의 속

력으로 다시 회사로 돌아오려면 $\dfrac{4,500}{150} = 30$분이 걸린다.

13 답 ④

적어도 1명이 여자일 확률은 전체 확률에서 회의 발표자가 2명
이 모두 남자인 확률을 제외한 나머지이다.

남자직원과 여자직원 총 5명 중 2명을 뽑는 전체 경우는 $_5C_2 =$
10가지이고, 회의 발표자 2명이 모두 남자인 경우는 $_2C_2 = 1$가
지이다.

따라서 구하고자 하는 확률은 $1 - \dfrac{1}{10} = \dfrac{9}{10}$이므로 90%이다.

14 답 ④

100원짜리 동전을 x개, 500원짜리 동전을 y개, 1,000원짜리
지폐를 z개라 하면

$x + y + z = 13$ ···················· ㉠

동전과 지폐를 다 합쳐서 6,100원이라면

$100x + 500y + 1,000z = 6,100$, $x + 5y + 10z = 61$ ··· ㉡

100원짜리 동전과 500원짜리 동전 개수의 비가 2 : 1이라면

$x : y = 2 : 1$, $x = 2y$ ···················· ㉢

㉢을 ㉠과 ㉡에 대입하여 도출한 두 식 $3y + z = 13$, $7y + 10z =$
61을 연립하면 $x = 6$개, $y = 3$개, $z = 4$개이다.

따라서 500원짜리 동전은 3개이다.

15 답 ③

방 개수를 x개라 하면
$4x + 12 = 6(x-2) + 2$, $4x + 12 = 6x - 10$, $x = 11$
따라서 방은 총 11개이다.

16   답 ③

주어진 내용을 식으로 정리하면 다음과 같다.
정가×(1−0.1)−원가=원가×0.08, 원가×1.08=정가×0.9,
원가×1.2=정가
따라서 원가의 20%의 이익을 더해서 정가를 책정해야 한다.

17   답 ①

농도 10% 소금물에는 $0.1×300g=30g$의 소금이 들어 있고,
농도 12% 소금물에는 $0.12×(300+200)=60g$의 소금이 들어
있다.
즉 x% 소금물 200g에는 $60−30=30g$의 소금이 들어 있어야
한다.
$\dfrac{30}{200}×100=15\%$이므로 $x=15$이다.

18   답 ①

물통에 가득 찬 물의 양을 1이라 하면 1시간 동안 입수구 1개
로 채우는 물의 양은 $\dfrac{1}{4}$이고, 배출구가 1시간 동안 빼는 물의
양은 $\dfrac{1}{3}$이다. 이때 물통에 물을 가득 채우는 시간을 x라 하면
$\dfrac{1}{4}x+\dfrac{1}{4}x−\dfrac{1}{3}x=1$이므로 $x=60$이다.

19   답 ②

아버지가 42살, 아들의 나이는 13살이고, x년 후 아들의 나이
×2=아버지의 나이이므로
$42+x=2(13+x)$, $x=16$
따라서 16년 후 아버지의 나이가 아들의 나이의 2배가 되고,
이때 아버지의 나이는 $42+16=58$살이다.

20   답 ④

5장의 카드에서 3장을 뽑아 만들 수 있는 세 자리의 정수는 4×
4×3=48가지이다. 이 중 320보다 큰 세 자리의 정수는 백의
자리가 3인 경우 321, 324, 340, 341, 342로 총 5가지이고, 백
의 자리가 4인 경우 4×3=12가지이므로 총 17가지이다. 따라
서 세 자리 정수 중 320보다 큰 경우의 확률은 $\dfrac{17}{48}$이다.

21   답 ⑤

부품 a와 b의 원자재 비용은 총 5만 원이고, 물가 상승 후의
원자재 비용은 각각 10%, 30%가 증가한 1만 6천 500원, 4
만 5천 500원으로 총 6만 2천 원이다. 물가 상승 전 부품 a,
b의 원자재 구매 시 168개씩을 살 수 있었다면 원래 갖고 있
던 예산은 168×(1만 5천 원+3만 5천 원)=840만 원이며,
해당 예산으로 물가 상승 후의 부품 a, b를 구매한다면 각각
$\dfrac{8,400,000}{62,000}≒135$개를 구매할 수 있다.

22   답 ④

KTX의 속력을 x라고 하면
$$\dfrac{480+\text{기차의 길이}}{x}=36 \cdots\cdots\cdots\cdots ㉠$$
$$\dfrac{120+\text{기차의 길이}}{x}=18 \cdots\cdots\cdots\cdots ㉡$$
㉠에서 ㉡을 빼보면 $360=18x$, $x=20$이다.
따라서 KTX의 속력은 20m/s이다.

23   답 ③

전립선암 남성 환자의 5년 생존율은 93.9%로 두 번째로 높다.
① 여성 암 환자의 5년 생존율은 78.2%로, 남성 암 환자의 5년
　생존율인 63.0%보다 15.2%p 더 높다.
② 남성 위암 환자의 생존율은 상위 6위이고, 여성 위암 환자의
　생존율은 상위 6위이므로 동일하다.
④ 암 발생 순위를 비교했을 때, 남성보다 여성이 더 높은 순위
　를 기록한 암은 갑상선암(남성 : 6위, 여성 : 2위), 췌장암(남
　성 : 10위, 여성 : 8위)이다.
⑤ 국가암검진사업 대상인 위, 대장, 간, 유방, 자궁, 폐 중 유방
　과 자궁을 제외한 위, 대장, 간, 폐 4가지에서 남성 5년 생존
　율이 50% 미만인 암은 폐(23.2%), 간(34.9%)으로 총 2가지
　이다.

24   답 ③

사진종류별 필요한 용량을 구하면 다음과 같다.
- 반명함 : $160KB×90=14,400KB$
- 운전면허증, 여권 : $190KB×120=22,800KB$
- 신분증 : $210KB×105=22,050KB$
- 명함 : $230KB×250=57,500KB$
- 가족사진 : $1,500KB×80=120,000KB$

따라서 스튜디오 사진의 총 용량은 14,400+22,800+22,050
+57,500+120,000=236,750KB=236.750MB이므로 필요한
USB의 최소 용량은 240MB이다.

25 답 ②

공동인증서 인증을 사용하는 40대 사용자는 13,779−(2,459+4,321+2,487)=4,512명이다. 40대는 본인 인증 방법으로 공동인증서 인증을 가장 많이 사용한다.

① I−PIN 인증 방법은 연령대가 높아질수록 사용자 수가 증가하진 않는다.

③ 휴대폰(SMS) 본인 인증 방법 사용자 중 30대는 18,290−(4,212+4,485+3,612)=5,981명으로 가장 많이 사용한다.

④ 50대 이상 신용카드 인증 사용자는 5,528−(1,785+1,452+1,250)=1,041명이다. 그러므로 신용카드 본인 인증 방법은 50대 이상 사용자보다 20대 사용자가 더 많다.

⑤ 20대 바이오인식 인증 사용자는 10,856−(3,460+1,578+692)=5,126명이다. 즉 20대 본인 인증 방법 중 가장 많이 사용한다.

26 답 ④

20세 미만 1인 가구 수는 조사 시기마다 증가했으나 비율은 오히려 감소했다. 따라서 1인 가구 수가 증가할수록 차지하는 비율도 높아진다는 내용은 옳지 않다.

① 2020년 1인 가구 수는 484만 3천 가구로, 10년 전 대비 $\frac{4,843-3,625}{3,625} \times 100 = 33.6\%$ 증가했다.

② 2020년 연령대 중 30대의 1인 가구 비율이 21.7%로 가장 높다.

③ 50대 1인 가구 비율은 2000년부터 13.3 → 16.3→ 18.1%로 증가했다.

⑤ 2010년 20대 1인 가구 수는 76만 2천 가구이고, 30대 1인 가구 수는 79만 1천 가구이다. 따라서 30대 1인 가구 수는 20대 1인 가구 수보다 79.1−76.2=2만 9천 가구 더 많다.

27 답 ②

2024년 노후 준비의 주된 방법 중 국민연금이 차지하는 비중은 100−(0.4+5.4+15.5+3.8+8.5+9.4)=57%로 가장 많다.

① 노후 준비 방법 중 차지 비중이 조사 시기마다 꾸준히 감소한 것은 사적연금뿐이며, 2016년부터 2년마다 17.8 → 13.5 → 11.3 → 9 → 8.5%로 꾸준하게 감소했다. 퇴직금은 2020년 비중이 증가했다.

③ 2024년 사적연금을 통한 노후 준비 비중은 8.5%이고, 기타 공적연금을 통한 노후 준비 비중은 9.4%로, 0.9%p 더 높다.

④ 예금, 적금, 저축성보험은 2016년 21%의 비중을 차지하므로 10%대를 유지하는 것은 아니다.

⑤ 조사기간 동안 예금, 적금, 저축성보험을 통한 노후 준비 비중은 사적연금을 통한 노후 준비 비중보다 항상 높다.

28 답 ②

진급 예정자의 점수의 합은 다음과 같다.

이름	점수의 합
M대리	94+76+95=265점
L대리	93+88+88=269점
J대리	90+91+84=265점
K대리	88+90+97=275점
P대리	85+82+90=257점

따라서 진급하는 사람은 점수의 합이 가장 높은 K대리이다.

29 답 ③

기타를 제외한 2022~2024년 국토면적은 하천, 대지, 도로, 전, 답, 임야 순으로 좁다.

① 국토면적은 2022~2024년 동안 100,341 → 100,364 → 100,377km² 로 매년 증가했다.

② 2022~2024년 전체 국토면적 중 면적이 가장 큰 지목인 임야는 다음과 같다.

- 2022년 : $\frac{63,925}{100,341} \times 100 ≒ 63.7\%$
- 2023년 : $\frac{63,834}{100,364} \times 100 ≒ 63.6\%$
- 2024년 : $\frac{63,710}{100,377} \times 100 ≒ 63.5\%$

따라서 매년 60% 이상을 차지한다.

④ 2022년 대비 2024년에 대지의 면적은 $\frac{3,143-3,051}{3,051} \times 100 ≒ 3.0\%$ 증가했다.

⑤ 2024년 전과 답의 면적을 합치면 7,610+11,223=18,833km²이고, 도로의 면적 3,307km²보다 $\frac{18,833}{3,307} ≒ 5.7$ 배 넓다.

30 답 ④

전년 대비 베트남 결혼이민자 증가폭은 다음과 같다.
- 2022년 : 37,516－35,355＝2,161명
- 2023년 : 40,847－37,516＝3,331명
- 2024년 : 42,205－40,847＝1,358명

따라서 증가폭이 가장 작은 연도는 2024년이다.

① 조사기간 동안 중국 결혼이민자는 꾸준히 감소했다.
② 기타를 제외한 2024년 국적별 결혼이민자는 중국, 베트남, 일본, 필리핀 순으로 많다.
③ 2021년 대비 2024년 필리핀 결혼이민자는 $\frac{11,783-7,746}{7,746}\times$ 100≒52.1% 증가했다.
⑤ 2021년 일본 국적의 결혼이민자는 10,451명이며, 2020년 대비 2021년 일본 국적의 결혼이민자 증가율은 25%이므로, 2020년 일본 국적의 결혼이민자는 $\frac{10,451}{(1+0.25)}$≒8,361명 이다.

31 답 ②

2020년과 2024년 시내버스 여객 수송률을 구하면 다음과 같다.
- 2020년 : $\frac{5,247}{5,247+226+38+207}\times100$≒91.8%
- 2024년 : $\frac{5,624}{5,624+232+35+280}\times100$≒91.1%

따라서 2020년 대비 2024년 시내버스 여객 수송률은 91.8－91.1＝0.7%p 감소했다.

32 답 ③

4개 지역 예술산업 사업체 수는 73,434＋14,672＋12,050＋46,038＝146,194개이므로 전국 사업체 수의 $\frac{146,194}{222,692}\times100$≒65.6%를 차지한다.

① 관광산업 분야의 사업체 수는 제시된 4개 지역 모두에서 가장 적다.
② • 서울 : 164,603÷2＝82,301.5개이므로 이 이상인 산업 분야는 없다.
　• 부산 : 37,445÷2＝18,722.5개이므로 이 이상인 산업 분야는 없다.
　• 대구 : 27,396÷2＝13,698개이므로 이 이상인 산업 분야는 없다.
　• 경기 : 109,723÷2＝54,861.5개이므로 이 이상인 산업 분야는 없다.
④ 4개 지역에서 스포츠산업 분야 사업체 수가 두 번째로 많은 지역은 28,125개인 경기이다.
⑤ 4개 지역을 제외한 지역의 문화산업 사업체 수는 138,259－(46,609＋8,645＋7,072＋24,642)＝51,291개이다.

33 답 ⑤

제시된 자료는 연령대별 각 차량의 사고율 비교를 위한 것이다. 차량별 총 조사 대수가 제시되어 있지 않으므로 동일하지 않은 연령대의 차량별 사고 건수를 상호 비교할 수 있는 근거가 없다.

① 버스 운전사 중 40대가 7.6%의 사고율로 연령대별 가장 낮은 수치이다.
② 택시 운전사 사고율과 화물차 운전사의 사고율이 가장 높은 연령대는 20대로 동일하다.
③ 그래프에서 화물차 운전사의 사고율이 가장 낮은 것을 확인할 수 있다.
④ 60대 이전까지는 택시>버스>화물차 순으로 사고율이 높았으나 60대 이후부터 버스>택시>화물차 순으로 바뀌었다.

34 답 ①

㉠ 4개국의 이산화탄소 총 배출량은 2010년 14,078백만 tCO₂, 2020년 15,168백만 tCO₂이므로 2010년 대비 2020년 증가율은 $\frac{15,168-14,078}{14,078}\times100$≒약 7.7%이다. 따라서 10% 미만이다.
㉡ 2000년 이산화탄소 배출 비중이 큰 국가부터 나열하면 미국, 중국, 캐나다, 이란 순이다.
㉢ 1990년 대비 2000년 이산화탄소 증가율은 다음과 같다.
- 중국 : $\frac{3,086-2,076}{2,076}\times100$≒48.7%
- 미국 : $\frac{5,642-4,803}{4,803}\times100$≒17.5%
- 캐나다 : $\frac{516-420}{420}\times100$≒22.9%
- 이란 : $\frac{312-171}{171}\times100$≒82.5%

따라서 증가율은 이란이 가장 크다.

35 답 ③

1인 기준으로 입내원 1일당 월평균 진료비는 월평균 진료비÷월평균 입내원 일수이다. 계산하면 다음과 같다.
- 2023년 : $\frac{106,286}{1.68}$≒63,265원
- 2024년 : $\frac{113,612}{1.69}$≒67,226원

따라서 증감률은 $\frac{67,226-63,265}{63,265}\times100$≒6.3%이다.

36   답 ⑤

2019~2024년 모든 연도에서 A사업 예산이 전년보다 증가했으므로, 조사 기간 중 가장 처음 연도인 2019년 A사업 예산이 가장 적다는 것을 알 수 있다.

① A사업 예산의 전년 대비 증가율은 2021년에 4.2%로 유지되었고, 2024년 9.1%로 높아졌다.

② 2020년과 2021년 A사업 예산의 전년 대비 증가율은 4.2%로 동일하지만, 2021년 A사업 예산은 2020년 A사업 예산의 4.2%가 늘어난 것이므로, '2020년 A사업 예산<2021년 A사업 예산'이다.

③ 2023년 A사업 예산은 2024년 A사업 예산의 $\frac{1}{1.091} \times 100$ ≒91.7%이다.

④ 2021년 A사업 예산이 105억 원이었다면, 2022년은 105×1.033≒108.465억 원이고 2023년은 108.465×1.025≒111.18억 원이다.

37   답 ④

인구밀도를 국가별로 구하면 다음과 같다.

• A국 : $\frac{1,341,000,000}{17,098,000}$ ≒78.4명/km²

• B국 : $\frac{1,225,000,000}{9,984,000}$ ≒122.7명/km²

• C국 : $\frac{310,000,000}{9,831,000}$ ≒31.5명/km²

• D국 : $\frac{240,000,000}{6,208,000}$ ≒38.7명/km²

• E국 : $\frac{195,000,000}{9,831,000}$ ≒19.8명/km²

따라서 인구밀도가 높은 순서대로 나열하면 B국, A국, D국, C국, E국이다.

38   답 ③

3등급 판정을 받은 한우의 두수는 다음과 같다.
• 2020년 : 588,003×0.205≒120,541두
• 2021년 : 643,930×0.185≒119,127두
• 2022년 : 602,046×0.116≒69,837두
• 2023년 : 959,752×0.113≒108,452두
• 2024년 : 839,161×0.088≒73,846두
따라서 2022년 3등급 판정을 받은 한우의 두수가 가장 적다.

① 1++등급으로 판정된 한우의 수는 2021년 643,930×0.086≒55,378두이며, 2022년 602,046×0.097≒58,398두이다. 따라서 2022년이 2021년보다 더 많다.

② 1등급 이상이 60%를 넘은 해는 2022년(61.4%), 2023년(61.3%), 2024년(65.6%)으로 3개년이다.

④ 2021~2022년 모두 전년 대비 1++등급은 증가했지만, 같은 기간 2등급은 감소했다가 증가했다.

⑤ 2022년 1+등급 비율이 가장 높고, 2024년 3등급 비율이 가장 낮다.

39   답 ①

조사기간 중 여가시간은 증가, 감소, 감소했고, 의무시간은 감소, 감소, 감소했으므로 동일하지 않다.

② 2022년 대비 2024년 의무시간은 8시간 22분에서 7시간 57분으로 25분 줄었다.

③ 2023년 하루 중 필수시간은 $\frac{10시간\ 53분}{24시간} = \frac{653분}{1,440분} \times 100$ ≒45%를 차지한다.

④ 2021년 의무시간 비중은 $\frac{8시간\ 52분}{24시간} = \frac{532분}{1,440분} \times 100$ ≒37%, 2022년 의무시간의 비중이 $\frac{8시간\ 22분}{24시간} = \frac{502분}{1,440분} \times 100$ ≒35%이다. 따라서 약 2%p 줄었다.

⑤ 2021년 이후 필수시간은 점차 증가했으며, 의무시간은 점차 감소했다.

40   답 ②

ⓒ 60대 이상의 주택소유 비중은 27.7 → 28.8 → 29.4 → 30.3 → 31.4%로 꾸준히 증가했다.

ⓐ 30대 미만의 주택소유 비중은 2020년 100−(16.1+25.8+25.7+27.7)=4.7%이며, 2024년 100−(13.8+24.7+25.8+31.4)=4.3%이다. 따라서 2024년 주택소유 비중은 2020년보다 4.7−4.3=0.4%p 감소했다.

ⓑ 2020년에는 40대가 50대보다 주택소유 비중이 근소하게 높으나 나머지 해는 모두 연령대가 높을수록 주택소유 비중이 높다.

41   답 ⑤

2022년 주택수는 125,000호이며 전년 대비 증가율이 1.1%이므로 2021년 주택수는 125,000÷1.011 ≒123,640호이다. 따라서 2020년 주택수는 123,640÷1.008≒122,659호이다.

42 　답 ②

상반기 B회사의 상품 H 판매 개수는 312+126+142+345+165+178=1,268개이고, 판매액은 64,643천 원이므로 상품 H 가격은 $\frac{64,643,000}{1,268}≒50,980$원이다.

C회사의 상품 H 판매 개수는 59+102+132+142+84+96=615개이고, 판매액은 19,127천 원이므로 상품 H 가격은 $\frac{19,127,000}{615}≒31,101$원이다.

따라서 B회사의 상품 H 가격은 C회사의 상품 H 가격보다 50,980-31,101=19,879원 비싸다.

① 상반기 중 상품 H의 판매량이 가장 많은 달은 A회사는 2, 4월, B회사는 4월, C회사는 4월, D회사는 3월, E회사는 4월이다.

③ E회사의 상품 H 상반기 판매량은 52+46+63+103+98+47=409개이다.

④ 상품 H에 대한 회사별 6월 판매량은 B-A-C-E-D 순으로 많다.

⑤ A회사의 월 평균 상품 H 판매량은 (245+321+145+321+189+123)÷6=224개이다.

43 　답 ③

상반기 D회사의 상품 H 가격은 46+89+105+69+30+31=370개이므로 $\frac{13,065,000}{370}≒35,311$원이다.

하반기 상품 H의 판매 개수가 상반기보다 10% 증가했으므로 370×1.1=407개이다. 따라서 D회사의 2024년 판매액은 407×35,311=14,371,577원이다.

44 　답 ④

2020~2024년 A공사와 B사의 신재생 에너지 발전량은 다음과 같다.

(단위 : MWh)

에너지원	2021년	2022년	2023년	2024년
A공사	2,693,481	3,663,802	5,427,962	7,016,146
B사	21,451,881	23,512,872	25,098,295	24,040,363

따라서 신재생 에너지 발전량은 매년 A공사보다 B사가 많다.

① 2021~2024년 A공사 평균 수력 에너지 발전량은 (5,262,507+5,187,234+4,476,640+4,501,624)÷4≒4,857,001MWh이다.

② 2023년 발전량이 가장 많은 에너지원은 A공사, B사 모두 복합화력이다.

③ 2024년 A공사 에너지 발전량 총합은 4,501,624+38,033,491+7,016,146=49,551,261MWh이고, 2023년은 4,476,640+36,669,948+5,427,962=46,574,550MWh이므로 2024년이 더 많다.

⑤ 2022년 B사 수력 에너지 발전량은 전년 대비 $\frac{2,083,219-1,732,666}{1,732,666}×100≒20.2\%$ 증가했다.

45 　답 ③

2022년 금융사고 건수의 전년 대비 감소율은 $\frac{223-196}{196}×100≒13.8\%$이고, 2023년 금융사고 건수의 감소율은 $\frac{196-171}{171}×100≒14.6\%$이므로 둘의 차이는 14.6-13.8=0.8%p이다.

① 최근 5년간 금융사고 발생건수는 2021년의 경우만 61건 증가했으며, 그 이후로는 감소했다.

② 2024년 사기로 인한 사고 금액이 843억 원이고, 그 비중이 전체의 72.9%이므로 총 금액은 $\frac{843}{0.729}≒1,156$억 원이다.

④ 2024년 배임에 의한 금융사고 발생 비중은 전체에서 사기(72.9%), 횡령·유용(15.3%), 도난·피탈(0.1%)의 비중을 제외한 나머지 11.7%이다.

⑤ 금융사고 발생건수가 가장 많은 해는 2021년(223건)이고, 금융사고로 인한 사고 금액이 가장 높은 해는 2023년(8,101억 원)이므로 동일하지 않다.

46 　답 ②

2024년 횡령·유용과 배임으로 인한 금융사고 금액은 전체에서 사기와 도난·피탈을 제외한 금액이므로 전체 금액의 27%이다. 따라서 1,156억 원×27%≒312억 원이다.

47   답 ⑤

20대와 30대 비만율은 다음과 같다.

(단위 : %)

구분	2018년	2019년	2020년	2021년	2022년	2023년	2024년
20대	20.5	21.7	22.4	22.4	23.9	23.5	27.2
30대	31.0	31.5	32.5	33.2	31.8	32.9	34.2

따라서 해당 자료로 그래프를 그리면 다음과 같다.

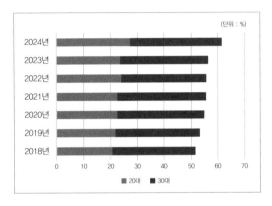

48   답 ③

2014년 대비 2024년 행동분류에 따른 가사노동 평가 증감액
은 다음과 같다.

(단위 : 10억 원)

음식 준비	$107,637 - 57,807 = 49,830$
의류 손질 및 세탁	$19,412 - 10,528 = 8,884$
청소 및 정리	$50,389 - 25,552 = 24,837$
동식물 돌보기	$6,847 - 2,593 = 4,254$
상품 및 서비스 도입	$31,905 - 16,515 = 15,390$
주거 및 기타 가정 관리	$10,509 - 6,858 = 3,651$

따라서 해당 자료로 그래프를 그리면 다음과 같다.

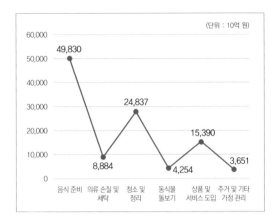

49   답 ①

가구당 평균 지급액을 정리하면 다음과 같다.

- 2020년 : $\dfrac{7,745억\ 원}{846천\ 가구} ≒ 915천\ 원/가구$

- 2021년 : $\dfrac{9,566억\ 원}{1,282천\ 가구} ≒ 746천\ 원/가구$

- 2022년 : $\dfrac{10,574억\ 원}{1,439천\ 가구} ≒ 735천\ 원/가구$

- 2023년 : $\dfrac{11,967억\ 원}{1,655천\ 가구} ≒ 723천\ 원/가구$

- 2024년 : $\dfrac{12,808억\ 원}{1,694천\ 가구} ≒ 756천\ 원/가구$

따라서 보기 중 옳은 그래프는 ①이다.

50   답 ②

전체 부담금 구성비 하위 5개 부처별 건당 평균 부담금을 구하
면 다음과 같다.

- 외교부 : $1,067 ÷ 2 ≒ 534억\ 원$
- 기획재정부 : $981 ÷ 2 ≒ 491억\ 원$
- 해양수산부 : $927억\ 원$
- 행정안전부 : $826 ÷ 7 = 118억\ 원$
- 식품의약품안전처 : $210억\ 원$

CHAPTER 03 문제해결능력 출제예상문제

01	02	03	04	05	06	07	08	09	10
⑤	②	③	⑤	④	④	②	①	①	③
11	12	13	14	15	16	17	18	19	20
②	④	③	⑤	①	①	④	③	②	⑤
21	22	23	24	25	26	27	28	29	30
⑤	⑤	①	③	③	③	②	②	①	⑤
31	32	33	34	35	36	37	38	39	40
②	②	⑤	①	③	④	③	①	⑤	②
41	42	43	44	45	46	47	48	49	50
①	⑤	④	⑤	④	③	①	②	⑤	⑤

01   답 ⑤

문제점은 문제의 근본 원인이 되는 사항으로 문제해결을 위해서 조치가 필요한 대상이자 문제의 발생을 미리 방지할 수 있는 사항이다.
①, ② 문제에 대한 설명이다.
③, ④ 무단횡단으로 접촉 사고가 났을 경우, 문제는 '사고의 발생'이며, 문제점은 '무단횡단'이다.

02   답 ②

창의적 문제는 논리적 문제와 함께 해결방법에 따른 문제 유형에 해당한다.
나머지 보기는 기능에 따른 문제의 유형이다.

03   답 ③

문제해결 시 기술, 재료, 방법, 사람 등 필요한 자원 확보 계획을 수립하고 내·외부자원을 효과적으로 활용하는 건 문제해결을 위한 기본적 사고이다.

04   답 ⑤

㉠은 눈에 보이는 이미 일어난 문제로 발생형 문제(보이는 문제), ㉡은 미래 상황에 대응하는 장래 경영전략의 문제로 설정형 문제(미래 문제), ㉢은 현재의 상황을 개선하기 위한 문제로 탐색형 문제(찾는 문제)이다.

05   답 ④

문제해결의 필수 요소로는 체계적인 교육훈련을 통한 문제해결능력 발휘, 심리적 타성 및 기존의 패러다임 극복을 통한 창조적 기술 습득, 사내외의 체계적인 교육훈련을 통한 문제해결을 위한 기본 지식 및 전문영역에 대한 지식 습득이 있다.

06   답 ④

퍼실리테이션은 합의점이나 줄거리를 준비해 놓고 예정대로 결론이 도출되어서는 안 된다.

07   답 ②

직원들은 신제품 홍보를 위한 방법에 대해 생각나는 것을 계속해서 열거해 나가며 자유롭게 아이디어를 제시하고 있다. 집단의 효과를 살려서 아이디어의 연쇄반응을 일으키고, 자유분방한 아이디어를 도출하는 것은 자유연상법 중 브레인스토밍에 해당하는 방법이다.

08   답 ①

브레인스토밍의 진행 방법
• 주제를 구체적이고 명확하게 정하기
• 구성원의 얼굴을 볼 수 있는 좌석 배치와 큰 용지 준비
• 구성원들의 다양한 의견을 도출할 수 있는 사람을 리더로 선발
• 다양한 분야의 5~8명으로 구성
• 자유롭게 누구나 발언 가능하며, 모든 발언 기록
• 아이디어에 대한 평가 금지

09 답 ①

속성열거법은 창의적 사고의 개발 방법 중 강제 연상법에 해당하고, Synetics법은 창의적 사고의 개발 방법 중 비교 발상법에 해당한다.

10 답 ③

스카치테이프의 본래 용도는 종이 부착과 같이 접착력을 이용하는 것으로 지문을 채취하는 것은 고정관념 타파를 통해 찾아낸 새로운 용도이다.

11 답 ②

㉠은 강제연상법, ㉡은 비교발상법, ㉢은 자유연상법에 대한 설명이다.

12 답 ④

비판적 사고를 개발하기 위한 태도 중 하나인 '지적 회의성'은 적절한 결론이 제시되기까지 거짓 가능성을 열어두는 것이다.
① 비판적 사고를 개발하기 위한 태도 중 '다른 관점을 존중'이다.
③ 비판적 사고를 개발하기 위한 태도 중 '체계성'이다.
④ 비판적 사고를 개발하기 위한 태도 중 '융통성'이다.
⑤ 비판적 사고를 개발하기 위한 태도 중 '지속성'이다.

13 답 ③

문제해결 절차는 '문제 인식 → 문제 도출 → 원인 분석 → 해결안 개발 → 실행 및 평가'이다.

14 답 ⑤

과제 선정에서 우선순위 평가 시에는 과제의 목적, 목표, 지원 현황 등을 종합적으로 고려하여 평가해야 한다.

15 답 ①

원인 분석은 파악된 핵심 문제에 대한 분석을 통해 근본 원인을 도출하는 단계로 쟁점 분석, 자료 분석, 원인 파악 순으로 이루어진다.
② 문제 인식에 대한 설명이다.
③ 문제 도출의 절차에 대한 설명이다.
④ 실행 및 평가 단계 중 사후 관리의 고려사항이다.
⑤ 환경 분석은 문제 인식 단계에서 이루어진다.

16 답 ①

쟁점(Issue) 분석을 위한 가설 설정 시 자신의 직관, 경험, 지식, 정보 등에 의존하여 쟁점에 대한 일시적인 결론을 예측해보는 가설을 설정한다.

17 답 ④

로직트리(Logic Tree)는 분해해 가는 가지의 수준을 맞춰야 한다.

18 답 ③

해결해야 할 전략 과제란 취약한 부분에 대해 보완해야 할 과제를 말한다. 이미 소비자 편의를 고려한 고객서비스 제공하고 있으므로 이 부분을 강화한다는 것은 전략 과제로 삼기에 적절하지 않다.
① 중국 소비자의 높은 온라인 구매 비율을 고려하였을 때 적절한 전략 과제이다.
② 중국 경쟁사의 높은 가격 경쟁력을 고려하였을 때 적절한 전략 과제이다.
④ 타 국내 제품 대비 중국 내 낮은 인지도를 고려하였을 때 적절한 전략 과제이다.
⑤ 중국 소비자의 친환경 제품에 대한 선호 증가를 고려하였을 때 적절한 전략 과제이다.

19 답 ②

SWOT 분석에서 S(강점)는 기업 내부 역량에 의해 기업에게 유리한 상황, W(약점)는 기업 내부의 원인에 의해 기업에게 불리한 상황, O(기회)는 기업 외부 요인에 의해 기업에게 유리한 상황, T(위협)는 기업 외부의 요인에 의해 기업에게 불리한 상황을 말한다. 국내 ○○코스메틱의 SWOT 분석 내용 중 ㉡, ㉣은 'O(기회)'에 해당한다.
㉠, ㉢ S(강점)에 해당한다.
㉤, ㉦ T(위협)에 해당한다.
㉥, ㉧ W(약점)에 해당한다.

20 답 ⑤

㉠ ST 전략에 해당한다.
㉡ WO 전략에 해당한다.
㉢ SO 전략에 해당한다.

21 답 ⑤

조건2, 4에 의해 D사무실과 E사무실은 각각 1층과 5층에 위치하게 된다. 조건1에 의해 C사무실과 A사무실 사이에 층 2개가 있어야 하므로, 각각 3층과 6층 또는 6층과 3층에 위치해야 한다. 조건3에 의해 A사무실보다 낮은 층에 B사무실이 없어야 하므로 A사무실은 3층 C사무실은 6층이 된다. 조건3에서 F사무실은 3층인 A사무실보다 낮은 층인 2층에 위치하게 되며, 모든 층에 1개의 부서만 있으므로 B사무실은 4층이 된다. 해당 내용을 정리하면 다음과 같다.

1층	2층	3층	4층	5층	6층
D사무실	F사무실	A사무실	B사무실	E사무실	C사무실

따라서 'E사무실과 A사무실 사이 층에는 F사무실이 있다.'는 거짓이다.

22 답 ⑤

극작가는 모두 인문학 전공자이고 인문학 전공자이면서 여자인 사람은 극작가가 아니라고 했으므로 극작가는 모두 인문학 전공자이면서 남자이다. 그런데 인문학 전공자이면서 남자인 사람은 모두 논설가이다. 따라서 '극작가 → 인문학 전공자∧남자 → 논설가'이므로 인문학을 전공한 남자가 모두 논설가인 것은 맞지만, 모두 극작가인지는 알 수 없다.

①~④ '극작가 → 인문학 전공자∧남자 → 논설가'이므로 극작가는 모두 남자이면서 논설가이다.

23 답 ①

주어진 〈조건〉을 정리하면 다음과 같다.
- 유연 → 스트레칭(대우 : ~스트레칭 → ~유연)
- ~요가 → 여행(대우 : ~여행 → 요가)
- 스트레칭 → ~야채(대우 : 야채 → ~스트레칭)
- ~유연 → ~요가(대우 : 요가 → 유연)

정리된 내용을 종합하면 '~여행 → 요가 → 유연 → 스트레칭 → ~야채'이고, 그 대우는 '야채 → ~스트레칭 → ~유연 → ~요가 → 여행'이다. 따라서 '여행을 좋아하지 않는 사람은 야채를 좋아하지 않는다.'는 반드시 참이다.

24 답 ②

조건2에 의해 영업부의 워크숍 장소는 부산이 된다. 조건4, 5에 의해 홍보부는 영업부와는 다르고 인사부와는 같은 장소를 선택하였음을 알 수 있으므로 홍보부와 인사부의 워크숍 장소는 인천이 된다. 조건3에 의해 물류관리부와 재무부는 서로 다른 장소를 선택하였고, 조건1에서 인천을 선택한 부서는 3개라고 했으므로 가능한 경우의 수를 정리하면 다음과 같다.

- 경우 1

인천	부산
홍보부, 인사부, 물류관리부	영업부, 재무부, 기획부, 경영지원부

- 경우 2

인천	부산
홍보부, 인사부, 재무부	영업부, 물류관리부, 기획부, 경영지원부

따라서 '재무부는 확실히 부산을 선택했다.'는 거짓이다.

25 답 ③

주어진 내용을 기호로 정리하면 다음과 같다.
(전제 1) 어떤 직원∧업무를 잘 함
(전제 2) 어떤 직원∧정규교육
(전제 3) 특별교육 → 특별업무
(전제 4) (   )
(결론) 특별업무∧업무를 잘 함

따라서 '모든 직원은 특별교육을 받는다.'라는 전제가 보충되면 '어떤 직원 → 특별교육 → 특별업무'가 되고 '어떤 직원∧업무를 잘 함'이므로 '특별업무∧업무를 잘 함'이라는 결론이 도출될 수 있다.

26 답 ③

A, B, C, D를 1명씩 승진자로 가정할 경우 진술의 참·거짓 여부를 정리하면 다음과 같다.

발언자＼승진자	A	B	C	D
A	거짓	참	참	참
B	거짓	거짓	참	거짓
C	참	참	거짓	참
D	거짓	참	거짓	거짓

진실을 말한 사람이 1명인 경우는 A가 승진자일 때뿐이다. 따라서 진술이 참인 사람은 C, 승진자는 A가 된다.

27
정답 ②

가해자 인원수가 불확실하므로 가해자 수를 기준으로 진술의 참·거짓 여부를 판단한 뒤, 가정과 일치하는지를 판단해야 한다.
- 가해자가 0명 : 세 사람 진술 모두 거짓이므로 모순이다.
- 가해자가 1명 : B의 진술만 거짓이며, 이때 가해자는 B이다.
- 가해자가 2명 : A의 진술만 거짓이므로 모순이다.
- 가해자가 3명 : 세 사람 진술 모두 거짓이므로 가해자는 이들 3명이다.

따라서 가해자는 1명 또는 3명이고, B는 가해자가 확실하며 가해자가 아닌 것이 확실한 사람은 없다.

28
정답 ②

주어진 명제를 하나씩 분석하여 모순이 없는 것을 찾아내는 유형의 문제이다. 두 번째 진술의 유형이 A, B와 다른 C를 기준으로 살펴보면, C의 첫 번째 진술("나는 승진을 하지 않았다.")이 거짓일 경우 승진을 한 사람은 C가 된다. 각자의 주장 중 1개는 참이고 다른 1개는 거짓이라고 했으므로 C의 두 번째 진술("누가 승진을 했는지 모른다.")은 참이 되는데 이는 첫 번째 진술과 모순이 된다. 따라서 C의 첫 번째 진술은 참이 된다. 이 경우 B의 두 번째 진술("C도 승진을 하지 않았다.")은 참, 첫 번째 진술("나는 승진을 하지 않았다.")은 거짓이 되므로 B은 승진자이다. 자연스럽게 A의 두 번째 진술("B도 승진을 하지 않았다.")은 거짓, 첫 번째 진술("나는 승진을 하지 않았다.")은 참이 되므로 승진자는 B 혼자이다.

29
정답 ①

A와 B, A와 D의 진술은 모순되므로 동시에 참이 될 수 없다. A와 D가 서로의 진술을 부정하고 있으므로 두 명의 진술을 기준으로 경우의 수를 고려한다.
- A가 참, D가 거짓인 경우 : D가 거짓이라면 A, B, C는 모두 참이 되어야 한다. 그러나 A의 진술과 B의 진술은 동시에 참이 될 수 없으므로 불가능하다.
- A가 거짓, D가 참인 경우 : A가 거짓이므로 B, C, D는 모두 참이 되어야 한다. B의 진술이 참일 경우 실수한 사람은 A가 되고, C와 D의 진술도 참이 된다.

따라서 거짓말한 사람과 실수한 사람 모두 A가 된다.

30
정답 ⑤

A와 C는 모순관계이므로 둘 중 한 명의 발언은 거짓이다. 그런데 A가 참석하지 않았다면 A가 참석했다고 말한 B와 E의 발언 모두 거짓이 되므로, A의 말은 참이고 C의 말은 거짓이다. 나머지 B, D, E 중 1명의 발언도 거짓인데, B가 참일 때 A, B, C는 참석하였고, D가 참일 때 A, B, C, D가 참석하였고, E가 참일 때 A, D, E가 참석하였다. 이때 D가 참이면 B도 참이 되나, E가 참이면 B와 D는 거짓이 된다. 따라서 E의 말은 거짓이고, 참석하지 않은 사람은 E이다.

31
정답 ②

진술에 따라 부서별 봉사활동 참여 가능한 주를 정리하면 다음과 같다.

구분	첫째 주	둘째 주	셋째 주	넷째 주	다섯째 주
기획부	×	×	×	○	○
정보부	×	×	×	○	○
총무부	×	×	○	×	×
영업부	○	×	×	×	×
인사부	×	○	×	×	×

따라서 영업부-인사부-총무부-기획부-정보부 혹은 영업부-인사부-총무부-정보부-기획부 순서대로 봉사활동을 하게 된다.

32
정답 ②

조건 2에 의해 미희와 은아, 성준은 계열사 D의 직원이 아닌 것을 알 수 있으므로 계열사 D의 직원은 현수다. 조건 1에 의해 미희가 계열사 C의 직원이 아니고, 조건 4에 의해 성준이 계열사 A와 B의 직원이 아닌 것을 알 수 있으므로 성준은 계열사 C의 직원이다. 조건 3에 의해 미희가 계열사 A의 직원이 아닌 것을 알 수 있으므로 계열사 B의 직원은 미희, 계열사 A의 직원은 은아가 된다.

구분	계열사 A	계열사 B	계열사 C	계열사 D
미희	×	○	×	×
은아	○	×	×	×
현수	×	×	×	○
성준	×	×	○	×

33 　　　　　　　　　　　　답 ⑤

조건 1, 5에 의해 F는 1번째, C는 4번째로 도착하게 된다. 조건 4에 의해 A와 E 사이에 도착한 사람이 한 명 있으므로 3번째와 5번째에 도착하게 된다. 조건 2에 의해 B가 A보다 먼저 도착하므로 2번째에 도착한 사람은 B가 된다. 조건 3에 의해 D와 E가 연속해서 도착하지 않기 때문에 5번째 도착한 사람은 A가 되고 E는 3번째, D는 6번째에 도착한다. 따라서 도착한 순서대로 나열하면 F-B-E-C-A-D가 된다.

34 　　　　　　　　　　　　답 ①

주어진 진술 내용을 표로 정리하면 다음과 같다. 따라서 박 부장은 파주, 최 과장은 인천, 정 대리는 대전, 김 사원은 부산으로 출장가게 된다.

구분	파주	인천	대전	부산
박 부장	○	×	×	×
최 과장	×	○	×	×
정 대리	×	×	○	×
김 사원	×	×	×	○

35 　　　　　　　　　　　　답 ③

조건 2, 3, 4에 의해 G의 자리는 B와 다른 라인이면서 A와 가장 멀리 떨어져야 하므로 ◎, A의 자리는 G와 가장 멀리 떨어진 ㉠, E의 자리는 G의 바로 옆인 ㉯이 된다. 조건 5에 의해 F의 자리는 ㉡, C의 자리는 ㉾이 된다. D의 자리는 ㉢ 혹은 ㉺이 된다. 이를 그림으로 정리하면 다음과 같다.

㉠	㉡	㉢	㉣
A	F	(D)	B
통로			
㉤	㉥	㉦	◎
(D)	C	E	G

따라서 D의 자리가 F와 B 사이인 ㉢이 될 수 있으나 ㉤이 될 수도 있으므로 'D는 F와 B 사이에 있다.'는 알 수 없다.

36 　　　　　　　　　　　　답 ④

K씨의 허리둘레는 90cm로 정상 A 범위를 벗어나며, 해당 항목은 정상 B의 값이 없으므로 질환 의심으로 판정된다. 단위를 참고하여 K씨의 체질량지수를 계산하면 $85 \div 1.78^2 \fallingdotseq 26.8 kg/m^2$로 정상 B에 해당한다.

37 　　　　　　　　　　　　답 ③

㉠ AST와 ALT는 정상 A에 속하므로 양호하나, ɣ-GTP가 정상 B 범위에 속하므로 알콜성 간 질환에 주의해야 한다.
㉡ 식전혈당은 정상 B인 경계 수치이다.

38 　　　　　　　　　　　　답 ①

신입사원 업무 평가의 최종 점수를 구하면 다음과 같다.

(단위 : 점)

구분	A	B	C	D	E
총점	378	366	382	396	398

우선 1지망에서 개발부를 지원한 B와 C 중 C의 업무 평가 점수가 더 높으므로 C는 개발부에 배정된다. 마찬가지 방식으로 업무 평가 점수가 가장 높은 E는 인사부에 배정된다. 남은 A, B, D 모두 2지망에서 대외협력부를 지원하였으므로 이 중 평가 점수가 가장 높은 D가 대외협력부에 배정되고, B는 3지망인 영업부에 배정된다. 3지망으로 개발부를 선택한 A는 이미 C가 개발부에 배정되었으므로 총무부와 관리부 중 원하는 부서를 다시 선택하여야 한다.

39 　　　　　　　　　　　　답 ⑤

가중치에 따라 각 부지별 점수를 계산하면 다음과 같다.

(단위 : 점)

구분	A	B	C	D	E
유동인구	24	18	19.5	16.5	22.5
접근성	16.5	22.5	21	18	24
부지 넓이	14	16	15	18	10
편의시설	12	13	16	14	15
총점	66.5	69.5	71.5	66.5	71.5

C와 E의 총점이 같으나, E의 유동인구 점수가 C보다 더 높으므로 특판장 장소로 최종 결정되는 곳은 E이다.

40 　　　　　　　　　　　　답 ②

우선 D의 경우 JLPT의 등급이 N3 미만이므로 지원 조건에 미달한다. C는 입사일로부터 만 3년이 지나지 않았으며 E는 공고일 기준 6개월 내에 징계 이력(감봉)이 있어 지원할 수 없다. 따라서 A와 B만이 지원 조건에 적합한 상태인데 B의 JLPT 등급이 N2로 더 높다. JLPT 등급이 높은 사람을 우대한다고 하였으므로 둘 중 파견 가능성이 높은 사람은 B이다.

41　정답 ①

본사에서 각 거래처를 연결한 후에 해당 거래처에서 연결되는 거래처 중 가장 가까운 곳을 선택하면 경로 '본사-거래처 A-거래처 C-거래처 D-거래처 B-본사'가 6+13+11+17+9 =56km로, 최단 거리로 이동하는 최적의 경로이다.

② 본사-거래처 A-거래처 D-거래처 B-거래처 C-본사 : 6+17+17+21+10=71km
③ 본사-거래처 B-거래처 A-거래처 C-거래처 D-본사 : 9+15+13+11+13=61km
④ 본사-거래처 C-거래처 D-거래처 B-거래처 A-본사 : 10+11+17+15+6=59km
⑤ 본사-거래처 D-거래처 B-거래처 C-거래처 A-본사 : 13+17+21+13+6=70km

42　정답 ⑤

조건 2, 3에 의해 파란색 책은 초록색 책 바로 앞에 있고, 초록색 책은 검은색 책 바로 앞에 있으며, 빨간색 책은 막연히 초록색 책 앞에 있다고 했으므로 '빨간색-파란색-초록색-검은색' 순으로 꽂혀있음을 알 수 있다. 조건 1에 의해 갈색 책은 파란색 책보다 뒤에 있다고 하였으나, '파란색-초록색', '초록색-검은색'은 연달아 위치하므로 갈색 책은 가장 마지막에 위치하게 된다. 따라서 왼쪽부터 순서대로 '빨간색-파란색-초록색-검은색-갈색' 책 순서대로 꽂혀있으며, 오른쪽에서 두 번째에 꽂혀있는 책 표지의 색은 검은색이다.

43　정답 ④

대상독자기호는 아동 도서에 해당하므로 7을, 발행형태기호는 전집에 해당하므로 4를, 내용분류기호는 역사·지리·관광의 전기/족보에 해당하므로 990을 조합하여 74990을 붙인다.

44　정답 ⑤

우선 런던 내에서의 소요 시간을 통해 히드로 공항에 도착해야 하는 시간을 구하면 현지 시각으로 6월 10일 오전 7시 35분이며, 계산상의 편의를 위해 이때의 서울 시각을 구하면 6월 10일 오후 4시 35분이다. 출발 시각과 총 비행 시간에 따르면 B0942편과 C1073편, D4804편, E0035이 늦지 않게 도착할 수 있는 항공편이며, 이 중 가장 저렴한 것은 E0035편이다.

45　정답 ④

제시된 설명의 내용을 그림으로 정리하면 다음과 같다.

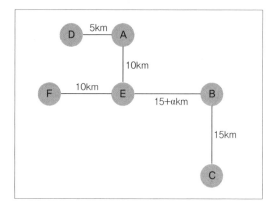

E와 B까지의 거리는 B에서 C까지의 거리보다 멀기 때문에 15+αkm이다. 따라서 가장 멀리 떨어진 도시는 C와 D이다.

46　정답 ③

8월 1일 오전 8시~8월 3일 오전 11시 출차이므로 1일권 2개와 3시간에 해당하는 요금을 내야 한다. 차량의 종류가 승합차(SUV)이고, 자차를 이용할 경우 회사에서 교통비 지원이 불가하기 때문에 김 과장이 지불해야 할 주차 요금은 (45,000×2)+(1,400×2×3)=98,400원이다.

47　정답 ①

8월 1일은 목요일, 8월 2일은 금요일이므로 승용차의 경우 1일권 금액이 각각 24,000원, 35,000원이고 3시간에 해당하는 요금이 추가된다. 회사 차량을 이용할 경우 발생한 교통비 중 50%를 지원받을 수 있으나 최대 30,000원까지 가능하므로 김 과장이 지불해야 할 주차 요금은 24,000+35,000+(1,200×2×3)-30,000=36,200원이다.

48　정답 ②

출장자별 출장여비를 계산하면 다음과 같다.
• A : 출장 기간은 4박 5일이며, 을지의 식비는 1일당 70달러, 숙박비 상한액은 80달러이다. 실지출 숙박비 초과분은 지급하지 않는다. → 70×5+80×4=670달러
• B : 출장 기간은 3박 4일이며, 병지의 식비는 1일당 80달러, 숙박비 상한액은 100달러이다. 실지출 숙박비 초과분은 지급하지 않는다. → 80×4+100×3=620달러
• C : 출장 기간은 2박 3일이며, 갑지의 식비는 1일당 100달러, 숙박비 상한액은 120달러이다. → 100×3+120×2=540달러
따라서 출장여비 지급액은 A-B-C 순으로 많다.

49 답 ⑤

당일특급 부가 이용 수수료는 기본 2,000원이나, 철도·항공운송 구간(제주지역 제외)을 이용하는 경우 기본 수수료에 3,000원을 합한 5,000원이다.

50 답 ⑤

방문접수로 크기 80~120cm, 무게 5~10kg인 소포를 익익배달로 보낼 경우 비용은 7,500원이며, 철도·항공운송 구간 없이 당일특급으로 보내는 것이므로 7,500+2,000＝9,500원이다.

① 방문접수이며, 크기 120~140cm, 제주지역이 아니고 다음 날까지 친구가 받아야 하므로 익일배달의 경우이다. 또한 안심소포로 보내는 것이므로 9,500+1,000＝10,500원의 비용을 내야 한다.

② 제주지역에서 크기 120~160cm, 무게 25~30kg의 등기소포를 접수 다음날로부터 2일 이내로 파주에 배달되게끔 할 것이며, 착불소포이므로 11,000+500＝11,500원의 비용을 내야 한다.

③ 방문접수로 소포 크기 60~80cm, 무게 2~5kg이므로 익일배달의 경우 6,000원이며, 총 수량이 2개이므로 6,000×2＝12,000원이다.

④ 크기 20+40+30＝90cm, 무게 4.8kg의 등기소포를 제주로 익일배달하는 경우 비용은 7,000원이며, 총 수량이 3개이므로 7,000×3＝21,000원이다.

PART

02

최종점검 모의고사
정답 및 해설

공 기 업 N C S 고 졸 채 용

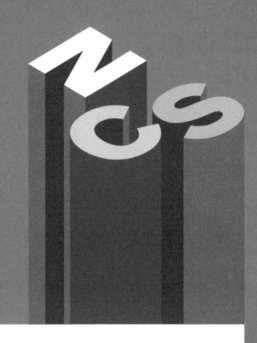

의사소통능력

01	02	03	04	05	06	07	08	09	10
①	③	③	②	③	④	③	④	⑤	④
11	12	13	14	15	16	17	18	19	20
②	⑤	③	③	②	③	①	③	④	②

01

답 ①

성공적인 의사소통을 위해서는 내가 가진 정보를 상대방이 이해하기 쉽게 표현하는 것도 중요하지만, 상대방이 어떻게 받아들일 것인가에 대해서도 고려해야 한다.

- ⊙, ⓒ 의사소통은 내가 상대방에게 메시지를 전달하는 과정이 아니라 상대방과의 상호작용을 통해 메시지를 다루는 과정이며, 정보전달 이상의 것이다.
- ⓔ 우리가 남들에게 일방적으로 언어 혹은 문서를 통해 의사를 전달하는 것은 의사소통이라고 할 수 없다.

02

답 ③

⊙은 기안서, ⓒ은 결산보고서, ⓒ은 기획서, ⓔ은 보도자료이다.

- 설명서 : 설명서는 상품의 특성이나 사물의 성질과 가치, 작동 방법 등을 설명하는 목적으로 작성하는 문서이다.
- 비즈니스 레터 : 사업상의 이유로 고객이나 단체에 보내는 편지. 개인 간의 연락이나 직접 방문하기 어려운 고객관리 등을 위해 사용되는 비공식적 문서지만, 제안서나 보고서 등 공식적인 문서를 전달하는 데도 사용된다.
- 공문서 : 정부 행정기관에서 대내적 혹은 대외적 공무를 집행하기 위해 작성하는 문서로 엄격한 규격과 양식에 따라 정당한 권리를 가진 사람이 작성해야 하며, 최종 결재권자의 결재가 있어야 문서로서의 기능이 성립된다.

보고서의 종류

- 영업보고서 : 재무제표와 달리 영업상황을 문장 형식으로 기재해 보고하는 문서
- 결산보고서 : 진행됐던 사안의 수입과 지출결과를 보고하는 문서
- 일일업무보고서 : 매일의 업무를 보고하는 문서

- 주간업무보고서 : 한 주간에 진행된 업무를 보고하는 문서
- 출장보고서 : 회사 업무로 출장을 다녀와 외부 업무나 그 결과를 보고하는 문서
- 회의보고서 : 회의 결과를 정리해 보고하는 문서

03

답 ③

- ⓒ 가.와 나.는 1. 사용목적의 하위 항목이므로 상위 항목의 위치에서 1자씩 오른쪽에서 시작해야 한다.
- ⓔ 쌍점의 왼쪽은 붙이고 오른쪽은 1타를 띄운다.
- ⓜ 날짜의 연 · 월 · 일 대신 온점으로 표시하여 '2024. 12. 27.'과 같이 써야 한다.
- ⓐ 첨부물이 있는 경우 첨부 표시문 끝에 1자를 띄우고 '끝.'표시를 해야 한다.

04

답 ②

문서의 첨부자료는 반드시 필요한 자료 외에는 첨부하지 않도록 한다.

문서 작성 시 주의사항

- 문서는 육하원칙에 의해서 써야 한다.
- 문서는 그 작성 시기가 중요하다.
- 문서작성 후 반드시 다시 한번 내용을 검토해야 한다.
- 문서 내용 중 금액, 수량, 일자 등의 기재에 정확성을 기하여야 한다.
- 문장표현은 작성자의 성의가 담기도록 경어나 단어 사용에 신경을 써야 한다.

05

답 ③

밑줄 친 단어는 '어떤 일의 결과가 주어지거나 이루어진다'는 의미로 사용되었다.

① 태도나 주장을 겉으로 드러내다.
② 받거나 치러야 할 돈 따위가 주어지거나 물려지다.
④ 자라나서 배출되다.
⑤ 무대나 작품 따위에 등장하다.

06 정답 ④

보고서는 특정 일에 관한 현황이나 그 진행 상황 또는 연구·검토 결과 등을 보고할 때 쓰는 문서로 직장 내에서 주고 받는 문서이다. 전문용어는 조직 내에서 사용할 때 서로 이해하는 데 문제가 없으므로 사용해도 무방하다.

07 정답 ③

해당 보고서에는 출장목적이 분명하게 명시되어 있지 않으며, 보고내용에도 거래처와 계약을 체결했다는 언급만 있을 뿐, 신제품 홍보가 출장의 주목적임을 확인할 수 없다.
① 출장 인원에서 영업팀 박○○ 과장, 서○○ 대리 2인이 출장자임을 알 수 있다.
② 출장일시는 11월 24일부터 28일까지 4박 5일간이며, 보고서 작성일은 다음 날인 11월 29일이다.
④ 첨부 자료인 출장비 내역서를 통해 지출 내역을 확인할 수 있다.
⑤ 보고 내용을 통해 신규 거래처 D, E와 거래 약정을 합의하였음을 알 수 있다.

08 정답 ④

원활한 의사소통을 위해 자주 사용하는 표현을 다른 표현으로 바꿔 볼 수 있도록 노력해야 한다.

09 정답 ⑤

공문서는 대외문서이며 장기간 보관되는 문서이므로 정확하게 기술해야 한다.

10 정답 ④

기초외국어능력은 외국인과 간단하게 이메일이나 팩스로 업무 내용에 대해 상호 소통할 수 있는 정도를 의미한다.

11 정답 ②

스마트 팩토리는 4차 산업에 해당되는 유형이다. 본문 마지막 부분에 3차 산업은 소품종 대량 생산 체제라는 내용이 언급되어 있으므로 ⊙은 스마트 팩토리의 특징이라 볼 수 없다.
ⓒ 4문단에 의하면 스마트 팩토리는 다품종 맞춤형 생산을 특징으로 한다.
ⓒ 4문단에 의하면 스마트 팩토리에서는 공정이 모듈별로 진행되어 문제가 생겨도 생산라인 전체가 중단되지 않고, 공정 순서를 바꿔서 진행한다.
ⓔ 4문단에서 제품 생산 과정 중 인공지능을 탑재한 제품이 스스로 이동한다는 내용을 언급하였다.
ⓜ 2문단에 의하면 스마트 팩토리는 사람과 기계, 제품 간에 연결망을 구축하여 실시간으로 정보를 교환하는 것이 특징이다.

12 정답 ⑤

ⓐ의 '만들다'는 '새로운 상태를 이루어 내다'를 의미한다.
①, ② 노력이나 기술 따위를 들여 목적하는 사물을 이루다.
③ 규칙이나 법, 제도 따위를 정하다.
④ 말썽이나 일 따위를 일으키거나 꾸며 내다.

13 정답 ③

동영상에 대해 설명하는 (나)가 첫 번째로 와야 하며 그 다음으로 동영상의 화면에 대한 설명이 이어지는 (가)가 와야 한다. (가)에서는 화면 속 점인 화소를 설명하고 있으며 마지막 문장인 '동영상 압축에서는 원래의 화소 값들을 여러 개의 성분들로 형태를 변환한 다음, 화질에 거의 영향을 미치지 않는 성분들을 제거하고 나머지 성분들만을 저장한다.' 이후에 '압축 전후의 화소 개수'로 문단을 시작하는 (다)가 와야 한다. (라)의 내용 중 '위의 과정'을 통해 마지막에 위치해야 함을 알 수 있다. 따라서 (나)-(가)-(다)-(라)가 올바르게 나열한 순서라고 할 수 있다.

14 정답 ③

화소 간 중복을 제거하면 화소 값 중 변환된 성분의 저장 개수가 줄어들게 되지만 화소의 개수에는 변화가 없다. 즉, 화소의 개수가 아니라 그 화소의 변화에 대한 데이터가 줄어드는 것이다.

15
답 ②

2문단에 의하면 고속차량의 운전자 경계장치는 열차의 속도가 제한된 규정속도보다 3km/h를 초과하였다는 정보를 전달받아 운전경계장치 감지기를 울리면 카운터가 시작된다. 이때 기장이 2.5초 동안 어떤 감지기도 접촉하지 않았다면 경고음이 발생하고, 경고음 소리를 듣고도 5초가 아닌 2.5초 동안 반응하지 않는다면 비상제동과 운전경계장치 동작표시등이 점등된다고 언급한다.

① 1문단에 의하면 운전경계장치는 기관사가 제어대에서 손을 떼거나 일정시간 내 운전경계스위치를 작동시키지 않을 경우, 기관사가 경고를 무시할 경우에 자동으로 비상제동이 체결되어 열차를 정지시킨다고 언급한다.

③ 2문단에 의하면, 기장이 계속해서 1분 정도 감지기를 접촉하고 있으면 경고벨 소리가 작동되며, 30초 내에 기장이 알람취소 버튼을 누르지 않았다면 관제실로 통보된다.

④ 3문단에 의하면 청색등이 점등되었는데도 기관사가 (스위치에서 손을 떼는) 반응을 하지 않으면 2.5초 후에 경고음이 울리고, 이로부터 2.5초 후에 견인력 차단 및 비상제동이 체결되므로 청색등 점등 후 5초 동안 기관사의 반응이 없으면 견인력이 차단되고 비상제동이 체결됨을 알 수 있다.

⑤ 3문단에 의하면 전기기관차의 운전자 경계장치는 열차가 규정속도보다 5km/h 이상의 속도를 낼 때 동작이 가능하도록 설계되어 있다.

16
답 ③

ⓐ의 '들어오다'는 '전기나 수도 등의 시설이 설치되거나 공급되다'를 의미한다.

① 어떤 범위의 밖에서 안으로 이동하다.
② 어떤 범위나 기준 안에 포함되다.
④ 어떤 내용이 이해되어 기억에 남다.
⑤ 어떤 단체의 구성원이 되다.

17
답 ①

이 글의 1문단에서는 남극 빙하가 과거 지구에 관한 기초 자료를 보존하고 있으며 과학자들은 이로부터 현재 지구의 문제에 대한 중요한 정보를 얻고 있다고 했다. 이어지는 문단에서는 이러한 기초 자료를 분석하는 방법을 설명하고 있다. 따라서 글의 내용을 가장 적절하게 반영한 제목은 ①이다.

18
답 ③

2문단의 '한 언어의 화자들이 모두 같은 곳에서 대화하는 것은 사실상 불가능하기 때문에 언어권 내에서 더 작은 규모의 커뮤니티가 형성되는 것은 자연스러운 일이다.'라는 문장을 통해서 한 언어권 안에는 일부만을 아우르는 여러 사회성이 존재할 수 있음을 유추할 수 있다.

19
답 ④

1문단을 통해 '발생한 모든 것은 이미 다른 어떤 것에 의해 결정된 것이며, 그 원인을 지닌다'라고 주장한 강한 결정론자들도 있음을 알 수 있다.

① 2문단에 의하면 결정론자들은 우리에게는 도덕적 책임을 위해 필요 불가결한 조건인 자유의지가 없으므로 자유의지뿐만 아니라 도덕적인 책임과도 양립될 수 없다고 본다.

② 4문단에 의하면 Hospers는 사람의 행위가 욕구와 충동에 의해 야기된다고 할지라도 이는 자유의지가 아닌 우리 내부의 무의식적인 힘에 의한 것으로 본다.

③ 1문단에 의하면 양립불가능성은 흔히 자유의지론자들이나 강한 결정론자들에 의해 제기된다.

⑤ 4문단에 의하면 그는 유아시절에 형성되는 무의식적인 힘에 의해 행위가 야기된다는 점을 강조한다.

20
답 ②

㉠의 앞부분을 보면 강한 결정론자들은 의지의 세계에서도 선택의 자유는 없다고 주장하였음을 설명하고 있다. 이어서 ㉠의 뒷부분을 보면 자유의지를 가지고 어떤 일을 선택하거나 행한다는 것이 불가능함을 설명하며, 앞서 설명한 내용을 정리하고 있다. 따라서 ㉠에는 접속사 '즉'이 들어가는 것이 가장 적절하다.

㉡이 속한 문단의 전반적인 내용은 강한 결정론을 지지하는 Hospers의 의견에 관한 것으로 ㉡의 앞부분을 보면 무의식적인 동기와 갈등이 사람의 행동을 불러일으키고, 우리 내부의 힘이 행위를 결정한다고 주장하였음을 설명하고 있다. 이와 마찬가지로 ㉡의 뒷부분을 보면 욕구와 충동에 의한 것들도 모두 다 무의식적인 힘에서 유래하는 것임을 설명하며 그의 의견을 제시하고 있다. 따라서 ㉡에는 병렬관계를 나타내는 접속사인 '또한'이 들어가는 것이 가장 적절하다.

01	02	03	04	05	06	07	08	09	10
③	⑤	①	②	③	③	①	③	④	③
11	12	13	14	15	16	17	18	19	20
⑤	④	②	①	②	④	②	③	③	⑤

01
답 ③

2023년 공연예술 활동 건수는 $1,547+5,721+1,330=8,598$건이고, 국악예술 활동 건수는 $\frac{1,547}{8,598}\times100≒18\%$를 차지한다.

① 2023년에 비해 2024년 문화예술 활동 건수는 국악을 제외하고 모든 분야에서 증가했다.

② 2023년 문화예술 활동 건수는 다음과 같다.
- 시각예술 : 13,207건
- 문학 : 9,865건
- 공연예술 : $1,547+5,721+1,330=8,598$건

따라서 시각예술, 문학, 공연예술 순으로 비중이 크다.

④ 2024년 문화예술 활동 건수는 $11,785+13,260+1,498+6,721+1,982=35,246$건이므로 문학 활동 분야는 $\frac{11,785}{35,246}\times100≒33\%$이다.

⑤ 2024년 무용 예술활동 건수는 작년 대비 $\frac{1,982-1,330}{1,330}\times100≒49\%$ 증가하였다.

02
답 ⑤

주어진 그래프에서 빈칸에 들어갈 비중은 $100-(35+7+7+40)=11\%$이다.
전체 교통사고 건수가 37천 건이므로 이 중 11%는 다음과 같다.
따라서 차도통행 중 교통사고 건수는 $37,000\times0.11=4,070$건이다.

03
답 ①

$(0.25+0.25+0.25+0.25)-\left(\frac{1}{125}+\frac{1}{125}+\frac{1}{125}+\frac{1}{125}+\frac{1}{125}\right)$
$=4\times0.25-5\times\frac{1}{125}=1-0.04=0.96$

04
답 ②

ㄱ. 남성의 경우 규칙적인 체육활동은 주 3회 이하가 $37.4+31.2=68.6\%$로 전체의 반 이상을 차지한다.

ㄷ. 주 4회 이상 체육활동을 참여하는 연령별 비율은 다음과 같다.
- 20대 : $11.5+11=22.5\%$
- 30대 : $10.1+14.3=24.4\%$
- 40대 : $15.7+5.6=21.3\%$
- 50대 : $20+8.2=28.2\%$
- 60대 : $21.5+14.1=35.6\%$
- 70세 이상 : $20.8+4.3=25.1\%$

따라서 60대가 가장 활발하다.

ㄴ. 연령이 올라갈수록 매일 체육활동을 참여하는 비율은 늘어나기도, 줄어들기도 한다.

ㄹ. 70대 이상은 주 1회 이하 체육활동을 참여하는 비율은 주 4~6회 체육활동을 참여하는 비율보다 $\frac{49.8}{20.8}≒2.4$배 더 높다.

05
답 ③

연 2회 문화예술을 관람하는 남성은 $4,577\times0.156≒714$명이고, 여성은 $5,562\times0.164≒912$명이다. 따라서 여성은 남성보다 약 198명 더 많다.

① 문화예술 관람 경험이 없는 남성은 $4,577\times0.476≒2,179$명이고, 여성은 $5,562\times0.489≒2,720$명이므로 여성이 더 많다.

② 연 3회 문화예술을 관람하는 여성은 $5,562\times0.113≒629$명이다.

④ 여성 중 문화예술 관람 경험이 없는 사람은 $5,562\times0.489≒2,720$명이고, 있는 사람은 $5,562-2,720=2,842$명이므로 약 122명 정도 차이가 난다.

⑤ 남성 중 연 1회 문화예술을 관람한 사람은 $4,577\times0.092≒421$명, 연 4회 이상 문화예술을 관람한 사람은 $4,577\times0.165≒755$명이다. 따라서 연 1회 문화예술을 관람한 사람은 연 4회 이상 문화예술을 관람한 사람보다 $\frac{755}{421}≒1.8$배 정도 적다.

06
답 ③

전체 가동업체 수를 구해보면 $5+118+10+181+123+35+102+31+75=680$개이다. 이 중 폐지류 가동업체는 181개이므로 $\frac{181}{680}\times100≒27\%$이다.

07

나열된 수들의 규칙을 찾으면 다음과 같다.

(31)	→	124	→	372	→
	×4		×3		×4
1,488	→	4,464	→	17,856	
	×3		×4		

따라서 빈칸에 들어갈 수는 $124÷4=31$이 적절하다.

08

답 ③

어제 남자 참석자를 x명, 여자 참석자를 y명이라고 하면

$x+y=120$

$1.2x+0.7y=114$

두 식을 연립하면 $x=60$, $y=60$

따라서 어제 참석자 중 여자는 60명이다.

09

답 ④

2022년 대비 2024년 도유지 국토면적은 $\dfrac{2,813-2,779}{2,779}×100$ $≒1.22\%$ 증가했다.

① 2024년 개인 명의로 등록된 토지 면적은 국가 명의로 등록된 표지 면적의 $\dfrac{51,260}{25,269}≒2.03$배이다.

② 2022년 법인 및 비법인 국토면적은 전체 국토면적의 $\dfrac{6,788+6,566}{100,254}×100≒13.3\%$이다.

③ 조사기간 동안 기타를 제외한 국토면적의 크기 순서는 모두 동일하다.

⑤ 조사기간 동안 꾸준히 국토면적이 증가한 곳은 국유지, 도유지, 군유지, 법인, 기타로 5곳이다.

10

답 ③

2021년 대비 2024년 베트남 결혼이민자는 $\dfrac{42,205-35,355}{35,355}×$ $100≒19.4\%$ 증가했다.

① 조사기간 동안 국적별 전체 결혼이민자는 꾸준히 증가하여 $155,457-141,654=13,803$명 증가했다.

② 2024년 국적별 결혼이민자는 기타를 제외하고 중국, 베트남, 일본, 필리핀 순으로 많다.

④ 2022년 결혼이민자 중 중국 결혼이민자는 $\dfrac{64,173}{144,681}×100$ $≒44\%$를 차지한다.

⑤ 2023년 결혼이민자 중 작년 대비 증감은 다음과 같다.

- 중국 : $\dfrac{60,663-64,173}{64,173}×100≒-5.5\%$

- 베트남 : $\dfrac{39,725-37,516}{37,516}×100≒5.9\%$

- 필리핀 : $\dfrac{12,603-8,367}{8,367}×100≒50.6\%$

- 일본 : $\dfrac{11,367-11,162}{11,162}×100≒1.8\%$

- 기타 : $\dfrac{26,951-23,463}{23,463}×100≒14.9\%$

따라서 가장 많이 증가한 곳은 필리핀이다.

11

답 ⑤

2023년 총 인구 수를 x만 명이라고 하면, 총 서점 수가 11.3만 개일 때 인구 10만 명당 서점 수가 222개이므로 $x=\dfrac{1,130,000}{222}$, $x=5,090$만 명이다.

2024년 총 인구 수는 작년 대비 0.05% 증가했으므로 $5,090×$ $(1+0.0005)≒5,093$만 명이다.

따라서 총 인구 5,093만 명일 때 총 서점 수가 11.5만 개이므로 인구 10만 명당 서점 수는 $\dfrac{1,150,000}{5,093}≒226$개이다.

12

답 ④

먼저 5개 시도별 15세 이상 인구＝경제활동인구＋비경제활동인구이므로 구해 보면 다음과 같다.

- 서울 : $5,424+3,044=8,468$천 명
- 부산 : $1,751+1,169=2,920$천 명
- 대구 : $1,269+827=2,096$천 명
- 인천 : $1,755+914=2,669$천 명
- 광주 : $808+470=1,278$천 명

이때 각 도시별 경제활동참가율을 구하면 다음과 같다.

- 서울 : $\dfrac{5,424}{8,468}×100≒64\%$

- 부산 : $\dfrac{1,751}{2,920}×100≒60\%$

- 대구 : $\dfrac{1,269}{2,096}×100≒61\%$

- 인천 : $\dfrac{1,755}{2,669}×100≒66\%$

- 광주 : $\dfrac{808}{1,278}×100≒63\%$

따라서 인천의 경제활동참가율이 가장 높다.

13
답 ②

원가를 x라고 하면 정가는 $1.5x$이다.

$1.5x \times 0.7 = x + 1,500$, $x = 30,000$

따라서 원가는 30,000원이고 정가는 $30,000 \times 1.5 = 45,000$원이다.

14
답 ①

기차의 길이를 x라고 하면

$1,300 + x = 75$초 ····················· ㉠

$400 + x = 25$초 ····················· ㉡

㉠－㉡을 계산하면 900m를 통과하는 데 50초가 걸렸다.

따라서 KTX의 속력은 $\frac{900}{50} = 18$m/s이다.

15
답 ②

지하철 이용 비중이 두 번째로 큰 지역은 53.7%인 D시이다.
① 지하철이 없는 지역은 지하철 이용 비중이 0인 H시이다.
③ 시내버스의 이용 비중이 50% 넘는 지역은 B시, C시, E시, F시, G시, H시로 6개다.
④ E시의 인구가 100만 명이라고 하면 지하철을 이용하는 인구는 100만 명×0.188=188,000명이다.
⑤ 시내버스와 지하철 이용 비중의 차이가 가장 적은 곳은 $50.7 - 49.3 = 1.4$%p인 B시이다.

16
답 ④

농도 12% 소금물 300g에 소금의 양은 $300 \times 0.12 = 36$g이다.

이 소금의 양으로 농도 9%를 만들려면 $\frac{36}{0.09} = 400$g의 소금물이 필요하다.

따라서 $400 - 300 = 100$g의 물을 추가하면 된다.

17
답 ②

3번의 시행에서 모두 흰 공을 뽑을 확률은 다음과 같다.

• 첫 번째 시행에서 뽑을 확률 : $\frac{4}{6}$

• 두 번째 시행에서 뽑을 확률 : $\frac{3}{5}$

• 세 번째 시행에서 뽑을 확률 : $\frac{2}{4}$

구하고자 하는 확률은 $\frac{4}{6} \times \frac{3}{5} \times \frac{2}{4} = \frac{1}{5}$이다.

18
답 ③

30대 여성의 수는 $287,914 + 165,867 + 357,346 + 21,091 = 832,218$명이고 그중 주 5~7회 음주하는 사람은 $\frac{21,091}{832,218} \times 100 \fallingdotseq 2.5$%를 차지한다.
① 여성의 경우 나이가 들수록 음주를 하지 않는 사람이 $149,643 \rightarrow 287,914 \rightarrow 400,173$명으로 증가했다.
② 주 2~4회 음주를 하는 20대 남성은 40대 남성보다 $\frac{829,295}{195,004} \fallingdotseq 4.3$배 적다.
④ 주 1회 음주하는 40대 남성과 여성의 차는 $357,518 - 229,283 = 128,235$명이다.
⑤ 20대 남성 중 음주하는 사람은 $146,562 + 195,004 + 13,160 = 354,726$명이다.

19
답 ③

주 1회 음주를 하는 20대 대비 30대 남녀 수의 변화율은 다음과 같다.

• 남성 : $\frac{290,656 - 146,562}{146,562} \times 100 \fallingdotseq 98$%

• 여성 : $\frac{165,867 - 129,936}{129,936} \times 100 \fallingdotseq 28$%

20
답 ⑤

2024년 연령별 비만율은 다음과 같다.

(단위 : %)

구분	2024년
20대	27.2
30대	34.2
40대	38.3
50대	40.2
60대 이상	37.5

이를 그래프로 바르게 표현하면 다음과 같다.

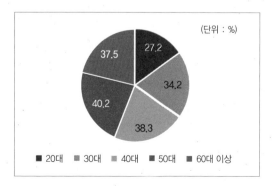

01	02	03	04	05	06	07	08	09	10
①	⑤	②	③	①	③	④	①	③	③
11	12	13	14	15	16	17	18	19	20
②	②	①	④	③	③	②	⑤	②	①

01 　답 ①

㉠은 잠재 문제, ㉡은 예측 문제, ㉢은 발견 문제이다.

02 　답 ⑤

목표와 현상의 차이이자 해결이 필요한 사항은 문제점이 아니라 문제이다. 문제점은 문제의 근본 원인이 되는 사항으로 문제해결을 위해서 조치가 필요한 대상으로 문제의 발생을 미리 방지할 수 있는 사항이다.

03 　답 ②

문제해결의 장애 요인으로는 문제를 철저하게 분석하지 않는 경우, 고정관념에 얽매이는 경우, 쉽게 떠오르는 단순한 정보에 의지하는 경우, 너무 많은 자료를 수집하려고 노력하는 경우가 해당한다. 어떤 문제가 발생하였을 때 성급하게 판단하지 않고 문제의 본질을 명확하게 분석하여 대책을 수립하는 경우 문제를 해결하는 데 장애가 되지 않는다.

04 　답 ③

빈칸에 들어갈 용어는 '퍼실리테이션(facilitation)'이다. 사실과 원칙을 기반으로 구성원에게 지도와 설득을 통해 전원이 합의하는 일치점을 추구하는 것은 하드 어프로치이다.

05 　답 ①

다른 사람을 공감시켜 움직일 수 있게 하는 것은 논리적 사고이다. 논리적 사고는 사고의 전개에서 전후 관계가 일치하는지 살피고 아이디어를 평가하는 능력이다. 다른 사람을 공감시켜 움직일 수 있게 하고, 짧은 시간에 헤매지 않고 사고할 수 있으며, 행동을 하기 전 생각할 수 있게 하여 설득을 쉽게 할 수 있게 한다.

06 　답 ③

논리적 사고의 개발 방법 중 피라미드 구조화 방법에 대한 설명이다.
①, ⑤ 창의적 사고의 개발 방법 중 비교발상법에 대한 설명이다.
②, ④ 창의적 사고의 개발 방법 중 강제연상법에 대한 설명이다.

07 　답 ④

㉠은 비판적 사고, ㉡은 체계성, ㉢은 지적 회의성이다.

08 　답 ①

SWOT 분석은 내부 환경 요인인 강점(Strength)과 약점(Weakness), 외부 환경 요인인 기회(Oppotunities)와 위협(Threats)을 분석하고 전략과 문제해결 방안을 개발한다. 전략 수립 방법으로는 SO 전략, ST 전략, WO 전략, WT 전략이 있다.

09 　답 ③

문제해결 절차는 '문제 인식 → 문제 도출 → 원인 분석 → 해결안 개발 → 실행 및 평가'이다. 가장 먼저 이루어지는 문제 인식 단계의 절차는 '환경 분석 → 주요 과제 도출 → 과제 선정'이고, Business System상 거시 환경 분석이 가장 먼저 이루어져야 한다.

10 　답 ③

주어진 〈조건〉을 정리하면 다음과 같다.
• ~국어 → ~미술(대우 : 미술 → 국어)
• 국어 → ~수학(대우 : 수학 → ~국어)
• 과학 → 수학(대우 : ~수학 → ~과학)
정리된 내용을 종합하면 '과학 → 수학 → ~국어 → ~미술'이고, 그 대우는 '미술 → 국어 → ~수학 → ~과학'이다. 따라서 '미술을 좋아하면 과학을 좋아하지 않는다.'는 항상 참이다.

11 　답 ②

조건1, 5에 의해 A는 체험 부스에 참여하지 않고, B와 H는 체험 부스에 참여한다. 조건2에 의해 D와 G과 체험 부스에 참여하고, 조건4에 의해 F는 체험 부스에 참여하지 않는다. 조건3에 의해 C와 E가 체험 부스에 참여하게 되므로 체험 부스에 참여하지 않는 사람은 'A와 F'이다.

12

정답 ②

A~E 5명 중 1명이 이사를 한 경우를 각각 가정하면 다음과 같다.

구분	A가 이사	B가 이사	C가 이사	D가 이사	E가 이사
A의 진술	거짓	참	거짓	거짓	거짓
B의 진술	거짓	거짓	참	거짓	거짓
C의 진술	참	참	거짓	참	참
D의 진술	거짓	거짓	거짓	거짓	참
E의 진술	참	참	참	참	거짓

B가 이사를 한 경우에만 거짓말을 하는 사람이 2명이 되므로 이사를 한 사람은 B, 거짓말을 한 사람은 B와 D이다.

13

정답 ①

진술1~3에 모두 뉴욕이 포함되어 있으므로, 이를 기준으로 정리하면 다음과 같다.

- A의 근무지가 뉴욕 : 진술1에 의해 D의 근무지는 두바이가 아니다. 진술2, 3에서 B와 C의 근무지가 뉴욕이라는 진술이 거짓이 되므로, C의 근무지는 홍콩, D의 근무지는 도쿄, B의 근무지는 두바이가 된다.
- B의 근무지가 뉴욕 : 진술1에 의해 D의 근무지는 두바이가 된다. 진술3에서 C의 근무지가 뉴욕이라는 진술이 거짓이 되므로 D의 근무지는 도쿄가 되는데 이는 진술1과 모순이 된다.
- C의 근무지가 뉴욕 : B의 근무지가 뉴욕인 경우와 동일하게 모순이 된다.

따라서 A는 뉴욕, B는 두바이, C는 홍콩, D는 도쿄에서 근무한다.

14

정답 ④

조건1에 의해 A>C+F이고, 조건2에 의해 A=(D+F)/2임을 고려하였을 때 D>A>F가 된다. 이를 포함하여 주어진 〈조건〉에 따라 헌혈 횟수가 많은 순서대로 나열하면 다음과 같다.

1	2	3	4	5	6	7
B	G	D	A	F	C	E

15

정답 ③

조건3, 4에 의해 모두 반대편 가로줄로 이동하게 되며, 네 개의 모퉁이 자리에는 경, 병, 신, 을이 앉게 된다. 조건5에 의해 기는 같은 세로줄이라고 했으므로 변경 전 을의 자리로 이동한다. 기의 옆자리 중 모퉁이 자리가 신, 변경 전 병의 자리가 무의 자리가 된다. 을의 자리는 변경 전 신의 자리가 되며, 가로줄이 모두 바뀐다는 조건에 의해 변경 전 정의 자리에는 경이, 무의 자리에는 병이 위치하게 된다. 이를 포함하여 정리하면 다음과 같다.

신	기	무	경
병	정 or 갑	정 or 갑	을

따라서 '경과 마주 보고 앉은 사람은 을이다'는 항상 참이다.

16

정답 ③

달력에 직원별 업무 일정과 휴가 희망일을 반영하면 다음과 같다.

일	월	화	수	목	금	토
			1 A부장 출장 F사원 휴가	2 A부장 출장 F사원 휴가	3 D대리 휴가 F사원 휴가	4
5	6 D대리 휴가 F사원 휴가	7 D대리 휴가	8 D대리 휴가	9 D대리 휴가 C과장 세미나	10 C과장 세미나 F사원 세미나	11
12	13 A부장 휴가 F사원 세미나	14 A부장 휴가 E주임 휴가	15 광복절	16 A부장 휴가 E주임 휴가	17 A부장 휴가 E주임 휴가	18
19	20 E주임 휴가	21 B차장 휴가 D대리 출장	22 B차장 휴가 D대리 출장	23 B차장 휴가 C과장 휴가	24 B차장 휴가 C과장 휴가	25
26	27 C과장 휴가	28 C과장 휴가 E주임 세미나	29 B차장 교육 C과장 휴가 E주임 세미나	30 E주임 세미나	31	

휴가 운영 규정에 따르면 영업부 총 직원 6명 중 최소 4명은 반드시 근무해야 하며, 휴가 외 업무 일정은 조정이 불가능하므로 8월 10일과 29일에는 모든 직원이 휴가를 쓸 수 없다. 따라서 8월 29일에 휴가인 C과장은 휴가 일정을 조정해야 한다.

17

변경된 출장 일정을 반영하여 달력을 수정하면 다음과 같다.

일	월	화	수	목	금	토
			1 F사원 휴가	2 F사원 휴가	3 D대리 휴가 F사원 휴가	4
5	6 D대리 휴가 F사원 휴가	7 A부장 출장 D대리 휴가	8 A부장 출장 D대리 휴가	9 D대리 휴가	10 F사원 세미나	11
12	13 A부장 휴가 F사원 세미나	14 A부장 휴가 E주임 휴가	15 광복절	16 A부장 휴가 E주임 휴가	17 A부장 휴가 E주임 휴가	18
19	20 C과장 세미나 E주임 휴가	21 B차장 휴가 C과장 세미나 D대리 출장	22 B차장 휴가 D대리 출장	23 B차장 휴가 C과장 휴가	24 B차장 휴가 C과장 휴가	25
26	27 C과장 휴가 E주임 세미나	28 C과장 휴가 E주임 세미나	29 B차장 교육 C과장 휴가	30	31	

8월 21일을 보면 C과장과 D대리의 업무 일정이 잡혀 있고, B차장은 휴가이다. 업무 일정의 경우 조정이 불가능하고, 반드시 최소 4명의 직원이 근무해야 하므로 8월 21일 B차장의 휴가 일정을 조정해야 한다.

18

조건에 따른 점수를 부여하면 다음과 같다.

구분	룸 크기	1박당 가격	등급	부대시설	총점
A호텔	5점	4점	1점	3점	13점
B호텔	1점	2점	5점	3+3=6점	14점
C호텔	2점	3점	3점	3점	11점
D호텔	3점	1점	5점	3+3=6점	15점
E호텔	4점	5점	3점	3점	15점

E호텔과 D호텔의 점수가 동일하므로 룸의 크기가 큰 호텔을 선정해야 한다. 따라서 직원들의 숙소로 선정된 호텔은 E호텔이다.

19

우선 지출한 총액은 18+6+8+10+8+10+3=63만 원이다. 카드별 할인 적용은 다음과 같다.

- A카드 : 대형마트(18만 원×0.10=18,000원) 할인과 극장 할인(10,000원)만 하더라도 이미 2만 원이 초과하나 이용실적이 50만 원 이상 70만 원 미만이므로 최대 2만 원까지만 할인받을 수 있다.
- B카드 : 통신(휴대전화)요금 8만 원×0.10=8,000원, 도시가스 및 전기료 10만 원×0.10=10,000원, 대형마트 18만 원×0.10=18,000원으로 총 3만 6,000원을 할인받을 수 있다.
- C카드 : 통신요금 10,000원, 대중교통 8,000원, 극장 10,000원 할인 적용되어 총 2만 8,000원을 할인받는다.
- D카드 : 이용실적이 70만 원 미만이므로 할인 혜택을 적용받을 수 없다.

따라서 할인 혜택이 가장 높은 카드는 B카드이고, 할인 혜택이 가장 낮은 카드는 D카드이다.

20

영화 관람비용이 총 10만 원으로 늘어나면 이용실적은 70만 원이 된다.

- A카드 : 할인 한도가 상향되어 최대 3만 원까지 할인받을 수 있으나, 기존 B카드의 할인 한도보다 낮은 금액이다.
- B카드 : 극장에 대한 할인 혜택이 있으나, 최대 10,000원 월 1회 제한이 있어 기존과 동일하게 38,000원을 할인받는다.
- C카드 : 극장에 대한 할인 혜택이 있으나, 최대 10,000원 월 1회 제한이 있어 기존과 동일하게 28,000원을 할인받는다.
- D카드 : 이용실적의 변화로 인해 기존과 할인 혜택이 달라진다. 커피전문점 6,000원×0.3=1,800원 할인을 총 10회 이용하였으므로 최대 15,000원, 대중교통 10,000원, 온라인 쇼핑몰 10만 원×0.10=10,000원, 극장 10만 원×0.30=30,000원 할인 적용되므로 총 6만 5,000원을 할인받을 수 있다.

따라서 할인 혜택이 가장 높은 카드는 D카드, 할인 혜택이 가장 낮은 카드는 C카드가 된다.

02 최종점검 모의고사 2회

의사소통능력

01	02	03	04	05	06	07	08	09	10
②	④	①	①	③	⑤	①	③	④	④
11	12	13	14	15	16	17	18	19	20
④	③	③	②	③	④	②	②	④	②

01 답 ②

비언어적인 의사소통은 조금만 주의를 기울이면 상대방의 의도나 감정 상태를 쉽게 알 수 있다. 보통 의사소통에서 어조가 높다는 것은 만족과 안심의 상태가 아니라 흥분과 적대감을 나타내는 것이므로 주의해야 한다.

02 답 ④

기획서는 적극적으로 아이디어를 내고 기획해 하나의 프로젝트를 문서형태로 만들어 상대방에게 기획의 내용을 전달하고 이를 시행하도록 설득하는 문서로, 목적을 달성할 수 있는 핵심사항이 명확하게 제시되어야 한다. 기획서에 인용한 자료의 출처는 반드시 밝혀야 하며, 그 출처가 정확한지도 확인해야 한다.

03 답 ①

㉠ 수취확인서는 문서적인 의사소통에 해당한다.
㉡ 수취 확인 문의 전화는 언어적인 의사소통에 해당한다.
㉢ 업무 지시 메모는 문서적인 의사소통에 해당한다.
㉣ 거래 주문서는 문서적인 의사소통에 해당한다.
㉤ 주간업무보고서는 문서적인 의사소통에 해당한다.

04 답 ①

피드백은 상대방이 원하면 대인관계에서의 그의 행동을 개선할 기회를 제공해 줄 수 있으며, 긍정적인 면과 부정적인 면을 균형 있게 전달해야 한다.
㉡ 전문용어는 그 언어를 사용하는 집단 구성원들 사이에 사용될 때에는 이해를 촉진시키지만, 조직 밖의 사람들에게는 의외의 문제를 야기할 수 있으므로 주의해야 한다.
㉢ 단순히 상대방의 이야기를 들어주는 것과 경청은 다르다. 듣는 것은 수동적인 데 반해 경청은 능동적인 것으로 의사소통을 하는 양쪽 모두가 같은 주제에 관해 생각하는 것이다.
㉣ 피드백은 상대방에게 행동을 개선할 기회를 제공할 수 있지만, 부정적인 피드백만을 제공한다면 오히려 역효과가 발생할 수 있다. 따라서 피드백을 전달할 때는 긍정적인 부분과 부정적인 부분을 균형 있게 전달해야 한다.

05 답 ③

'왜'라는 질문은 보통 진술을 가장한 부정적 · 추궁적 · 강압적인 표현이므로 사용하지 않는 것이 좋다.

06 답 ⑤

본동사와 보조동사가 연결될 경우 띄어 쓰는 것이 원칙이나, 붙여서 표기하는 것도 허용된다. ㉤의 경우 '뿐'이 조사가 아닌 의존명사로 사용되었으므로 '빌려줬을 뿐이라며'와 같이 고쳐야 한다.

07 답 ①

② 토의는 여러 사람이 모여서 공통의 문제에 대하여 가장 좋은 해답을 얻기 위해 협의하는 말하기이다.
③ 토론은 어떤 논제에 관하여 찬성자와 반대자가 각자 논리적인 근거를 발표하고, 상대방의 논거가 부당하다는 것을 명백하게 하는 말하기이다.
④ 주례는 정치적 · 문화적 행사에서와 같이 의례 절차에 따른 말하기로 의례적 말하기에 속한다.
⑤ 친구와의 대화는 매우 친근한 사람들 사이의 가장 자연스러운 상태에서 떠오르는 대로 주고받는 말하기이다.

08　답 ③

① 메시지를 전달하는 매체와 경로를 신중하게 선택해야 한다.
② 확실한 의사표현을 위해서는 반복적인 전달이 필요하다.
④ 효과적인 의사표현을 위해서는 비언어적 방식도 함께 활용하는 것이 좋다.
⑤ 청자가 자신의 메시지를 어떻게 받아들였는지 피드백을 이용하여 화자의 말이 어떻게 해석되고 있는지 파악해야 한다.

09　답 ④

상대방을 설득해야 하는 상황에서 설득은 상대방에게 나의 태도와 의견을 받아들이고 그의 태도와 의견을 바꾸도록 하는 과정으로 일방적인 강요는 금물이다.
① 상대방의 잘못을 지적하는 상황에서 충고는 주로 예시를 들거나 비유법을 사용하는 것이 효과적이며, 가급적 최후의 수단으로 은유적인 표현을 사용하는 것이 좋다.
② 상대방에게 요구해야 하는 상황에서 상대방의 사정을 듣고 상대가 들어줄 수 있는 상황인지 확인하는 태도를 보여준 후, 응하기 쉽게 구체적으로 부탁해야 한다.
③ 상대방을 칭찬하는 상황에서는 상대에게 정말 칭찬해 주고 싶은 중요한 내용을 칭찬하거나, 대화 서두에 분위기 전환 용도로 간단한 칭찬을 사용하는 것이 좋다. 샌드위치 화법은 상대방의 잘못을 지적할 때 사용한다.
⑤ 상대방의 요구를 거절해야 하는 상황에서는 먼저 요구를 거절하는 것에 대한 사과를 한 다음, 요구에 응해줄 수 없는 이유를 설명해야 한다. 요구를 들어주는 것이 불가능하다고 여겨질 때는 모호한 태도를 보이는 것보다 단호하게 거절하는 것이 좋다.

10　답 ④

청소년 비만의 요인 중 하나로 '입시 과목의 과중한 학습으로 인한 신체활동 감소'가 있는 만큼 수능 필수과목을 추가 선정하는 방법은 올바른 해결 방법으로 보기 어렵다. 또한 식생활 관련 학습 방안은 3번의 '가.'에서 이미 제시하고 있다.

11　답 ④

홍차와 녹차 모두에 폴리페놀이 포함되어 있는데, 녹차에 많이 함유된 카테킨이 떫은맛을 낸다. 홍차의 발효과정 중 카테킨은 테아플라빈이라는 성분으로 산화되는데 이 역시 폴리페놀의 일종이다. 따라서 홍차가 녹차보다 폴리페놀 성분이 적어 떫은맛이 덜하다는 것은 옳지 않다.

12　답 ③

심장을 몸의 중심으로 여겼던 이집트인을 설명한 후 ㉠~㉤이 이어지므로, 심장을 중시한 이유를 부연하는 ㉢을 처음에 놓는다. 또한, ㉢의 첫 문장의 주어 '그들'이 이집트인임을 유추할 수 있다. '이집트인'의 인식에 동의하는 인물인 아리스토텔레스가 등장하는 ㉤이 두 번째 순서가 되어야 한다. 제시문은 시대의 흐름에 따라 전개되므로 등장인물들의 활동 순서대로 나열할 수 있지만, 남은 ㉠, ㉡, ㉣에 공통으로 등장하는 인물 '데카르트'를 기준으로 순서를 정해보면 데카르트 이후를 언급하는 ㉣을 마지막에 놓아야 한다. 그리고 남은 ㉠, ㉡을 살펴보면 데카르트의 관점을 소개하는 ㉠과 그를 부연하는 ㉡이 이어지는 것이 자연스러우므로, 가장 적절한 순서는 ㉢-㉤-㉠-㉡-㉣이다.

13　답 ③

㉡에 의하면 데카르트의 관점에서 '정신'과 '뇌'는 근본적으로 다르기 때문에 정신적인 것과 물질적인 것은 다르다는 이원론 개념을 제시하였고, 이는 오늘날까지도 영향을 미치고 있다.

14　답 ②

제시된 글을 통해 기술적 모순은 'A가 좋아지면 B가 악화되는 상황'으로 정의할 수 있고, 물리적 모순은 '어느 하나가 A이면서 B이어야 하는 상황'으로 정의할 수 있다. ②의 경우 평판 스피커의 진동판이 커야 하면서도(A) 작아야 하는(B) 상황이므로 기술적 모순이 아닌 물리적 모순이다.

15　답 ③

전기 드라이어가 발명된 것은 1899년이나, 가스 드라이어는 1930년대까지도 사용되었다고 하였으므로 전기 드라이어가 나온 후에도 가스 드라이어가 여전히 사용되었음을 알 수 있다.

16　답 ④

지구온난화 현상과 원인에 대해 설명하고 있다. 우선 지구온난화 현상과 온실가스에 대해 설명하는 (마)를 가장 처음에 배치하는 것이 적절하다. (가), (다), (라)는 맥락상 연결되는데, 우선 (가)는 온실효과의 문제점을 지목하고 있으며, (다)는 화석연료 급증이 온실효과를 가속화했다고 (가)를 부연 설명하고 있다. 이어 온실가스 중에서도 이산화탄소의 영향력을 언급한 (라)를 배치하는 것이 자연스럽다. 온실가스를 설명한 (가) 뒤에 (라)를 배치해도 무리가 없어 보이나, 온실가스의 문제점을 언급한 후 이산화탄소의 심각성을 알리는 연결이 더욱 자연스럽다. (나)는 결론에 해당하는 문단으로 지구온난화 현상의 진행상황과 함께 심각성을 환기하는 내용이므로 마지막에 위치해야 한다.

17

답 ②

'가열하다'는 어떤 물질에 뜨거운 열을 가한다는 의미이므로 '연소하다'와 바꿔쓸 수 없다.

- 가열하다 : 어떤 물질에 뜨거운 열을 가하다.
- 연소하다 : 물질이 산소와 결합하여 열과 빛을 내다.

18

답 ②

1문단에 따르면 임플란트 건강보험은 상악, 하악 모두 적용되지만 한 사람당 평생 치아 2개까지만 혜택을 받을 수 있음을 유념해야 한다. 치아가 하나도 없는 무치악 상태는 대상에서 제외된다.

① 기본적이고 손쉬운 구강관리로 스케일링, 자연치아를 대체할 빠른 치료법으로 틀니, 자연치아를 대체할 가장 효과적인 치료법으로 임플란트가 권장된다.

③ 2문단에 따르면 틀니의 경우 차상위 희귀난치질환자의 본인 부담률은 5%이다.

④ 3문단에 따르면 스케일링은 만 19세 이상부터 연 1회 건강보험 혜택을 받을 수 있으며, 건강보험 적용 시 비용은 회당 1~2만원 정도이다.

⑤ 3문단에 따르면 보통은 1년에 한두 번이면 충분하지만, 흡연자이거나 평소 구강관리에 소홀하다면 시기를 좀 더 앞당기는 것이 좋다.

19

답 ④

통계에 의하면 우리나라 국민의 20% 이상이 자동차 산업과 연결돼 있고, 자동차가 우리 사회에서 기능하기 위해서는 도로와 신호체계, 연료, 원유 정유 시설, 주유소, 정비소, 나아가 보험과 자동차 관련 법제도 필요하다. 기술체계 자체에는 이미 사회적 측면이 있다고 제시문에 언급되어 있다.

① 1문단에 따르면 우리가 쓰는 전류는 교류지만 에디슨이 처음 발명한 전기는 직류였다.

② 1문단에 따르면 송전 손실이 적은 장거리 고압 송전 방식으로 전기를 이동시킨 후 변압기로 고압을 저압으로 바꾸는 방식을 취하게 되면서 직류가 아닌 교류 전기의 적합성이 알려지기 시작했다.

③ 3문단에 따르면 자동차 관련 기술 체계와 사회적 체계들은 한 번 구축되고 나면 이후 변경이 상당히 어렵다.

⑤ 2문단에 따르면 토머스 휴즈는 기술과 사회를 연결하는 개념으로 사회 기술 체계를 내세웠다. 기술에는 테크닉의 측면뿐만 아니라 사회적인 면까지 있다고 주장했지만 양자 간의 중요도를 언급하고 있지 않다.

20

답 ②

① '뿐'은 의존명사로 쓰여 앞의 명사와 붙여써야 한다. 따라서 '측면뿐만 아니라'가 옳은 맞춤법이다.

③ '돼'는 '되어'의 준말로 풀어쓰면 '구축되어고 나면'이 된다. 따라서 '구축되고 나면'이 옳은 맞춤법이다.

④ '얽혀있다'가 옳은 맞춤법이다.

⑤ '이른바'는 '이르다＋바'가 결합해 생긴 합성부사로 세상에서 말하는 바라는 바를 의미한다.

01	02	03	04	05	06	07	08	09	10
⑤	⑤	④	②	②	④	②	④	②	④
11	12	13	14	15	16	17	18	19	20
③	③	①	⑤	③	②	⑤	④	①	①

01 　　　　　　　　　　　　답 ⑤

$1,014+1,260-1,221-1,372+1,019=2,274-1,221-1,372$
$+1,019=1,053-1,372+1,019=-319+1,019=700$

02 　　　　　　　　　　　　답 ⑤

40대 이혼과 사별 가구 수를 구해보면 다음과 같다.
- 이혼 : $2,692×0.616≒1,658$가구
- 사별 : $608×0.7≒426$가구

따라서 둘의 차이는 약 1,232가구이다.

03 　　　　　　　　　　　　답 ④

2022~2024년 건강보험 적용인구 수는 감소, 증가이고, 의료급여 적용인구 수도 감소, 증가이므로 같은 증감 추이를 보인다.
① 건강보험 적용인구 수는 2020~2022년까지 꾸준히 증가하다가, 2023년에 감소하였다.
② 2024년 의료보장 적용인구 수는 2년 전보다 증가하였고, 의료급여 적용인구 수는 2년 전보다 감소하였다.
③ 2021년에는 의료보장, 건강보험 적용인구 수는 전년 대비 증가하였지만, 의료급여 적용인구 수는 감소하였다.
⑤ 의료보장 적용인구 수는 매년 증가하였기 때문에 매년 다른 양상을 보이는 것은 아니다.

04 　　　　　　　　　　　　답 ②

2024년을 포함한 계절별 산불발생 10년 평균을 구하면 다음과 같다.
- 봄 : $\dfrac{319×9+370}{10}≒324$건
- 여름 : $\dfrac{49×9+12}{10}≒45$건
- 가을 : $\dfrac{48×9+40}{10}≒47$건
- 겨울 : $\dfrac{150×9+174}{10}≒152$건

05 　　　　　　　　　　　　답 ②

2023년 대비 2024년 국가행정기관의 육아휴직제도를 시행하는 업체는 $\dfrac{51-45}{45}×100≒13\%$ 증가하였다.

① 조사기간 중 국가행정기관 및 지방자치단체의 육아휴직제도 시행 업체는 세 군데 모두 증가했다.
③ 2024년 시/군/구 기초자치단체의 육아휴직제도는 시행하지만 이용하지 않은 업체는 $288×(1-0.7)=86.4$곳이다.
④ 시/도 광역자치단체의 육아휴직제도 이용 업체는 2023년 $17×0.632=10.744$곳이고 2024년 $20×0.606=12.12$곳이므로 더 늘었다.
⑤ 2024년 시행 업체 중 국가행정기관은 $\dfrac{51}{51+20+288}=$
$\dfrac{51}{359}×100≒14\%$ 차지한다.

06 　　　　　　　　　　　　답 ④

연속하는 세 홀수를 $x-2$, x, $x+2$라고 하면
$65<(x-2)+x+(x+2)<70$, $65<3x<70$, $21.\cdots<x<23.\cdots$,
$x=23$
따라서 세 홀수는 21, 23, 25이므로 가장 큰 수는 25이다.

07 　　　　　　　　　　　　답 ②

500원인 초콜릿의 개수를 x, 300원인 사탕의 개수를 y라고 하면
$x+y=12$ ……………………………………… ㉠
$500x+300y≤5,000$ ………………………… ㉡
㉠에서 $y=12-x$의 식을 ㉡에 대입하면
$500x+300(12-x)≤5,000$, $200x≤1,400$, $x≤7$
따라서 최대로 구매할 수 있는 초콜릿은 7개이다.

08 　　　　　　　　　　　　답 ④

남직원 중 한 명을 고를 때, 그 사람이 이과 출신일 확률은 $\dfrac{14}{22}$
$=\dfrac{7}{11}$이다.

09 　　　　　　　　　　　　답 ②

과외를 받는 학생들을 개인과외와 그룹과외를 포함한다.
- 상위 10% 이내 : $14.1+7.4=21.5\%$
- 상위 11~30% 이내 : $15.0+6.9=21.9\%$
- 상위 31~60% 이내 : $12.7+5.8=18.5\%$
- 상위 61~100% 이내 : $19.5+7.9=27.4\%$

따라서 상위 61~100% 이내인 학생들이 가장 높다.

① 상위 10% 이내 학생들의 학원수강의 비중이 가장 높으므로 성적이 낮을수록 학생들은 학원수강의 비중이 높은 것은 아니다.
③ 상위 30% 이내인 학생의 온라인 강의 참여율을 $16.4+13.8=30.2\%$, 그 외 학생들은 $11.2+14.9=26.1\%$이므로 상위 30% 이내인 학생들이 4.1% 더 높다.
④ 상위 31~60% 학생의 비중을 모두 더해보면 79.4%이므로 $100-79.4=20.6\%$의 학생들은 사교육에 참여하지 않는다.
⑤ 상위 61~100% 학생들이 그룹과외에 참여하는 비중이 가장 높으므로 성적이 높을수록 그룹과외에 참여하는 비중이 올라가는 것은 아니다.

10 정답 ④

2023년 수입액은 $1,538+3,821+9,554=14,913$백만 USD이고, 이 중 가스 에너지는 $\dfrac{3,821}{14,913}\times100≒25.6\%$를 차지한다.

① 조사기간 동안 수입 가스 에너지는 증가, 감소했고, 수입 석유 에너지는 감소, 증가했으므로 증감 추이는 서로 반대이다.
② 2022년 대비 2024년 수입 석탄 에너지는 $\dfrac{1,909-1,285}{1,285}\times100≒48.6\%$ 증가했다.
③ 조사기간 동안 석유 에너지는 수출액(4,440, 4,351, 4,210백만 USD)보다 수입액(10,465, 9,554, 10,209백만 USD)이 매년 더 크다.
⑤ 2023~2024년 동안 석유 에너지 수출액은 작년 대비 감소폭은 다음과 같다.
  • 2023년 : $4,351-4,440=-89$백만 USD
  • 2024년 : $4,210-4,351=-141$백만 USD
  따라서 감소폭이 점점 커진다.

11 정답 ③

석유 에너지의 수입액과 수출액의 차이는 다음과 같다.
• 2022년 : $10,465-4,440=6,025$백만 USD
• 2023년 : $9,554-4,351=5,203$백만 USD
• 2024년 : $10,209-4,210=5,999$백만 USD

12 정답 ③

35명 단체 관람료는 $12,000\times35\times0.65=273,000$원이다. 한 명의 입장료가 12,000원이므로 $\dfrac{273,000}{12,000}=22.75$, 즉 최소 23명이면 35명의 단체 관람을 신청하는 것이 더 유리하다.

13 정답 ①

A씨가 1시간 동안 하는 일의 양은 $\dfrac{1}{7}$, B씨가 1시간 동안 하는 일의 양은 $\dfrac{1}{8}$이다.

A씨와 B씨가 함께 일하는 시간을 x라고 하면
$$2\times\dfrac{1}{7}+x\times\left(\dfrac{1}{7}+\dfrac{1}{8}\right)=1,\ x=\dfrac{8}{3}$$

따라서 A씨와 B씨가 함께 일하는 시간은 $\dfrac{8}{3}$시간=2시간 40분이다.

14 정답 ⑤

5개 지역별 수도공급설비 시설당 평균 면적의 크기를 구하면 다음과 같다.
• 서울 : $\dfrac{2,241,288}{122}≒18,371\text{m}^2$/개
• 부산 : $\dfrac{895,062}{100}≒8,951\text{m}^2$/개
• 대구 : $\dfrac{3,578,090}{71}≒50,396\text{m}^2$/개
• 인천 : $\dfrac{2,048,914}{69}≒29,694\text{m}^2$/개
• 경기 : $\dfrac{10,162,515}{559}≒18,180\text{m}^2$/개

따라서 평균 면적이 큰 순서대로 나열하면 대구, 인천, 서울, 경기, 부산이다.

15 정답 ③

2024년 정기예금 금액 중 1년 미만인 금액은 $209,766+189,875=399,641$십억 원이고, 2년 이상인 금액은 $32,004+29,891=61,895$십억 원이다. 따라서 1년 미만인 금액이 $\dfrac{399,641}{61,895}≒6.5$배 더 많다.

① 조사기간 중 정기예금 금액은 1년 이상 2년 미만이 가장 많다.
② 조사기간 중 3년 이상 정기예금 금액의 증감 추이는 감소, 증가이므로 이와 동일한 추이는 1년 이상 2년 미만, 2년 이상 3년 미만 2곳이다.
④ 조사기간 중 정기예금 금액이 200,000십억 원이 넘는 경우는 총 4건이다.
⑤ 6개월 미만 정기예금 금액은 2023년보다 2024년이 $209,766-199,062=10,704$십억 원 더 많다.

16   답 ②

봉사활동에 참가하는 20대 남자는 약 500,000명이고, 30대 여자는 약 100,000명이므로 약 5배 많다.

① 봉사활동에 참가하는 연령층 중에 10대의 수가 가장 적다.
③ 30대를 제외하고 나머지 연령층에서 남자보다 여자의 봉사활동 참가인원이 많다.
④ 연령별로 봉사활동 참가인원이 많은 순서대로 나열하면 남자는 60대 이상, 20대, 50대, 30대, 40대, 10대 순이고, 여자는 60대 이상, 20대, 50대, 40대, 30대, 10대 순이므로 서로 다르다.
⑤ 60대 이상 봉사활동에 참가하는 여자의 수는 약 1,450,000명이고, 남자의 수는 약 550,000명이므로 여자의 수가 약 2.6배 정도 더 많다.

17   답 ⑤

멸균분쇄 방법으로 처리한 의료폐기물의 처리량은 1,740+180+82+4.8+125+1,475+7.2=3,614톤이고, 이 중 조직물류폐기물은 $\frac{1,475}{3,614}$≒41%를 차지한다.

① 의료폐기물의 처리방법은 자가 처리보다 위탁인 경우가 더 많다.
② 의료폐기물 자가 처리 방법에서 격리의료폐기물, 생물화학폐기물, 태반인 경우만 멸균분쇄보다 기타 처리량이 더 많다.
③ 격리의료폐기물의 처리방법 중 멸균분쇄는
$\frac{1,740}{223,846+1,740+3,889}×100$≒0.8%를 차지한다.
④ 일반의료폐기물의 처리방법 중 위탁은 6,339톤이고, 자가 처리는 125+3.8=128.8톤이므로 약 49배 더 많다.

18   답 ④

2023년에 5만 원 이상 10만 원 미만 상품을 중고거래한 사람은 6,487×0.786≒5,099명이고, 만 원 미만 상품을 중고거래한 사람은 5,646×0.804≒4,539명이므로 약 560명 정도 더 많다.

① 50만 원 이상 상품을 중고거래를 A앱에서 한 비율은 2023, 2024년 모두 50%를 넘지 않는다.
② 5만 원 미만 상품을 중고거래한 사람은 2023년에 (5,646×0.804)+(6,549×0.827)≒4,539+5,416=9,955명이고, 2024년에는 (6,237×0.782)+(7,008×0.883)≒4,877+6,188=11,065명이다. 따라서 2023년보다 2024년에 1,110명 더 많다.
③ 50만 원 이상 상품을 중고거래한 사람은 2023년에 141×0.425≒60명, 2024년에 205×0.385≒79명이므로 2024년이 2023년보다 더 많다.
⑤ 2024년 10만 원 이상 50만 원 미만 상품을 A앱에서 거래하지 않은 사람은 2,406×(1−0.589)≒989명이다.

19   답 ①

2023년 대비 2024년 상품 가격별 A앱으로 거래한 구매 비율의 증감은 다음과 같다.

(단위 : %)

구분	2023년	2024년	증감 차이(%p)
10,000원 미만	80.4	78.2	−2.2
10,000원 이상 50,000원 미만	82.7	88.3	5.6
50,000원 이상 100,000원 미만	78.6	80.4	1.8
100,000원 이상 500,000원 미만	62.5	58.9	−3.6
500,000원 이상	42.5	38.5	−4

따라서 이를 잘 표현한 그래프는 ①이다(⑤는 단위가 맞지 않음).

20   답 ①

사회안전에 대한 연령별 여성의 인식도를 정리해보면 다음과 같다.

(단위 : %)

구분	안전함	보통	안전하지 않음
10대	26.2	45.6	28.2
20대	23.4	43	33.6
30대	22.4	44.3	33.3
40대	26	43.7	30.3

이를 그래프로 올바르게 나타내면 다음과 같다.

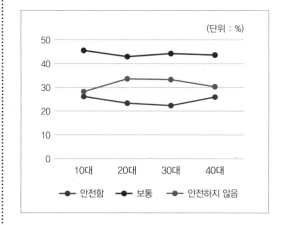

문제해결능력

01	02	03	04	05	06	07	08	09	10
①	③	⑤	①	②	①	③	①	②	④
11	12	13	14	15	16	17	18	19	20
③	③	⑤	⑤	②	③	②	①	①	②

01 　　　　　　　　　답 ①

발생형 문제는 어떤 기준을 일탈함으로써 발생한 문제인 일탈 문제와 기준에 미달하여 발생한 문제인 미달 문제로 대변된다.
②, ⑤ 탐색형 문제(찾는 문제)에 대한 설명이다.
③ 설정형 문제(미래 문제)에 대한 설명이다.
④ 발생형 문제(보이는 문제)에 대한 설명이다.

02 　　　　　　　　　답 ③

ⓒ 문제해결 방법 중 하드 어프로치에 대한 설명이다.
ⓜ 문제해결 방법 중 퍼실리테이션에 대한 설명이다.

03 　　　　　　　　　답 ⑤

사실 지향의 문제에 대한 설명이다. 성과 지향의 문제는 기대하는 결과를 명시하고 효과적으로 달성하는 방법을 사전에 구상하고 실행한다.

04 　　　　　　　　　답 ①

지적 회의성에 대한 설명이다. 지적 정직성은 진술이 바라는 신념과 대치되더라도 충분한 증거가 있다면 받아들이는 것이다.

05 　　　　　　　　　답 ②

피라미드 구조화 방법은 보조 메시지들을 통해 주요 메인 메시지를 얻고, 다시 메인 메시지를 종합한 최종적인 정보를 도출해 내는 방법이다. 하위의 사실이나 현상으로부터 상위 주장을 만들어 나가는 방법으로, 하위 사실이나 현상과 상위 주장 간의 교차는 불가능하다.

06 　　　　　　　　　답 ①

창의적 사고가 아닌 비판적 사고에 대한 설명이다. 비판적 사고는 어떤 주제나 주장 등에 대해서 적극적으로 분석하고 종합하며 평가하는 능동적인 사고로 어떤 논증, 추론, 증거, 가치를 표현한 사례를 타당한 것으로 수용할 것인가 아니면 불합리한 것으로 거절할 것인가에 대한 결정을 내릴 때 요구된다.

07 　　　　　　　　　답 ③

과제안에 대한 평가 기준으로는 과제 해결의 중요성, 과제 착수의 긴급성, 과제 해결의 용이성이 있다. 실시상의 난이도, 필요 자원의 적정성 등은 과제 해결의 용이성에 해당한다.

08 　　　　　　　　　답 ①

기업 내부의 강점, 약점과 외부 환경의 기회, 위협 요인을 분석하고 전략과 문제해결 방안을 개발하는 것은 SWOT 분석이다. 3C 분석은 사업환경을 구성하는 요소인 자사(Company), 경쟁사(Competitor), 고객(Customer)을 3C라고 하며, 이에 대한 분석을 수행한다.

09 　　　　　　　　　답 ②

창의적 사고의 개발 방법 중 각종 힌트에서 강제적으로 연결지어 발상하는 강제연상법의 대표적인 예시인 체크리스트에 대한 설명이다.

10 　　　　　　　　　답 ④

주어진 〈조건〉을 정리하면 다음과 같다.
• 아침 운동 → ~택시(대우 : 택시 → ~아침 운동)
• 자전거 → 버스(대우 : ~버스 → ~자전거)
• ~자전거 → 택시(대우 : ~택시 → 자전거)
정리된 내용을 종합하면 '아침 운동 → ~택시 → 자전거 → 버스'이고, 그 대우는 '~버스 → ~자전거 → 택시 → ~아침 운동'이다. 따라서 '버스를 타지 않는 사람은 자전거를 타지 않는다.'는 항상 참이다.

11 답 ③

주어진 〈조건〉을 정리하면 다음과 같다.

구분	수업 A	수업 B	수업 C	수업 D
갑	○	×	×	×
을	○	○	×	×
병	○	○	○	○
정	×	○	○	×
무	×	×	○	○

따라서 '갑과 같은 수업을 수강하는 사람은 3명이다.'는 거짓이 된다.

12 답 ③

병과 정은 모순 관계이므로 둘 중 한 명은 반드시 거짓이고, 진실을 말한 사람은 3명이므로 동일 관계인 갑과 을의 말은 진실이다. 따라서 무의 말은 반드시 거짓이므로 에어컨을 끄지 않은 사람은 을이 되고, 병의 진술도 거짓이 된다.

13 답 ⑤

D와 E가 모순 관계이므로 둘 중 한 명의 발언은 거짓이다. E가 출장을 가지 않았다면 E가 출장을 갔다고 말한 나머지 사람의 발언 모두 거짓이 되므로, E의 말은 참이고 D의 말은 거짓이다. 나머지 A, B, C 중 1명의 발언도 거짓인데, B가 참일 때 B, D, E는 출장을 갔고, C가 참일 때 B, C, D, E가 출장을 갔고, A가 참일 때 A, C, E가 출장을 갔다. 이때 C가 참이면 B도 참이 되나, A가 참이면 B와 C는 거짓이 된다. 따라서 출장을 가지 않은 사람은 A이고 거짓말을 한 사람은 A와 D이다.

14 답 ⑤

조건2, 3에 의해 최 과장과 장 사원은 화·수요일 혹은 수·목요일에 연차를 사용하고, 이에 따라 이 주임은 화요일 또는 목요일에 연차를 사용한다. 조건1, 4에 의해 박 사원은 금요일 김 대리는 월요일에 연차를 사용하고, 이를 정리하면 다음과 같다.

구분	월	화	수	목	금
경우1	김	최	장	이	박
경우2	김	이	최	장	박

따라서 '박 사원은 목요일에 쉰다.'는 참이 될 수 없다.

15 답 ②

주어진 〈조건〉을 정리하면 다음과 같다.

경우 1	샤프, 볼펜	자, 가위	지우개, 칼, 형광펜
경우 2	샤프, 볼펜	지우개, 가위	자, 칼, 형광펜
경우 3	샤프, 볼펜, 형광펜	자, 가위	지우개, 칼
경우 4	샤프, 볼펜, 형광펜	지우개, 가위	자, 칼
경우 5	샤프, 볼펜, 칼	자, 가위	지우개, 형광펜
경우 6	샤프, 볼펜, 칼	자, 형광펜	지우개, 가위

따라서 볼펜, 자, 지우개는 항상 서로 다른 칸에 놓인다.

16 답 ③

갑이 숫자 2가 적힌 카드를 뽑았을 때 1차 시기에 받을 수 있는 점수는 6, 4, 2, 0점이고, 2차 시기에 받을 수 있는 점수는 2, 0점이므로 이를 합산한 총점은 8, 6, 4, 2, 0점으로 총 5가지이다.

① 갑이 짝수가 적힌 카드를 뽑았다면, 1차 시기에 어떤 점수를 받든 짝수가 된다. 또한 2차 시기에 받을 수 있는 점수는 2점 또는 0점이므로 이를 합산한 최종 점수는 홀수가 될 수 없다.

② 갑이 홀수가 적힌 카드를 뽑았다면, 1차 시기에 받는 점수를 홀수 혹은 짝수가 될 수 있다. 2차 시기에 받을 수 있는 점수는 2점 또는 0점이므로 이를 합산한 최종 점수는 홀수가 될 수도 있고 짝수가 될 수도 있다.

④ 갑이 숫자 4가 적힌 카드를 뽑았을 때 가능한 최종점수의 최댓값은 14점이고, 을이 숫자 2가 적힌 카드를 뽑았을 때 가능한 최종점수의 최댓값은 8점이다. 따라서 그 합은 22점이다.

⑤ 갑이 숫자 5가 적힌 카드를 뽑았을 때 가능한 최종점수의 최댓값은 17점이고, 을이 숫자 3이 적힌 카드를 뽑았을 때 가능한 최종점수의 최솟값은 0점이다. 따라서 그 차는 17점이다.

17

답 ②

지역별 수치 및 환산 점수는 다음과 같다.

구분	아동 인구 비율		10km²당 도서관 수		합계
	비율(%)	환산 점수	개관	환산 점수	
A구	10.8	5	4.1	2	7
B구	9.9	4	2.4	10	14
C구	8.1	1	3.8	4	5
D구	11	5	3.5	4	9
E구	8.9	2	3.1	6	8

따라서 어린이 도서관이 설립될 곳은 B구이다.

18

답 ①

17번 문항에서 선정된 B구의 아동 인구는 36,430명이나 총 장서 수는 같으므로 비율만을 고려하여 계산하면 된다. 비고 사항을 고려한 주제별 도서 구매 예산을 비교하면 다음과 같다.

· 과학 : $11,000 \times 13 = 143,000$
· 문학 : $5,000 \times (54 \div 2) = 135,000$
· 사회 : $8,000 \times 16 = 128,000$
· 언어 : $9,000 \times 4 \times 0.75 + 35,000 \times 4 \times 0.25 = 62,000$
· 역사 : $10,000 \times 8 = 80,000$

따라서 과학 분야의 도서를 구매하는 데 가장 많은 예산이 필요하다.

19

답 ①

팀별 희망지역을 살펴보면 2팀씩 경주, 인천, 강릉, 부산를 꼽았고, 전주과 제주는 1팀씩 희망하였다. 전체 참여인원은 25+30+15+35+25=130명이므로 선호도가 높은 4개 지역 중 인원을 수용할 수 있는 곳은 A(경주)와 B(인천)이다.

20

답 ②

130명 중 남직원과 여직원의 비율이 3:2이므로 남직원은 78명, 여직원은 52명이다.

· 경주 : 여직원은 4인실 13실을 배정하고, 남직원은 나머지 4인실에 우선 배정한 뒤 남은 30명을 3인실 10실에 배정한다. 총 4인실 25실에 3인실 10실이므로 $25 \times 70,000 + 10 \times 55,000 = 2,300,000$원이다.
· 인천 : 남직원은 6인실 13실, 여직원은 6인실 9실을 배정하여 $22 \times 100,000 = 2,200,000$원이다.

따라서 워크숍은 인천(B)으로 가게 되며, 지불하게 될 숙박비는 2,200,000원이다.

의사소통능력

01	02	03	04	05	06	07	08	09	10
⑤	①	④	②	①	⑤	⑤	⑤	③	③
11	12	13	14	15	16	17	18	19	20
⑤	②	②	⑤	⑤	③	④	④	①	③

01 답 ⑤

시각화할 정보의 성격에 따라 그에 맞는 적절한 방식을 사용해야 한다.

02 답 ①

'띠다'는 '(성질이나 경향을) 밖으로 드러나기 쉬운 정도로 지닌다'를 의미한다.
②, ④ 사람이 감정이나 기운 따위를 나타낸다.
③, ⑤ 빛깔이나 색채 따위를 가진다.

03 답 ④

기안문은 반드시 완결문으로 작성하지 않아도 된다.
① 대화의 첫 부분에서 정해진 양식이 존재한다고 하였다.
③ 문장을 간결하게 하고 한눈에 알아볼 수 있도록 정리하는 것이 좋다고 언급하였다.
⑤ 근거의 객관성을 보충하기 위한 자료조사가 필요하다고 하였다.

04 답 ②

ㄷ. 일 경험에서의 의사소통을 통해 구성원 간 의견이 다른 경우 설득할 수 있다.
ㅁ. 일 경험에서의 의사소통은 공식적인 조직 내에서의 의사소통을 의미한다.

05 답 ①

• 문서적인 측면의 의사소통
 − 언어적인 의사소통에 비해 권위감이 있고 정확성이 높음
 − 전달성이 높고, 높은 보존성을 가짐
• 언어적 측면의 의사소통
 − 언어를 통한 의사소통은 상대적으로 의미가 왜곡될 수 있어 정확성이 낮음
 − 대화를 통해 상대방의 반응이나 감정을 살필 수 있음
 − 상황에 맞게 상대방을 설득시킬 수 있으므로 유연성이 높음

06 답 ⑤

정보의 빠른 전달은 의사소통을 저해하는 요소로 언급되어 있지 않다.

의사소통을 저해하는 요소
• 일방적인 소통
• 명확하지 않은 메시지 : 업무를 위한 의사소통에는 많은 정보를 담아야 하므로 화자가 지나치게 많은 정보를 담아 말하는 경우가 있음
• 말을 아끼는 의사소통

07 답 ⑤

상대방의 행동이 타인에게 어떤 영향을 미치고 있는가에 대해 상대방에게 솔직하게 알려주는 피드백(feed back)을 통해 행동을 개선할 수 있다.
① 피드백을 전달할 때는 긍정적인 부분과 부정적인 부분을 균형 있게 전달해야 한다.
② 의사소통에는 청자를 고려하여 명확하고 이해하기 쉬운 단어를 선택해서 사용해야 한다.
③ 의사소통 과정에서 지나치게 감정을 드러내면 상대의 메시지를 곡해할 수 있고, 전달하고자 하는 의미를 정확히 전달할 수 없다.
④ 화자는 의사소통의 왜곡에서 오는 오해, 부정확성을 줄이기 위해 사후검토, 피드백을 이용하여 화자의 말이 어떻게 해석되고 있는지 파악해야 한다.

08   답 ⑤

상대방이 이해하기 쉬운 단어를 사용하는 것은 문서 작성 시 고려사항이 아니다.

09   답 ③

① 기획서 작성 시 유의사항이다.
②, ④ 설명서 작성 시 유의사항이다.
⑤ 공문서 작성 시 유의사항이다.

10   답 ③

1문단에서 의사는 의학박사만큼 교육에 종사하기는 어려웠지만 의학교육의 일부를 담당하였고, 2문단에서 약점사는 의사가 없는 지방에서 의사의 모든 업무를 담당하였다고 설명한다. 따라서 의사가 없는 지방에서 약점사가 의학 교육을 담당할 수 있었음을 추론할 수 있다.
① 약점사가 향리들 중에서 임명되었다는 내용은 있지만, 의학박사가 의사들 중에서 임명되었다는 설명은 찾을 수 없다.
② 2문단에 의하면 환자들을 치료하는 공간이자 약재의 유통 공간인 약점을 설치하고, 약점사를 배정하는 것은 지방 관청이다.
④ 2문단에 의하면 약점사를 향리들 중에서 임명했지만, 의사도 그러했다고 추론할 근거가 없다.
⑤ 지방마다 의사를 두지는 못하였으므로 의사가 없는 지방에서는 의사의 모든 업무를 약점사가 담당했지만, 신임을 높이 샀다는 내용은 찾아볼 수 없다.

11   답 ⑤

3문단에 따르면 설계자가 가정하는 하중기준은 건축물을 지켜 나가기 위한 최소한의 근거로 그 건물이 서 있는 동안 내내 작용할 외력에 비해 늘 과할 수도 있고 매우 부족할 수도 있다.

12   답 ②

무게중심이 높이 있는 진동추일수록 진폭이 커질 것이며 진동으로 인한 힘이 세지므로 지진 발생 시 높은 건물이 더 지진에 약하다는 의미이다. 따라서 '미약하다'는 '취약하다'와 바꿔쓰기에 적절하지 않다.
• 취약하다 : 일을 진행하는 상황이나 환경이 탄탄하지 못하고 약하다.
• 미약하다 : (규모가) 미미하고 약하다

13   답 ②

흡연으로 인한 비흡연자의 피해가 발생하여 이를 막기 위해 흡연 구역을 지정하는 것일 뿐, 금연을 유도하고자 한다는 내용은 나타나 있지 않다.

14   답 ⑤

4문단에서 칼로타입은 명암의 차이가 심하고 중간색이 거의 없다고 설명하였다.
① 1문단에 의하면 다게르는 동판 위에 요오드화은을 점착시키고 암상자 속에서 빛에 노출시킨 다음 수은 증기를 쐬어 세부 묘사가 정밀한 상을 얻어냈다. 반면 톨벗은 염화은으로 감광성을 띠게 한 종이 위에 물건이나 식물을 놓고 산출하였다.
② 3문단에 따르면 다게레오타입은 한 번의 촬영으로 단 한 장의 사진만을 얻을 수 있었으나 칼로타입은 다량으로 복제할 수 있었다.
③ 4문단을 통해 다게레오타입은 초상 사진에서 인기를 누렸으며 칼로타입은 풍경 · 정물 사진에 이용되었음을 알 수 있다.
④ 2문단에서 다게레오타입은 프랑스와 미국에서 급속하게 퍼졌다고 했으며 4문단에서는 프랑스의 화가들이 칼로타입을 활용해 작품을 만들었다고 하였다.

15   답 ⑤

㉠의 '끌다'는 '남의 관심을 쏠리게 하다.'를 의미한다.
① 수도나 전기 등을 자기 쪽으로 이어지게 하다.
②, ④ 탈것을 움직이게 하다.
③ 시간이 오래 걸리게 하다.

16   답 ③

지문에서 대다수의 경제학자들이 제도의 발달을 경제 성장의 중요한 원인이라고 생각하는 관점이 제시되었다. 한편 (나)문단에서는 이러한 통념에 반박하는 새로운 주장을 제시한다. (가)에서는 기존 통념을 고수하는 학자들이 이러한 새로운 주장에 다시 반박하는 내용이 제시된다. (다)문단에서는 기존 학자들의 반박으로 새로운 주장을 펼치는 학자들이 간접적인 경로의 존재를 인정하게 되었으나 여전히 자신들의 주장을 유지한다는 내용이 나온다. 따라서 문맥상 자연스러운 순서는 (나)-(가)-(다)로 볼 수 있다.

17　답④

4문단에 따르면 반론권은 기사 내용의 진실성 여부에 상관없이 청구할 수 있다.

①, ② 지문에서 확인할 수 없는 내용이다.

③ 1문단에서 반론권은 정정 보도나 추후 보도와는 다르다고 했으나 반론 보도와 정정 보도를 동시에 청구할 수 있는지에 대해서는 언급한 바가 없다.

⑤ 2문단에서 프랑스식 모델에 대해 언급했지만, 반론권 제도를 프랑스에서 가장 먼저 도입했는지는 확인할 수 없다.

18　답④

3문단에서 조총의 위력이 높아지면서 기술을 익히고 재료를 구하기가 어려웠던 활 대신 조총이 차지하는 비중이 증가했다고 하였다.

① 16세기 중반 일본에 조총이 도입된 뒤 중국과 조선에서 그에 맞선 전술을 개발하였다.

② 2문단에서 일본군에 대응하기 위해 중국에서 절강병법이 고안되었다고 나오며, 조선군의 전술이 기병 중심에서 보병 중심으로 전환되었다고 나온다.

③ 3문단에 의하면 조선에서의 전술 변화(절강병법 일부 수용, 보병 중심으로 급속히 전환)는 군사적 변화에 그치지 않고 정치적, 경제적 변화를 수반했다.

⑤ 일본에 조총이 도입된 뒤, 신분이 낮은 계층이 주요한 전투원으로 등장했으며, 중국의 절강병법에서는 일반 농민이 주력이 되었고(2문단) 조선군 역시 천민 계층을 충원하면서 규모가 커졌다(4문단).

19　답①

척추동물의 호흡계 구조, 즉 기도와 식도가 교차 구조로 만들어진 원인과 그 과정에 대해서 설명하며, 이를 통해 진화는 반드시 이상적이고 완벽한 방향으로 이루어지는 것이 아니라 그 당시 최선의 구조를 선택하는 것이고, 따라서 이러한 진화의 산물이 다소 불합리한 모습으로 나타날 수 있음을 밝히고 있다. 이를 모두 아우르는 제목으로는 ①이 가장 적합하다.

② 식도와 기도의 교차 구조가 주는 이점에 대해서는 제시문에 나타나 있지 않다.

③ 척추동물과 달리 무척추동물의 경우 식도와 기도가 교차 구조로 되어있지 않음을 이야기하고 있으나 글 전체를 아우르는 제목으로 보기에는 적절하지 않다.

④ 현재 모습은 불합리한 모습으로 나타날 수 있지만, 진화가 이루어질 당시에는 최선의 구조를 선택한다고 하였으므로 '무작위 선택의 결과'라고 할 수는 없다.

⑤ 제시문에서 진화의 과정을 통해 '적자생존의 원칙'에 대해 이야기하고 있지는 않다.

20　답③

4문단에 의하면 진화는 새로운 환경에 적응하기 위한 최선의 선택으로 이루어지지만, 이는 기존의 구조를 허물고 새롭게 만들어지는 것은 아니며 때에 따라 불가피한 타협이 있을 수 있다고 언급하였다.

01	02	03	04	05	06	07	08	09	10
③	③	⑤	④	⑤	④	①	③	⑤	②
11	12	13	14	15	16	17	18	19	20
④	②	①	③	⑤	⑤	③	②	②	⑤

01

답 ③

취업자 중 남성이 가장 많았던 연도는 2023년이다. 이때 2023년 여성 취업자 수는 전년 대비 $\frac{12,828-12,743}{12,743} \times 100 ≒ 0.7\%$ 증가하였다.

02

답 ③

2024년 서울의 버스 환승 비율과 2022년을 비교해 보면 $\frac{18.6-21.5}{21.5} \times 100 ≒ -13.5\%$, 즉 2024년 서울의 버스 환승 비율은 2022년에 비해 13.5% 감소했다.

① 조사기간 동안 서울의 증감 추이는 증가, 감소이고 이와 동일한 곳은 인천 한 곳이다.

② 2023년 각 시도별 버스 환승 비율은 전년 대비 증가한 곳은 서울, 경기, 인천, 울산이다.

④ 2022년 버스 환승 비율이 가장 큰 곳은 울산이고, 가장 작은 곳은 인천이므로 둘의 차이는 78.2−20.1=58.1%p이다.

⑤ 비율을 나타낸 표이므로 기준이 다른 절대적인 양을 비교할 수 없다.

03

답 ⑤

11,000+22,000+33,000+44,000+55,000=11,000(1+2+3+4+5)=11,000×15=165,000

04

답 ④

농도 7% 설탕물 300g에 들어 있는 설탕의 양은 300×0.07=21g이다.

설탕 xg을 추가하면

$\frac{21+x}{300+x} \times 100 = 10$, 21+$x$=0.1(300+$x$), x=10

따라서 설탕 10g을 추가하면 농도 10%의 설탕물이 된다.

05

답 ⑤

후배의 수를 x라고 하면 쿠키의 개수는 $5x+100$이다.

$7x+2 \leq 5x+10 < 7x+4$, $3 < x \leq 4$, $x=4$

따라서 후배는 4명이다.

06

답 ④

B상품의 매출이익이 0이 될 때의 매출량 x를 구하면, $180x = 300,000+30x$, $x=2,000$이다. 따라서 매출량이 2,000개일 때 매출이익이 0이 된다.

① A상품을 2,000개 판매했을 때의 매출액은 120×2,000=240,000원이고, B상품을 1,500개 판매했을 때의 매출액은 180×1,500=270,000원이다.

② A상품을 1,000개 판매했을 때의 매출원가는 120,000+(40×1,000)=160,000원이다.

③ A상품의 매출이익이 0이 될 때의 매출량 x를 구하면, $120x = 120,000+40x$, $x=1,500$이다. 따라서 매출량이 1,500개일 때 매출이익이 0이 된다.

⑤ 상품 A와 상품 B의 매출원가가 같을 때 120,000+(40×A의 매출량)=300,000+(30×B의 매출량)이고, 40×A의 매출량 =30×B의 매출량+180,000이므로, A의 매출량이 6,000개일 때 B의 매출량은 2,000개이다.

07

답 ①

충원 수=대졸채용+고졸채용이므로, ㉠+86=194, ㉠=108, ㉡=145+82=227이다. ㉢ 고졸채용률= $\frac{고졸채용}{충원 수}$ 이므로 $\frac{128}{300} \times 100 ≒ 42.7\%$이다.

08

답 ③

3분기 시청률 대비 4분기 시청률은 C프로그램만 +이고, 나머지는 −이므로 하락했다.

①, ⑤ 증감계수만 알 수 있을 뿐 실질적인 시청률의 수치는 알 수 없다.

② B프로그램의 2분기 시청률은 1분기보다 0.5 증가했고, 3분기 시청률 또한 2분기 시청률보다 0.5만큼 증가했으므로 동일하지 않다.

④ A프로그램은 3분기 시청률은 2분기보다 1만큼 증가했으므로 2분기보다 3분기 시청률이 좀 더 높다.

09

택배사별 배송 효율을 구하면 다음과 같다.

- A택배사 : $\dfrac{120,000}{25 \times 80 \times (9-1)} = 7.50$

- B택배사 : $\dfrac{140,000}{25 \times 100 \times (9-1.5)} \fallingdotseq 7.47$

- C택배사 : $\dfrac{180,000}{25 \times 120 \times (8-1)} \fallingdotseq 8.57$

- D택배사 : $\dfrac{135,000}{25 \times 60 \times (11-2)} = 10$

따라서 효율이 높은 순서대로 나열하면 'D택배사>C택배사>A택배사>B택배사'이다.

10

답 ②

먼저 현재 A택배사의 배송 효율은 계산해보면 다음과 같다.

$\dfrac{120,000}{25 \times 80 \times (9-1)} = 7.5$

배송 건수가 x건이라고 하면

$\dfrac{x}{25 \times (80+20) \times (9-1-1)} = 7.5 \times 2$, $x = 262,500$건이다.

따라서 배송 효율이 현재의 두 배가 되려면 한 달 총 배송 건수는 262,500건이어야 한다.

11

답 ④

자전거를 타고 이동한 거리를 x라고 하면, 자전거를 끌고 이동한 거리는 $25-x$이다.

총 1시간이 소요되었으므로

$\dfrac{x}{30} + \dfrac{25-x}{5} = 1$, $x + 6(25-x) = 30$, $x = 24$

따라서 자전거를 타고 이동한 거리는 24km이고, 걸린 시간은

$\dfrac{24}{30} = 0.8$시간 $= 48$분이다.

12

답 ②

ㄱ. 특허 심사청구 건수의 전년 대비 증가율은

2023년 $\dfrac{169,894 - 164,844}{164,844} \times 100 \fallingdotseq 3.1\%$,

2024년 $\dfrac{176,346 - 169,894}{169,894} \times 100 \fallingdotseq 3.8\%$이다.

따라서 특허 심사청구 건수의 전년 대비 증가율은 2023년보다 2024년이 더 높다.

ㄹ. 천의 자리 미만은 생략하고 계산해도 무방하다. 2019년은 약 26.8만 건, 2020년은 약 32.3만 건, 2021년은 약 31.8만 건, 2022년은 34.5만 건, 2023년은 33.5만 건, 2024년은

34만 건이다. 따라서 건수의 합은 2022년이 가장 크다.

ㄴ. 특허 심사처리 건수는 증가와 감소를 반복하지만 심사청구 건수는 매년 증가하는 것을 확인할 수 있다.

ㄷ. 2020~2024년의 특허 심사처리 건수 전년 대비 증가한 해는 2020년과 2022년뿐이다. 각각 구하면 2020년 약 38.7%, 2022년 약 11.4%이므로 특허 심사처리 건수의 전년 대비 증가율은 2019~2024년 중 2020년이 가장 높다.

13

답 ①

A씨가 하루에 하는 일의 양은 $\dfrac{1}{8}$, B씨가 하루에 하는 일의 양은 $\dfrac{1}{16}$이다.

A씨가 혼자 일을 마무리해야 하는 날을 x라고 하면

$4 \times \left(\dfrac{1}{8} + \dfrac{1}{16}\right) + x \times \dfrac{1}{8} = 1$, $\dfrac{3}{4} + \dfrac{x}{8} = 1$, $x = 2$

따라서 A씨 혼자 2일 동안 일을 하면 마무리할 수 있다.

14

답 ③

중견기업 직원 수를 300명이라 할 때, 출퇴근 시간이 1시간 이하 소요되는 근로자의 비중은 약 $26+38=64\%$이므로 $300 \times 0.64 = 192$명쯤 된다.

① 모든 기업에서 출퇴근 소요시간 60분 이하인 근로자의 비중은 대략 50~70%이고, 60분 초과인 근로자의 비중은 50% 미만이다.

② 출퇴근 소요시간이 90분을 초과하는 근로자의 비중은 중소기업이 약 23%로 가장 높다.

④ 근로자 비중은 알 수 있으나, 근로자의 실질적인 수까지는 알 수 없다.

⑤ 중소기업 직원 수를 50명이라 할 때, 출퇴근 시간이 30분 이하인 직원은 $50 \times 0.22 = 11$명이다.

15

답 ⑤

표의 빈칸을 모두 채우면 다음과 같다.

순위	품목	이번 달 판매량(대)	전월 판매량(대)
1	노트북	504	324
2	건조기	354	402
3	에어컨	240	201
4	세탁기	210	(201)
5	TV	159	503
6	냉장고	130	640
합계	–	(1,597)	2,271

이번 달 전체 판매량은 지난달보다 $\dfrac{1{,}597-2{,}271}{2{,}271}\times100≒$

-30%, 즉 이번 달 전체 판매량은 지난달보다 30% 감소하였다.

① 이번 달 1,597대의 전자 제품을 판매했다.

② 이번 달 순위권에 들어간 제품 중 노트북은 판매량의 $\dfrac{504}{1{,}597}$

$\times100≒32\%$를 차지한다.

③ 지난달 세탁기와 에어컨의 판매대수는 201대로 같다.

④ 냉장고의 판매량은 지난달 대비 $\dfrac{130-640}{640}\times100≒-80\%$,

즉 냉장고의 판매량은 80% 감소하였다.

16 답 ⑤

식중독 발생 건당 평균 환자 수를 정리하면 다음과 같다.

(단위 : 명)

2015년	2016년	2017년	2018년	2019년
19.0	21.1	26.3	26.6	28.5
2020년	2021년	2022년	2023년	2024년
22.8	21.1	21.4	18.1	17.9

따라서 평균 환자 수가 가장 많은 연도는 2019년, 가장 적은 연도는 2024년이다.

17 답 ③

2024년 입영신청자 중 육군을 제외하면 $140{,}808-102{,}220=$
$38{,}588$명이다.

① 조사기간 동안 입영신청한 사람 중 육군을 지원한 사람이 가장 많다.

② 2022년 입영예정자 중 해병대를 선택한 사람의 비중은
$\dfrac{12{,}820}{134{,}393}\times100≒9.5\%$이다.

④ 조사기간 동안 해병대의 입영률은 102.4% → 100.2% → 99.5%로 매년 감소하는 추세이다.

⑤ 해군의 입영신청자의 증감 추이는 감소, 증가이고, 이와 동일한 곳은 없다.

18 답 ②

㉠ 2024년 입영예정자 수이므로 $98.4=\dfrac{140{,}808}{㉠}\times1000$이므로,
143,098명이다.

㉡ 해군의 2022년 입영률은 $\dfrac{9{,}758}{9{,}650}\times100≒101\%$이다.

㉢ 2024년 공군의 입영예정자를 구하면 $143{,}098-(104{,}435+$
$9{,}158+11{,}550)=17{,}955$명이고, 입영률은 $\dfrac{18{,}308}{17{,}955}\times100$
$≒102\%$이다.

19 답 ②

2023, 2024년 육군 입영률 증감 추이는 다음과 같다.
- 2023년 : $101.4-101.8=-0.4\%$
- 2024년 : $97.9-101.4=-3.5\%$
이를 그래프로 나타내면 다음과 같다.

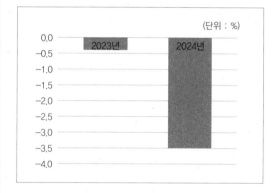

20 답 ⑤

ㄱ. 가안과 나안 모두 반대하는 팀원의 비율은 7.2%이다.

ㄷ. 가안으로 프로젝트를 선정하는 것에 조건부 찬성하는 팀원의 비율은 43.2%로 나안으로 프로젝트를 선정하는 것에 조건부 찬성하는 팀원의 비율인 34.4%보다 높다.

ㄹ. 두 프로젝트에 대해 무조건 찬성하는 팀원의 비율은 21.8%로 두 프로젝트에 대해 반대하는 팀원의 비율인 7.2%보다 3배 이상 높다.

ㄴ. 가안으로 프로젝트를 선정하는 것에 찬성하는 팀원의 비율은 '무조건 찬성'과 '조건부 찬성'을 합한 것으로 $43.1+43.2$
$=86.3\%$이다.

01	02	03	04	05	06	07	08	09	10
②	③	①	②	③	①	②	⑤	④	④
11	12	13	14	15	16	17	18	19	20
⑤	③	③	①	⑤	②	④	⑤	④	③

01   답 ②

㉠, ㉢, ㉤, ㉥ 기능에 따른 문제 유형에 해당한다.
㉣, ㉦ 해결방법에 따른 문제 유형에 해당한다.

02   답 ③

㉠은 전략적 사고, ㉡은 분석적 사고, ㉢은 발상의 전환, ㉣은 내·외부자원의 효과적 활용이다.

03   답 ①

문제해결의 필수 요소로 개인은 사내외의 체계적인 교육훈련을 통해 문제해결을 위한 기본 지식뿐 아니라 본인이 담당하는 전문영역에 대한 지식도 습득해야 한다.

04   답 ②

브레인스토밍의 4원칙에 대한 설명이다. 브레인스토밍은 발산적 사고를 일으키는 대표적 기법으로 집단의 효과를 살려서 아이디어의 연쇄반응을 일으키고 자유분방한 아이디어를 도출한다. 브레인스토밍의 4원칙으로는 질보다 양, 비판 보류, 어떠한 아이디어도 환경, 아이디어 결합 및 개선이 있다.

05   답 ③

논리적 사고의 개발 방법으로는 피라미드 구조화 방법과 So What 방법이 있다.
- 창의적 사고 개발 방법 : 자유연상법(브레인스토밍), 강제연상법(속성열거법, 체크리스트), 비교발상법(NM법, Synetics법)
- 비판적 사고 개발 방법 : 지적 호기심, 객관성 타당한, 개방성 다양한, 융통성, 지적 회의성, 지적 정직성, 체계성, 지속성, 결단성, 다른 관점 존중

06   답 ①

창의적 사고는 정보와 정보의 조합으로 사회나 개인에게 새로운 가치를 창출하며, 교육훈련을 통해 개발될 수 있는 능력이다.

07   답 ②

㉠은 SWOT 분석, ㉡은 3C 분석에 대한 설명이다. SWOT 분석은 외부 환경 요인 분석 시 SCEPTIC 체크리스트를 활용할 수 있다. SCEPTIC 체크리스트는 Social(사회), Competition(경쟁), Economic(경제), Politic(정치), Technology(기술), Information (정보), Client(고객)로 이루어져 있다.

08   답 ⑤

K공사가 실행하려고 하는 문제해결 절차는 해결안 개발을 통해 실행 계획을 실제 상황에 적용하는 활동 실행 및 평가 단계이다. 보고서 작성 시 고려되어야 할 내용은 실행 및 평가 단계 중 실행 및 Follow-up(사후 관리) 수행 시 고려해야 할 사항이다.

09   답 ④

문제해결 절차의 원인 분석 단계 중 쟁점(Issue) 분석에 대한 설명이다.

10   답 ④

주어진 〈조건〉을 정리하면 다음과 같다.
- 배려심 → 여유(대우 : ~여유 → ~배려심)
- 친구 → 배려심(대우 : ~배려심 → ~친구)
- 여유 → 소통(대우 : ~소통 → ~여유)
- 소통 → 업무능력(대우 : ~업무능력 → ~소통)

정리된 내용을 종합하면 '친구 → 배려심 → 여유 → 소통 → 업무'이고, 그 대우는 '~업무 → ~소통 → ~여유 → ~배려심 → ~친구'이다. 따라서 '업무능력이 뛰어난 사람은 소통을 잘한다.'는 항상 참인지 알 수 없다.

11   답 ⑤

조건2에 의해 A와 C 중 한 사람만이 사내 동아리에 가입한다고 했으므로 가능한 경우의 수를 정리하면 다음과 같다.
- A가 사내 동아리에 가입하는 경우 : C가 가입하지 않았으므로 조건2에 의하여 D는 가입하지 않는다. 또한, A가 가입하였으므로 조건5에 의하여 E는 가입하지 않는다. 조건4, 6에 의하여 B와 E가 가입하게 되는데 이는 조건5와 모순이 된다.

- C가 사내 동아리에 가입하는 경우 : A가 가입하지 않았으므로 조건5에 의하여 E는 가입한다. 또한, C가 가입하였으므로 조건3에 의하여 D도 가입한다. 조건4, 6에 의하여 B와 E가 가입한다.

따라서 올해도 사내 동아리에 가입한 사람은 B, C, D, E이다.

12 　　　　　　　　　　　　🗒 ③

B는 D의 말이 사실이라고 했으므로 B와 D는 둘 다 참이거나 둘 다 거짓이어야 한다. 주어진 조건에 의하면 2등은 거짓말을 했는데, C는 자신이 2등이라고 했으므로 C는 2등이 아니다. C의 말이 참이라면 이는 곧 2등이 참을 말했다는 의미이므로 모순이기 때문이다. 즉 C의 말은 거짓이어서 자동적으로 B와 D의 말은 모두 참, A는 거짓임을 알 수 있다. 이를 종합하여 1등부터 순서대로 나열하면 B-A-D-C가 된다.

13 　　　　　　　　　　　　🗒 ③

1명씩 경품에 당첨된 사람으로 가정할 때, 진술의 참·거짓 여부를 정리하면 다음과 같다.

당첨자＼발언자	A	B	C	D
A	거짓	거짓	거짓	참
B	참	거짓	거짓	거짓
C	참	참	거짓	참
D	참	참	참	거짓

C가 경품에 당첨되었을 때만 진실을 말한 사람이 1명이 되므로 경품에 당첨된 사람은 C, 진실을 말한 사람은 D가 된다.

14 　　　　　　　　　　　　🗒 ①

조건1에 의해 A는 왼쪽에서 세 번째 자리이고, 조건2에 의해 왼쪽에서 두 번째 자리와 네 번째 자리에는 F가 위치하지 않는다. 조건3에 의해 E가 가장 오른쪽에 앉아 있으며, C와의 사이에 한 명이 앉아 있다고 하였으므로 C는 오른쪽에서 세 번째에 위치한다. 조건4에 의해 G의 옆에는 D만 앉아 있으므로 왼쪽에서 첫 번째 자리에 G, 두 번째 자리에 D가 앉고 F는 C와 E 사이에 앉게 된다. 이를 정리하면 다음과 같다.

1	2	3	4	5	6	7
G	D	A	B	C	F	E

따라서 앉아 있는 순서대로 나열하면 'G-D-A-B-C-F-E'가 된다.

15 　　　　　　　　　　　　🗒 ⑤

조건1에 의해 은행과 꽃집이 각각 3층과 4층에 위치하게 되고, 조건4에 의해 병원은 5층 혹은 6층에 위치해야 하므로, 조건3에 의해 우체국과 pc방은 1층 혹은 2층에 위치하게 된다. 조건2에 의해 위층부터 커피숍>건설사무소>병원이 위치하게 되는데 조건4에서 헬스장이 병원보다 2층 위에 위치한다고 하였으므로 위층부터 커피숍-헬스장-건설사무소-병원이 위치하게 된다. 이를 정리하면 다음과 같다.

구분	경우 1	경우 2
8층	커피숍	커피숍
7층	헬스장	헬스장
6층	건설사무소	건설사무소
5층	병원	병원
4층	꽃집	꽃집
3층	은행	은행
2층	우체국	pc방
1층	pc방	우체국

따라서 '커피숍은 건물 가장 위층에 위치한다.'는 항상 참이다.

16 　　　　　　　　　　　　🗒 ②

부대장비 대여료 항목을 보면 사용 시간이 1시간부터 4시간까지 빔프로젝터와 노트북의 대여료는 시간별로 각각 다르게 적용되며, 사용 시간이 4시간을 초과하는 경우부터 사용 시간과 상관없이 빔프로젝터는 30,000원, 노트북은 70,000원의 대여료가 동일하게 적용된다.

17 　　　　　　　　　　　　🗒 ④

6월 5일은 104호 강당 기준으로 8일 이전이므로 전액 환불을 받고, 102호 기준으로는 6~3일 이전이므로 수수료 10%를 공제하고 90%를 환불받는다. 또한 104호의 장비는 환불이 불가능하므로 1시간분을 환불받을 수 없으며, 사용료는 추가 1시간에 대해서 전액 환불받으므로 총 68,000원을 환불받는다. 102호 강당의 경우 빔프로젝터 30,000원, 노트북 70,000원과 함께 강당 사용료 (360,000+180,000×3)×0.9=810,000원을 환불받는다. 따라서 총 환불받을 수 있는 금액은 68,000+30,000+70,000+810,000=978,000원이다.

18 　 🅑 ⑤

재학연한은 수업연한의 2배인 8년이다. 이때 휴학 기간은 재학연한에 삽입하지 않는데, 일반 휴학은 일반 입학생의 경우 최장 6학기(3년)이고, 편입생의 경우 최장 3학기(1년 반)이다. 또한 특별 휴학은 일반 휴학 기간에 산입하지 않는다. 따라서 ⊙은 8년+3년+2년=13년, ⓒ은 4년+1.5년+1년=6.5년, ⓒ은 8년+3년+1년=12년으로 합은 31.50이다.

19 　 🅑 ④

만화와 시의 대출 기간은 7일이고 나머지 도서의 대출 기간은 14일이다. 대출 기간은 대출일을 포함하고 기간 종료일의 다음 날부터 해당 도서 반납을 연체한 것으로 본다. 이를 포함하여 각 도서별 연체 일수 및 신간 여부를 정리하면 다음과 같다.

도서명	연체 일수	비고
원○○	14일	
입 속의 검은 △	4일	신간
진달□□	12일	
☆☆ 날의 초상	7일	
◇◇◇의 상인	12일	신간

따라서 갑이 지불한 연체료의 값은 1,400+400×2+1,200+700+1,200×2=6,500원이다.

20 　 🅑 ③

우선 대출목록 중 만화와 시는 연장이 불가한 품목이므로 '원○○'와 '입 속의 검은 △'은 연체료 최솟값 산정에 영향을 미치지 않는다. 신간의 경우 연체료가 2배 적용되므로 나머지 도서 중 신간인 '◇◇◇의 상인'은 대출 기간을 연장한 도서에 포함시켜야 한다. 갑은 대출한 5권의 책 중 2권의 대출 기간을 연장했고, '진달□□'와 '☆☆ 날의 초상' 중 어느 쪽을 연장해도 전체 연체 일수는 동일하다. 이를 정리하면 다음과 같다.

도서명	연체 일수	비고
원○○	14일	
입 속의 검은 △	4일	신간
진달□□	12일 or 5일	
☆☆ 날의 초상	7일 or 0일	
◇◇◇의 상인	5일	신간

따라서 연체료의 최솟값은 1,400+400×2+1,200+500×2=4,400원이다.

최종점검 모의고사 4회

의사소통능력

01	02	03	04	05	06	07	08	09	10
②	④	②	④	⑤	⑤	④	④	②	⑤
11	12	13	14	15	16	17	18	19	20
①	③	⑤	②	④	③	②	⑤	②	③

01 　　　　　　　　　　　　　　답 ②

① 흔히 사내 공문서로 불리며 회사의 업무에 대한 협조를 구하거나 의견을 전달할 때 작성하는 문서는 기안서이다.
③ 특정한 일에 관한 현황이나 그 진행 상황, 연구 · 검토 결과 등을 보고하고자 할 때 작성하는 문서는 보고서이다.
④ 업무상 필요한 중요한 일이나 앞으로 체크해야 할 일이 있을 때 필요한 내용을 메모 형식으로 작성하여 전달하는 글은 비즈니스 메모이다.
⑤ 재무제표와 달리 영업상황을 문장형식으로 기재하는 문서는 영업보고서이다.

02 　　　　　　　　　　　　　　답 ④

명령이나 지시가 필요한 경우 관련 부서나 외부기관, 단체 등에 명령이나 지시를 내려야 하는 경우가 있으므로, 상황에 적합하고 명확한 내용을 작성할 수 있어야 한다. 또한, 단순한 요청이나 자발적인 협조를 구하는 차원의 사안이 아니므로 즉각적인 업무 추진이 실행될 수 있도록 해야 하고, 주로 업무 지시서를 사용한다.

03 　　　　　　　　　　　　　　답 ②

상대방에게 나의 태도와 의견을 받아들이고 그의 태도와 의견을 바꾸도록 하는 과정으로 일방적인 강요를 해서는 안 되는 것은 설득의 상황에서 사용하는 의사표현 방법이다.

04 　　　　　　　　　　　　　　답 ④

소극적 경청은 상대방이 하는 말을 중간에 자르거나 다른 화제로 돌리지 않고 상대의 이야기를 수동적으로 따라가는 것을 의미한다.

05 　　　　　　　　　　　　　　답 ⑤

소비자들이 이해하기 어려운 전문용어는 가급적 사용을 하지 않는 것은 설명서의 유의사항이다.

06 　　　　　　　　　　　　　　답 ⑤

문서 작성 시 최대한 요약해서 작성해야 한다는 주의사항은 없다.

07 　　　　　　　　　　　　　　답 ④

사전에 준비된 내용을 대중 상대로 말하는 것은 공식적 말하기이다.

08 　　　　　　　　　　　　　　답 ④

① 1단계에 해당한다.
② 2단계에 해당한다.
③, ⑤ 3단계에 해당한다.

09 　　　　　　　　　　　　　　답 ②

① B의 말을 자신의 말로 반복하여 표현하고 정보를 정확하게 이해했는지 확인하는 것은 '정확성을 위해 요약하기'에 해당한다.
③ B의 이야기를 자신의 관점이 아닌 B의 관점에서 이해하려는 태도를 보이는 것은 '공감적 반응'에 해당한다.
④ B가 하는 말의 어조와 억양, 소리의 크기에 귀를 기울이는 것은 '주의 기울이기'에 해당한다.
⑤ 보통 '누가, 무엇을 어디에서, 언제 또는 어떻게'로 시작하는 것은 '개방적인 질문하기'에 해당한다.

10
답 ⑤

외국어 능력은 의사표현에 영향을 미치는 비언어적 요소가 아니다.

11
답 ①

밑줄 친 '사다'는 '다른 사람에게 어떤 감정을 가지게 하다'라는 의미로 사용되었다.
② 값을 치르고 어떤 물건이나 권리를 자기 것으로 만들다.
③ 다른 사람의 태도나 어떤 일의 가치를 인정하다.
④ 대가를 치르고 사람을 부리다.
⑤ 음식 따위를 함께 먹기 위하여 값을 치르다.

12
답 ③

1650년경 영국에 들어온 커피가 페르시아 커피라는 내용은 제시문에서 찾을 수 없다.
① 1문단에 의하면 선사시대에 에티오피아 카파 지방의 오로모(Oromo)인들이 커피를 식자재로 이용했으며, 13세기 에티오피아의 서남부 농민들은 커피콩을 볶아 사발에 찧어 약용 향신료로 사용했다는 기록이 있다.
② 1문단에 의하면 12~13세기부터 커피가 널리 전파되었는데 이는 당시 예멘의 금주령 영향이 컸다고 하였다.
④ 2문단에 의하면 프랑스에는 17세기 중반 마르세유의 도매상인 피에르 들 라 로크(Pierre de La Roque)가 커피를 들여왔고, 1672년 한 아르메니아인이 파리 퐁네프 근처에 파스칼(Pascal)이라는 카페를 열었다.
⑤ 3문단에 의하면 커피와 사망률의 상관관계를 검증한 연구에서 커피를 하루 두 번 마신 경우 수명이 2년 더 길다고 발표했고, 미국보다 유럽과 아시아에서 더 밀접한 상관관계를 보였다.

13
답 ⑤

〈보기〉는 예술을 통해 개인이 자신의 감정을 정리·제어하고 다스릴 수 있음을 이야기하는 내용이다. 이는 예술과 감정 간의 관계를 바라보는 두 관점 중 콜링우드의 관점이며, 콜링우드의 주장을 뒷받침하며 부연 설명하기 위한 문단이므로 그의 주장이 나타난 문단 뒤에 위치하여야 한다. 따라서 ⓔ에 들어가는 것이 가장 적절하다.

14
답 ②

ⓛ에 의하면 톨스토이는 좋은 생각이 타인에게 전달될 필요가 있듯이 좋은 감정 역시 타인에게 전달되어야 한다. 타인에게 전달되는 감정은 모든 감정이 아닌, 좋은 감정으로서 사회를 더 나은 방향으로 이끌 수 있어야 한다. 연대감이나 형제애 등이 대표적인 예이다.

15
답 ④

제시문에서는 '논리 실증주의적 관점'의 사례로 연어의 회귀와 관련한 가설 검증 실험을 제시하고 있다. 이는 과학자들이 제시한 각각의 가설에 대해 실제 실험을 진행하고, 그중 경험적으로 검증된 결과를 보이는 가설을 과학적 사실로 정의하는 과정을 거친다. 따라서 빈칸에 들어갈 가장 적절한 진술은 ④이다.

16
답 ③

각 개념에 대한 설명을 참고하면 〈보기〉는 '거주자와 비거주자 사이에 오고 간 노동과 투자의 대가'인 소득수지임을 유추할 수 있다. 따라서 ⓒ에 들어가는 것이 가장 적절하다.

17
답 ②

4문단에서 기타자본수지가 해외이주비와 같은 자본 이전과 특허권·상표권과 같은 비생산·비금융 자산의 대외거래를 기록한 것을 뜻한다고 설명하고 있다.

18
답 ⑤

① 대체로 얕은 수면 단계에서 꿈을 꾸는 현상이 발생한다.
② 3단계 수면을 지나 꿈 수면이 나오는 것이 정상 수면이며 이를 렘수면이라고 한다.
③ 꿈을 꾸면 수면의 리듬이 맞춰지고, 정신적인 안정과 몸의 안정이 이루어지므로 꿈을 많이 꾼다고 해서 반드시 나쁘다고 볼 수는 없지만, 이것이 꿈을 많이 꾸는 것이 좋음을 의미하지는 않는다.
④ 잠을 잘 때 뇌에서 감각을 느끼거나 몸을 움직이게 하는 '신피질'과 기억을 저장하는 '해마' 사이의 연결이 약해지기 때문이다.

19 　　　답 ②

ⓒ의 앞부분을 보면 애덤 스미스는 인간의 탐욕, 이기심에 기초한 경제적인 욕망의 분출은 국가의 부를 증대시키는 사회적 선(善)임을 주장했다고 나와 있다. 또한 ⓒ 뒤의 문장은 시대적 변화에 부합한 그의 주장이 경제학계를 지배했다는 내용이다. 따라서 ⓒ에 자본주의가 도래한 상황을 서술한 〈보기〉의 문장을 삽입하면 맥락상 자연스럽다.

20 　　　답 ③

애덤 스미스는 10여 년을 걸쳐 완성한 '국부론'에서 경제학을 최초로 이론·역사·정책에 걸친 체계적 과학임을 분명하게 드러내어 제시했다.

01	02	03	04	05	06	07	08	09	10
⑤	①	②	⑤	①	②	④	③	③	①
11	12	13	14	15	16	17	18	19	20
③	①	⑤	④	③	④	④	④	⑤	③

01 　　　답 ⑤

$$\frac{1}{10} + \frac{1}{10^2} - \frac{1}{10^3} + 0.001 = 0.1 + 0.01 - 0.001 + 0.001 = 0.11$$

02 　　　답 ①

나열된 수들의 규칙을 찾으면 다음과 같다.

10	$\rightarrow$	(14)	$\rightarrow$	23	$\rightarrow$
	$+2^2$		$+3^2$		$+4^2$
39	$\rightarrow$	64	$\rightarrow$	100	
	$+5^2$		$+6^2$		

따라서 빈칸에 들어갈 수는 10+4=14가 적절하다.

03 　　　답 ②

두 톱니바퀴가 같은 톱니에서 맞물리기 위해서는 36과 45의 최소공배수를 찾으면 된다. 36과 45의 최소공배수는 180이다. 180번째 맞물리기 위해서는 A가 최소 180÷36=5번 회전해야 한다.

04 　　　답 ⑤

표의 빈칸을 모두 채우면 다음과 같다.

구분	민원 접수	처리 상황		완료 민원 결과	
		완료	미완료	기각	수용
A시	20,430	12,045	(8,385)	3,050	(8,995)
B시	30,504	(15,300)	15,204	1,240	(14,060)

B시의 완료된 민원 결과 수용 건수는 A시와 비교했을 때, 14,060-8,995=5,065건 더 많다.

① B시는 완료된 민원 결과 기각 비율이 $\frac{1,240}{15,300} \times 100 ≒ 8\%$ 이다.

② 민원 처리율은 A시가 $\frac{12,045}{20,430} \times 100 ≒ 59\%$, B시가 $\frac{15,300}{30,504} \times 100 ≒ 50\%$로 A시가 더 높다.

③ A시의 완료된 민원 결과 중 수용 비율은 $\frac{8,995}{12,045} \times 100 \fallingdotseq$ 75%이다.

④ B시의 완료된 민원 결과 중 수용 비율은 $\frac{14,060}{15,300} \times 100 \fallingdotseq$ 92%로 A시보다 높다.

05 답 ①

A씨 집과 회사의 거리를 x라고 하면

$\frac{x}{2} + \frac{x}{3} = \frac{100}{60}$, $5x = 10$, $x = 2$

따라서 A씨 집과 회사의 거리는 2km이다.

06 답 ②

여직원의 수를 x라고 하면

남직원들 나이의 합은 $42 \times 24 = 1,008$, 여직원들 나이의 합은 $x \times 39 = 39x$이다.

A부서 전체 나이의 합은 $40 \times (24+x) = 960 + 40x$이다.

$1,008 + 39x = 960 + 40x$, $x = 48$

따라서 여직원은 48명이므로 A부서는 총 $24 + 48 = 72$명이다.

07 답 ④

2024년 단순노무 종사자가 100명, 전체 취업 노인의 수를 x라고 하면 $36.6 : 100 = 100 : x$, $x \fallingdotseq 273$명이다.

① 조사기간 동안 농·어·축산업 종사자 비중은 2018년에 증가했다가 계속 축소되고 있다.

② 조사시간 동안 기계 조작 및 조립 종사자의 증감 추이는 증가, 감소, 증가이므로 이와 동일한 증감 추이는 없다.

③ 매년 취업 노인의 수를 알 수 없으므로 고위 임원직, 관리자로 종사하는 노인의 수가 증가하는지 알 수 없다.

⑤ 2024년 사무 종사자의 비중은 2018년보다 $\frac{5.1-3.7}{3.7} \times 100$ $\fallingdotseq 38\%$ 증가했다.

08 답 ③

농도 12%인 소금물 200g에는 $200 \times 0.12 = 24$g의 소금이 들어있고,

농도 15%인 소금물 500g에는 $500 \times 0.15 = 75$g의 소금이 들어있다.

즉 추가한 소금물에는 $75 - 24 = 51$g의 소금이 들어있다.

추가한 소금물의 양은 $500 - 200 = 300$g이므로 농도는 $\frac{51}{300} \times$ $100 = 17\%$이다.

09 답 ③

주어진 표에 있는 값으로 정규직 고용률을 계산할 수 있다. 기관 A~E의 정규직 고용률을 계산하면 다음과 같다.

(단위 : %)

A기관	39.5
B기관	11.7
C기관	5.1
D기관	45.5
E기관	11.2

ㄱ. D기관의 정규직 고용인원 422명은 나머지 4개 기관 인원 ($221 + 38 + 67 + 56 = 382$)보다 많다.

ㄴ. 실제 정규직 고용인원이 최소 권고인원보다 많은 기관은 D 한 곳뿐이다.

ㄷ. C기관은 정규직 최소 고용인원이 530명으로 가장 많고, 정규직 고용률은 5.1%로 가장 낮다.

ㄹ. A기관의 정규직 고용률은 39.5%로 D기관의 정규직 고용률인 45.5%보다 낮다.

10 답 ①

물품 600개에 240,000원의 이익을 얻었으므로, 물품 1개당 $\frac{240,000}{600} = 400$원의 이익을 얻은 것이다.

따라서 A씨는 원가에 $\frac{400}{2,000} \times 100 = 20\%$의 이윤을 붙여서 제품을 팔았다.

11 답 ③

작년 A부서 남자 직원을 x라고 하면 여자 직원은 $80-x$이다.

$1.3x + 0.9(80-x) = 84$, $x = 30$

따라서 올해 남자 직원은 $30 \times 1.3 = 39$명이다.

12 답 ①

세 사람이 각각 합격할 확률은 독립적이다.

- A씨만 합격할 확률 : $\frac{1}{2} \times \left(1 - \frac{2}{3}\right) \times \left(1 - \frac{3}{4}\right) = \frac{1}{24}$

- B씨만 합격할 확률 : $\left(1 - \frac{1}{2}\right) \times \frac{2}{3} \times \left(1 - \frac{3}{4}\right) = \frac{2}{24}$

- C씨만 합격할 확률 : $\left(1 - \frac{1}{2}\right) \times \left(1 - \frac{2}{3}\right) \times \frac{3}{4} = \frac{3}{24}$

따라서 구하고자 하는 확률은 $\frac{1}{24} + \frac{2}{24} + \frac{3}{24} = \frac{1}{4}$이다.

13

답 ⑤

2024년 3월 A사의 판매량은 전년도 동월 대비 2,857대 증가하였고, B사는 3,461대 증가하였다. 증가한 판매율을 구하면 A사는 $\frac{2,857}{55,108} \times 100 ≒ 5.2\%$이고, B사는 $\frac{3,461}{38,844} \times 100 ≒ 8.9\%$이므로 B사의 판매량 증가율이 더 크다.

① 2024년 3월 기준 A사의 판매량은 B사의 판매량보다 57,965−42,305=15,660대가 더 많다.

② 2024년 3월 A사의 판매량은 전월 대비 $\frac{57,965-46,859}{46,859} \times 100 ≒ 23.7\%$ 증가하였다.

③ 2024년 3월 B사의 판매량은 전월 대비 42,305−35,405=6,900대가 더 많다.

④ 2024년 3월 A사의 판매량은 전년도 동월 대비 57,965−55,108=2,857대가 더 많다.

14

답 ④

ㄴ. 전년도와 비교하여 전체 공과대학 지원자 중 해당 학과 지원자 비율이 감소한 학과는 화학공학과, 생명공학과, 도시공학과 총 3곳이다.

ㄷ. 생명공학과의 2023년 지원자 수는 1,000×0.116=116명이고, 2024년 지원자 수는 1,000×0.095=95명이다. 생명공학과의 정원이 80명인 경우 2023년 경쟁률은 116:80=1.45:1이고, 2024년 경쟁률은 95:80≒1.19:1로 전년 대비 $\frac{1.19-1.45}{1.45} \times 100 ≒ -18\%$이다. 따라서 2024년 경쟁률은 전년 대비 약 18%가량 감소하였다.

ㄱ. 학과별 지원자 비율이 가장 높은 학과는 2023년에는 도시공학과, 2024년은 전자공학과로 동일하지 않다.

ㄹ. 화학공학과와 생명공학과의 지원자는 8+21=29명 감소한 반면 기계공학과는 25명 증가하였다.

15

답 ③

상위 3개 라면 시장점유율은 36.8+31.2+7.3=75.3%이고, 하위 3개 라면 시장점유율은 2+1.1+0.7=3.8%이므로 $\frac{75.3}{3.8} ≒ 19.8$배이다.

① 전체 라면 매출액을 x라고 하면 $\frac{736}{x} \times 100 = 36.8$, $x=$ 2,000억 원이다.

② A라면 매출액은 J라면 매출액의 $\frac{736}{14} ≒ 52.6$배이다.

④ 매출액이 100억 원 이상인 라면은 A, B, C, D라면으로 총 4개다.

⑤ 매출액 상위 5개 라면의 매출액 합계는 736+624+146+122+86=1,714억 원이고, 상위 5개 라면을 제외한 나머지 라면 매출액 합계는 2,000−1,714=286억 원이다. $\frac{1,714}{286} ≒ 6$배 차이가 난다.

16

답 ④

2024년 40~64세 종교활동 인구 수는 2022년보다 $\frac{72,214-66,812}{66,812} \times 100 ≒ 8.1\%$ 증가했다.

① 조사시간 동안 종교활동 인구는 99,101명, 102,247명, 111,138명으로 점차 증가하고 있다.

② 조사기간 동안 29세 이하 종교활동 인구는 14,219명, 15,363명, 19,901명으로 점차 증가하고 있다.

③ 조사기간 동안 65세 이상 종교활동 인구는 2,648명, 2,711명, 2,945명으로 꾸준히 증가하고 있다.

⑤ 30~39세 종교활동 인구 구성비는 다음과 같다.

- 2022년 : $\frac{15,422}{99,101} ≒ 0.16$

- 2024년 : $\frac{16,078}{111,138} ≒ 0.15$

따라서 2022년보다 2024년이 더 낮다.

17

답 ④

조사기간 동안 택배 업체 이용 실적의 직전 분기 대비 증가율을 모두 비교해보면 다음과 같다. 2023년 2/4분기 약 5.4%, 2023년 3/4분기 약 1.7%, 2023년 4/4분기 약 3.1%, 2024년 1/4분기 약 1.2%, 2024년 2/4분기 약 1.4%이다. 따라서 직전 분기 대비 증가율이 가장 높은 분기는 2023년 2/4분기이다.

① 국내 택배 이용 실적은 분기마다 지속적으로 증가하였다.

② 국외 택배 이용 실적은 2023년 4/4분기에 27만 건으로 가장 낮았다.

③ 조사기간 동안 국내 택배 이용 실적의 전 분기 대비 증가율을 모두 비교해보면 다음과 같다. 2023년 2/4분기 5.2%, 2023년 3/4분기 2.8%, 2023년 4/4분기 3.2%, 2024년 1/4분기 1.1%, 2024년 2/4분기 1.1%이다. 따라서 직전 분기 대비 증가율이 가장 높은 분기는 2023년 2/4분기이다.

⑤ 2024년 1/4분기의 국외 택배 이용 실적은 29만 건이고, 직전 분기인 2023년 4/4분기의 국외 택배 이용 실적은 27만 건이다. 따라서 29−27=2만 건 증가하였다.

18

정답 ④

ㄴ. 2023년에 비해 2024년에 시간당 임금 증감률은 다음과 같다. A국은 약 −2.7%, B국은 약 −3.1%, C국은 약 −20.9%, D국은 0.5%, E국은 −10.5%이다. 따라서 가장 큰 비율로 증가한 국가는 D이며, 가장 큰 비율로 감소한 국가는 C이다.

ㄹ. 2022년 C국이 22.03달러로 시간당 임금이 가장 높고, 66.6%로 단위노동 비용지수가 가장 낮다.

ㄱ. D국가는 시간당 임금은 계속 증가하는데, 단위노동 비용지수는 증가했다가 감소하였다. E국가는 시간당 임금이 증가했다가 감소했고, 단위노동 비용지수는 계속 감소하였다.

ㄷ. 2023년에 비해 2024년에 단위노동 비용지수가 상승한 국가는 없다.

19

정답 ⑤

'모름'으로 응답한 비율이 두 번째로 많은 폭력 유형은 2023년의 경우는 정신적 폭력 유형이고, 2024년의 경우는 신체적 폭력 유형이므로 두 유형은 동일하지 않다.

① 2023년 디지털 폭력 유형에 '모름'으로 응답한 시민의 수와 2024년 성적 폭력 유형에 '있음'으로 응답한 시민의 수는 56명(28%)으로 같다.

② 2023년에 비해 2024년의 경우 정신적 폭력에 대해 '있음'으로 응답한 시민의 수는 98명(49%) → 72명(36%)으로, 신체적 폭력 유형은 108명(54%) → 70명(35%)으로 줄었다.

③ 2023년에 비해 2024년의 경우 행동 제약적 폭력 유형에 '없음'으로 응답한 시민의 수는 20명(10%)에서 18명(9%)으로 2명 줄었다.

④ 두 경우 모두 정신적 폭력 유형에 해당한다.

20

정답 ③

2023년 대비 2024년 유형별 데이트 폭력이 없는 사람의 증감 추이를 나타내면 다음과 같다.

(단위 : 명)

구분	2023년	2024년	증감
디지털 폭력	40	66	26
행동 제약적 폭력	20	18	−2
성적 폭력	136	122	−14
정신적 폭력	52	68	16
신체적 폭력	60	82	22

이를 그래프로 표현하면 다음과 같다.

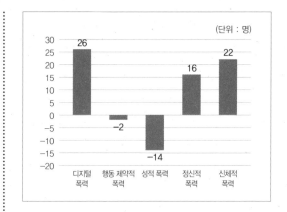

문제해결능력

01	02	03	04	05	06	07	08	09	10
④	③	②	④	①	⑤	②	①	③	①
11	12	13	14	15	16	17	18	19	20
⑤	②	④	④	③	④	⑤	④	②	④

01

답 ④

문제는 목표와 현상의 차이이자 해결이 필요한 사항이고, 문제점은 문제의 근본 원인이 되는 사항으로 문제해결을 위해서 조치가 필요한 대상이다. 즉 문제는 교통사고가 되고 문제점은 졸음운전이 된다.

02

답 ③

㉠ 탐색형 문제(찾는 문제)에 대한 설명이다.
㉣ 발생형 문제(보이는 문제)에 대한 설명이다.

03

답 ②

하드 어프로치에 대한 설명으로 서로의 생각을 직설적으로 주장하고 논쟁이나 협상을 통해 서로의 의견을 조정해 가는 문제해결 방법이다. 사실과 원칙에 근거한 토론이 중심 역할을 하며, 사실과 원칙을 기반으로 구성원에게 지도와 설득을 통해 전원이 합의하는 일치점을 추구한다.
①, ⑤ 소프트 어프로치에 대한 설명이다.
③, ④ 퍼실리테이션에 대한 설명이다.

04

답 ④

수민은 비교발상법(NM법), 지애는 강제연상법(체크리스트), 은나는 자유연상법(브레인스토밍)을 사용하였다.
• 비교발상법 : 주제와 본질적으로 닮은 것을 힌트로 하여 새로운 아이디어를 얻는 방법
• 강제연상법 : 각종 힌트에서 강제적으로 연결지어 발상하는 방법
• 자유연상법 : 어떤 생각에서 다른 생각을 계속해서 떠올리는 작용을 통해 어떤 주제에서 생각나는 것을 계속해서 열거해 나가는 발산적 사고

05

답 ①

논리적 사고의 구성 요소는 생각하는 습관, 상대 논리의 구조화, 구체적인 생각, 타인에 대한 이해, 설득으로 5가지이다.
㉡, ㉣, ㉤ 비판적 사고의 개발 방법 중 하나이다.

06

답 ⑤

실수와 실패를 포용하는 맥나이트(William L. McKnight)의 경영 철학은 '구성원의 창의성을 바탕으로 한 기술개발'이라는 3M의 독특한 혁신문화를 낳았다. 이는 사고력 중 창의력 사고의 중요성을 강조한 것이다.

07

답 ②

해결안 도출은 열거된 근본 원인을 어떠한 시각과 방법으로 제거할 것인지에 대한 독창적이고 혁신적인 아이디어를 도출하고, 이를 바탕으로 유사한 방법이나 목적을 갖는 내용의 군집화를 거쳐 최종 해결안으로 정리하는 과정으로 이어진다.

08

답 ①

SWOT 분석은 기업 내부의 강점, 약점과 외부 환경의 기회, 위협 요인을 분석하고 전략과 문제해결 방안을 개발하는 방법으로 ㉠은 강점, ㉤은 약점, ㉡과 ㉥은 기회, ㉢과 ㉣은 위협에 해당한다.

09

답 ③

㉠은 실행 및 평가, ㉡은 문제 도출, ㉢은 해결안 개발, ㉣은 문제 인식이다.
문제해결 절차
문제 인식 → 문제 도출 → 원인 분석 → 해결안 개발 → 실행 및 평가

10

답 ①

주어진 〈조건〉을 정리하면 다음과 같다.
• 연구실 A ○ → 연구실 B ×(대우 : 연구실 B ○ → 연구실 A ×)
• 연구실 B × → 연구실 C ○(대우 : 연구실 C × → 연구실 B ○)
• 연구실 E ○ → 연구실 D ×(대우 : 연구실 D ○ → 연구실 E ×)
• 연구실 D × → 연구실 C ×(대우 : 연구실 C ○ → 연구실 D ○)
정리된 내용을 종합하면 '연구실 A ○ → 연구실 B × → 연구실 C ○ → 연구실 D ○ → 연구실 E ×'이고, 그 대우는 '연구실 E ○ → 연구실 D × → 연구실 C × → 연구실 B ○ → 연구실 A ×'이다. 따라서 '연구실 E에 지원하면 연구실 C에 지원한다.'는 항상 거짓이다.

11　답 ⑤

주어진 〈조건〉을 정리하면 다음과 같다.

- $B \rightarrow E \wedge D$
- $\sim A \rightarrow C \wedge E(\sim C \vee \sim E \rightarrow A)$
- $C \rightarrow \sim E(E \rightarrow \sim C)$

B는 반드시 참석하므로 조건1, 3에 의해 D와 E는 참석하지만, C는 참석하지 않는다. 조건2에 의해 E나 C가 참석하지 않으면 A는 참석하므로 A는 참석한다. 그러므로 컨설팅에 반드시 참석하는 인원은 A, B, D, E이다

12　답 ②

도둑질을 한 사람이 2명이고 도둑질을 한 사람은 거짓만을, 도둑질을 하지 않은 사람은 사실만을 말한다고 했으므로 5명의 진술 중 2명은 거짓 3명은 참이다. C에 대한 진술이 가장 많으므로 C를 기준으로 가능한 경우의 수를 정리하면 다음과 같다.

- C가 도둑질을 한 경우

구분	사실	거짓
A		✓
B	✓	
C		✓
D	✓	
E	✓	

- C가 도둑질을 하지 않은 경우

구분	사실	거짓
A		✓
B	✓	
C	✓	
D	✓	
E		✓

따라서 'D는 도둑질을 하지 않았다.'는 참이다.

13　답 ④

이들 중 D와 E는 동일 관계이고, A와 B는 모순 관계이다. 모순 관계인 A와 B 중 한 명은 반드시 거짓이고 동일 관계인 D와 E는 반드시 참이다. 따라서 C의 발언은 거짓이 되므로 여행 경비를 보내지 않은 사람은 D이다. 여행 경비를 보내지 않은 사람은 1명이므로 B가 여행 경비를 보내지 않았다고 말한 A의 발언은 거짓이 된다.

14　답 ④

주어진 〈조건〉을 정리하면 '가평>아산', '남해>담양', '남해>가평'이며, '아산'은 선호도가 가장 낮은 여행지가 아니므로 '남해>가평>아산>담양'임을 알 수 있다. 따라서 체험단 구성비가 40%인 여행지는 '남해', 20%인 여행지 '아산'이다.

15　답 ③

주어진 〈조건〉을 정리하면 다음과 같다.

1층	2층	3층	4층	5층	6층
F	C	B	D	A	E

따라서 'A는 5등으로 들어왔다.'는 항상 참이다.

16　답 ④

고려 항목만을 추려 숫자로 나타내면 다음과 같다.

(단위 : 점)

구분	브랜드 A	브랜드 B	브랜드 C	브랜드 D	브랜드 E
30대 인지도	3	2	4	5	2
디자인	4	3	2	3	4
품질	2	3	4	4	2
합계	9	8	10	12	8

따라서 가장 경쟁력 있는 콜라보 제품은 브랜드 D이다.

17　답 ⑤

디자인 점수는 브랜드 A와 브랜드 E가 높고, 실용성과 30대의 인지도는 브랜드 D가 높다. 그런데 이와 전혀 무관한 브랜드 B를 선택하였다.

① 디자인 점수가 높은 브랜드 A와 브랜드 E 중 브랜드 A가 10대의 인지도가 더 높다.
② 디자인 점수가 높은 브랜드 A와 브랜드 E 중 브랜드 E가 20대의 인지도가 더 높다.
③ 품질 점수가 높은 브랜드 C와 브랜드 D 중 브랜드 D가 30대의 인지도가 더 높다.
④ 품질 점수는 브랜드 C와 브랜드 D, 실용성 점수는 브랜드 D가 가장 높으므로 브랜드 D가 적합하다. 20대의 인지도는 브랜드 E가 가장 높지만, 브랜드 D가 그 다음이므로 선호도가 반영된 제품 선택이라고 볼 수 있다.

18

답 ④

기계에서부터 물이 떨어지는 문제의 원인은 잘못된 캡슐이 들어간 경우와 머신이 절전모드로 되어 있는 경우이다. 머신의 전원이 켜져 있지 않은 경우는 기계의 전원이 작동하지 않는 문제의 원인이다.

19

답 ②

여행 중 쇼핑에 사용한 비용은 총 4,500(9월 8일)+3,300(9월 9일)=7,800엔이다.

① 3박 4일 동안의 저녁 식사는 총 7,200(9월 7일)+700(9월 8일)+810(9월 9일)=8,710엔이다.

③ 여행 중 택시비에 사용한 비용은 총 580(9월 7일)+580(9월 8일)+830(9월 9일)+700(9월 10일)=2,690엔이다.

④ 문제에 주어진 조건을 보면 항공료의 경우 왕복 시 요금에 해당한다고 나와 있다. 따라서 여행 시 왕복으로 항공권을 구매하였음을 알 수 있다.

⑤ 이 대리의 영수증 내역을 확인해보면 여행 첫날인 9월 7일에 숙박비를 모두 지불한 것을 확인할 수 있다.

20

답 ④

이 대리가 9월 8일에 지출한 총비용은 800+580+950+4,500+700+230=7,760엔이다. 100엔은 980원이므로 한화로 전환하면 7,760×9.8=76,048원이다.

의사소통능력

01	02	03	04	05	06	07	08	09	10
③	③	②	⑤	①	⑤	②	①	②	①
11	12	13	14	15	16	17	18	19	20
②	④	④	④	③	②	④	③	①	④

01　답 ③

상대를 정면으로 마주하는 자세, 손이나 다리를 꼬지 않는 자세, 상대방을 향하여 상체를 기울여 다가앉은 자세, 우호적인 눈의 접촉, 비교적 편안한 자세는 경청의 올바른 자세에 해당한다.

02　답 ③

문서가 작성된 배경과 주제를 파악하기는 문서 이해 절차의 두 번째 단계에서 할 일이다.

문서 이해의 절차
문서 목적 이해 → 문서가 작성된 배경 및 주제 파악 → 문서 내의 정보와 문제 파악 → 상대의 욕구·의도 및 상대가 나에게 요구하는 행동에 관한 분석 → 목적 달성을 위해 취해야 할 행동을 생각하고 결정 → 상대의 의도를 도표나 그림 등으로 메모하여 요약·정리

03　답 ②

대화 내용에서 '비위 맞추기'는 파악할 수 없다.

04　답 ⑤

대화가 너무 사적이거나 위협적이면 주제를 바꾸거나 농담으로 넘기려 하는 것은 경청의 방해 요인 중 '슬쩍 넘어가기'에 해당한다.

05　답 ①

글에 나타난 의사표현은 공식적 말하기 중 연설에 해당한다.

06　답 ⑤

붙임 다음에는 쌍점을 찍지 않고, 붙임 다음에 1자를 띄운다.

07　답 ②

ㄴ. 보고서에 대한 설명이다.
ㅁ. 기획서에 대한 설명이다.

08　답 ①

(가)는 영업보고서, (나)는 기안서, (다)는 자기소개서, (라)는 상품소개서이다.

09　답 ②

글에서는 '칭찬의 말', '질책의 말', '격려의 말'의 순서로 상대방의 잘못을 지적하고 있다.

10　답 ①

글에서 제시된 문제점은 고령화 시대의 노인의 역할 또는 그와 관련한 향후의 나아갈 방향 등으로 볼 수 있다. 저출산 문제 해결은 장기적·근본적으로 노인 문제와 연관되어 있다고 볼 수 있으나 현재의 노인 문제를 해결할 수 있는 직접적인 방안이라고 보기는 어렵다. 언급된 바와 같이 교육수준과 소득수준이 낮은 노인을 위한 일자리 창출, 평생교육, 사회 참여 유도 등이 노인의 역할을 창출하는 직접적인 방안이다.

11
답 ②

제시된 글의 내용에서 거래비용과 관련된 직업은 헤아릴 수 없을 정도로 많다는 것을 알 수 있다. 이것은 곧, 거래비용이란 용어가 경제학에서 주로 사용되고 있지만, 사회생활을 하는 모든 개인은 거래비용이란 용어를 사용하지 않을 뿐이지 암묵적으로 거래비용의 존재를 알고 있다는 사실에 대한 근거가 된다고 볼 수 있다. 따라서 ②와 같은 주장의 근거가 될 수 있다.

12
답 ④

개인은 생명과 재산을 지키기 위해 국가에 권력에 대한 책임을 맡긴 것이므로 문맥상 '부탁하다'가 아닌 '위탁하다'가 적절하다.
- 위탁하다 : 남에게 사물이나 사람에 대한 책임을 맡게 하다.
- 부탁하다 : 어떤 일을 해 달라고 청하거나 맡기다.

13
답 ④

기준을 넘지 않는 금품 수수와 행위는 허용된다는 점을 악용할 소지가 있으며, 추진방안의 기본 사항인 '사소한 청탁이나 금품 수수도 근절하여 신뢰할 수 있는 직장문화 조성'에도 정면으로 위배되는 조치이다.
① 부조리신고 활성화 활동에 해당된다.
②, ⑤ 간접적인 방법이나 단순 연루 사실만으로도 일정 정도 불이익 조치에 해당된다.
③ 금품 제공자는 이유 여하 불문 각종 인사혜택 배제에 해당한다.

14
답 ④

직무와 관련된 경우라면 대가를 얼마나 제공했는지를 불문하고 일정 금액 이상의 금품 수수를 금지하고 있으므로 M대리의 응답은 적절하지 않다.
① 채용, 승진뿐 아니라 다른 관직이나 자리로 옮기는 전보 조치에 관한 개입도 금지하고 있다.
③ 수상, 포상 등에 있어 특정 기관이나 개인에게 혜택이 돌아가게 하는 행위가 된다.
⑤ 1회 100만 원, 회계연도 내 300만 원 금지 규정은 직무 관련 여부 등과 관계없이 적용되므로, 어쩔 수 없이 지인으로부터 돈을 빌리게 되는 경우에는 사전에 인사팀과 상의하거나 필요한 근거 자료를 확보하여 불이익이 발생하지 않도록 할 필요가 있다.

15
답 ③

제시된 글에서는 한계 비용의 정의를 설명하고, 한계 비용과 수요 곡선의 교차점에서 가격이 정해질 때 사회 전체의 만족도가 가장 커짐을 이야기한다. 따라서 가격이 '이 교차점'보다 높은 지점에서 형성될 때 발생하는 일을 설명하는 (마)와 그로 인한 사회 전체의 만족도 하락을 설명하는 (라)가 연달아 이어져야 한다. 그리고 이러한 만족도 하락 방지를 위해 공익 서비스도 한계 비용 수준으로 요금이 설정되어야 한다고 주장하는 (가)와 그렇게 할 경우 발생하는 문제점을 설명하는 (나)가 순서대로 이어진다. 마지막으로 (다)를 통해 (나)에서 제시한 문제를 해결하는 방법 두 가지를 제시하며 글을 끝마치면 자연스럽다.

16
답 ②

㉠의 '들어가다'는 '일정한 범위나 기준 안에 속하거나 포함되다.'를 의미한다. ②의 '들어가다'는 '새로운 상태나 시기가 시작되다.'를 의미한다.

17
답 ④

3문단에 따르면 신장 기능이 약한 경우 칼륨이 혈액에 쌓여 심장 기능을 저해한다. 따라서 신장 기능이 저하된 사람은 칼륨 섭취량을 조절해야 한다.

18
답 ③

글 전반을 통해 칼륨의 기능과 역할(결핍과 과다도 칼륨의 기능 관점에서 해석 가능)에 대해 서술하고 있다.
① 주요 소재는 칼륨이며, 나트륨은 역할 서술을 위한 부연의 예일 뿐이다.
② 주요 소재인 칼륨 언급이 빠져 있어 주제로 보기 어렵다.
④ 글의 일부에 해당하는 내용으로 주제로는 지엽적인 진술이다.
⑤ 글을 통해 해당 주장을 확인하기 어려우며 마지막 문단에서 칼륨의 과다증을 언급한 것을 볼 때 적절하지 않은 진술이다.

19
답 ①

1문단에 따르면 류마티스 관절염은 주로 젊은 연령층에서 시작하고, 관절염 외에도 다른 증상을 동반하는 경우가 많으며, 대략 40세를 전후하여 시작하고 관절 부위에 주된 증세가 있는 것은 거의 퇴행성 관절염이라고 본다.

20

답 ④

'따라서'는 등위접속사로 앞내용과 뒷내용이 같은 내용일 때 사용한다. 〈보기〉의 내용은 퇴행성 관절염의 가장 좋은 치료 방법을 소개하고 있다. 4문단에서는 퇴행성 관절염의 원인과 치료, 5문단에서는 운동을 소개하고 있으므로 두 문단의 사이에 오는 것이 적절하다.

수 리 능 력

01	02	03	04	05	06	07	08	09	10
①	③	⑤	②	⑤	③	③	①	③	②
11	12	13	14	15	16	17	18	19	20
⑤	②	②	③	①	①	③	②	③	⑤

01

답 ①

설문조사를 실시한 남성과 여성의 수는 각각 100명으로 동일하고, 20대가 30대보다 1.5배 많다고 할 때 각 집단의 인원수를 구하면 다음과 같다.

30대를 x명이라고 하면 20대는 $1.5x$이고 둘의 합이 100명이므로

$x + 1.5x = 100$, $x = 40$

20대는 60명, 30대는 40명이다.

따라서 30대 여성 중 이 서비스를 이용하는 사람의 수는 $40 \times 0.8 = 32$명이다.

02

답 ③

2021년과 2022년 사이 지체장애인의 월평균 소득감소율은 $\frac{121.40 - 125.48}{125.48} \times 100 ≒ -3.25\%$이다. 반면, 2023년과 2024년 사이 뇌병변장애인의 월평균 소득감소율은 $\frac{111.81 - 117.71}{117.71} \times 100 ≒ -5.01\%$이다. 따라서 2021년과 2022년 사이 지체장애인의 월평균 소득감소율은 2023년과 2024년 사이 뇌병변장애인의 월평균 소득감소율보다 작다.

① 지체장애인과 뇌병변장애인의 2024년 월평균 소득은 111.81만 원으로 동일하다.

② 상용근로자와 전체장애인의 월평균 소득차는 2020년 104.5만 원, 2021년 125.55만 원, 2022년 164.6만 원, 2023년 168.97만 원, 2024년 176.79만 원이므로 2020년부터 2024년으로 시간이 흐르면서 증가하는 경향을 보인다.

④ 2020년 대비 2024년의 월평균 소득 증가량을 살펴보면 지체장애인 25.91만 원, 뇌병변장애인 22.21만 원, 시각장애인 77.17만 원, 청각장애인 53.1만 원, 언어장애인 77.9만 원 증가하였다. 따라서 2020년에 비해 2024년 월평균 소득이 가장 증가한 유형은 언어장애인이다.

⑤ 2023년 월평균 소득이 전체장애인 월평균 소득인 141.89만 원에 미치지 못하는 장애 유형에는 뇌병변장애, 시각장애, 청각장애, 언어장애 유형으로 네 가지이다.

03
답 ⑤

다섯 유형의 2021년 대비 2023년 월평균 소득 증가율을 각각 구해보면 지체장애 약 23.7%, 뇌병변장애 약 17.9%, 시각장애 약 17.6%, 청각장애 약 49.2%, 언어장애 약 72.8%이다. 따라서 언어장애 유형의 2021년 대비 2023년 월평균 소득 증가율이 가장 크다.

04
답 ②

8%의 농도를 가진 소금물 300g에 들어있는 소금의 양은 $300 \times 0.08 = 24$g이다.

물을 xg 추가했다고 하면

전체 소금물의 양은 $300+x$이고 소금의 양은 그대로 24g이다.

$$\frac{24}{300+x} \times 100 = 6, \ 300+x = 400, \ x = 100$$

따라서 추가해야 하는 물의 양은 100g이다.

05
답 ⑤

$$\frac{1}{2} \times \frac{2}{3} \times \frac{3}{4} \times \frac{4}{5} + \frac{5}{6} = \frac{1}{5} + \frac{5}{6} = \frac{31}{30}$$

06
답 ③

두 사람이 같은 방향으로 뛰고 있으므로, 서로 만나려면 호수 한 바퀴 차이가 나야 한다.

두 사람이 처음 만난 시간을 x라고 하면

$4x + 400 = 6x, \ 2x = 400, \ x = 200$

따라서 두 사람은 200초 후 처음으로 만난다.

07
답 ③

가 제품의 경우 비타민 C의 함유량이 50% 미만이다. 따라서 2알을 복용하더라도 하루 섭취 권장량에 미치지 못한다.

08
답 ①

A지점과 B지점 사이의 거리를 x라고 하면

$$\frac{x}{6} - \frac{x}{8} = 0.5, \ x = 12$$

따라서 A지점과 B지점 사이의 거리는 12km이다.

09
답 ③

계열별 1인당 지원 연구비를 구하면 다음과 같다.

(단위 : 만 원)

구분		2023년	2024년
1인당 지원 연구비 (만 원)	IT	35	37
	생명공학	45	49
	우주항공	80	80

따라서 우주항공 계열의 1인당 지원 연구비는 2023년과 2024년이 동일하다.

① 2020년 계열별 1인당 지원 연구비를 구하면 IT계열이 28만 원, 생명공학계열이 36만 원, 우주항공 계열이 60만 원으로 가장 많다.

② 5년간 계열별 지원 연구생 수의 순위는 생명공학－IT－우주항공 순으로 동일하다.

④ 2022년 생명공학 계열의 1인당 지원 연구비(45만 원)는 IT 계열의 1인당 지원 연구비(30만 원)의 1.5배이다.

⑤ IT 계열의 지원 연구생 수와 생명공학 계열은 5년간 매년 증가하였다.

10
답 ②

작년 수확한 감자의 개수를 x, 고구마의 개수를 y라고 하면

$x + y = 800,000$

$0.05x - 0.03y = 16,000$

두 식을 연립하면 $x = 500,000, \ y = 300,000$이다.

따라서 작년 수확한 감자의 개수는 500,000개이다.

11
답 ⑤

주관적 만족도를 제외하고 웰빙지수의 평균은 소득이 3.8점, 노동시장이 6.15점, 주거가 5.8점, 일·가정 양립이 7.75점, 건강이 6.7점, 교육이 6.05점, 환경이 6.75점, 안전이 7.1점이다. 따라서 일·가정 양립 항목이 가장 높다.

① A국가는 소득 4.2점을 제외하고 나머지 항목에서 5점 이상을 차지한다.

② 주관적 만족도가 5점 이상이고, 웰빙지수의 평균은 A국가는 약 6.2점, B국가는 7.8점, C국가는 주관적 만족도가 5점 미만이라 제외하고, D국가는 6.4점이다. 따라서 웰빙지수의 평균이 가장 높은 국가는 B국가이다.

③ C국가의 웰빙지수는 안전 6.4점이라 A국가보다 높지만 그 외 항목들에서 다른 국가들보다 낮은 편이다.

④ D국가의 웰빙지수가 B국가의 웰빙지수보다 높은 항목은 없다.

12
답 ②

원가를 x, 정가를 y라고 하면
$0.8y - x = 0.08x$, $0.8y = 1.08x$
$y = 1.35x$
따라서 원가의 35% 이익을 붙여 정가를 책정해야 한다.

13
답 ②

A씨가 1시간에 일하는 양은 $\dfrac{1}{10}$, B씨가 1시간에 일하는 양은

$\dfrac{1}{15}$이다.

B씨가 혼자 일한 시간을 x라고 하면

$5 \times \dfrac{1}{10} + x \times \dfrac{1}{15} = 1$, $x = 7.5$

따라서 B씨가 혼자 일한 시간은 7시간 30분이다.

14
답 ③

ㄴ. 문화시설 항목 중 가장 높은 이용률을 보인 항목은 모든 가
구층 동일하게 극장으로 나타났으며, 2010년대와 2020년
대 동일하다.
ㄷ. 고소득 가구에서 2010년대 대비 2020년대에 이용률이 가
장 많이 늘어난 문화시설은 58.9−22.1=36.8%p만큼 증가
한 콘서트이다.

ㄱ. 저소득 가구의 음악회 이용률은 2010년대 대비 2020년 감
소했다.
ㄹ. 저소득 가구에서 2010년대 대비 2020년대에 이용률이 2배
이상 증가한 항목은 콘서트(2.6배) 한 곳이다.

15
답 ①

현재 A, C댐은 예년 대비 저수율이 100% 이상으로 예년보다
많은 저수율을 보이지만 B댐은 83.5%로 예년보다 낮다.
② 예년 대비 저수율이 가장 높은 곳은 C댐 111%이고, 51.7(백
만m²)의 현 저수량을 보유하고 있다.
③ 이 세 개의 댐 중 총 저수용량이 가장 큰 댐은 A댐인데, 예년
대비 저수율과 현 저수량을 이용하여 이 댐의 예년 저수량을

추정해보면 $\dfrac{1,689.7}{106.2} \times 100 ≒ 1,591$백만m²이다.

④ 각각 현 저수율의 10%씩을 늘려 보완하는 경우 A댐은
68.3%, B댐은 53.5%, C댐은 69.5%의 현 저수율을 보유하
게 되고, 이때 B댐은 60% 미만이다.
⑤ B댐의 저수량이 현 저수량에서 100백만m²만큼 늘어난다면

1,296.7백만m²이고, 그때 저수율은 $\dfrac{1,296.7}{2,750} \times 100 ≒ 47.2\%$

이므로 현 저수율에서 약 3.7%p 증가한다.

16
답 ①

연도별 영업비용을 구하면 다음과 같다.
• 2020년 : 26,837.40억 원
• 2021년 : 25,362.90억 원
• 2022년 : 30,625.90억 원
• 2023년 : 26,419.00억 원
• 2024년 : 29,084.80억 원
따라서 영업비용이 적게 들어간 순서대로 나열하면 2021년,
2023년, 2020년, 2024년, 2022년이다.

17
답 ③

ㄷ. 2018~2020년 의무지출비중(%)을 구해보면 다음과 같다.

• 2018년 : $\dfrac{129.5}{292.8} \times 100 ≒ 44.2\%$

• 2019년 : $\dfrac{141.1}{309.1} \times 100 ≒ 45.6\%$

• 2020년 : $\dfrac{152.3}{325.4} \times 100 ≒ 46.8\%$

이를 그래프로 올바르게 나타내면 다음과 같다.

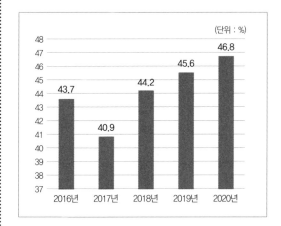

18
답 ②

총지출=의무지출+재량지출이므로 2016~2024년 재량지출
을 구하면 다음과 같다.

(단위 : 조 원)

2016년	2017년	2018년	2019년	2020년	2021년	2022년	2023년	2024년
147.9	178.5	163.3	168.0	173.1	183.6	188.5	202.8	203.5

따라서 재량지출이 가장 많은 연도는 2024년이고, 가장 적은
연도는 2016년이다.

19   답 ③

ㄴ. 2024년 조사가구 중 김치를 얻어먹는 가정은 $\frac{384}{2,000} \times$

100=19.2%를 차지한다.

ㄷ. 조사기간 동안 김치를 사먹는 가정은 $\frac{668}{28} ≒ 23.9$배 증가

했다.

ㄱ. 2020년 김치를 담가 먹는 가정은 10년 전보다 $\frac{1,084-1,408}{1,408}$

×100≒−23%이므로 23% 감소했다.

ㄹ. 조사기간 동안 가정의 김치 조달 경로별 증감 추이는 담가
먹는 가정과 사 먹는 가정의 증감 추이는 서로 다르다.

20   답 ⑤

조사기간 동안 담가 먹는 가정과 사 먹는 가정의 차이를 구하면
다음과 같다.

(단위 : 명)

2005년	2010년	2015년	2020년	2024년
1,560	1,161	1,195	550	280

따라서 이를 그래프로 올바르게 나타내면 다음과 같다.

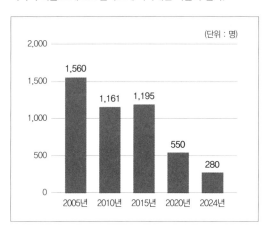

01	02	03	04	05	06	07	08	09	10
④	②	①	③	②	⑤	①	③	②	④
11	12	13	14	15	16	17	18	19	20
③	②	⑤	④	④	②	⑤	⑤	②	②

01   답 ④

• 발생형 문제 : 우리 눈앞에 발생되어 당장 해결하기 위해 고
민하는 문제로 일탈 문제, 미달 문제로 대변된다.
• 탐색형 문제 : 현재 상황을 개선하거나 효율을 높이기 위한
문제로 잠재 문제, 예측 문제, 발견 문제로 구분된다.
• 설정형 문제 : 미래 상황에 대응하는 장래 경영전략의 문제
로 '앞으로 어떻게 할 것인가'에 대한 문제로 미래 문제, 창조
적 문제라고도 한다.

02   답 ②

성과 지향의 문제, 가설 지향의 문제, 사실 지향의 문제는 분석
적 사고가 요구되는 문제 유형이다. 분석적 사고는 전체를 각각
의 요소로 나누어 그 요소의 의미를 도출한 다음 우선순위를 부
여하고 구체적인 문제해결 방법을 실행하는 것이 요구된다.

03   답 ①

퍼실리테이션(facilitation)이란 우리말로 '촉진'을 의미하며, 깊이
있는 '커뮤니케이션'을 통해 창조적인 문제해결 도모한다.

04   답 ③

창의적 사고 개발 방법 중 비교발상법에 대한 설명으로, NM법
과 Synectics법이 대표적이다.
① 자유연상법은 어떤 생각에서 다른 생각을 계속해서 떠올리
는 작용을 통해 어떤 주제에서 생각나는 것을 계속해서 열거
해 나가는 발산적 사고이다.
② 창의적 사고 개발 방법 중 자유연상법에 해당한다.
④, ⑤ 창의적 사고 개발 방법 중 강제연상법에 해당한다.

05   답 ②

문제해결 절차의 원인 분석 단계에서 쟁점 분석 시 핵심 이슈를
설정하고 가설을 설정하고 분석 결과 이미지를 결정한다. 쟁점
에 대한 일시적인 결론을 예측해보는 가설을 설정할 때 자신의
직관, 경험, 지식, 정보 등에 의존하여 설정하고 관련자료, 인터
뷰 등을 통해 검증할 수 있어야 한다.

06 정답 ⑤

② 사회나 개인에게 새로운 가치를 창출하게 해주는 것은 창의적 사고의 특징이다.

07 정답 ①

문제해결 절차 중 문제 인식 단계는 가장 먼저 이루어지는 절차로 해결해야 할 전체 문제를 파악하여 우선순위를 정하고, 선정 문제에 대한 목표를 명확히 한다. 환경 분석, 주요 과제 도출, 과제 선정이 이루어지며 환경 분석 시 3C 분석, SWOT 분석 등을 사용한다.
② 실행 및 평가 단계에 대한 설명이다.
③ 해결안 개발 단계에 대한 설명이다.
④ 문제 도출 단계에 대한 설명이다.
⑤ 원인 분석 단계에 대한 설명이다.

08 정답 ③

강점을 활용하여 위협을 최소화/회피하는 ST 전략이 아닌 강점을 활용하여 기회를 살리는 SO 전략이다. ST 전략이 되려면 '자체 생산한 부품으로 산업 스파이에 의한 기술 유출 예방'으로 수정되어야 한다.

09 정답 ②

문제해결 절차는 '문제 인식 → 문제 도출 → 원인 분석 → 해결안 개발 → 실행 및 평가'이다.

10 정답 ④

주어진 〈조건〉을 정리하면 다음과 같다.
• 경치 → 여행(대우 : ~여행 → ~경치)
• 바다 → 사람과의 어울림(대우 : ~사람과의 어울림 → ~바다)
• ~바다 → ~여행(대우 : 여행 → 바다)
정리된 내용을 종합하면 '경치 → 여행 → 바다 → 사람과의 어울림'이고, 그 대우는 '~사람과의 어울림 → ~바다 → ~여행 → ~경치'이다. 따라서 '여행을 좋아하지 않는 사람은 바다를 좋아하지 않는다.'는 알 수 없다.

11 정답 ③

주어진 〈조건〉을 정리하면 과일 수량은 수박>복숭아/귤>사과이다. 수박 5명, 복숭아는 4명, 귤 2명, 사과 1명이면 12개가 되므로 옳다.

① 수박 4명, 복숭아 3명, 귤 3명, 사과 1명이라고 가정해도 총 11개가 되므로 옳지 않다.
② 수박 5명, 복숭아 3명, 귤 3명, 사과 2명이라고 가정해도 총 13개가 되므로 옳지 않다.
④ 수박 6명, 복숭아 3명, 귤 3명, 사과 2명이라고 가정해도 총 14개가 되므로 옳지 않다.
⑤ 수박 6명, 복숭아 2명, 귤 4명, 사과 1명이라고 가정해도 총 13개가 되므로 옳지 않다.

12 정답 ②

A와 B의 말은 모순 관계이며, C과 D의 말은 동일 관계이므로 A와 B 중 한 사람의 말은 반드시 거짓이며, C와 D의 말은 참이다. 따라서 E의 말은 거짓이 되므로 열쇠를 잃어버린 사람은 D이고, A의 말이 거짓이다. 그러므로 거짓말을 한 사람은 A와 E이다.

13 정답 ⑤

갑이 A국 사람인 경우와 B국 사람인 경우로 나누어 판단한다.
• 갑이 A국일 경우

갑	을	병	정	무
A국	B국	A국	A국	B국

• 갑이 B국일 경우

갑	을	병	정	무
B국	A국	B국	B국	A국

따라서 '정은 병과 같은 나라에서 왔다.'는 항상 참이다.

14 정답 ④

조건1에 의해 입구 우측 첫 번째는 사무실 A이다. 조건2에서 사무실 B와 사무실 C는 서로 붙어 있지 않으나 같은 쪽에 위치한다고 하였으므로 사무실 A와 같은 쪽에 위치할 수 없다. 따라서 두 가게는 왼쪽 첫 번째 혹은 세 번째에 위치하고, 사무실 D는 우측에 위치한다. 조건3에서 사무실 E가 사무실 D와 복도를 두고 마주본다고 하였으므로 사무실 E는 왼쪽 두 번째에, 사무실 D는 오른쪽 두 번째에 위치함을 알 수 있다. 그리고 마지막으로 사무실 F가 오른쪽 세 번째에 위치한다. 이를 그림으로 정리하면 다음과 같다.

입구	사무실 B/ 사무실 C	사무실 E	사무실 B/ 사무실 C
	복도		
	사무실 A	사무실 D	사무실 F

15 정답 ④

주어진 〈조건〉을 정리하면 다음 그림과 같다.

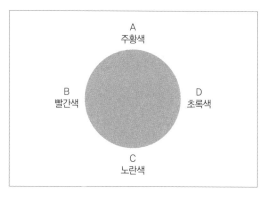

따라서 'B는 노란색 선물을 준비한 사람의 오른쪽에 앉았다.'는 거짓이다.

16 정답 ②

각 직원의 오류 점수와 오류 발생 비율은 다음과 같다.

구분	최종 오류 점수	오류 발생 비율
갑	$5 \times 10 + 20 \times 20 = 450$	25%
을	$10 \times 10 + 20 \times 20 = 500$	30%
병	$15 \times 10 + 15 \times 20 - 80 = 370$	30%
정	$20 \times 10 + 10 \times 20 = 400$	30%
무	$30 \times 10 + 10 \times 20 - 80 = 420$	40%

따라서 최종 오류 점수가 가장 높은 사람은 을, 오류 발생 비율이 가장 낮은 사람은 갑이 된다.

17 정답 ⑤

벌점 부과 대상은 월별 최종 오류 점수가 400점 이상인 동시에 월별 오류 발생 비율이 30% 이상인 직원이다. 16번에서 구한 각 직원의 오류 점수와 오류 발생 비율을 고려하였을 때 벌점 부과 대상은 을, 정, 무이다. 월별 최종 오류 점수 10점당 벌점 1점을 부과한다고 하였으므로 을의 벌점은 50점, 정의 벌점은 40점, 무의 벌점은 42점이 된다. 따라서 두 번째로 높은 벌점을 받게 될 사람은 무이다.

18 정답 ⑤

D의 11월 대중교통 이용 횟수는 14회로 15회 미만이나 가입 첫 달은 15회 미만 이용 시에도 환급받을 수 있으므로 D도 환급 대상이다.
① A의 11월 대중교통 이용 횟수는 80회로 월 60회 초과 이용 자는 이용금액이 높은 순으로 60회까지 환급받는다.
② B의 11월 대중교통 이용 금액은 22만 원으로 20만 원 초과 이용금액인 2만 원의 50%를 합하여 총 21만 원에 대해서 환급률이 적용된다.
③ B의 환급액은 42,000원, C의 환급액은 42,400원으로 C의 환급액이 더 크다.
④ C의 환급액은 $80,000 \times 53\% = 42,400$원이다.

19 정답 ②

하반기 평가 결과 총점은 다음과 같다.

갑	을	병	정
250점	240점	220점	230점

하반기에는 총점 기준 상위 2명에게 성과급 총액의 30%씩 지급하고, 하위 2명에게 20%씩 지급한다. 갑은 상위 2명에 해당하며 240만 원을 받았으므로 성과급 총액은 $240 \div 0.3 = 800$만 원이다. 따라서 을, 병, 정에게 지급된 성과급은 총 560만 원이다.

20 정답 ②

상반기 평가 결과 총점은 갑 230점, 을 220점, 병 260점, 정 210점이다. 평가 결과를 토대로 상·하반기 성과급 지급 비율과 금액을 정리하면 다음과 같다.

구분	갑	을	병	정
상반기	30%	20%	40%	10%
	600만 원	400만 원	800만 원	200만 원
하반기	30%	30%	20%	20%
	240만 원	240만 원	160만 원	160만 원

따라서 가장 많이 차이 나는 사람은 병이며, 차액은 640만 원이다.

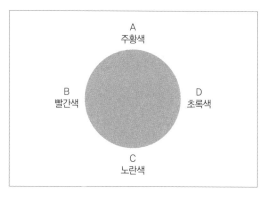

2025 공기업 NCS 고졸채용
직업기초능력평가(의사소통능력/수리능력/문제해결능력)＋인성면접

———

초 판 발 행	2025년 01월 30일
저 　 　 자	고졸채용 공기업연구소
발 행 인	정용수
발 행 처	(주)예문아카이브
주 　 　 소	서울시 마포구 동교로 18길 10 2층
T　E　L	02) 2038-7597
F　A　X	031) 955-0660
등 록 번 호	제2016-000240호
정 　 　 가	24,000원

홈페이지 http://www.yeamoonedu.com

I S B N　979-11-6386-389-2　　[13320]

공기업 NCS

직업기초능력평가+인성면접

고졸채용

정답 및 해설

www.yeamoonedu.com